Die Abtei St. Gallen

Beiträge zur Kenntnis ihrer Persönlichkeiten

Die Abtei St. Gallen

Band II

Beiträge zur Kenntnis ihrer Persönlichkeiten

Ausgewählte Aufsätze
in überarbeiteter Fassung
von Johannes Duft

Jan Thorbecke Verlag Sigmaringen
1991

Donatoren

Kanton St. Gallen

Katholischer Konfessionsteil des Kantons St. Gallen

Stadt St. Gallen

Ortsbürgergemeinde St. Gallen

Der Druck von Band I und Band II wurde durch großzügige Zuwendungen dieser Donatoren ermöglicht;
Herausgeber und Verlag entbieten ihnen verbindlichen Dank.

Die Deutsche Bibliothek – CIP-Einheitsaufnahme

Duft, Johannes:
Die Abtei St. Gallen: ausgewählte Aufsätze in überarbeiteter Fassung / von Johannes Duft. Hrsg. zum 75. Geburtstag des Verf. von Peter Ochsenbein und Ernst Ziegler. – Sigmaringen: Thorbecke.

Bd. 2. Beiträge zur Kenntnis ihrer Persönlichkeiten. – 1991
ISBN 3-7995-4154-3

Dieses Buch ist aus säurefreiem und alterungsbeständigen Papier hergestellt.

Gesamtherstellung: M. Liehners Hofbuchdruckerei GmbH & Co. Verlagsanstalt, Sigmaringen
Printed in Germany · ISBN 3-7995-4154-3

Inhalt

Vorwort

»Immer muß ich wieder lesen / In dem alten heil'gen Buch.« Mit den Versen der Dichterin Luise Hensel, die sie in dieser ersten Fassung[1] 1815 niedergeschrieben hat, schaut der Autor und Kompilator der hier vorgelegten Studien auf die dreiunddreißig Jahre (1948–1981) zurück, da er die Stiftsbibliothek zu St. Gallen betreut hat. Sie steht ihm dank der freundschaftlichen Gesinnung seines Nachfolgers Peter Ochsenbein weiterhin offen, so daß er »immer wieder lesen« darf in den dort aufbewahrten »alten heiligen Büchern«. Dieses Immer-noch- und Immer-wieder-Lesen gab ihm die Möglichkeit, seine im Verlauf der Jahrzehnte veröffentlichten Studien zu jenen »alten heiligen Büchern« zu sichten und von neuem mit den Originalen kritisch zu konfrontieren. Was seiner gestrengen Prüfung standhielt, wurde für deren nochmalige Herausgabe gründlich überarbeitet, ja wurde teilweise überhaupt neu bearbeitet, weshalb kein einziger der hier veröffentlichten Aufsätze ein bloßer Wiederabdruck seiner ersten Fassung ist. In dieser Weise wagt er nun, den Wunsch seiner Kollegen zu erfüllen, Entlegenes für ihre Weiterarbeit leichter und verbessert zugänglich zu machen.

Dieser Sammelband trägt den zu anspruchsvollen Haupttitel »Die Abtei St. Gallen«, der aber gleich schon durch den Untertitel »Beiträge zur Kenntnis ihrer Persönlichkeiten« eingeschränkt wird. Damit erweist er sich als die Fortführung jenes gleichbetitelten ersten Bandes, der vor Jahresfrist »Beiträge zur Erforschung ihrer Manuskripte« geboten hat. Seine Herausgabe, die Stadtarchivar Ernst Ziegler und Stiftsbibliothekar Peter Ochsenbein »zum 75. Geburtstag des Verfassers« ermöglicht hatten, und die freundliche Aufnahme, die ihm weitherum zuteil geworden ist, gaben den Mut zu dieser Fortsetzung. Ob noch ein dritter Band mit »Beiträgen zum sankt-gallischen Barockzeitalter« möglich werden wird, sei der Vorsehung anheimgestellt.

1 So nach Franz Binder, Luise Hensel, Ein Lebensbild nach gedruckten und ungedruckten Quellen, Freiburg i. Br. ^{2}1904, S. 52.

Zur Thematik dieses zweiten Bandes dürften drei Vorbemerkungen angebracht sein. Die erste betrifft die in diesen Aufsätzen behandelte Zeitepoche: Es ist das 7. bis 12. Jahrhundert, somit nur die Zeit der Gründung und der mittelalterlichen Blüte der Abtei St. Gallen[2]. Die zweite Vorbemerkung betrifft die hier dargestellten Persönlichkeiten: Es sind selbstverständlich nicht alle, die damals als die bedeutenden empfunden worden sind und als solche in der Erinnerung weiterleben; sondern es sind Gestalten, die in ihrem historischen Umfeld noch heute erfaßbar sind. Aber – das sei die dritte, die methodische Vorbemerkung – diese Persönlichkeiten werden nicht biographisch oder gar hagiographisch geschildert; sondern es werden nur »Beiträge zur Kenntnis« derselben und ihres Nachlebens geboten. Die weiterführende Literatur in den Anmerkungen zu diesen Beiträgen möge für die Behebung der Lücken dienlich sein[3].

Dank sei entboten meinem Freund Ernst Ziegler, der wiederum die Drucklegung geistvoll und selbstlos betreut hat, – Dank auch dem Verlag, mit dem ich mich seit Jan Thorbecke (†1963), besonders aber durch Georg Bensch, jetzt auch durch seinen Sohn Joachim Bensch, verbunden weiß.

Johannes Duft

2 Ein bibliotheksgeschichtlicher Überblick mit Literaturhinweisen findet sich im 1. Band, S. 13–32. Insgesamt sei hingewiesen auf JOHANNES DUFT, ANTON GÖSSI, WERNER VOGLER, Die Abtei St. Gallen: Abriß der Geschichte – Kurzbiographien der Äbte – Das stift-sanktgallische Offizialat, St. Gallen 1986 (= Sonderband aus Helvetia Sacra, Abt. III / 1. Bd., Bern 1986, S. 1180–1369).

3 Dazu jetzt auch WERNER VOGLER (Hg.), Die Kultur der Abtei Sankt Gallen, Zürich/Stuttgart 1990, mit den folgenden Beiträgen: WERNER VOGLER, Skizze der Sankt Galler Abteigeschichte; DIETER GEUENICH, Die Sankt Galler Gebetsverbrüderungen; IVO AUF DER MAUR, Sankt Gallens Beitrag zur Liturgie; JOHANNES DUFT, Der Beitrag des Klosters Sankt Gallen zum kirchlichen Gesang; WALTER BERSCHIN, Sanktgallische Schriftkultur; CHRISTOPH EGGENBERGER, Die Sankt Galler Buchkunst; JOHANNES DUFT, Irische Mönche und irische Handschriften in Sankt Gallen; PETER OCHSENBEIN, Lehren und Lernen im Galluskloster; WALTER BERSCHIN, Lateinische Literatur aus Sankt Gallen; STEFAN SONDEREGGER, Deutsche Sprache und Literatur in Sankt Gallen; HEINZ HORAT, Die mittelalterliche Architektur der Abtei Sankt Gallen; HANS MARTIN GUBLER, Die barocke Baukultur der Abtei Sankt Gallen.

Abkürzungen

BRUCKNER, Scriptoria	= ALBERT BRUCKNER, Scriptoria medii aevi helvetica. Denkmäler schweizerischer Schreibkunst des Mittelalters, 2. und 3. Band (St. Gallen), Genf 1936 und 1938.
BS	= Bibliotheca Sangallensis, hg. von JOHANNES DUFT, 9 Bände, 1957–1988.
CLA VII	= Codices Latini antiquiores, edited by E[LIAS] A[VERY] LOWE, Part VII (Switzerland), Oxford 1956.
DA	= Deutsches Archiv für Erforschung des Mittelalters, 1950 ff.
HBLS	= Historisch-Biographisches Lexikon der Schweiz, 7 Bände und Supplement, 1921–1934.
HS III/1	= Helvetia Sacra, Abteilung III (Die Orden mit Benediktinerregel), 1. Band, Bern 1986, S. 1180–1369: JOHANNES DUFT, ANTON GÖSSI, WERNER VOGLER: St. Gallen. – Dasselbe als Sonderband (mit eigener Paginierung): Die Abtei St. Gallen, St. Gallen 1986.
Kdm SG III	= ERWIN POESCHEL, Die Kunstdenkmäler des Kantons St. Gallen, Band III (Die Stadt, 2. Teil: Das Stift), Basel 1961.
$LThK^2$	= Lexikon für Theologie und Kirche, 2. Auflage, 10 Bände und Register, 1957–1967.
MGH	= Monumenta Germaniae historica, 1826 ff.
MVG	= Mitt(h)eilungen zur vaterländischen Geschichte, hg. vom Historischen Verein in St. Gallen (bzw. des Kantons St. Gallen), St. Gallen 1862 ff.
Njbl.	= Neujahrsblatt, hg. vom Historischen Verein in St. Gallen (bzw. des Kantons St. Gallen), St. Gallen 1861 ff.
SCHERRER, Handschriften	= GUSTAV SCHERRER, Verzeichniss der Handschriften der Stiftsbibliothek von St. Gallen, Halle 1875 (Nachdruck Hildesheim 1975).
SCHERRER, Incunabeln	= GUSTAV SCHERRER, Verzeichniss der Incunabeln der Stiftsbibliothek von St. Gallen, St. Gallen 1880.
StiASG	= Stiftsarchiv St. Gallen.
StiBSG	= Stiftsbibliothek St. Gallen.
Stud.Mitt.OSB	= Studien und Mitteilungen zur Geschichte des Benediktinerordens und seiner Zweige, 1880 ff.
SZG	= Schweizerische Zeitschrift für Geschichte, 1951 ff.
UBSG	= Urkundenbuch der Abtei Sankt Gallen, 6 Teile, 1863–1955.
VL^2	= Verfasserlexikon: Die deutsche Literatur des Mittelalters, 2. Auflage, 1978 ff. (VL^1 = dasselbe 1. Auflage, 1933–1955).
ZSKG	= Zeitschrift für Schweizerische Kirchengeschichte, 1907 ff.

Die Quellen zum Gallus-Leben

Erstveröffentlichung: Die Gallus-Kapelle zu St. Gallen und ihr Bilderzyklus (= 117. Neujahrsblatt des Historischen Vereins des Kantons St. Gallen), Gossau SG 1977, S. 9–18; Buchausgabe ebd. 1977, Nachdruck 1987. – Text und Anmerkungen sind hier durch die seither erschienene Literatur und deren Ergebnisse ergänzt.

Die vier historischen Gebilde des Namens St. Gallen [1] – das im Frühmittelalter entstandene Kloster [2], die im Hochmittelalter herangewachsene Stadt [3], der in der Neuzeit gegründete Kanton [4] und das in seinem Gefolge errichtete Bistum [5] – sind nach Gallus [6], der ersten hier durch eine Vita nachweisbaren Persönlichkeit, benannt.

1 Vgl. Johannes Duft, Die staatsbildene Funktion des Stiftes St. Gallen, in: Stud. Mitt. OSB, 85. Bd., 1974, S. 586–597.

2 Geschichte, Äbte-Biographien und Bibliographie in HS III/1, hier jeweils zitiert nach dem Sonderdruck: Die Abtei St. Gallen, St. Gallen 1986. Früher J. Duft und Ernst Ziegler, St. Gallen – Kloster und Stadt (= Schweizer Heimatbücher 187), Bern 1984, S. 9–58.

3 Ernst Ehrenzeller, Geschichte der Stadt St. Gallen, St. Gallen 1988.

4 Ildefons von Arx, Geschichten des Kantons St. Gallen, 3 Bde., St. Gallen 1810–13, Berichtigungen und Zusätze ebd. 1830 (Nachdruck 1987). Nun Georg Thürer, St. Galler Geschichte. Kultur, Staatsleben und Wirtschaft in Kanton und Stadt St. Gallen, 2 Bde., St. Gallen 1953–72.

5 Josephus Meile (Hg.), Hundert Jahre Diözese St. Gallen, Uznach 1947.

6 Überblicke: ADB 8, 1878, S. 345f. (G. Meyer von Knonau); NDB 6, 1964, S. 54 (J. Duft); HBLS 3, 1926, S. 384 (P. Bütler); LThK²4, 1960, Sp. 507f. (L. Kilger); August Potthast, Bibliotheca historica medii aevi, 2. Bd., Berlin ²1896, S. 1325f.; James F. Kenney, The Sources for the Early History of Ireland, Ecclesiastical, New York 1929 (Nachdruck Dublin 1966), S. 206ff.; Alfons M. Zimmermann, Kalendarium Benedictinum, 3. Bd., Metten 1937, S. 186–189; Wattenbach-Levison, Deutschlands Geschichtsquellen im Mittelalter, 1. Heft, Weimar 1952, S. 140ff.; Bibliotheca Sanctorum, 6. Bd., Rom 1965, Sp. 15–19. – Ausführlichere Darstellungen: J. M. Clark, The Abbey of StGall as a Centre of Literature and Art, Cambridge 1926; Maud Joynt, The Life of St. Gall (= Translations of Christian Literature, Series V), London 1927; Fritz Blanke, Columban und Gallus, Urgeschichte des schweizerischen Christentums, Zürich 1940; Laurenz Kilger, Vom Leben des heiligen Gallus, in: St. Gallus-Gedenkbuch, St. Gallen 1952, S. 15–34; Johannes Duft und Peter Meyer, Die irischen Miniaturen der Stiftsbibliothek St. Gallen, Olten/Bern/Lausanne 1953 (mit umfassender Bibliographie); Arno Borst, Mönche am Bodensee 610–1525, Sigmaringen 1978, S. 20–32, 539f.

An der Anwesenheit eines Gallus an diesem Ort besteht kein Zweifel, wohl aber an seiner Herkunft und seiner Lebenszeit. Entscheidend sind deshalb die Fragen nach der Entstehung und nach dem Aussagewert der *Vita sancti Galli*. Sie ist in drei sich ergänzenden Fassungen überliefert.

Die älteste Gallus-Vita

Die *Vita vetustissima*, das heißt die nach heutiger Erkenntnis älteste Lebensbeschreibung des heiligen Gallus, ist erst wieder seit acht Jahrzehnten bekannt und nur bruchstückhaft überliefert. Staatsarchivar Paul Schweizer in Zürich hat sie in einem dortigen Bucheinband entdeckt[7], und der Zürcher Kirchenhistoriker Emil Egli hat sie als erster 1895 veröffentlicht[8]. Es handelt sich um zwei Doppelblätter einer ehemals umfangreichen, schließlich leider zerschnittenen Sammlung von Heiligenleben, also eines Liber passionarius, der bisher in das 10. und gar in das 11. Jahrhundert datiert worden ist, von dem aber der Münchner Paläograph Bernhard Bischoff neuestens annimmt, er entstamme der zweiten Hälfte des 9. Jahrhunderts und habe seine Schriftheimat in der Nähe Rätiens gehabt[9].

Wichtiger als die Frage nach dem Alter dieser Fragmente ist die Frage nach dem Zeitpunkt der Abfassung dieser Lebensgeschichte, von der alle früheren Textzeugen untergegangen sind, – untergegangen aus dem begreiflichen Grund, weil sie im 9. Jahrhundert ersetzt worden waren durch jene noch zu nennenden Überarbeitungen, die denselben Stoff in verbessertem Latein, ja in einer dem Gottesdienst und Galluskult weit würdigeren Sprache und Formulierung darboten. Die Frage nach der Entstehungszeit der *Vita vetustissima* ist entscheidend, weil sie die Frage nach der Persönlichkeit und Lebenszeit des Gallus impliziert.

Bruno Krusch, der zweite und zugleich wichtigste Herausgeber[10] dieser Vita-Fragmente, datierte 1902 die Abfassung ihrer untergegangenen Vorlage aus inhaltlichen Gründen in das ausgehende 8. Jahrhundert, nämlich in die Zeit nach einer darin am Schluß geschilderten, im Jahre 771 am Gallusgrab geschehenen Episode. Ihm schloß sich, wenn auch teilweise auf anderem Wege, siebzig Jahre später (1972) der dritte Herausgeber[11] Iso Müller an. Daraus ergaben sich Konsequenzen, die in die folgenden Überlegungen zusammengefaßt werden können:

7 Vgl. Leo Cunibert Mohlberg, Mittelalterliche Handschriften (= Katalog der Handschriften der Zentralbibliothek Zürich, I), Zürich 1952, Nr. 641/II/8 a, S. 323, 401.

8 Eine neue Recension der Vita s. Galli, in: Neues Archiv der Gesellschaft für ältere deutsche Geschichtskunde, 21. Bd., 1895, S. 359–371.

9 So nach I. Müller (wie Anm. 11), S. 211 f.

10 *Vita Galli confessoris triplex*, in: MGH Script. rer. Merov. IV, S. 229–232, 251–256.

11 Die älteste Gallus-Vita, in: ZSKG, 66. Jg., 1972, s. 209–249.

Wenn Gallus ein Jünger und Begleiter des irischen Emigranten Columban gewesen sein soll, was alle seine mittelalterlichen Viten behaupten, muß er um die Jahre 610/612 am Bodensee (in Arbon und in Bregenz) geweilt und bald hernach seine Zellengründung an dem Ort, der seinetwegen St. Gallen heißt, vollzogen haben. Das Jahr seines im Alter von 95 Jahren erfolgten Todes ist nicht überliefert. Aber selbst wenn es um 650 angenommen wird, ist doch die Spanne zwischen seiner behaupteten Lebenszeit (spätestens bis 650) und der angeblich erstmaligen Abfassung der Lebensgeschichte (nach 771) so weitklaffend, daß 1962 Barbara und Hanno Helbling – auch unter Einbeziehung anderer Überlegungen, beispielsweise der angeblich aus den St. Galler Urkunden zu erschließenden Namensform Gallo anstatt Gallus – zu dem Schluß kamen, er sei von Columban und damit von der Irenmission des frühen 7. Jahrhunderts zu trennen und als ein schlichter, vielleicht rätischer Einsiedler in der Zeit um 740 zu erkennen[12]. Es ist ein aus geschichtlichen Erwägungen gezogener Schluß, den Iso Müller allerdings nicht zu billigen vermochte, den aber andere Autoren[13] gelegentlich gleichfalls vornahmen. *Abb. 32*

Doch die Zugehörigkeit des Gallus zum Iren Columban und die Datierung der ältesten Gallus-Vita weit vor 771 – und zwar nicht nur bis in die Zeit des St. Galler Abtes Otmar und seines wirtschaftlichen Ausgreifens und seiner politischen Verflechtungen um und nach 740 – war schon 1942 von Laurenz Kilger postuliert worden[14]. Er konzendierte Krusch, daß die letzte Episode und zwei andere mit ihr zusammenhängende Wunderberichte der Vita zwar um 771 zu datieren seien, daß sie aber nicht die Datierung der Vita als solcher erlaubten. Denn sie seien ein später Anhang, welchem »eine Doxologie, ein gebetartiger Schluß« vorausgehe, der ganz deutlich ein Ende gesetzt habe: nämlich das Ende für die Schilderung eines am Gallusgrab geschehenen kriegerischen Übergriffs in der »Zeit eines Alemannenzuges Pippins des Mittleren (709/712); demnach wäre die Ur-Vetustissima ursprünglich um 712 abgeschlossen worden« und nicht erst nach 771. Die innere Zusammengehörigkeit der drei Schlußkapitel um das Geschehnis von 771 hatten selbstverständlich auch Krusch und Müller erkannt; sie besaßen aber nicht die philologischen Mittel, sie stilistisch als einen späteren, sozusagen fremden Zusatz zu erkennen und damit bei der vorausgegangenen Doxologie einen ehemaligen, also früheren Abschluß der Vita festzustellen.

12 B. und H. Helbling, Der heilige Gallus in der Geschichte, in: SZG, 12. Jg., 1962, S. 1–62.

13 So Karl-Ulrich Jäschke, Kolumban von Luxeuil und sein Wirken im alamannischen Raum, in: Mönchtum, Episkopat und Adel zur Gründungszeit des Klosters Reichenau, hg. von Arno Borst (= Vorträge und Forschungen, Bd. 20), Sigmaringen 1974, S. 77–130. Früher, wenn auch kürzer und in anderem Zusammenhang, Hans Lieb, Tuggen und Bodman, Bemerkungen zu zwei römischen Itinerarstationen, in: SZG, 2. Jg., 1952, S. 390 f.; Ders., Lexicon topographicum der römischen und frühmittelalterlichen Schweiz, 1. Bd., Bonn 1967, S. 81–84.

14 Die Quellen zum Leben der heiligen Kolumban und Gallus, in: ZSKG, 36. Jg., 1942, S. 107–120.

Es war erst Walter Berschin, der dank seiner Vertrautheit sowohl mit dem Genus der frühmittelalterlichen Vita[15] als auch mit den Eigenheiten und Feinheiten der mittelalterlichen Sprache 1975 den Nachweis[16] zu leisten vermochte, daß die drei um 771 zu datierenden Schlußkapitel ein Anhang im Vollsinn sind: nämlich ein in anderem Stil geschriebener Zusatz zu der laut Kilger »um 712 abgeschlossenen« Fassung. Aber nicht nur das! Durch den Beizug der beiden noch zu nennenden Voll-Viten zum Vetustissima-Fragment gelang Berschin der sowohl historisch als auch besonders philologisch vollzogene Nachweis, daß dieser 712er-Teil aus fünf Kapiteln besteht und selber nichts anderes ist als ein erster Zusatz zur (somit älteren) Gallus-Vita. Dieser Zusatz schildert im Zusammenhang mit wunderbaren Begebenheiten am Gallus-Grab zwei geschichtliche Ereignisse: die Verheerungen Pippins des Mittleren in Alemannien um 710/712 – Berschin datiert deshalb die Abfassung dieses Fünf-Kapitel-Zusatzes auf wenig danach, nämlich »um 715/725« – sowie einen noch früheren Einfall des Grafen Otwin in den Thurgau, der laut Vita »vierzig Jahre nach dem Tode des Heiligen«, als seine beiden ersten Begleiter noch lebten, geschehen sei. Wenn nun Berschin den Einfall Otwins auf »spätestens 690« und den Tod des Gallus »um 650« datiert, kommt er zu dem Schluß, daß die Abfassung des Gallus-Lebens »um 680«, seine erste Fortsetzung (also die fünf vorletzten Kapitel) »715/725« und seine zweite Fortsetzung (also die drei letzten Kapitel) »nach 771« anzusetzen seien.

Es ist hier weder möglich noch notwendig, diese minuziöse Feinarbeit im einzelnen nachzuvollziehen. Grundlegend ist ihr Ergebnis, das so formuliert werden kann: Der st.gallische Gallus, dessen historische Existenz übrigens von keinem ernsthaften Forscher bezweifelt worden ist, und dessen Namensform von Walter Berschin als ursprünglich nachgewiesen wird, ist wegen seiner frühen Bezeugung schwerlich mehr zu trennen von jenem literarischen Gallus, wie er in seinen Viten als einer der Gefährten des irischen Wandermönches Columban geschildert ist[17]. Er ist

15 Vgl. W. Berschin, Biographie und Epochenstil im lateinischen Mittelalter (= Quellen und Untersuchungen zur lateinischen Philologie des Mittelalters, 8. und 9. Bd.), Stuttgart 1986 und 1988: 1. Bd. Von der Passio Perpetuae zu den Dialogi Gregors des Grossen (S. 30 über Gallus-Vita); 2. Bd. Merowingische Biographie (S. 26–52 über Columban und seine von Jonas verfaßte Vita, S. 94–99 über Gallus und seine »im Lauf eines Jahrhunderts in drei Schichten ›gewachsene‹ Vita«).

16 W. Berschin, Gallus abbas vindicatus, in: Historisches Jahrbuch der Görres-Gesellschaft, 95. Jg., 1975, S. 257–277; Ders., Columban und Gallus in Bregenz, in: Montfort, 38. Jg., 1986, S. 160–164. – Berschins Ergebnisse sind verwertet bei J. Duft, Irische Einflüsse auf St. Gallen und Alemannien, in: Mönchtum, Episkopat und Adel (wie Anm. 13), 1974, S. 9–35; Ders., Frühes Christentum in Brigantium, in: Das römische Brigantium (= Ausstellungskatalog des Vorarlberger Landesmuseums Nr. 124), Bregenz 1985, S. 101–126.

17 Damit sei nicht behauptet, er sei auch irischer Abstammung gewesen. Möglicherweise kam er erst in Luxeuil, also in den Jahren zwischen 590 und 610, zu Columban. Herkunft aus dem Raum Vogesen/Elsaß wird neuestens vermutet infolge des Berichtes der Viten, Gallus habe als Gefährte Columbans in Tuggen/Arbon/Bregenz in der Volkssprache gepredigt; so Gerold Hilty, Gallus in Tuggen, Zur Frage der deutsch-romanischen Sprachgrenze im Linthgebiet vom 6. bis zum

somit wahrscheinlich auch identisch mit jenem Gallus, welcher in der von Jonas schon um 642/643 verfaßten *Vita sancti Columbani*[18] als einer der Gewährsmänner genannt ist. Was die Columbans-Vita als entferntere Quelle und was insbesonders die beiden vollständigen Fassungen der *Vita sancti Galli,* die nachweisbar – in vielem sogar wörtlich – auf die fragmentarische *Vita vetustissima* zurückgehen, als direkte Quellen über Gallus berichten, ist also nicht tendenziöse Erfindung oder gelehrte Kombination des 8. oder gar des 9. Jahrhunderts, sondern reicht bis auf einige Jahrzehnte an die Todeszeit des historischen Gallus zurück. Der unbekannte Verfasser des ältesten Gallus-Lebens dürfte somit »der erste lateinische Schriftsteller in der alemannischen Frühzeit« gewesen sein, und »in der wohl ältesten unter den Alemannen geschriebenen Vita«[19] ist nicht nur erbauliche Legende, sondern auch tatsächliche Geschichte faßbar geblieben.

Die Gallus-Vita von Wetti

Während die soeben geschilderte älteste Gallus-Vita nur noch mit 11 Kapiteln, wobei insbesondere der Anfang und ein großes Mittelstück fehlen, überliefert ist, blieb die darauf fußende Fassung des Wetti mit 41 Kapiteln vollständig erhalten.

Von ihr besteht gleichfalls nur ein einziges Manuskript, ist doch Wettis Fassung schon bald nach ihrer Fertigstellung durch eine neue, hier an dritter Stelle zu nennende Überarbeitung ersetzt worden und dadurch außer Gebrauch gekommen. Diese einzige Handschrift ist der berühmt gewordene und viel benutzte Codex 553 der St. Galler *Abb. 25* Stiftsbibliothek[20], der an erster Stelle (S. 2–118) die *Vita sancti Columbani* des Jonas, in ihrem Gefolge (S. 119–150) die Viten der Columbans-Jünger Athala und Bertulf sowie *de monachis Ebobiensibus,* also Teile aus dem zweiten Buch des Jonas, hierauf (S. 151–164) eine Gallus-Homilie und eine Gallus-Genealogie[21] und schließlich (S. 166–227) die *Vita sancti Galli* des Wetti enthält. Alle diese Stücke sind in St. Gallen

9. Jahrhundert, in: Vox Romanica, 44. Jg., 1985, S. 125–155; DERS., Gallus am Bodensee, Die Kontakte der Glaubensboten mit Germanen und Romanen in der Nordostschweiz im 7. Jahrhundert, ebd., 45. Jg., 1986, S. 83–115.

18 Hg. von B. KRUSCH, in: MGH Script. rer. Merov. IV, S. 61–108. Darin in Kap. 11 (S. 77): *Haec nobis supra dictus Gallus saepe narravit.*

19 Diese beiden (hier aus ihrem Zusammenhang gelösten) Zitate finden sich bei W. BERSCHIN, Die Anfänge der lateinischen Literatur, in: Die Alemannen in der Frühzeit, hg. von WOLFGANG HÜBENER (= Veröffentlichungen des Alemannischen Instituts Freiburg/Br., Nr. 34), Bühl/Baden 1974, S. 121–133 bzw. 131 und 133. Vgl. auch CAMILLA DIRLMEIER und KLAUS SPRIGADE, Quellen zur Geschichte der Alamannen III (= Heidelberger Akademie der Wissenschaften, Kommission für Alamannische Altertumskunde, Schriften Bd. 5), Heidelberg 1979, S. 9–67.

20 SCHERRER, Handschriften, S. 170–175; BRUCKNER, Scriptoria 2, S. 78.

21 Vgl. HEINZ LÖWE, Irische Genealogien aus St. Gallen und ihr historischer Hintergrund, in: Tradition als historische Kraft (= Festschrift f. K. Hauck), hg. von NORBERT KAMP und JOACHIM WOLLASCH, Berlin/New York 1982, S. 138–155.

geschrieben worden, und zwar nicht erst – wie ihr Herausgeber Bruno Krusch annahm – im 10. Jahrhundert, sondern nach Bernhard Bischoff[22] im ersten Viertel des 9. Jahrhunderts (Gallus-Vita) und im zweiten Viertel desselben Jahrhunderts (Columbans-Vita). Beide dienten Krusch als Grundlagen zur 1902 erschienenen Edition: Den St. Galler Text der Columbans-Vita[23] stellte er an die Spitze von über 120 ihm schon damals bekannt gewesenen Manuskripten, Wettis Gallus-Vita[24] war und blieb der einzige Textzeuge.

Von dieser Gallus-Vita des Wetti hatte schon der St. Galler Stiftsbibliothekar Ildefons von Arx[25] eine erste Edition unternommen, die Georg Heinrich Pertz 1829 im zweiten Band der Monumenta Germaniae Historica[26], also an hervorragender Stelle, veröffentlichte und damit der Historiographie bekannt machte. Von dort übernahm sie Joseph van Hecke 1845 in die Acta Sanctorum[27] der Bollandisten, wodurch sie auch der Hagiographie zur Verfügung gestellt wurde. Aus dem Originalmanuskript veröffentlichte sie 1870 Gerold Meyer von Knonau im Zusammenhang mit der Neuherausgabe der st.gallischen Geschichtsquellen[28]. Aufgrund dieser Editionen erschienen die deutschen Übersetzungen: von August Potthast[29] 1857 und 1888, von Ernst Götzinger[30] 1896, von Karl Suso Frank[31] 1975, schließlich von Johannes Duft[32] 1988.

22 Brieflich an W. Berschin am 10. 11. 1973.

23 MGH Script. rer. Merov. IV, S. 1–156; ebd., VII, S. 822–827.

24 Ebd., IV, S. 232 ff., 240 ff., 256–280.

25 Über ihn Eduard Fischer (Hg.), Ildefons von Arx 1755–1833, Bibliothekar, Archivar und Historiker zu St. Gallen und Olten, Gedenkschrift aus Anlaß seines 200. Geburtstages (= Publikation aus dem Stadtarchiv Olten, Nr. 4), Olten 1957. Darin S. 27–35 J. Duft über Stiftsbibliothekar von Arx als Herausgeber und MGH-Mitarbeiter.

26 Scriptorum tom. II, Hannover 1829: S. 1–4 Einleitung, S. 5–21 Text der Vita, S. 31–34 Proben aus den metrischen Viten, dabei S. 33 f. unter unrichtiger Überschrift und in falschem Zusammenhang der nicht als solcher erkannte metrische Prolog Wettis zur Gallus-Vita aus Codex 553, S. 166 f.

27 Tom. VII Octobris, Bruxelles 1845: S. 856–884 Einleitung, S. 884–909 Edition mit Kommentaren.

28 In MVG XII, St. Gallen 1870: S. VII–XII Vorwort (darin auch der nicht als solcher erkannte metrische Prolog Wettis), S. XIII–XXV Einleitung, S. 1–61 Text der Vita.

29 In zwei Auflagen der »Geschichtschreiber der deutschen Vorzeit« (8. Jh., 1 Bd.), wobei die zweite von Wilhelm Wattenbach überarbeitet wurde.

30 Das Leben des heiligen Gallus, nach der Reimart des Originals übersetzt, St. Gallen 1896. (»Reimart des Originals« ist eine verwirrliche Bezeichnung. Es handelt sich dabei nicht um Wettis metrischen Prolog, der weder erkannt noch wiedergegeben ist, sondern um ein Stilmittel, das Wetti mehr gekünstelt als kunstvoll im Verlauf seines Prosatextes häufig verwendet hat: eine Art »Reimprosa«, die anscheinend seine Gewandtheit im Umgang mit der lateinischen Sprache zeigen sollte; Walahfrid unternahm in seiner Fassung »die Ausmerzung der altmodigen Reimverse«, so selbst Götzinger.)

31 In der vom Artemis-Verlag in seiner »Bibliothek der alten Welt« herausgegebenen Reihe »Frühes Mönchtum im Abendland«: 2. Bd. (Lebensgeschichten), Zürich/München 1975, S. 231–266.

32 Die Lebensgeschichten der Heiligen Gallus und Otmar, aus den lateinischen Viten übersetzt (= BS, 9. Bd.), St. Gallen und Sigmaringen 1988, S. 9–53.

Eigenartigerweise wußten die verdienten Herausgeber vor Bruno Krusch nicht, daß sie die von Wetti verfaßte Vita in Händen hatten. Man schrieb sie einem Anonymus zu und nannte sie – zur Unterscheidung von der etwas jüngeren Fassung des Walahfrid – die »ältere Vita« (*vita vetustior*[33], weshalb dann die 1895 entdeckten, noch älteren Fragmente die Bezeichnung *vita vetustissima* erhielten). Die stift-st.gallischen Historiographen wußten nachweisbar im 16. Jahrhundert von ihrer Existenz, und Stiftsbibliothekar P. Pius Kolb[34] (†1762) schrieb in seiner typischen Schrift über ihren Beginn im Codex 553 (S. 166) die Titelzeile: *Prologus Metricus Wettini in Vitam S. Galli.* Doch dieser richtige Verfassername wurde – vermutlich durch Ildefons von Arx – ausradiert; er schimmert immerhin bis heute durch. Selbst Ernst Dümmler vermochte ihn aber noch nicht festzustellen, als er diesen in 34 lateinischen Hexametern abgefaßten Prolog[35] 1884 unter den *Carmina Sangallensia* veröffentlichte[36] und damit weltweit bekannt machte. Schließlich erkannte der Philologe Franz Bücheler, daß sich in diesem Prolog ein Akrostichon verbarg: Als er die jeweils ersten Buchstaben der 34 Verse aneinanderreihte, las er die Widmung: COZBERTO PATRI VVETTINVS VERBA SALVTIS (dem Vater Gozbertus entbietet Wettinus Worte des Grußes).

Es war also Wetti (latinisiert Wettinus), Mönch, Lehrer und Schulvorsteher auf der Klosterinsel Reichenau, der für Gozbert, den Abt in St. Gallen 816–837, diese Neufassung der in merowingisch-barbarischem Latein überlieferten Gallus-Vita vorgenommen hat. Man ließ sich damals das Leben des Hausheiligen gern durch eine bedeutende Persönlichkeit außerhalb des eigenen Hauses schreiben, galt doch fremdes Lob begreiflicherweise mehr als Eigenlob. Wetti war angesehen, war – wie Walahfrid, sein Schüler und dritter Verfasser einer Gallus-Vita es bezeugte – mild und gütig, und Wetti starb schließlich am 4. November 824 als Visionär[37], der nach

33 So anscheinend erstmals Ildefons von Arx, ihr frühester Herausgeber, im handschriftlichen Inhaltsverzeichnis, das er dem Codex 553 vorgebunden hat.

34 Über ihn Franz Weidmann, Geschichte der Bibliothek von St. Gallen seit ihrer Gründung um das Jahr 830 bis auf 1841, St. Gallen 1841 bzw. 1846, S. 219–359; J. Duft, Anton Roschmanns Briefwechsel mit Pius Kolb, in: Festschrift Nikolaus Grass, 2. Bd., Innsbruck 1975, S. 260–286; Ders., Die Handschriften-Katalogisierung in der Stiftsbibliothek St. Gallen vom 9. bis zum 19. Jahrhundert, in: Beat Matthias von Scarpatetti, Die Handschriften der Stiftsbibliothek St. Gallen, Codices 1726–1984, St. Gallen 1983, S. 55*–65*; ebd. über I. von Arx S. 70*–78*.

35 Er steht nicht nur im St. Galler Codex 553 (S. 166/167), sondern auch in einer Heilbronner Handschrift in Erlangen (Codex 237, fol. 95) aus dem 12. Jahrhundert; vgl. Johann Conrad Irmischer, Diplomatische Beschreibung der Manuscripte, welche sich in der Königl. Universitätsbibliothek zu Erlangen befinden, 1. Bd., Erlangen 1829, S. 423 ff. E. Dümmler kannte beide Vorlagen.

36 In MGH Poetae Latini aevi Carolini, tom. II, Berlin 1884, S. 474, 476. Ebd., S. 701 als Nachtrag die Identifizierung des Prolog-Verfassers durch F. Bücheler.

37 Zu Wetti jetzt: Walahfrid Strabo, Visio Wettini – Die Vision Wettis, hg. von Hermann Knittel, Sigmaringen 1986.

Art einer »Divina Commedia« Unterwelt und Himmel im Geiste durchschritten hatte.

Wetti hat seine Gallus-Vita, wie Vergleiche eindeutig ergeben, aufgrund der ihm selbstverständlich noch ganz vorliegenden Fassung, die heute die Vetustissima heißt, sowie der darin verarbeiteten Columbans-Vita geschrieben. Seine Aufgabe bestand offensichtlich darin, das verwilderte Latein der Vorlage in eine verbesserte, veredelte Sprache umzugießen, auf daß die Lebensgeschichte des Gründers auch wirklich der unter Abt Gozbert einsetzenden Blütezeit der Abtei St. Gallen – sie war dreifach: politisch, wirtschaftlich und kulturell – entspräche. Erfüllte Wettis Arbeit, die also in die Jahre zwischen 816 und 824 zu datieren ist, die Erwartungen? Anfänglich zweifellos, jedoch mit zunehmender Bildung und Blüte immer weniger. So kam es schon bald zur dritten Fassung desselben Stoffes, die Wettis berühmtester Schüler sozusagen als Ehrenrettung der Reichenau unternahm.

Die Gallus-Vita von Walahfrid

Während die Erforschung der *Vita vetustissima* und auch der sogenannten *Vita vetustior,* also der von Wetti besorgten Neufassung der Gallus-Lebensgeschichte, in neuerer Zeit großen Aufwand an Geist und Tinte gekostet hat, blieb die Arbeit der Historiker um die von Walahfrid Strabo vorgenommene dritte Fassung ohne außerordentliche Probleme. Zwar ist sie von den dreien die ausführlichste, sowohl in der ausholenden Erzählweise als auch in der Anzahl der Kapitel. Es sind 80, die auf zwei »Bücher« verteilt sind: Das erste handelt in 34 Kapiteln vom Leben und Sterben des seligen Bekenners Gallus, das zweite in 46 Kapiteln von den nach seinem Tod durch Gott bewirkten Wundern. Die Verfasserschaft Walahfrids steht hier außer Zweifel: In der Überschrift des Prologs steht sein Name, und den kurzen Epilog bildet eine *oratio Walahfridi* zum heiligen Gallus.

Man mag sich höchstens die Frage stellen, warum Walahfrid, der sich in seinen wichtigeren, vorab poetischen Werken gern »in ausführlichen, nicht von einer gewissen Egozentrik freien Präfationen oder am Ende plazierten *commendationes* ... namentlich vorgestellt« hat[38], in den Prologen zur Gallus-Vita und wenig später auch zur Otmars-Vita[39], »die sonst sehr persönlich ausgeformt sind«, nicht mit Namen genannt hat. Er verschwieg sich ja auch nicht in seinen Neuausgaben der Viten Karls

38 So Alf Önnerfors, Über Walahfrid Strabos Psalter-Kommentar, in: Literatur und Sprache im europäischen Mittelalter (= Festschrift f. K. Langosch), Darmstadt 1973, S. 83 f. mit Anm. 23.

39 Sie stellt diesbezüglich kein zusätzliches Problem, ist sie doch eine von Diakon Gozbert verfaßte und wiederum von Walahfrid Strabo überarbeitete Fortsetzung der Gallus-Vita; vgl. J. Duft, St. Otmar, Die Quellen zu seinem Leben, lateinisch und deutsch (= BS, 4. Bd.), Zürich und Lindau/Konstanz 1959, S. 10–15; jetzt auch im hier vorliegenden Band S. 40–44.

des Großen von Einhard und Ludwigs des Frommen von Thegan[40]. Vielleicht geschah es bei der Neuausgabe der Gallus-Vita aus Schonung gegenüber seinem verehrten verstorbenen Lehrer Wetti, dessen weniger geglückte Arbeit er hier zu verbessern hatte, den er aber nicht mit Namen nannte.

Walahfrids Autorschaft ist jedoch zu Recht nie bestritten worden und ist vor allem aus zwei Gründen unbestreitbar: vorerst durch die zeitgenössische Zuschreibung in den Überschriften nahezu aller Manuskripte, sodann durch den Stil und den persönlichen Ton des in jeder Beziehung informierten und bestgebildeten Schriftstellers. Als solcher offenbart er sich besonders im ausführlichen Prolog, dazu auch im 9. Kapitel des zweiten Buches, mit dem er die Überarbeitung und Einarbeitung einer nun nicht mehr von Wetti, sondern vom St. Galler Diakon und Abts-Neffen Gozbert verfaßten Mirakelsammlung einleitete.

In der epischen Breite der Erzählung und in der würdevollen Gekonntheit der Sprache ging Walahfrids Fassung der Gallus-Vita aus der Gallus-Abtei in die befreundeten Klöster und in die zahlreichen Gallus-Kirchen[41] über. Sie erlebte auch in den besten Editionswerken, von denen schon Heinrich Murer 1648 in seiner deutschsprachigen *Helvetia Sancta*[42] mehrere aufgezählt hat, ihre Wiedergabe, beispielsweise durch Laurentius Surius[43] in Köln 1574, durch Melchior Goldast[44] in Frankfurt 1606, durch Jean Mabillon[45] in Paris 1669, durch Jacques Paul Migne[46] in Paris 1852, schließlich auch durch Robert Thuli[47] in St. Gallen 1890. Die bis heute gültig gebliebene Edition besorgte 1902 wiederum Bruno Krusch[48]. Er verwendete dafür 34 Handschriften aus dem 9. bis 12. Jahrhundert, darunter die Codices 560, 562, 564 und 572 der St. Galler Stiftsbibliothek. Die große Anzahl, die inzwischen *Abb. 4, 5*
dank der Fortschritte in der Katalogisierung handschriftlicher Bestände beinahe

40 Önnerfors (wie Anm. 38), S. 84.

41 Es waren im Mittelalter nicht weniger als 250; siehe Paul Staerkle, Von den St. Gallus-Patrozinien, in: Sankt Gallus Gedenkbuch, hg. vom Bischöfl. Ordinariat und vom Kath. Administrationsrat, red. von J. Duft, St. Gallen 1952, S. 48–74; ebd., S. 36–46 Arthur Kobler, Des heiligen Gallus Tod, Grab und Reliquien.

42 1. Ausgabe 1648 bei David Hautt in Luzern, darin St. Gallus S. 94–108; 2. Ausgabe 1750 in der Stiftsdruckerei St. Gallen, darin St. Gallus S. 80–94. – Eine erstmalige kurze Zusammenfassung der Gallus-Vita nach Walahfrid in deutscher Sprache findet sich schon bei Heinrich Fabricius, Außzug bewerter Historien der fürnemsten Heiligen Gottes, Köln 1583, S. 1070–1073.

43 De probatis Sanctorum historiis, 5. Bd., Köln 1574, S. 807–839.

44 Alamannicarum rerum scriptores aliquot vetusti, 1. Bd., Frankfurt 1606, S. 233–276. In der von Heinrich Christian Senckenberg in Frankfurt und Leipzig besorgten 3. Auflage 1730, S. 146–176.

45 Acta Sanctorum Ordinis s. Benedicti, Saeculum secundum, Paris 1669, S. 227–268. Vgl. Gall Heer, Johannes Mabillon und die Schweizer Benediktiner, St. Gallen 1938, S. 127, 142 f., 203 f.

46 Patrologiae cursus completus, Series Latina, Paris 1852, Sp. 975–1030.

47 In MVG, 24. Bd., St. Gallen 1890, S. 1–76.

48 MGH Script. rer. Merov. IV: S. 234 f. und 242–251 Einleitung, S. 280–337 Edition; dazu ebd., S. 778, sowie Bd. VII, S. 834 f.

verdoppelt werden konnte, bezeugt die Verbreitung und Beliebtheit der Walahfrid'schen Gallus-Vita schon im früheren Mittelalter.

Es war also Walahfrid[49] Strabo und Strabus, das heißt der Schieler, welcher die dritte Fassung der *Vita sancti Galli* vorgenommen hat. Es geschah wiederum, wie schon zur Zeit Wettis, auf den Wunsch des im Prolog ausdrücklich erwähnten St. Galler Abtes Gozbert, der seinem Kloster 816–837 vorstand. Aber es geschah wohl nicht deshalb, weil sich St. Gallen »damals auch auf anderen Gebieten als dem literarischen nicht mit dem Reichenauer Kloster messen konnte«[50], sondern um einerseits das Versagen Wettis durch einen jüngeren Reichenauer Mitbruder wettzumachen und um andererseits nach allgemeinem Brauch dem Vorwurf des Eigenlobes zuvorzukommen.

Der Lebenslauf des vielbeschäftigten Walahfrid Strabo, der als »der größte Dichter lateinischer Zunge, den die Reichenau je hervorgebracht hat«[51], gepriesen wird, läßt sich kurz in die folgenden Daten fassen: Geboren um 808/809 in Schwaben, formte der Frühreife schon um 825 die Vision seines verstorbenen Lehrers zur großen Dichtung um, kam dann aus der Reichenauer Klosterschule in jene zu Fulda, wurde 829 am Kaiserhof Erzieher Karls des Kahlen, erhielt 838 die Abtei Reichenau und starb 849 beim Überschreiten der Loire. Als Abfassungszeit für die Gallus-Vita werden von Krusch[52] die Jahre 833/834 wahrscheinlich gemacht.
Abb. 9 Später überarbeitete er die Otmars-Vita des Diakons Gozbert und widmete dem neuen St. Galler Abt Grimalt, seinem früheren Lehrer auf der Reichenau und Gönner am Kaiserhof, die wunderschöne »Hortulus«-Dichtung[53], die »an Wärme, liebevoller Zuneigung und poetischer Plastizität ihresgleichen sucht«[54].

Worin bestand nun Walahfrids Leistung an der Gallus-Vita? Meyer von Knonau[55] glaubte 1870, sie abwerten zu müssen: Es sei »Walahfrid's Streben« gewesen,

49 Aus der umfangreichen Literatur seien hier drei besonders verdiente Autoren angeführt: Konrad Beyerle, Die Kultur der Abtei Reichenau, München 1925, S. 92–110, 1234f.; Karl Langosch, in: VL[1], 4. Bd., 1953, 734–769, bes. 745–748; Alf Önnerfors, Walahfrid Strabo als Dichter, in: Die Abtei Reichenau, Neue Beiträge zur Geschichte und Kultur des Inselklosters, hg. von Helmut Maurer, Sigmaringen 1974, S. 83–113.

50 So Langosch (wie Anm. 49), Sp. 745. Jetzt insgesamt Walter Berschin, Eremus und Insula, St. Gallen und die Reichenau im Mittelalter – Modell einer lateinischen Literaturlandschaft, Wiesbaden 1987, bes. S. 63.

51 So Önnerfors (wie Anm. 49), S. 83.

52 Wie Anm. 48, S. 234.

53 Herausgegeben erstmals schon von Vadianus 1510 und 1512, schließlich von Werner Näf und Matthäus Gabathuler, Walahfrid Strabo, Hortulus – Vom Gartenbau, St. Gallen [2]1957; danach auch von Hans-Dieter Stoffler, Der Hortulus des Walahfrid Strabo, Aus dem Kräutergarten des Klosters Reichenau, Sigmaringen 1978.

54 So A. Önnerfors, Philologisches zu Walahfrid Strabo, in: Mittellateinisches Jahrbuch, 7. Jg., 1972, S. 41–92, Zitat S. 51.

55 In MVG XII, S. XVI.

»möglichst die von ihm vorgefundene Schilderung auszumalen, mit neuen Strichen zu versehen, wodurch eben Bilder entstanden, deren Bevorzugung vor den schmuckloseren Zeichnungen des Anonymus [damit war der damals noch nicht identifizierte Wetti gemeint!] so irreführend als nur möglich wäre.« Anders 1953 Karl Langosch[56]: »Beim Vergleich mit den erhaltenen Vorlagen ergibt sich einmal, daß Walahfrids Umarbeitung der Vita Wettis vor allem dem Sprachlich-Stilistischen galt. Er tilgte die Barbarismen des Merowingerlateins, erstrebte ein korrektes, gewandtes, in längeren Perioden aufgebautes Latein, wie es der karolingischen Renaissance entsprach ... Bei der Bearbeitung schloß er sich nicht fest an die Vorlage an, sondern fügte hier etwas hinzu und ließ dort etwas weg ... Auch hier machte er die Lektüre durch die Einteilung in Kapitel und durch Überschriften leichter ... Zum anderen übertrifft Walahfrid auch sachlich seine Vorlage (also Wetti), da er die gemeinsame Quelle, die Vetustissima, ausgiebiger heranzog, sich auch bei den Reden enger an deren Wortlaut anschloß und sachliche Ergänzungen einfügte. Sein Werk hat es voll verdient, daß es im Mittelalter so häufig abgeschrieben wurde.«

Laurenz Kilger[57] hat schon 1942 Hinweise für die Quellentreue, die Walahfrid trotz seiner ausführlichen Schilderung zu wahren wußte, geliefert, was ihn zum Schluß führte, »daß die letzte Bearbeitung (der Gallus-Vita) von Walahfrid als die zuverlässigste Form gelten kann für die verlorenen Stücke der Vetustissima.«

Allerdings, das sei beigefügt: Walahfrid brachte Exkurse bei, handhabte biblische und klassische Zitate, liebte epische Breite und würdiges Pathos, wobei Neuformulierungen gelegentlich wie neue Interpretationen anmuten.

Die metrischen Gallus-Viten

Auf der Grundlage der Walahfrid'schen Gallus-Vita wurde im gleichen 9. Jahrhundert dreimal der Versuch unternommen, die Lebensgeschichte des st. gallischen Gründer-Heiligen in lateinische Verse umzuformen. Ein eigener Quellenwert kommt diesen Dichtungen selbstverständlich nicht mehr zu; sie blieben aber typische Zeugnisse der karolingischen Renaissance und ihrer Freunde an der gewandten Handhabung des wiedergewonnenen Lateins.

Wer der Versificator der ersten metrischen Gallus-Vita war, ist in ihrem an Gozbert, den Neffen des gleichnamigen St. Galler Abtes, gerichteten Prolog nicht gesagt. Darin wird immerhin angedeutet, der Verfasser habe vor 16 Jahren dem Onkel des hier Angesprochenen in Aussicht gestellt, die damals in Prosa abgefaßte Vita schließlich auch in Verse umzugießen. Stammen also diese Hexameter – die 20

56 Langosch (wie Anm. 49), Sp. 746 f.
57 ZSKG (wie Anm. 14), S. 117.

des Prologs und die 1808 der Vita – gleichfalls von Walahfrid, und sind sie somit vor 849 verfaßt worden? Die Frage kann hier nicht entschieden werden. Ihr Herausgeber Dümmler[58] verwies diese umfangreiche Dichtung in den Appendix zu Walahfrids Carmina, W. Schwarz[59] und V. Burr[60] sprachen sie Ermenrich von Ellwangen zu, was W. Forke[61] sodann bestritt. G. Bernt[62] erkannte, daß diese »metrische Vita von zu geringer Qualität« sei, »um Walahfrid beigelegt zu werden«, wie es schon Manitius[63] festgestellt hatte. A. Önnerfors[64] vindizierte für ihn immerhin den »eleganten metrischen« Prolog, der »sprachlich, metrisch und gedanklich auf einem anderen Niveau als die darauf folgende metrische Vita steht«. Ihr Verfasser dürfte ein bisher nicht identifizierter st. gallischer Dichter-Mönch vor oder um 850 gewesen sein, der sich inhaltlich an Walahfrids Prosafassung hielt und sich sogar eines echten Walahfrid'schen Prologs bedienen konnte.

Vom soeben angeführten Ermenrich stammen nun aber auch Gedichte, die er nach Art einer metrischen Gallus-Vita – sie wäre somit in deren Reihenfolge die *Abb. 26* zweite geworden – verfaßt hat. Es geschah in seiner großen Epistola[65] an den Abt von St. Gallen: es war nicht mehr Gozbert, sondern der noch bedeutendere Grimalt in den Jahren 841–872, zugleich Inhaber der Abteien Ellwangen und Weissenburg. Ermenrich[66], Mönch zu Ellwangen, geboren um 810/814, auf Grimalts Anordnung ausgebildet in den Klosterschulen Reichenau, St. Gallen und Fulda, 866 bis zu seinem Tod 874 Bischof von Passau, schrieb um das Jahr 850 seinen berühmt gewordenen Brief, worin er nicht ohne Selbstgefälligkeit sein weites Wissen in Prosa und Poesie und dabei auch sein hagiographisches Können ausbreitete. Dieser Brief

58 In MGH Poetae Latini aevi Carolini II, 1884, S. 266, 428–473. Grundlage war und blieb Codex 587 der StiBSG, eine erst im ausgehenden 14. Jahrhundert vorgenommene Abschrift dieser im Original untergegangenen metrischen Gallus-Vita; vgl. SCHERRER, Handschriften, S. 190.

59 WILHELM SCHWARZ, Die Schriften Ermenrichs von Ellwangen, in: Zeitschrift für Württembergische Landesgeschichte, 12. Jg., 1953, S. 181–189.

60 VIKTOR BURR, Ermenrich von Ellwangen, in: Ellwanger Jahrbuch, 16. Bd., 1956, S. 27.

61 WILHELM FORKE, Studien zu Ermenrich von Ellwangen, in: Zeitschrift für Württembergische Landesgeschichte, 28. Jg., 1969, S. 36, bes. Anm. 6, und S. 82.

62 GÜNTER BERNT, Das lateinische Epigramm im Übergang von der Spätantike zum frühen Mittelalter (= Münchener Beiträge zur Mediävistik und Renaissance-Forschung, 2), München 1968, S. 264 f.

63 MAX MANITIUS, Geschichte der lateinischen Literatur des Mittelalters, 1. Bd., München 1911 (Nachdruck 1959), S. 314 f., 496.

64 Philologisches (wie Anm. 52), S. 52 Anm. 44 (daraus unser Zitat); DERS., Psalter-Kommentar (wie Anm. 38), S. 84 Anm. 23.

65 Edition durch ERNST DÜMMLER in MGH Epistolae Karolini aevi III (= Epp. V), 1899 (Nachdruck 1978), S. 534–579, nach Codex 265 der StiBSG, der nicht dem 10., sondern dem 9. Jahrhundert entstammt. Vgl. SCHERRER, Handschriften, S. 99 f., und BRUCKNER, Scriptoria 3, S. 89.

66 Über ihn am ausführlichsten W. FORKE (wie Anm. 61); dort über Ermenrichs Brief S. 11–14, 19–22, 35 f., 72–82, 92, 95, 97, 99, 101. Vgl. VL², 2. Bd., 1980, Sp. 606–611.

war letztlich »ein Werben um Grimalts Gunst und ein Sichempfehlen als Sänger des hl. Gallus«[67]: Grimalt sollte also »Ermenrich als den Verfasser einer Vita S. Galli autorisieren«[68]. Für dieses »eigentliche Anliegen des Briefes« legte Ermenrich gleich schon Proben seiner dichterischen Fähigkeiten ab, die auch die Form des Akrostichons nicht scheuten. Trotzdem blieben seine dem Brief ein- und beigefügten[69] Versuche einer metrischen Gallus-Vita Fragment und geistreicher Torso.

An dritter Stelle steht ein köstliches und kostbares Stück: das Prosimetrum von Notker Balbulus, dem um 840 in Jonschwil geborenen und 912 in St. Gallen gestorbenen Dichter-Mönch, das er 883 im Widmungsbrief seiner Sequenzensammlung angekündigt und dann in einem doppelten Wechselspiel – nämlich im formalen Wechsel zwischen Poesie und Prosa sowie im personalen Wechsel zwischen ihm als Lehrer und seinem Schüler Hartmann – geschaffen hat. Dazu verfaßte Ekkehart IV. im 11. Jahrhundert einen anonymen Prolog. Stiftsbibliothekar Franz Weidmann war im 19. Jahrhundert der Wiederentdecker und erste Herausgeber[70]. Paul von Winterfeld identifizierte sodann den Prologverfasser, worauf Karl Strecker die zweite, bessere Edition[71] vornahm. W. E. Willwoll vermochte schließlich eine von Notker in Prosa verfaßte und dem heiligen Gallus in den Mund gelegte Predigt[72] als integrierenden Bestandteil sicherzustellen. Wolfram von den Steinen schilderte Notkers Partner Hartmann[73] und gab von neuem deren Verse[74] heraus. Schließlich vereinigte Walter Berschin, der auch die Geschichte dieser ganzen Beschäftigung mit Notkers Kunstwerk schrieb, alle noch greifbaren Stücke des »in der Vitenliteratur des lateinischen Mittelalters einzigartigen« Prosimetrums in einer endgültigen Edition[75]. *Abb. 11*

67 So W. Schwarz (wie Anm. 59), S. 189.

68 So W. Forke (wie Anm. 61), S. 14.

69 Die 114 Verse des Schluß-Epigramms sind nicht erst von Dümmler (wie Anm. 58), sondern schon 1829 von I. von Arx in MGH Script. II, S. 32 f., herausgegeben worden.

70 Geschichte der Bibliothek (wie Anm. 34), S. 481–493. Die Edition erfolgte nach »Archivband Nr. 1294«, d. h. nach dem heutigen Codex 369 in StiASG, der als unvollständige Abschrift erst dem 15. Jahrhundert entstammt. Daß das »Original 1461 noch bezeugt und seit etwa 1600 verschwunden ist«, bemerkt Bernhard Hertenstein, Joachim von Watt (Vadianus) – Bartholomäus Schobinger – Melchior Goldast, Die Beschäftigung mit dem Althochdeutschen von St. Gallen in Humanismus und Frühbarock (= Das Althochdeutsche von St. Gallen, 3. Bd.), Berlin/New York 1975, S. 25 mit Anm. 32.

71 In MGH Poetae Latini aevi Carolini IV/3, 1923, S. 1093–1108.

72 Wilhelm Emil Willwoll, Die Konstanzer Predigt des heiligen Gallus, ein Werk des Notker Balbulus, in: ZSKG, 35. Jg., 1941, S. 4–28, 114–139, Sonderdruck Freiburg/Schweiz 1942.

73 Wolfram von den Steinen, Notker der Dichter und seine geistige Welt, Darstellungsband, Bern 1948, S. 631 (Register: Hartmann der Jünger), dazu S. 635 (Register: unter Notkers Werken Sermo s. Galli und Vita s. Galli).

74 Ders., Editionsband, S. 142–147, 189 f.

75 Walter Berschin, Notkers Metrum de vita S. Galli, Einleitung und Edition, in: Florilegium Sangallense (= Festschrift f. J. Duft), St. Gallen und Sigmaringen 1980, S. 71–121. Schon vorher Ders., Zur Textgestalt von Notkers Metrum de vita S. Galli, in: DA, 27. Jg., 1971, S. 525–530.

Damit ist die *Vita sancti Galli* – stets der eine gleiche Stoff – im vierfach wechselnden Epochenstil[76] überliefert: um 680 »merowingisch«, um 820 »frühkarolingisch«, um 830 »karolingisch«, um 885 »spätkarolingisch«, ja in schon »fast überzüchteter karolingischer Kultur«.

Die gemalten Gallus-Viten

Noch weniger als die gedichteten Gallus-Viten waren und sind die gemalten Gallus-Zyklen das, was der Geschichtsforscher als tatsächliche Quellen für die historische Gestalt benötigt. Aber sie blieben die anschaulichsten Zeugnisse für die Rezeption der Quellen und für deren Adaptation in den unterschiedlichen Zeiten und Stilen. Ein kurzer Überblick möge es für das in St. Gallen faßbare Material[77] andeuten.

Den Übergang von der Dichtung zur Malerei stellen die Verse her, die Ekkehart IV. gedichtet hat *ad picturas claustri sancti Galli,* das heißt für Malereien im Kloster St. Gallen[78]. Welches der Inhalt dieser Gemälde war oder hätte sein sollen, ergibt sich schon aus den ersten Zeilen, wo gesagt wird: *Ecce deo Gallum ... sistunt votando parentes* (Siehe, es bringen die Eltern den Gallus Gott dar). Es ist also das Gallus-Leben, das von der Kindheit bis zum Begräbnis geschildert ist, wobei die Vita-Fassung des Walahfrid Strabo die selbstverständliche[79], nicht selten wörtlich verwendete Vorlage darstellt. Ekkeharts Dichtung umfaßt 146 leoninische Hexameter, die er selber in 73 Distichen abgeteilt hat.

Dieses Werk entstand, wie er neben der Überschrift notierte, im Auftrag des Abtes Purchart: *Purchardi abbatis iussu.* Hatte also einer der beiden St. Galler Äbte dieses Namens – Purchart I. in den Jahren 958–971 oder Purchart II. in den Jahren 1001–1022 – die Absicht, irgendwo in seinem Kloster einen Zyklus von Gallus-Bildern anbringen zu lassen? Von Purchart I. ist bekannt, daß er 971 neben dem Münster die Gallus-Kapelle erbauen ließ; doch damals lebte Ekkehart IV., dessen Jahre um 980 bis gegen 1060 angesetzt werden können, noch nicht, wiewohl ein

76 Vgl. Berschin, Biographie und Epochenstil (wie Anm. 15), 1. Bd., S. 30.

77 Siehe auch J. Duft, Der heilige Gallus in der stift-st. gallischen Kunst, in: Sankt Gallus Gedenkbuch (wie Anm. 41), S. 76–96; dazu Lexikon der christl. Ikonographie, 6. Bd., 1974, Sp. 345–348. Eine Parallele zur Malerei ist die Dichtkunst, dazu Peter Osterwalder, Sankt Gallus in der Dichtung, Gallusdichtungen und Gallusverse vom Mittelalter bis zur Neuzeit (= 123. Njbl.), Rorschach 1983.

78 Hg. von Johannes Egli, Der Liber Benedictionum Ekkeharts IV. nebst den kleinern Dichtungen aus dem Codex Sangallensis 393 (= MVG 31. Bd.), St. Gallen 1909, S. V, XVII, 369–381; besser von Karl Strecker, Die lateinischen Dichter des deutschen Mittelalters (= MGH Poetarum Lat. medii aevi tom. V/1), Leipzig 1937, S. 540–546.

79 Daß Ekkehart auch Wettis Fassung verwendet habe, wie Egli es noch annahm und vergeblich nachzuweisen versuchte, ist unrichtig, war sie doch längst nicht mehr im Gebrauch, ja wohl kaum mehr bekannt.

unausgeführter Auftrag selbstverständlich bis zu Ekkeharts Lebenszeit hätte bestehen bleiben können. Von Purchart II. ist ein solches Unternehmen nicht bezeugt, und die Behauptungen neuerer Historiker und besonders Kunsthistoriker sind nichts anderes als Vermutungen[80].

In Wirklichkeit hat Ekkehart mit diesen Versen, die er selber in zwei Varianten[81] und mit vielen Interlinearglossen und Korrekturen niedergeschrieben hat, eine Schularbeit, vielleicht eine Art Preisarbeit oder Modellarbeit geleistet, die einer wirklich vorhandenen Bilderfolge so wenig entsprochen hätte wie seine späteren Verse für die Ausmalung eines auch erst geplanten Neubaus des Mainzer Münsters; es waren für dort sogar 867 Verse aus dem Alten und dem Neuen Testament. Für die Themastellung der st. gallischen Schulaufgabe des fortgeschrittenen Scholaren oder jungen Magisters Ekkehart mag immerhin ein möglicher Anlaß gewählt worden sein: die zweifellos wünschbare und deshalb doch einmal vorzunehmende Ausschmükkung des Gallus-Münsters, des Kreuzganges oder vielleicht der Gallus-Kapelle mit einem Gallus-Bilderzyklus. Eben dafür griff Ekkehart in seine nicht ganz reine, aber stets versreiche Harfe. Dabei ließ er unklar, wie viele Bilder[82] er überhaupt betiteln wollte, ist doch seine Dichtung weniger eine Sammlung von Inschriften als eher eine erzählende Lebensgeschichte geworden. Alle seine Verse sammelte und überarbeitete er später eigenhändig zu einem Musterbuch für seine Schüler. *Abb. 38, 39*

Eine wirklich gemalte Gallus-Vita im Münster zu St. Gallen[83] ist dann allerdings am Ende des Mittelalters bezeugt. Vadianus[84] berichtet von Abt Ulrich VIII. Rösch (1463–1491): *Er ließ ouch das Münster malen, um die wend zů baiden siten S. Othmars und S. Gallens geschichten.* Die Gallus-Vita habe sich auf der linken, also auf der vornehmeren, nämlich auf der Evangelien-Seite befunden und sei in viele viereckige Felder aufgeteilt worden; Hans Haggenberg aus Winterthur sei der Maler gewesen. Die Pracht wurde aber schon im Bildersturm von 1529 übertüncht. Trotzdem ist bekannt geblieben, daß der Gallus-Zyklus nach der literarischen Vorlage Walahfrids gemalt worden war, hielt doch der Augenzeuge Johannes Kessler[85] fest: *Inwendig ain baiden muren under den fenster war mit großem kosten*

80 Über solche Vermutungen, aber auch über die richtige Interpretierung der ganzen dichterischen Leistung Ekkeharts handelt grundlegend Ernst Schulz, Über die Dichtungen Ekkeharts IV. von St. Gallen, in: Corona Quernea (= Festgabe f. K. Strecker, Schriften des Reichsinstituts für ältere deutsche Geschichtskunde, 6. Bd.), Leipzig 1941, S. 199–235, bes. S. 201–208.

81 Erstmals in Codex 168, S. 405/406, später in seinem Sammelband Codex 393, S. 239–246, beide als Originale in StiBSG.

82 Es sind weder 24 noch 72 Bilder intendiert; vgl. Schulz (wie Anm. 80), S. 204 ff. Ein »Cyklus von vielleicht 24 Gemälden« ist von Egli (wie Anm. 78), S. XVII vermutet worden.

83 Vgl. Kdm SG III, S. 47.

84 Joachim von Watt, Chronik der Äbte des Klosters St. Gallen, hg. von E. Götzinger, 2. H., St. Gallen 1877, S. 376.

85 In Sabbata, V. Buch, zu 1529 (in der Edition von 1902: S. 313).

und můiseligkait gemalet an ainer Sant Gallen, an der ander Sant Othmars historien, wie die von Walfrido und Isone, disers clausters vor ziten gelerte monachen, beschriben sind.

Aus dem Mittelalter ist wenigstens als Buchmalerei ein Gallus-Zyklus erhalten geblieben. Er ist die unmittelbare Illustrierung einer 1452 geschriebenen Gallus-Vita, diesmal allerdings schon einer deutschsprachigen, die immerhin als Übersetzung dem Walahfrid'schen Texte folgt. Sie findet sich in der Sammlung von Heiligen-Biographien, die der st. gallische Stadtbürger Konrad Sailer geschrieben *Abb. 16, 17* und im Jahre 1460 zu einem Buch – dem heute vielzitierten Codex 602 der Stiftsbibliothek[86] – zusammengebunden hat. Ihm standen mehrere ungenannte Zeichner zur Seite, die brav und steif, zwar wenig ausdrucksvoll, aber mit herzlicher Naivität und heiligem Eifer ihre kolorierten Federzeichnungen einstreuten. Für Gallus sind es nicht weniger als 44, wobei 18 sein Leben und Sterben – also Walahfrids »erstes Buch« – begleiten, während es für das »zweite Buch« mit den Geschehnissen und Wundern am Gallus-Grab 26 sind. Weil die ganze bunte Illustrierung mit dem Requisit des Spätmittelalters geschieht, bietet sie der Sittengeschichte und Volkskunde willkommenes Anschauungsmaterial, während sich die Kunstgeschichte mit hausbackener Kost zufrieden geben muß.

Im Barockzeitalter erlebte die Gallus-Vita eine kunstvolle Verbildlichung in Form eines Zyklus von 26 (heute noch 24) Gemälden, die in Emulsionstechnik auf Leinwand gemalt sind[87]. Sie bilden den reichen Schmuck der historischen, um 1666 neuerbauten Gallus-Kapelle im Hofflügel der st. gallischen Klostergebäude. Der fürstäbtliche Hofmaler Johann Sebastian Hersche versetzte, inspiriert von niederländischen und mailändischen Vorbildern, den frühmittelalterlichen Heiligen in hochbarockene Szenerien; der süddeutsche Kirchenmaler Josef Wannenmacher restaurierte und modernisierte sie sodann hundert Jahre später. Ihr Inhalt entspricht geradezu wörtlich der Walahfrid'schen Vita: unter jedem Bild steht das ihm entsprechende lateinische Zitat, bereichert durch einen passenden Bibelvers.

Ein dem Kaspar Meglinger um 1624/34 zugeschriebener Gallus-Zyklus von 12 ebenfalls auf Leinwand gemalten Ölbildern, der die Kapelle Adelwil bei Sempach (Kt. Luzern) schmückt, folgt einem gänzlich anderen Programm; er scheint

86 Vgl. HEINRICH JERCHEL, Spätmittelalterliche Buchmalereien am Oberlauf des Rheins, in: Oberrheinische Kunst (= Jahrbuch der Oberrheinischen Museen, 5. Jg.), Freiburg i. Br. 1934, S. 17–82, bes. 66, 76; J. DUFT, Der Bodensee in Sankt-Galler Handschriften, Texte und Miniaturen aus der Stiftsbibliothek St. Gallen (= BS, 3. Bd.), St. Gallen und Sigmaringen [4]1982, S. 59–64, 126 (mit Literaturhinweisen); DERS., Lebensgeschichten (wie Anm. 32), S. 73–75.

87 Vollständige Wiedergabe bei J. DUFT, Die Gallus-Kapelle zu St. Gallen und ihr Bilderzyklus (= 117. Njbl.), Gossau SG 1977, Buchausgabe ebd., 1977, Nachdruck mit Literatur-Nachträgen ebd., 1987.

von der Columbans-Vita beeinflußt worden zu sein und wird mit unbeholfenen deutschen Reimversen interpretiert[88].

Keine direkte Allusion an die mittelalterlichen Viten liegt schließlich den acht Gallus-Stuckreliefs zugrunde, die Christian Wenzinger nach 1750 in der St. Galler Stiftskirche, der heutigen Kathedrale, eigenhändig geformt hat[89]. Sie deuten stilistisch den Übergang vom Spätbarock zum Klassizismus an und stehen auch geistig an einer Zeitenwende.

Ein eigenes Kapitel, an das hier nur noch mit diesem abschließenden Hinweis erinnert sei, wäre der Darstellung der Gründerheiligen Gallus und Otmar in der Buchmalerei zu widmen. Das für die Heraldik begeisterte Spätmittelalter erfand für diese frühmittelalterlichen Gestalten eigene »Familienwappen« (so im Codex 613 des Abtes Franz von Gaisberg um 1526). Die Liturgiebücher des 16. Jahrhunderts illustrierten die Texte der Messefeiern mit ganzen Szenen (so beispielsweise das Pontifikalmissale Codex 357 des Abtes Diethelm Blarer von Wartensee um 1555). Zwar sind sie von den Erzählungen der alten Viten inspiriert, sie verlegen sie aber in den Lebensraum der Neuzeit. Immerhin wirkten in dieser anschaulichsten Weise die frühen Quellen über viele Jahrhunderte hinweg nach.

Abb. 20

Abb. 22, 23

88 Vgl. J. Duft, Sankt Gallus Gedenkbuch (wie Anm. 77 bzw. 41), S. 94 ff.; Adolf Reinle, Die Kunstdenkmäler des Kantons Luzern, 4. Bd., Basel 1956, S. 284–294, und 6. Bd., 1963, S. 449 f., 460, 512, 514; jetzt auch: Renaissancemalerei in Luzern 1560–1650 (Ausstellung im Schloß Wyher, Ettiswil), Luzern 1986, S. 104 ff.

89 Vgl. Kdm SG III, S. 172–179; jetzt Ingeborg Krummer-Schroth, Johann Christian Wentzinger 1710–1797, Freiburg i. Br. 1987, S. 55–58, 279.

Die Sankt Gallus-Glocke

Erstveröffentlichung: Die Bregenzer St. Gallus-Glocke in St. Gallen, in: Montfort, 18. Jg., 1966, S. 425–435. – In die hier vorliegende Fassung sind die seither gewonnenen Erkenntnisse, dabei auch die Ergebnisse einer technologischen Untersuchung, eingearbeitet.

Im Anschluß an die im vorausgegangenen Überblick gewürdigten Gallus-Viten sei ein eigenartiges, ja einzigartiges Erinnerungsstück vorgestellt, das in eben diesen *Abb. 40* Viten in einer zufälligen Anspielung aufklingt: die sogenannte St. Gallus-Glocke. Sie gehört seit 1786, nachdem sie während Jahrhunderten in Bregenz aufbewahrt worden war, zum Inventar der Stiftskirche (der heutigen Kathedrale) St. Gallen, wo sie seit drei Jahrzehnten – zwar wenig beachtet und doch still verehrt – neben dem St. Gallus-Seitenaltar hängt. Sie ist immerhin nicht ganz unbekannt, sondern gelegentlich in der Geschichtsliteratur[1] erwähnt, sogar abgebildet worden.

Die kleine Glocke, die nicht eine Kirchturms-, sondern eine Handglocke ist, in der Form eines rechteckigen schmalen Trapezes den Kuhglocken ähnlich, jedoch roh und schmucklos, mißt in der Höhe 33 cm, im ovalen Durchmesser unten 15 zu 23 cm und oben 11 zu 17 cm. Ihr wurde in späterer Zeit ein geschmiedeter Klöppel

1 Beispielsweise bei Carl Johann Greith, Geschichte der altirischen Kirche und ihrer Verbindung mit Rom, Gallien und Alemannien als Einleitung in die Geschichte des Stifts St. Gallen, Freiburg i. Br. 1867, S. 318, Anm. 2; Joseph Anderson, Scotland in Early Christian Times, vol. I, Edinburgh 1881, S. 214, fig. 80; Karl Walter, Glockenkunde, Regensburg 1913, S. 51 f.; J. M. Clark, The Abbey of StGall as a Centre of Literature and Art, Cambridge 1926, S. 20; Fritz Blanke, Columban und Gallus, Urgeschichte des schweizerischen Christentums, Zürich 1940, S. 68 ff., Abb.; Benedikt Bilgeri, Die Anfänge des Christentums in Vorarlberg, in: Bewahren und Bewähren (= Festschrift zur St. Gebhard-Tausendjahrfeier), Bregenz 1949, S. 5, Abb.; Johannes Duft und Peter Meyer, Die irischen Miniaturen der Stiftsbibliothek St. Gallen, Olten/Bern/Lausanne 1953, S. 50 f.; J. Duft, Die Gallus-Glocke, in: Um Helden und Heldenmären in Vorarlberg (= Ausstellungskatalog des Vorarlberger Landesmuseums), Bregenz 1955, S. 20 ff., Abb.; Erwin Poeschel, Kdm SG III, Basel 1961, S. 280, 283 f., Abb.; Josef Lechner, Glocken in Bregenzer Kirchen und Kapellen, in: Jahrbuch des Vorarlberger Landesmuseumsvereins 1964, Bregenz 1965, S. 73 f., Abb.; J. Duft, Frühes Christentum in Brigantium, in: Das römische Brigantium (= Ausstellungskatalog des Vorarlberger Landesmuseums, Nr. 124), Bregenz 1985, S. 113 f., Abb.

eingehängt und ein hölzernes Joch mit einem geschmiedeten Zughebel beigefügt. Sie wiegt mit diesen Zutaten 5,7 kg.

Kontrovers beantwortet wurde die Frage nach dem Material des blechernen Glockenmantels. Die neueste metallographische Untersuchung[2] hat ergeben, daß er weder aus Kupfer noch aus Eisen, sondern aus Stahlblech besteht, ja aus hartem Stahl, um so »einen besseren, reineren Ton zu erzeugen«. Zweifler werden belehrt, daß »Stahl keineswegs ein moderner Werkstoff, sondern mit seinen vielseitigen, wertvollen und typischen Eigenschaften seit 3500 Jahren dem Menschen dienstbar« sei[3]. Die Glocke ist also nicht gegossen, sondern sie ist aus einem einzigen, umgestülpten Stück Blech geschmiedet. Dieser »Glockenmantel hat allerdings scharfe Risse und glatte Brüche« erlitten, die auf »absichtliche Beschädigungen bei Überfall oder Kriegshandlungen« zurückgehen dürften. Zu deren Reparatur wurden »im Innern ein Blech als großer Flick« und zur Verstärkung »ein breiter Reifen genietet«, was auf bewußte Erhaltung schließen läßt, dann aber auch den Klang blechern gemacht hat.

Eine unbekannte barocke Hand hat dem Glockenmantel in dicken Ölfarben das naive Bild des hl. Gallus aufgemalt: Der Glaubensbote aus Irland, benediktinisch gekleidet und tonsuriert, mit wallendem Bart, im linken Arm den Wanderstab tragend, steckt mit seiner Rechten dem balkenschleppenden Bären ein Stück Brot in die Schnauze[4]. Daneben steht, gleichfalls wohl im 18. Jahrhundert geschrieben, die Inschrift: *Ao. 612 hat diß für sein Gloggen Gebraucht der H: Gallus in seiner Wohnung zu S: Gallen stein bey Bregencz.*

Dieser Hinweis auf »St. Gallenstein bei Bregenz« offenbart den früheren Aufbewahrungsort der Glocke: die sogenannte St. Gallenstein-Kirche[5] am Gallisteig, am Fuße des Gebhardsberges, also in unmittelbarer Nähe des 1906 kirchlich errichteten,

2 Alfred Mutz, Die Gallus-Glocke in technologischer Sicht (mit 12 Abb.), in: Jahrbuch des Vorarlberger Landesmuseumsvereins, 122./123 Jg., 1978/79, Bregenz 1979, S. 19–37; Willfried Epprecht, Christian Solenthaler und Eduard Schaller, Metallkundliche Untersuchung an der Gallus-Glocke (mit 5 Abb.), ebd., S. 37–39.

3 Ebd. Hinweis auf Karl Rösch, 3500 Jahre Stahl – Geschichte der Stahlerzeugung, in: Deutsches Museum, Abhandlungen und Berichte, 47. Jg., 1979, S. 13 ff.

4 Über diese in der Gallus-Vita geschilderte Szene, die den Bären zum Attribut des Heiligen in der Kunst machte, vgl. Ernst G. Rüsch, Gallus und der Bär, Geschichte und Legende, St. Gallen 1950.

5 Ausführlichste Darstellung: Andreas Ulmer, Die ehemalige St. Gallensteinkirche und das heutige St. Gallusstift in Bregenz, Historisch-topographische Studie, in: Veröffentlichungen des Vereines für christliche Kunst und Wissenschaft in Vorarlberg und dem Westallgäu, 11. Heft, Bregenz 1922. Erwähnungen auch bei A. Ulmer, Die Gotteshäuser Vorarlbergs in Wort und Bild, Dornbirn 1934, S. 20, und A. Ulmer, Rund um Vorarlbergs Gotteshäuser, Bregenz 1936, S. 22, ebenso bei Gustav Gugitz, Österreichs Gnadenstätten in Kult und Brauch, 3. Bd. (Tirol und Vorarlberg), Wien 1956, S. 207 f.

inzwischen wieder aufgegebenen St. Gallus-Stiftes der Benediktiner von Mariastein[6]. Hier stand einstmals die St. Gallus-Kapelle, deren Gründung unbekannt, deren zweimaliger Neubau aber überliefert ist: um 1540 durch Junker Hans Schnabel von Schönstein zu Riedenburg, sodann 1610–1614 durch Behörden und Volk von Bregenz. 1697 errichtete die Stadtgemeinde hier sogar ein eigenes Benefizium[7] unter dem Titel *ad Lapidem S. Galli.*

Dieses vielbesuchte, anscheinend auch genügend dotierte Heiligtum stand – wie sein lateinischer und deutscher Titel besagte – am Orte des St. Gallus-Steines. Er scheint eine in den Kirchenbau von 1610 übernommene Felsenhöhle gewesen zu sein, die angeblich dem irischen Heiligen als Unterkunft gedient haben soll. Ähnliche Höhlen St. Columbans[8] werden mehrfach verehrt, beispielsweise in Annegray bei Luxeuil, in der Nähe von Herisau über der Glatt und in der Umgebung von Bobbio. Mit der Kapelle wurde schließlich auch dieser »Gallusstein« gesprengt, weshalb seine Eigenart – Wohnhöhle oder nur Kochherd, wie eine andere Überlieferung will – nicht mehr nachgeprüft werden kann.

Bessere Kenntnis besteht über jenen anderen »Gallusstein«, der neben dieser Kapelle lag: Es war eine Sandsteinplatte in der Form eines oblongen Viereckes, die eine Vertiefung von der Gestalt eines menschlichen Körpers zeigte, »ähnlich jenem Eindruck, den oft Knaben in den Schnee machen, wenn sie mit ausgebreiteten Gliedern in denselben liegen«[9]. Hierin sah die Volksfrömmigkeit die Ruhestatt des hl. Gallus, den sein gestrenger Meister St. Columban fieberkrank in Bregenz zurückgelassen hatte[10]. Hierher pilgerte und hierhinein legte sich, wer vom »schüttelnden oder kalten Fieber« ergriffen war, um Heilung zu suchen. Wie gut paßte die St. Gallus-Glocke in solche Stimmung und Umgebung!

6 Hingewiesen sei auf Ansprachen anläßlich der Dreizehnhundert-Jahr-Feier vom Tode des hl. Gallus vom 16./17. Okt. 1951 in St. Gallen und Bregenz, wiedergegeben in: Sankt Gallus Gedenkbuch, hg. vom Bischöfl. Ordinariat und Kath. Administrationsrat St. Gallen, red. von J. Duft, St. Gallen 1952: S. 156–160 Ernst Kolb, Freundnachbarliche Verbundenheit; S. 167f. Meinrad Tiefenthaler, Der Standort der Irensiedlung in Bregenz; S. 168ff. Basilius Niederberger, Das Schicksal der Irensiedlung in Bregenz. – Das St. Gallusstift ist heute im Besitz des Landes Vorarlberg und dient als Landesbibliothek.

7 Vgl. Ludwig Rapp, Topographisch-historische Beschreibung des Generalvikariates Vorarlberg, 2. Bd., Brixen 1896, S. 294, 458–469.

8 Kurz erwähnt bei Gall Jecker, Die Verehrung des hl. Columban in der Schweiz, in: Mélanges Colombaniens, Paris 1951, S. 300; Nerina Gatti Follini, Le tradizioni popolari bobbiesi di S. Colombano, in: San Colombano e la sua opera in Italia, Bobbio 1953, S. 67–72; Fritz Blanke, Columban und Gallus, Zürich 1940, S. 60.

9 So der Augenzeuge Faustin Ens in seiner handschriftlichen Geschichte der Stadt und Grafschaft Bregenz, zitiert bei Ulmer, St. Gallensteinkirche (wie Anm. 5), wo das reichste Material an Quellen und Literatur zu finden ist. Über den Augenzeugenbericht des Humanisten Kaspar Bruschius von 1551 vgl. Ludwig Welti, Das Mehrerauer Mausoleum, in: Montfort, 16. Jg., 1964, S. 41f.

10 Wetti und Walahfrid Strabo, Vita s. Galli, Kap. 9.

Diese beiden steinernen Erinnerungen an St. Gallus, der Nagelfluhfels in der Kapelle und die Sandsteinplatte daneben, mußten dem aufgeklärten Josephinismus[11] mißfallen. Deshalb wurde das Heiligtum 1788 gesperrt und sein Vermögen zum Religionsfond eingezogen. 1790 vorübergehend wieder geöffnet, jedoch vernachlässigt, diente die Kirche 1796–1800 profanen Zwecken. 1808 wurde sie von der bayrischen Regierung als »überflüssig« verkauft und abgebrochen, womit sie das noch heute beklagenswerte Mißgeschick der Mehrerauer Klosterkirche teilte. Um die Mitte des 19. Jahrhunderts wurden auch die Felsgrotte und die Sandsteinplatte in pietätloser Weise gesprengt. Eine vom St. Gallus-Stift 1908 an jener Stelle errichtete steinerne St. Gallus-Statue erlebte 1941 unter den Nationalsozialisten das gleiche Schicksal.

Erstaunlicherweise entging die sogenannte irische St. Gallus-Glocke[12] diesen mehrfachen Zerstörungswellen. Sie war schon lange zuvor, spätestens um die Mitte des 17. Jahrhunderts, in die dem gleichen Heiligen geweihte Bregenzer Pfarrkirche übergeführt worden, wo sie unter dem Chorbogen hing und Verehrung genoß. Der aus Appenzell gebürtige Benediktiner P. Franz Ransperg (†1670), gewesener Prior der Abtei Mehrerau, weiß hierüber in seiner Historischen Relation[13] von 1656 folgendes zu berichten:

Auß obermelter geschicht, als der H. Columbanus seine brüeder mit dem zeichen der gloggen, pulsato signo, zue dem gebett berueffen, erscheint auch wahr zue sein, dass die ienige glogg, so iezunder in der Pfarrkirchen zue Bregenz mit gebührender Ehr aufbehalten vnd an den großen Festtägen zue der Eleuation in der H. Meß geleutet wirdt, billich St. Gallen glockh genent wirdt, wie vns deßhalb die übergebene bestendige Tradition, von vnsern Voreltern herrüerendt, hierinnen bestettiget, ab welchem geleüth billich die Teüfel vnd ihr Anhang auch all ihrer Lüst vnd gewalt soll erschreckhen, vnd allem Volkch die ewig gedechtnuß der vom H. Gallo empfangnen Guettathen mehr vnd mehr zue Ohren vnd Herzen gebracht werden.

11 Hierüber beispielsweise A. Ulmer, Die Volksbewegung gegen die kirchenpolitischen Neuerungen Josefs II. im Lande Vorarlberg und im besonderen in der Pfarrei Dornbirn 1789–1791, in: Montfort, 1. Jg., 1946, S. 45–55, 100–118; 3. Jg., 1948, S. 50–60, 196–231.

12 Sie ist nicht zu verwechseln mit den beiden Glöcklein, die im Dachreiter der 1610–14 erbauten St. Gallensteinkirche hingen und mit dem Bild des Heiligen geziert worden waren; diese gelangten 1820 auf die neue Kirche des Gebhardsberges. Neben Ulmer (wie Anm. 5) und Rapp (wie Anm. 7), S. 501 vgl. Andreas Weissenbäck und Josef Pfundner, Tönendes Erz, Die abendländische Glocke als Toninstrument und die historischen Glocken in Österreich, Graz/Köln 1961, S. 566; dazu Lechner (wie Anm. 1), S. 100f.

13 Kopie im Vorarlberger Landesarchiv Bregenz, Cod. Mehrerau 157, S. 47. Titel: »Hystorische vnd bewerthe, auß glaubwürdigen Authoribus, vnd Brieffen geschöpfte Relation, von der Landt- vnd Graffschafft, auch vralten Statt: vnd in specie dem Closter Bregenz. Ab vrbe Brigantina condita, usque ad Annum 1600, et ultra.« Im Original dürfte eine Abbildung der Gallusglocke gefolgt sein, steht doch in der Abschrift über einem ausgesparten freien Raum: »Hie wirdt des H. Galli Gloggen angedeütet.« Auf S. 48 war eine (hier gleichfalls fehlende) Abbildung des St. Gallus-Steines vorgesehen: »Allhie wirdt deß H. Galli harte Ruehe Statt praesentiert.« Darunter: »Die Zellen So Sie vmb daß Betthauß gebawen hatten, werden allda verzeichnet.«

Man führte also die Glocke unmittelbar auf die Irenmönche Columban und Gall, das heißt in die Zeit ihres Bregenzer Aufenthaltes um 610–612 zurück. Weil aber durch jene Glaubensboten und damit auch durch deren Glocke – wie gleich noch mitzuteilen sein wird – die bösen Geister verbannt worden waren, schrieb man dem Geläute noch immer dieselbe übernatürliche Wirkung zu. Von hoher Verehrung zeugt die Tatsache, daß man die Glocke, obzwar sie keineswegs Wohlklang hatte, in den Messen der hohen Festtage zur Wandlung läutete.

Ein anderer Mehrerauer Prior, P. Apronianus Hueber, bestätigte 1728 diesen Bericht über die *Campanula S. Galli,* die das Volk *teutonice St. Gallen glögglin* nannte[14]. Sie werde nicht nur an den höchsten Festen zur Elevation von Hostie und Kelch, sondern auch bei drohender Wettergefahr geläutet, wodurch diese wunderbarerweise verscheucht werde:

Campanula, qua memorati Viri Dei signum ad horam orationis dare consueverant, ad haec usque tempora in Choro Parochialis Ecclesiae Brigantinae suspensa videtur, et non nisi in summis anni festivitatibus ad Elevationem S. Hostiae et Calicis sub Missa, ac ubi periculosiores ingruunt tempestates, pulsari assolet. Et quod mireris, ad eius pulsum, nubes, fulgura et grandinem minitantes, non sine prodigio confestim dissipantur.

Trotz solcher Verehrung mußte die St. Gallus-Glocke im Jahre 1786 Bregenz verlassen. Die Beweggründe sind nicht ganz einwandfrei nachzuweisen. Der »aufgeklärte« Zeitgeist dürfte die Hauptschuld getragen haben, kam er doch beispielsweise darin zum Ausdruck, daß die Frau Landvögtin am übelklingenden Blechgeschell Ärgernis nahm[15]. Ihr Gatte, Karl von Schenk, verstand es nun, aus der Not eine Tugend zu machen. Um einerseits dem Josephinismus zu huldigen und seine ach so zart besaitete Gattin zu besänftigen, um andrerseits den Fürstabt im nahen Benediktinerstift St. Gallen mit einem für ihn billigen Geschenk zu erfreuen, schrieb er am 20. Februar 1786 den folgenden Brief[16] an Abt Beda Angehrn:

Hochgebohrner, hochwürdigster Reichsfürst, Gnädigster Herr! Für die bey meiner dortigen Aufwartung mir mitgetheilten hohen Gnadenbezeügungen erstatte [ich] nun auch meine schriftliche gehorsamste Danksagung, und empfehle mich Euer Hochfürstl. Gnaden zu fernern Hochdero Gnaden. Ubrigens will ich anmit auch beweisen, daß ich ein Mann von Worte sey. Es geruhen also Euer Hochfürstl. Gnaden in befolgendem Verschlage eine getrümmerte Glocke [anzunehmen], welche nicht

14 Epitome Historica Augiae Majoris Brigantinae 611–1728, S. 3, dazu S. 7 Anm. d. Original als Ms. B 14, sowie Abschriften als Ms. B 13 (von 1764) und Ms. B 15 (von 1873) im Archiv der Abtei Mehrerau (Original ist von A. Ulmer noch vermißt worden).

15 A. Ulmer, St. Gallensteinkirche (wie Anm. 5), erzählt kurz hievon, ohne Namen und Quellen anzuführen; vielleicht verdankte er die Nachricht dem fleißigen Sammler F. J. Weitzenegger.

16 Aktenstück Nr. 219a in StiBSG Codex 1722: »Abschrift des Briefes, durch welchen die altväterische St. Gallen Glocke dem Stift St. Gallen verehret worden.«

nur des Alterthums wegen, sondern auch, weil solche von dem h. Gallus, wie die Aufschrift lautet, in seiner Bewohnung zu St. Gallenstein gebraucht worden, immerfort für schätzbar dergestalt geachtet wurde, daß ich dafür halte, daß diese Glocke weit schicklicher für das Reichsstift St. Gallen, als für Bregenz bestimmt werden solle. Nur allein bitte ich gehorsamst, daß Euer Hochfürstl. Gnaden der hiesigen Pfarrkirche ein etwaiges Gegendenkzeichen zukommen zu lassen sich gnädigst entschließen möchten. Der ich mit der vollkommensten Ehrfurcht bin Euer Hochfürstl. Gnaden Gehorsamster Karl von Schenk, Landvogt. Bregenz, den 20. Hornung 1786.

Abt Beda Angehrn nahm das Geschenk an, steht doch auf der Rückseite dieser Briefkopie die zeitgenössische Bemerkung: »Diese alte Glocke ist den 30. Märzen ejusdem anni 1786 in der mittlern Custerey des Stifts St. Gallen linker Hand, wenn man hineingehet, aufgehenket worden.« Der Abt erfüllte gleichzeitig den Wunsch des Landvogtes: »Zum Gegengeschenk hat der Fürst der Pfarrkirche zu Bregenz ein schönes Meßgewand verehret.« Ob es dort noch vorhanden ist? Die St. Gallus-Glocke in St. Gallen überdauerte jedenfalls die schon bald einsetzenden Stürme, die 1788 zur Schließung der St. Gallenstein-Kirche in Bregenz und 1805 zur gewaltsamen Aufhebung der blühenden Abtei St. Gallen führten.

Bemerkenswert ist, daß Abt und Mönche zu St. Gallen den tiefsten Grund für die Schenkung des Glöckleins kannten: den Josephinismus in Österreich. Eine zeitgenössische Notiz[17] lautet nämlich: *Ao. 1786, 20. Febraurij, cum hoc tempore pleraeque sacrae imagines ac sacra lypsana in terris Austriacis sub auspicio Josephi II Imperatoris ex Ecclesiis Catholicis eliminarentur, Campanula ferrea, quae prius in ipsa Ecclesia Brigantina dependebat, quamque ejus loci incolae pridem in magna aestimatione habuerant, eo quod S. Gallus ea campanula jam ao. 612 usus fuisse crederetur, per Dominum Praefectum Carolum de Schenk Monasterio S. Galli fuit contradita, adjecta petitione, ut praedictae Ecclesiae Brigantinae aliud quid in vicem rependatur.*

Beigefügt sei, daß drei Monate nach der Überführung der St. Gallus-Glocke, nämlich am 21. Mai desselben Jahres, noch ein anderes vielverehrtes Heiligtum aus Vorarlberg – auch dieses als eine Folge des Josephinismus – den Weg nach St. Gallen fand: das Haupt des Einsiedlers Eusebius aus dem Franziskaner-Konvent auf St. Viktorsberg[18]. Fürstabt Beda Angehrn notierte unter dem 11. April in seinem Tagebuch[19], er habe alsbald nach der Aufhebung jenes Klosters um die Reliquien des hl. Eusebius als eines ehemaligen Mönches von St. Gallen angehalten und habe sie endlich »nach Jahr und Tag« erhalten. Vermittler mochte der aus Feldkirch gebürtige

17 In StiBSG Codex 1720, S. 49.

18 Vgl. L. Rapp, Beschreibung (wie Anm. 7), 1. Bd., 1894, S. 533–556; Florentin Nothegger, in: Alemania Franciscana antiqua, 3. Bd., Ulm 1957, S. 91–101.

19 StiASG, Bd. 284.

St. Galler Konventuale Iso Walser[20], der seeleneifrige Offizial und Bekämpfer jeglicher Aufklärung, gewesen sein.

Abb. 33 Der historisch einwandfrei bezeugte Rekluse Eusebius[21], gestorben 884 auf dem Viktorsberg, wo Kaiser Karl III. in den Jahren 882 und 885 durch Güterschenkungen an St. Gallen den Unterhalt eines Hospizes für irische Pilger gewährleistet hatte, war Ire wie St. Gallus. Gallus allerdings war schon 260 Jahre früher, um 610, mit seinem Abte Columban und dessen Gefährten an den Bodensee vorgestoßen. Immerhin dürfte das Stift St. Gallen die sozusagen gleichzeitig und aus gleicher Richtung her erfolgte Translation der Erinnerungen an diese beiden frühen Iren nicht als bloßen Zufall empfunden haben. Das Haupt des hl. Eusebius wurde jedenfalls hochfeierlich von Stift und Volk aufgenommen und wird bis heute als echt betrachtet. Die Glocke des hl. Gallus dagegen kam in aller Stille an und blieb dem Volk verborgen. Die vorhin mitgeteilte lateinische Notiz läßt sogar durchblicken, daß man in ihre Echtheit Zweifel setzte und sich einfachhin auf die in Bregenz bekundete Verehrung berief.

Das aber läßt nun die Frage stellen: Stammt diese sogenannte Gallusglocke wirklich aus der Iren-Mission des frühen 7. Jahrhunderts? Diese entscheidende Frage kann zwar nicht eindeutig, aber mit einer gewissen Wahrscheinlichkeit bejaht werden. Allerdings läßt sich ein Beweis anhand schriftlicher Zeugnisse nicht führen, stammt doch die anscheinend älteste erhaltene Nachricht – sie beruft sich zwar auf die »beständige Tradition von den Voreltern her« – erst aus der Mitte des 17. Jahrhunderts, nämlich vom Mehrerauer Historiker Franz Ransperg.

Auffällig ist jedoch die unbestreitbare Tatsache, daß diese in Bregenz hochverehrte und in St. Gallen glücklicherweise bewahrte Glocke sowohl in der Form als auch in Material und Technik jenen ältesten Handglocken entspricht, welche zu den frühen Denkmälern der irischen Metallarbeit zählen[22]. Iren trugen solche eisernen Glocken – gelegentlich in rechteckige, mehr oder weniger kunstvoll ausgeschmückte Schreine verpackt – auf ihren Wanderungen mit sich und benutzten sie zur Zeichengebung für den Gottesdienst. Zwar ist deren Alter umstritten; sie werden sowohl in das 7. wie auch in das 10./11. Jahrhundert – aber immerhin doch so früh – datiert. Nicht wenige höchst eindrucksvolle Beispiele, darunter auch die sogenannten St. Patricks-Glocken, sind erhalten geblieben und finden sich im grundlegenden Werk

20 Vgl. Adolf Fäh, P. Iso Walser OSB, Biographische Skizze, Lindau/Feldkirch/Buchs 1897, S. 63.

21 Quellen und Literatur bei Viktor Wratzfeld, Eusebius vom Viktorsberg, Geschichte-Legende-Kult (= Schriften zur Vorarlberger Landeskunde, 11. Bd.), Dornbirn 1975.

22 Hier sei allgemein verwiesen auf die mit Beispielen dokumentierten Artikel »Glocke« und »Irische Kunst« in LThK 1. und 2. Auflage.

Christian Art in ancient Ireland[23] abgebildet. Die Verwandtschaft mit der sogenannten St. Gallus-Glocke ist augenfällig.

Die eiserne (geschmiedete) Glocke im Unterschied zur bronzenen (gegossenen) scheint nicht nur in Irland, sondern auch auf dem Festland die frühere Art gewesen zu sein. Zu ihr zählt beispielsweise die berühmte »Saufang-Glocke« in Köln, die von der Tradition in das 7. Jahrhundert zurückversetzt wird, obwohl sie sich »mit der geschweiften Flanke und der leicht gewölbten Haube mehr der späteren Glockenform« nähert[24]. Bemerkenswert ist, daß Walahfrid Strabo, der Biograph des hl. Gallus, der gleich noch in diesem Zusammenhang genannt werden muß, in seinem Traktat über die Liturgie[25] den Unterschied zwischen den beiden Techniken erwähnt und zugleich überliefert, daß man diese alten Glocken einfach »Zeichen« *(signa)* genannt habe, weil durch ihre Schläge *(quibusdam pulsibus)* die Stunden für den Gottesdienst bezeichnet worden seien *(significantur horae)*[26].

Für die enge Verbindung der Iren mit den Glocken zeugt auch die Philologie. Unser Wort »Glocke« ist ein irisches Lehnwort – vielleicht das einzige sicher nachweisbare –, das sich von irisch »clocc« herleiten läßt. Noch heute heißen die berühmten altirischen Handglocken nicht nur modern »bell«, sondern auch einheimisch »clog«: »Bell of Clogher« heißt beispielsweise »Clog an Redhasta«, »Bell of Armagh« ebenso »Clog beannighte«[27]. Die vom Iren Adamnan verfaßte Vita des 597 verstorbenen Columba (nicht Columban!) bringt lateinische Ausdrücke wie *cloccam pulsa* und *personnante clocca*[28]. So ging also das irische Wort »clocc« als »clocca« in das Mittellatein und als »glokka« in das Althochdeutsche über. Ohne sich mit der etwas romantisch anmutenden Schlußfolgerung identifizieren zu wollen, sei wiedergegeben, was Hans Eggers[29] etymologisch feststellt: »So geht unser Wort Glocke auf ein irisches Wort zurück, und es ist wohl kein Zufall, daß noch heute die Herdenglocken des Alpenviehs den rechteckigen Querschnitt zeigen, der den alten irischen Glocken eigen war. Sache und Wort wurden von den irischen Missionaren in ihrem Missionsgebiet eingeführt.«

23 Vol. I, ed. by ADOLF MAHR, Dublin 1932 (bells pl. 46, 47, 49, 78; bell-shrines pl. 79, 80). Vol. II, ed. by JOSEPH RAFTERY, Dublin 1941 (bells pl. 81, 82, 83; bell-shrines pl. 124, 125; vgl. S. 45, 56, 121, 144, 156, 157, 165).

24 Vgl. Kdm SG III, S. 284 (mit Literaturangaben).

25 De ecclesiasticarum rerum exordiis et incrementis, cap. V; ed. MIGNE, Patrologia Latina, CXIV 924.

26 Vgl. K. WALTER, Glockenkunde (wie Anm. 1), S. 50 f.; ebd., S. 51 f. über die Gallusglocke: »Nach dem Urteile von Fachleuten stammt dieses leichte Glöcklein aus Irland und wird wohl unter seinen Schwestern auf dem Festlande vielleicht das höchste Alter haben.«

27 Beispiele in Christian Art (wie Anm. 23).

28 Zitiert schon vom St. Galler Bischof C. J. GREITH (wie Anm. 1), S. 318, Anm. 2.

29 Deutsche Sprachgeschichte, I (Das Althochdeutsche), Rowohlt Taschenbuch 185/186, 1963, S. 160. Ausführlich INGRID STRASSER, Irisches im Althochdeutschen?, in: Die Iren und Europa im früheren Mittelalter, hg. von HEINZ LÖWE, Stuttgart 1982, S. 399–422.

In diese – hier nur angedeutete – archäologische und philologische Tradition fügt sich die St. Gallus-Glocke bestens ein. Alt, sehr alt ist sie trotz ihrer späten literarischen Bezeugung jedenfalls. Eine »Fälschung« erscheint als ausgeschlossen, weil sinnlos und sozusagen unmöglich, nachdem solche Glocken mindestens seit der Jahrtausendwende auf dem Kontinent bedeutungslos und unbrauchbar geworden waren und sich damit der Erinnerung allmählich entzogen. Wer hätte sie in einer Zeit, die noch kein antiquarisches und archäologisches Interesse besaß, nachahmen wollen und nachahmen können, da man schönere, größere, wohlklingende gegossene Glocken zahlreich herstellte und verwendete?!

Damit sei selbstverständlich nicht behauptet, dieses am Bodensee mit Recht fremd anmutende Stück sei unmittelbar durch Columban und Gallus hierher gebracht und von ihnen hier gebraucht worden. Es hätte leicht auch durch andere Wandermönche, die – wie das Beispiel des Eusebius und seines Pilgerhospizes auf St. Viktorsberg lehrt – öfter durch diese Lande zogen, den Weg nach Bregenz finden können. Auf gleiche Weise – nicht durch die erste irische Invasion im 7. Jahrhundert (Zeitalter des hl. Gallus), sondern durch die zweite im 9. Jahrhundert (Zeitalter des hl. Eusebius) – gelangten die *libri scottice scripti* in die Stiftsbibliothek zu St. Gallen, wo sie als einzigartige Zeugen irischer Schriften und Miniaturen bis heute verblieben sind[30].

Immerhin überliefert die *Vita S. Galli*[31] eine Episode, die sich bestens in diesen Zusammenhang einfügt. Nicht verschwiegen sei zwar, daß die zwei in Betracht fallenden Fassungen dieser Biographie, verfaßt von den Reichenauer Mönchen Wetti (zwischen 816/824) und Walahfrid Strabo (um 833/834), durch zwei Jahrhunderte von Gallus getrennt sind. Überdies sei an die Möglichkeit erinnert, daß vielleicht die damals den Verfassern bekannte Glocke diese Episode angeregt oder daß umgekehrt die in der Vita erzählte Episode zur Benennung der »altväterischen« Glocke geführt haben kann. Jedenfalls paßt der in der Gallus-Vita enthaltene Hinweis ausgezeichnet zur Aufgabe solcher Glocken, die – wie derselbe Walahfrid in einem anderen, hier bereits angeführten Zusammenhang berichtet – als *signa* für den Gottesdienst und Kirchenbesuch zu dienen hatten.

Die Episode, die sich bald nach 610 auf dem Bodensee abgespielt haben soll, lautet so[32]: »Als der Diener Gottes Gallus einst in stiller Nacht seine Netze auswarf, hörte er, wie der Dämon von der Spitze des Berges seinen Gefährten in der Tiefe des Sees anrief. Als dieser antwortete: ›Hier bin ich‹, rief ihm der Berggeist zu: ›Auf!

30 Vgl. J. Duft, Irische Handschriftenüberlieferung in St. Gallen, in: Die Iren und Europa (wie Anm. 29), S. 916–937.

31 Hingewiesen sei auf den im vorliegenden Sammelband, S. 11–27 wiedergegebenen Beitrag: Die Quellen zum Gallus-Leben.

32 Wetti und Walahfrid Strabo, Vita s. Galli, Kap. 7. Vgl. J. Duft, Frühes Christentum in Brigantium (wie Anm. 1), S. 113 f.

Komm mir zu Hilfe! Siehe, Fremdlinge sind hier angekommen und haben mich aus meinem Tempel vertrieben. Die Götterbilder haben sie zerschlagen, die das Volk verehrte, und überdies haben sie die Bewohner selbst für sich gewonnen. Komm, komm und hilf uns, sie aus dem Lande zu vertreiben!‹ Ihm erwiderte der Wassergeist: ›Ja wirklich, einer von den Fremdlingen befindet sich hier auf dem See, ihm aber werde ich nie schaden können. Ich wollte nämlich seine Netze verderben, doch glaube mir, ich mußte mich als besiegt erkennen, denn immer ist er geschützt durch das Siegel des Gebetes und niemals vom Schlaf überwältigt.‹ Als der Diener Gottes Gallus dieses hörte, sicherte er sich nach allen Seiten mit dem Kreuzzeichen und sprach zu ihnen: ›Im Namen Jesu Christi befehle ich euch, aus diesen Gegenden zu weichen und es nicht zu wagen, hier jemandem zu schaden.‹ Dann kehrte er eiligst an das Ufer (nach Bregenz) zurück und erzählte seinem Abte, was er gehört hatte. Auf diese Nachricht hin gab der Gottesmann Columban das gewohnte Glockenzeichen und rief die Brüder in die Kirche zusammen ...«[33]

Das Wort »Glocke« wird zwar im lateinischen Originaltext nicht verwendet. Aber die Ausdrücke sind so typisch, daß die Übersetzung zu Recht besteht. Wetti schreibt: *solitum signum tangens,* Walahfrid Strabo: *signo pulsato.* Sie benützen also die Verben *tangere* (anrühren, anschlagen) beziehungsweise *pulsare* (schlagen, anschlagen), was in einem solchen Zusammenhang mittellateinisch besagt: »eine Glocke läuten«. Welches *signum*, welche Glocke in der Mönchssiedlung zu Bregenz im frühen 7. Jahrhundert gebraucht worden ist, entzieht sich unserer Kenntnis. Aber es besteht die Möglichkeit, sogar die Wahrscheinlichkeit, daß die sogenannte »St. Gallus-Glocke« – sie müßte in diesem Falle richtiger »St. Columbans-Glocke« heißen – in die irische Mission am Bodensee, jedenfalls in die Frühgeschichte unseres heimatlichen Christentums zurückreicht.

33 Zu Columban und seinen Gefährten in Bregenz: FRITZ BLANKE, Columban in Bregenz, in: Evangelisches Missions-Magazin, 97. Jg., Basel 1953, S. 165–180 (nachgedruckt: DERS., Missionsprobleme des Mittelalters und der Neuzeit, Zürich/Stuttgart 1966, S. 21–40); KURT-ULRICH JÄSCHKE, Kolumban von Luxeuil und sein Wirken im alamannischen Raum, in: Mönchtum, Episkopat und Adel zur Gründungszeit des Klosters Reichenau (= Vorträge und Forschungen, 20. Bd.), hg. von ARNO BORST, Sigmaringen 1974, S. 77–130; KNUT SCHÄFERDIEK, Columbans Wirken im Frankenreich (591–612), in: Die Iren und Europa (wie Anm. 29), S. 171–201.

Der Zönobit Sankt Otmar (†759)

Die Quellen zum Otmars-Leben

Erstveröffentlichung: Sankt Otmar – Die Quellen zu seinem Leben, lateinisch und deutsch (= Bibliotheca Sangallensis, 4. Band), Zürich und Lindau/Konstanz 1959, S. 9–20, 81–95. – Der Text ist hier revidiert und erweitert, die Anmerkungen sind neugefaßt.

Die Einsiedlerzelle, die sich der irische Mönch Gallus um 612 am Wasserfall der Steinach erbaut hatte, wäre zerfallen, seine kleine Mönchsgemeinschaft wäre vermutlich ausgestorben, hätte nicht der Alemanne Otmar im Jahr 719 mit starker und gütiger Hand eine Neugründung vollzogen. Gallus, der Fremdling, schenkte dem Kloster und der späteren Stadt St. Gallen den Namen; doch ohne Otmar, den Einheimischen, gäbe es heute wahrscheinlich kein St. Gallen und wäre wohl niemals jene Abtei entstanden, die im Reich der Karolinger zu den großen gehörte. Wie sehr sie ein kulturschöpferischer Brennpunkt war, läßt sich noch heute – anderthalb Jahrhunderte nach ihrer Aufhebung – an den Dokumenten der Stiftsbibliothek und des Stiftsarchivs ablesen.

Trotz dieses nie bestrittenen Verdienstes stand und steht Otmar[1] bei den Geschichtsschreibern im Schatten des Gallus. Das mag nicht zuletzt durch die Quellenlage bedingt sein. Zwar sind die geschichtlichen Zeugnisse für Otmars Leben unmittelbarer als jene für Gallus[2]. Aber sie sind, obwohl kürzer, nicht einheitlich,

1 Überblicke: ADB 24, 1887, S. 546ff. (G. Meyer von Knonau); LThK² 7, 1962, Sp. 1299f. (G. Heer); Rudolf Henggeler, Profeßbuch der fürstl. Benediktinerabtei der hl. Gallus und Otmar zu St. Gallen, Zug 1929, S. 76f.; Alfons M. Zimmermann, Kalendarium Benedictinum, 3. Bd., Metten 1937, S. 312–315; Bibliotheca Sanctorum, 9. Bd., Rom 1967, Sp. 1300–1303 (J. Duft); HS III/1, 1986, S. 17–22, 96–98. – Ausführlichere Darstellungen: Ferdinand Vetter, Sankt Otmar, der Gründer und Vorkämpfer des Klosters St. Gallen, in: Jahrbuch für Schweizerische Geschichte, 43. Bd., 1918, S. 91–193; Otmar Scheiwiller, Zur Biographie des hl. Abtes Otmar von St. Gallen, in: ZSKG, 13. Jg., 1919, S. 1–32; Arno Borst, Mönche am Bodensee 610–1525, Sigmaringen 1978, S. 32–48, 474ff., 540f. – Quellen und Literatur insgesamt bei Johannes Duft, Sankt Otmar – Die Quellen zu seinem Leben, lateinisch und deutsch (= BS, 4. Bd.), Zürich und Lindau/Konstanz 1959; dazu Ders., Sankt Otmar in Kult und Kunst, St. Gallen 1966 (= Buchausgabe der Njbl. 106 und 107, St. Gallen 1965 und 1966).

2 Die Quellen zum Gallus-Leben: siehe S. 11–27 im vorliegenden Sammelband.

sondern setzen sich aus mehreren und teilweise eher zufälligen Berichten zusammen. Immerhin sei festgestellt, daß sich für wenige damalige Persönlichkeiten so gesicherte und so wahrhaftig anmutende Belege beibringen lassen wie für den zweiten und zugleich eigentlichen Gründer St. Gallens.

Vita sancti Otmari von Gozbert und Walahfrid

Verfasser dieser Biographie war der seit 816 mehrmals urkundlich bezeugte Sankt-Galler Mönch *Gozbert der Jüngere,* auch *Gozbertus Diaconus* genannt, um ihn zu unterscheiden von seinem gleichnamigen Oheim, der in den Jahren 816 bis 837 als Abt[3] das Kloster St. Gallen leitete und sein goldenes Zeitalter eröffnete. Gozberts Otmars-Vita entstand in oder kurz nach dem Jahre 830. Denn sie erzählt in ihrem 16. Kapitel – also unter den Wundergeschichten – die Übertragung des heiligen Leibes aus der soeben abgebrochenen Galluskirche in die nahe Peterskapelle, wobei sie diesen Bericht mit den Worten einleitet: *quid nuper gestum sit* – »was neulich geschehen ist«. Der Abbruch der Kirche, die einen glanzvollen Neubau erleben sollte, war aber im Frühjahr 830 begonnen worden[4].

Gozberts Urfassung ist nicht mehr vorhanden, wohl aber die Überarbeitung, welche der Reichenauer Mönch *Walahfrid Strabo,* der beste Lateiner unter den damaligen Freunden St. Gallens, besorgte. Schon einmal hatte er dem Gallus-Kloster einen solchen Dienst erwiesen, als es sich darum handelte, die Gallus-Vita des Wetti und den hier gleich noch zu besprechenden Bericht der Gallus-Wunder desselben Gozbert stilistisch zu verbessern. Das war, wie ihr Herausgeber Bruno Krusch[5] glaubhaft macht, in den Jahren 833/834 geschehen. Wenn nun Walahfrid im Prolog zur Otmars-Vita jene Arbeit als abgeschlossen meldet, dürfte er diesen zweiten literarischen Dienst an der Sankt-Galler Geschichtsschreibung zwischen 834 und 838 – damals erhob ihn Ludwig der Fromme zum vielbeschäftigten Abt der Reichenau – geleistet haben. Auch darin, ähnlich wie im Gallus-Wunder-Bericht, beschränkte sich der Überarbeiter nicht auf lateinische Verbesserungen, sondern er lieferte eine *adbreviatio* (Kurzfassung), wobei er die ihn barbarisch anmutenden Namen der Zeugen meistens wegließ, weil er den Zweifler auf das damals selbstverständlich vorliegende Gozbert'sche Original verweisen konnte.

Obwohl die Otmars-Vita später als Verfassernamen jenen des Walahfrid Strabo trug, ergibt sich aus dessen Vorrede und aus dem Vergleich mit dem Bericht über die Gallus-Wunder die ursprüngliche Verfasserschaft Gozberts unzweifelhaft. Daß es

3 Über ihn HS III/1, S. 22f., 102f.
4 Zum Gozbert-Münster Kdm SG III, S. 29–35.
5 In MGH Script. rer. Merov. IV, 1902, S. 234.

sich um den jüngeren Gozbert handelt, zeigt die in beiden Schriften gebrauchte Bezeichnung *carissimus frater* – »der sehr liebe Mitbruder«. Niemals hätte der um 808 oder 809 geborene, also noch nicht dreißigjährige Walahfrid die bedeutende Persönlichkeit des Abtes Gozbert so freundschaftlich anzusprechen gewagt (als Walahfrid schließlich Abt der Reichenau wurde, hatte Gozbert der Ältere diese Würde in St. Gallen bereits niedergelegt und war vermutlich nicht mehr unter den Lebenden). Überdies nennt er den Gozbert im Otmars-Prolog den ihn auch bei dieser Arbeit unaufhörlich drängenden »Aufseher und Verfolger«, den er zu »ertragen« gehabt habe, wenn auch »ohne Widerwillen und sogar fröhlich«. Diesen scherzhaften Ton hätte sich der in Hofkreisen bestens gebildete Walahfrid gegenüber einem Abt selbstverständlich nicht erlaubt. Deshalb galt in der sankt-gallischen Tradition – im Unterschied zu einigen Gelehrten des letzten Jahrhunderts, die sich über die beiden gleichzeitigen Gozberte in St. Gallen zu wenig Rechenschaft gaben – mit Recht der jüngere Gozbert als der ursprüngliche Verfasser sowohl des Gallus-Wunder-Berichts als auch des Otmars-Lebens. In der Sankt-Galler Handschrift 572 aus dem 11. Jahrhundert wird diese Tatsache noch dadurch eigens hervorgehoben, daß im Prolog neben dem Namen Gozbertus der Einschub steht: *qui idem opusculum edidit* – »der dasselbe Werklein herausgegeben hat«.

Diese Gozbert'sche Otmars-Vita umfaßt 17 Kapitel. Sie schildern kurz Otmars Abstammung aus einer alemannischen Familie, seine Erziehung beim Praeses Viktor in Chur, seine Berufung durch den Tribun Waltram an die Gallus-Zelle, seine Präsentation am Hofe Pippins, die Erbauung und vielfältige Mehrung des Klosters, um dann in einer ausführlichen Darlegung seinen vollkommenen Lebenswandel und seine vorbildliche Mildtätigkeit zu rühmen. Hierauf geißelt die Vita die angebliche Habsucht der Grafen Warin und Ruthard[6], ihre Übergriffe auf das sankt-gallische Klostergut, die Verhaftung und Verurteilung des durch einen untergebenen Mönch verleumdeten Otmar, seine Einkerkerung in Bodman und seine Verbannung auf die Insel Werd, wo er am 16. November eines nicht genannten Jahres stirbt. Zur Abrundung des Lebens gehörte nicht nur die göttliche Strafe über den Verleumder, sondern auch die Heimholung des Toten, bei dessen Überfahrt die ersten Wunder geschahen. Das gab dem Verfasser Anlaß, diesen neun biographischen Kapiteln acht Berichte über weitere wunderbare Ereignisse am Grabe Otmars beizufügen.

Die Otmars-Vita hebt sich durch ihre Schlichtheit von anderen, öfters bombastischen Heiligenleben ab und nimmt dank ihrer inneren Wahrhaftigkeit selbst den heutigen Leser gefangen. Sie läßt Otmar nicht aus einem fürstlichen Geschlecht abstammen, wie es bei Gallus und andern Heiligen zum guten Ton gehörte. Und

6 Vgl. MICHAEL BORGOLTE, Die Grafen Alemanniens in merowingischer und karolingischer Zeit, Eine Prosopographie (= Archäologie und Geschichte, Freiburger Forschungen zum ersten Jahrtausend in Südwestdeutschland, 2. Bd.), Sigmaringen 1986: S. 281–287 zu Warin, S. 229–236 zu Ruthard.

wenn sie seine Tugenden schildert, vergißt sie nicht lokale Einzelheiten und nachprüfbare Leistungen wie die Gründung der Herberge für die Armen und des abgesonderten Spitals für die Aussätzigen. Sie verschweigt keineswegs die für einen Abt doch ungewöhnlichen – wenn auch im Dienst der Nächstenliebe stehenden – Tatsachen der nächtlichen Ausgänge und des verschenkten Mönchsgewandes und beschönigt beim Auffinden des unversehrten Leichnams den einen verwesenen Fuß nicht. Der Gesamteindruck führt zur Feststellung, daß die geschilderten Tatsachen im allgemeinen als gesichert zu gelten haben, wenn auch gelegentlich angeführte Beweggründe – beispielsweise die Habsucht der Verfolger – berechtigte Zweifel hervorrufen. Manches mochte man damals schon nicht mehr so genau gewußt haben, fehlte doch noch der Überblick, den heute die allseitig erfaßten Quellen über eine Epoche des Umbruchs zu bieten vermögen. Manches mochte man überdies nicht so deutlich auszusprechen gewagt haben, vor allem wenn es gegen die Vorgänger der inzwischen mit St. Gallen befreundeten Könige oder Bischöfe gerichtet war. Die politischen Kämpfe des alemannischen Herzogtums gegen das Reich waren vorüber, und das Kloster hatte 818 unter Abt Gozbert von Ludwig dem Frommen mit dem Immunitätsprivileg wieder seine Selbständigkeit erlangt, wodurch Otmars Kampf um die Freiheit den erfolgreichen Abschluß gefunden hatte[7].

Neben der inneren Wahrhaftigkeit – mindestens in bezug auf die Tatsachen – eignet der *Vita sancti Otmari* auch äußere Wahrhaftigkeit. Seit Otmars Tod am 16. November 759 waren bis zur Niederschrift durch Gozbert um 830 erst sieben Jahrzehnte und bis zur Überarbeitung durch Walahfrid kaum mehr als fünf weitere Jahre verflossen. Im Unterschied zum dunklen Jahrhundert nach Gallus bestand in diesen geschichtlich noch heute faßbaren Jahrzehnten nach Otmar in und außer dem Kloster St. Gallen eine durch Zeugen und durch zahlreiche Urkunden gesicherte Überlieferung, auf die sich Walahfrids Prolog ausdrücklich berufen konnte. Sie verleiht der Biographie die erwünschte Glaubwürdigkeit.

Abb. 9 Ihre Handschriften sind erfreulich zahlreich; aus dem 9.–12. Jahrhundert sind 22 bekannt geblieben[8], weitere werden noch gelegentlich identifiziert. Editionen[9] erfolgten durch Laurentius Surius in Köln 1575, Melchior Goldast in Frankfurt 1606, Lucas D'Achéry und Jean Mabillon in Paris 1672, Ildefons von Arx im 2. Scriptores-

7 Zu Otmars Lebensschicksal im Rahmen der Frühgeschichte seines Klosters: THEODOR MAYER, Konstanz und St. Gallen in der Frühzeit, in: SZG, 2. Jg., 1952, S. 473–524 (nachgedruckt: DERS., Mittelalterliche Studien, Konstanz 1959, S. 289–324; ebenso in: Wege der Forschung, 100. Bd., 1975, S. 430–481); hier auch über die früheren Stellungnahmen, einerseits von Th. Sickel, G. Meyer von Knonau und K. Beyerle, andererseits von G. Caro, K. H. Ganahl und T. Schiess. Hernach besonders ROLF SPRANDEL, Das Kloster St. Gallen in der Verfassung des karolingischen Reiches (= Forschungen zur oberrheinischen Landesgeschichte, 7. Bd.), Freiburg i. Br. 1958, bes. S. 9–27. Dazu die in unserer Anm. 1 aufgeführte Literatur.

8 Zusammengestellt bei J. DUFT, St. Otmar – Quellen (wie Anm. 1), S. 81 ff.

9 Genauere Nachweise ebd., S. 84 ff.

Band der Monumenta Germaniae historica 1829 (Nachdruck 1925), Jacques Paul Migne in Paris 1852, Gerold Meyer von Knonau in St. Gallen 1870, Johannes Duft zu Otmars 1200. Todestag in St. Gallen 1959. Verdeutschungen[10] sind nachweisbar in Sankt-Galler Handschriften seit dem 15. Jahrhundert, hernach auch in Drucken: erstmals durch Heinrich Fabricius in Köln 1583, dann durch Heinrich Murer in Luzern 1648 beziehungsweise St. Gallen 1750, schließlich durch August Potthast in Berlin (2. Auflage durch Wilhelm Wattenbach in Leipzig 1888), neuestens durch J. Duft in St. Gallen 1988.

Eine unerläßliche Ergänzung zu dieser Walahfrid'schen *adbreviatio* der *Vita sancti Otmari* findet sich in den

Miracula sancti Galli von Gozbert und Walahfrid

Hier liegt eine gleiche, jedoch etwas frühere Gemeinschaftsarbeit vor, wie sie der Verfasser *Gozbert der Jüngere* um 830 und der Überarbeiter *Walahfrid Strabo* bald nach 833/834 auch für die Otmars-Vita leisteten. In die letztgenannten Jahre fällt Walahfrids Überarbeitung des Berichts, den Gozbert nicht viel früher – immerhin vor 830, also vor der Otmars-Vita – über die durch des heiligen Gallus Fürbitte geschehenen Wunder verfaßt hatte. Es handelt sich also um die Fortsetzung des zweiten Buches der Gallus-Vita, in deren neuntem Kapitel[11] Walahfrid darlegt, in welchem Sinn er die nun folgende Abhandlung Gozberts stilistisch verbessert, teils gekürzt, teils auch durch neue Zeugenaussagen erweitert habe.

Auffallenderweise wird nun in vier Kapiteln – im 10., 14., 15. und 17. – ausführlich über Otmar gehandelt, wobei diesem Bericht im allgemeinen dieselbe innere und äußere Glaubwürdigkeit zukommt wie der eigentlichen *Vita sancti Otmari*. Die letztere scheint wohl deshalb verhältnismäßig kurz gehalten worden zu sein, weil ihr in diesen *Miracula sancti Galli* manches Wissenswerte bereits vorausgeschickt worden war.

Allerdings geschah es hier stets im Hinblick auf Gallus, dessen Gründung dank seinen Verdiensten göttlichen Schutzes teilhaftig geworden sei. So wird geschildert, wie die an seinem Grab erfolgten Gebetserhörungen die Weihegeschenke mehrten und deshalb den frommen Waltram[12] nach einem sorgenden Verwalter umsehen ließen: er fand ihn in Otmar. Im Unterschied zur *Vita sancti Otmari* geleitet nun

10 Ebd., S. 87–90; dazu jetzt auch J. Duft, Die Lebensgeschichten der Heiligen Gallus und Otmar, aus den lateinischen Viten übersetzt und hg. (= BS, 9. Bd.), St. Gallen und Sigmaringen 1988.

11 9. Kap. hg. in MGH Script. rer. Merov. IV, S. 318; 10.–17. Kap. ebd., S. 318–325.

12 Vgl. Th. Mayer, Staat und Hundertschaft in fränkischer Zeit, in: Rheinische Vierteljahrsblätter, 17. Jg., 1952, bes. S. 350ff., 371ff.; Ders., Konstanz und St. Gallen (wie Anm. 7), bes. S. 485ff., 495f.

nicht nur der Tribun Waltram, sondern auch der Herzog Nebi[13] den Schützling zum Hausmeier; es ist hier nicht Pippin, sondern noch Karl Martell, was zeitlich alle Wahrscheinlichkeit für sich hat.

Eine weitere – diesmal grundlegende – Ergänzung besteht in der Erzählung, wie die Benedictus-Regel in St. Gallen Eingang fand. Karlmann pilgert – anscheinend 747 – auf seiner Romfahrt an das wundertätige Gallus-Grab und weist dort Abt Otmar an seinen Bruder Pippin, der ihm nebst freigebigen Geschenken die Regel überreicht und deren Einführung verlangt. Gleichzeitig stellt er ihm, wovon die Vita nichts weiß, einen Immunitäts- und Schutzbrief aus.

Kürzer als in der Otmars-Vita, wenn auch im gleichen Sinn, wird die Verfolgung und Verbannung des Abtes durch die Grafen Warin und Ruthard berichtet. Dazu ist hier aber auch die Rede von dem den Sankt-Gallern aufgezwungenen fremden Abt Johannes aus der Reichenau.

Diese Erzählung ist jedoch nur die Überleitung zu einem neuen Wunder, das sich am Grab des heiligen Gallus ereignet: die Bestrafung des Konstanzer Bischofs Sidonius, der auf den Rat der beiden Verfolger das Kloster St. Gallen dem Bistum[14] unterwirft, dann aber vor dem Gallus-Altar von einer beschämenden Krankheit befallen wird, an der er wenig später auf der Reichenau, die er ebenfalls in seiner Gewalt hat, eines elenden Todes stirbt. Die etwas später verfaßte Otmars-Vita schweigt sich über diesen dritten Verfolger St. Gallens auffallenderweise aus; vermutlich wollte man seinen damaligen Nachfolger Salomo I., der bald das neue Münster mit dem für einen Bischof schon einmal gefährlich gewordenen Gallus-Grab einweihen sollte, nicht nochmals daran erinnern. Jedenfalls war dies seit 833 auch nicht mehr notwendig, fügte doch damals Ludwig der Deutsche dem 818 durch Ludwig den Frommen verliehenen Schutz- und Immunitätsprivileg sowohl die Bestätigung als auch das Recht der freien Abtwahl bei.

Miracula sancti Otmari von Iso

Was Gozbert der Jüngere um das Jahr 830 in der *Vita sancti Otmari* in neun Kapiteln über Leben, Tod und Heimholung Otmars und sodann in acht Kapiteln über Wunder an seinem Grab berichtet hatte, blieb den Sankt-Galler Mönchen in der Walahfrid'schen Fassung bekannt und gab eine Generation später dem überragenden

13 Vgl. M. Borgolte (wie Anm. 6), S. 184f.

14 Vgl. Regesta Episcoporum Constantiensium, 1. Bd., bearb. von Paul Ladewig und Theodor Müller, Innsbruck 1895, S. 6–8 (Sidonius), 8–11 (Johannes II.), 17–21 (Salomo I.).

klösterlichen Lehrer *Iso*[15] (†871) Gelegenheit zu einer Fortsetzung, die nach einer Vorrede 19 Kapitel in zwei »Büchern« umfaßt.

Mit der ganzen unmittelbaren Anteilnahme des Augenzeugen schildert Iso in dieser seiner *Relatio de miraculis* die beiden zeitgenössischen Translationen[16] des heiligen Leibes: jene am 25. Oktober 864, als Otmar von der Sankt-Peters-Kapelle in das schon 34 Jahre zuvor geweihte Sankt-Gallus-Münster übertragen wurde, sowie jene am 24. September 867, als der Leib in der inzwischen erbauten eigenen Sankt-Otmars-Kirche bestattet wurde. Hatten sich schon bei den früheren Übertragungen – erstmals anläßlich der denkwürdigen Heimholung um 769, hernach anläßlich des Abbruchs der alten Kirche im Jahr 830 – Wunder ereignet, durften sie auch jetzt nicht ausbleiben. Iso schildert diese und andere Zeichen, die er als wunderbar empfindet; sie enthalten zwar manchen allgemeinen Zug, vermögen aber die Kulturgeschichte zu interessieren. Zum eigentlichen Leben Otmars sagen sie ebenso wenig aus wie die Translationen. *Abb. 8*

Ein Abschnitt in Isos Erzählung gehört aber unter die Quellen zum Otmars-Leben: Es ist das fünfte Kapitel seines ersten Buches, worin er unter der Überschrift *adbreviatio temporum* als erster eine erstaunlich gewissenhafte Chronologie erarbeitet. Er will so die Glaubwürdigkeit der früheren Biographien und seines eigenen Berichts für Gegenwart und Zukunft erhärten – die Forschung ist ihm dafür noch heute dankbar –, und er macht sich die Aufgabe nach eigener Versicherung nicht leicht; jedenfalls zieht er außer den sankt-gallischen Quellen wie Gallus- und Otmars-Viten auch fremde bei, so nachweisbar das von Einhard verfaßte Leben Karls des Großen. Geschickt vereint er die scheinbar widersprüchlichen Überlieferungen von Otmars Reisen an den Königshof, indem er ihn erst zu Karl Martell und später zu Pippin gehen läßt.

Isos geschichtsschreiberische Leistung erleidet durch die neuere Erkenntnis, daß er sich bei der Datierung des an einem 16. November erfolgten Todes Otmars um ein Jahr verrechnet hat, keinen Eintrag. Er setzt ihn in das siebente Regierungsjahr Pippins, den er 754 König werden läßt, also in das Jahr 760. Hievon wurden die Sankt-Galler Annalen und die ganze Tradition beeinflußt. Als sich aber Hermann Wartmann im ersten Band seines monumentalen Urkundenbuches der Abtei Sankt Gallen[17] vor die Aufgabe gestellt sah, Dokumente nach den jeweils angeführten Regierungsjahren Pippins zu datieren – es sei vor allem auf die dortigen Nummern

15 Über ihn erstmals ausführlich J. Duft, Iso monachus – doctor nominatissimus, in: Churrätisches und st. gallisches Mittelalter (= Festschrift f. O. P. Clavadetscher), Sigmaringen 1984, S. 129–171; darin über Isos Relatio de miraculis s. Otmari S. 163 ff. (Nachdruck im vorliegenden Sammelband S. 109–112).

16 Hierüber ausführlich J. Duft, Sankt Otmar in Kult und Kunst (wie Anm. 1), S. 14 ff.; Über die Otmars-Kirche Kdm III, S. 35 ff.

17 UBSG I, Zürich 1863, S. 18 f. (Nr. 15), 24 (Nr. 20), 26 (Nr. 22), 29 (Nr. 25), 31 (Nr. 27).

15, 20, 22, 25 und 27 verwiesen –, erkannte er, daß Otmar im Jahr 759 gestorben sein muß.

Hieraus lassen sich zwei andere Ereignisse genauer festlegen, sofern die damaligen Zeitangaben wörtlich und nicht einfach als Rundzahlen aufzufassen sind. Otmars Übernahme der Gallus-Zelle dürfte nicht 720, wie meistens zu lesen ist, sondern schon 719 erfolgt sein. In den sankt-gallischen Äbte-Verzeichnissen findet sich für ihn als Amtszeit zwar nur die Angabe »vierzig Jahre«; doch in den *Miracula sancti Galli* (Kapitel 14) wird bei Otmars Tod festgestellt, daß »nicht weniger als vierzig Jahre seiner Regierung erfüllt« gewesen seien. Die Heimholung des Leichnams sodann geschah nach dem Wortlaut der *Vita sancti Otmari* (Kapitel 7), als zehn Jahre seit dem Tod verflossen waren, also frühestens im Spätherbst 769 oder im Winter 769/770, zu welcher Jahreszeit ein wilder Sturm auf dem Bodensee nichts Ungewöhnliches ist[18].

Die Überlieferung[19] der von Iso verfaßten Otmars-Miracula ist etwas geringer als jene der von Gozbert und Walahfrid verfaßten Otmars-Vita; sie finden sich immerhin in 15 der bisher nachgewiesenen 22 Handschriften des 9.–12. Jahrhunderts, wozu sich manche späteren gesellen. Sie wurden auch in den (hier angeführten) Editionen der Vita ganz oder auszugsweise wiedergegeben, dagegen nur sehr gekürzt in den gedruckten Verdeutschungen.

Nach den bisher berücksichtigten Quellen, deren Charakter biographisch-hagiographisch ist, fallen für das Leben des heiligen Otmar auch die historiographischen Berichte in Betracht, welche bekannt sind unter dem Titel

Casus monasterii sancti Galli

Es sind die sogenannten Klosterchroniken, die »Sankt-Galler Geschichten«, welche *Ratpert,* ein Schüler des Iso, als erster von den sankt-gallischen Anfängen bis in seine Zeit um 884 schrieb und welche dann *Ekkehart IV.* um die Mitte des 11. Jahrhunderts fortsetzte. Beide Leistungen, die von der überkritischen Forschung arg zerzaust worden sind, werden heute sowohl literarisch als auch historisch neu geschätzt, nachdem erkannt wurde, daß sie, die in manchem absichtlich tendenziös sein wollen, gerechterweise nicht mit modernen Maßstäben gemessen werden können.

18 Zu Otmars Begräbnis auf Werd und der ersten Translation J. Duft (wie Anm. 16), S. 11–14; Ders., Der Bodensee in Sankt-Galler Handschriften, Texte und Miniaturen aus der Stiftsbibliothek St. Gallen (= BS, 3. Bd.), St. Gallen und Sigmaringen [4]1982, S. 33–37, 61–64, 67, 71–74, 76–78, 120, 126 ff.

19 Zusammengestellt bei J. Duft, St. Otmar – Quellen (wie Anm. 1), S. 83–90. Vollständig hg. von Ildefons von Arx in MGH Script. II, 1829 (Nachdruck 1925), S. 47–54, im Anschluß an die S. 41–47 edierte Vita.

Die Quellen, die *Ratpert* für seine Geschichten[20] ausschöpfte, sind offensichtlich dreifach: Einmal waren es die Lebensbeschreibungen der heiligen Columban, Gallus und Otmar; sodann waren es die Urkunden, von denen etliche heute zwar vermißt werden, was aber nicht zum vornherein den Vorwurf der Erfindung rechtfertigt; schließlich war es die mündliche Überlieferung, worin zugegebenermaßen noch immer eine gewisse Abneigung gegen Konstanz mitschwang. *Abb. 32, 33*

Sobald Ratpert auf Otmar zu sprechen kommt, führt er Waltram[21] mit seiner – heute wieder als glaubwürdig erkannten – Abstammung ein. Er läßt ihn im Sinn der Vita den Otmar berufen und dem König Pippin vorstellen, worauf er ausdrücklich von einer Urkunde berichtet, welche dem jungen Kloster die Immunität, aber auch schon die freie Abtwahl zugesichert habe. Für die Verfolgung durch Warin und Ruthard verweist Ratpert auf die *Vita sancti Otmari;* doch aus den *Miracula sancti Galli* holt er als dritten Verfolger, der von den beiden Grafen angestiftet worden sei, den Konstanzer Bischof Sidonius in seine Geschichte hinein. Ihn läßt er nun aber sogleich aktiv werden, indem er namentlich die sankt-gallischen Besitzungen aufzählt, welche Sidonius den Grafen und dem Klostervogt Milo ausgehändigt habe, auf daß sie seine Ansprüche unterstützten. Das schlimme Ende des Bischofs übernimmt Ratpert zwar gekürzt, aber möglichst wörtlich wieder dem Buch der Gallus-Wunder.

Was dann zwei Jahrhunderte später *Ekkehart IV.*[22] über Otmar sozusagen zufällig erzählt, gehört nur noch indirekt zu seinem Leben: in dem mittelalterlichen Sinne nämlich, daß die Lebensgeschichte eines Heiligen erst dann als abgeschlossen gelten kann, wenn seine Verfolger entweder persönlich oder mindestens in ihren Nachkommen irdische und sichtliche Genugtuung geleistet haben. Daß verwandtschaftliche Beziehungen in der von Ekkehart behaupteten Art wirklich bestanden, gehört zu den neuen Erkenntnissen der Geschichtsforschung[23]. *Abb. 34–37*

Ekkehart bringt ferner gegen Schluß seines Buches, wo er Notker II. († 975) schildert, ungewollt ein Zeugnis für die liturgische Verehrung[24] Otmars, der also im Bewußtsein des Klosters bereits den Rang des heiligen Gallus erreicht und auch diesbezüglich seine volle Rechtfertigung gefunden hatte. *Abb. 24*

20 Hg. und überkritisch kommentiert von Gerold Meyer von Knonau in MVG XIII, 1872. Für Ratperts Glaubwürdigkeit beispielsweise Ulrich May, Untersuchungen zur frühmittelalterlichen Siedlungs-, Personen- und Besitzgeschichte anhand der St. Galler Urkunden (= Geist und Werk der Zeiten, 46), Bern/Frankfurt M. 1976, S. 58, 61 f.

21 Siehe oben Anm. 12. – Ratpert über Otmar in Kap. 5 und 6.

22 Hg. und übersetzt von Hans F. Haefele, Ekkehardi IV. Casus sancti Galli – St. Galler Klostergeschichten (= Ausgewählte Quellen zur deutschen Geschichte des Mittelalters, 10. Bd.), Darmstadt 1980. – Ekkehart über Otmar bes. in Kap. 16, 17, 21.

23 Vgl. J. Duft, Sankt Otmar in Kult und Kunst (wie Anm. 1), S. 52 f. Über Isanbard, den Sohn des Grafen Warin, M. Borgolte, Die Grafen Alemanniens (wie Anm. 6), S. 150–156.

24 In Kap. 123. Notkers Hymnus bei J. Duft, Sankt Otmar in Kult und Kunst (wie Anm. 1), S. 104 ff. Vgl. Walter Berschin, Sanktgallische Offiziendichtung aus ottonischer Zeit, in: Lateinische Dichtungen des X. und XI. Jahrhunderts (= Festgabe f. W. Bulst), Heidelberg 1981, S. 28–35.

Die objektivste Quelle über Otmars Schicksal und die Frühgeschichte seines Klosters sind die 22 aus seiner Zeit überlieferten Traditionsurkunden[25]. Sie bezeugen die erstaunlich zahlreichen und weitgestreuten Güterschenkungen von seiten alemannischer Familien zugunsten des Klosters, das dadurch zu einem Stützpunkt alemannischer Selbständigkeit gegenüber dem fränkisch-karolingischen Zentralstaat wurde. Daß darin der Keim für die erste große Erschütterung des Klosters und den Sturz seines Abtes lag, wird selbst von den hagiographischen Quellen nicht verschwiegen, von den Historiographen Ratpert und Ekkehart sodann unmißverständlich zum Ausdruck gebracht.

Die gemalten Otmars-Viten

Eine metrische Vita, wie solche für Gallus[26] gedichtet worden sind, besteht für Otmar nicht; weniger zahlreich als für Gallus sind auch die für Otmar bekanntgebliebenen gemalten Zyklen[27].

Abb. 15 Aus der spätmittelalterlichen Buchmalerei[28] ist die reiche Bilderfolge der deutsch-
Abb. 17 übersetzten Otmars-Vita und der Wunderberichte Isos in Codex 602 der Stiftsbibliothek, der Sammlung einheimischer und anderer Heiligenlegenden, überliefert. Dieser Teil ist von Konrad Sailer 1451, also ein Jahr vor seiner dortigen Gallus-Vita, geschrieben und von seinen ungenannten Illustratoren mit 31 Historienbildern ausgestattet worden. Sie sind in ihren kirchlichen Szenen – so zu Otmars Kanonisation und Translation 864 und 867 – aufschlußreich für die Liturgiegeschichte, allerdings nicht des 9., sondern des 15. Jahrhunderts.

Untergegangen ist infolge des Bildersturmes, der 1529 das Sankt-Galler Münster[29] kahlfegte, der einzige schriftlich bezeugte Zyklus der Otmars-Vita in Wand-

25 Hg. in USBG I, Nr. 3–24. Vgl. M. Borgolte, Chronologische Studien zu den alemannischen Urkunden des Stiftsarchivs St. Gallen, in: Archiv für Diplomatik, 24. Jg., 1978, S. 54–202; jetzt auch Ders., Dieter Geuenich und Karl Schmid, Subsidia Sangallensia I, Materialien und Untersuchungen zu den Verbrüderungsbüchern und zu den älteren Urkunden des Stiftsarchivs St. Gallen (= St. Galler Kultur und Geschichte, 16. Bd.), St. Gallen 1986.

26 Zu den metrischen und den gemalten Gallus-Viten sei verwiesen auf: Die Quellen zum Gallus-Leben, im vorliegenden Sammelband S. 21–27.

27 Vgl. Lexikon der christl. Ikonographie, 8. Bd., 1976, Sp. 104 f. – Über St. Otmar im Bild (Buchmalerei, Graphik, Glasmalerei, Ofenmalerei, Monumentalmalerei, Plastik und Relief, Kultusgeräte, Glocken, Siegel und Münzen) J. Duft, Sankt Otmar in Kult und Kunst (wie Anm. 1), S. 62–101.

28 Vgl. Heinrich Jerchel, Spätmittelalterliche Buchmalereien am Oberlauf des Rheins, in: Oberrheinische Kunst (= Jahrbuch der Oberrheinischen Museen, 5. Jg.), Freiburg i. Br. 1934, S. 17–82, bes. 66, 76; dazu J. Duft, Lebensgeschichten (wie Anm. 10), S. 73 ff., und Bodensee (wie Anm. 18), S. 59–64, 126.

29 Vgl. Kdm SG III, S. 47, 50 f.

malerei. Vadianus[30] selber, der Bürgermeister und Reformator der Stadt, berichtet als Augenzeuge: Abt Ulrich Rösch (1463–1491), der 1483 den gotischen Chor vollendete, habe die Wände des Kirchenschiffes durch Hans Haggenberg ausmalen lassen: auf der Evangelienseite mit Szenen aus der Gallus-Geschichte, auf der Epistelseite mit solchen aus der Otmars-Geschichte. Er weiß sogar Einzelheiten über diese in viereckige Flächen gemalten Historienbilder zu erzählen: St. Otmar sei *mit infel und mantel, wie zu unsern zeiten die äbt gond,* dargestellt worden, wozu er richtig bemerkt, daß Otmar *weder um infel noch mantel nit gewisst hat.* Es sei auch gezeigt worden, wie Otmar zum König Pippin geritten sei und von ihm viel Gutes empfangen habe.

Wenn auch solche späte Historienmalerei nichts Neues zu den Geschichtsquellen beitragen konnte, war sie doch ein pietätvolles Zeugnis für deren lange und direkte Nachwirkung. Denn ein anderer Augenzeuge, Johannes Kessler[31], berichtet, diese beiden Zyklen, die nun *mit kalch verwisset und verstrichen* seien, hätten die *historien* so wiedergegeben, *wie die von Walfrido und Isone, disers clausters vor ziten gelerte monachen, beschriben sind.*

30 Joachim von Watt, Chronik der Äbte des Klosters St. Gallen, hg. von E. Götzinger, 2. H., St. Gallen 1877, S. 376.
31 In Sabbata, V. Buch, zu 1529 (in der Edition von 1902: S. 313).

Sankt Otmar in Bodman

Erstveröffentlichung: St. Otmar in Bodman, in: Herbert Berner (Hg.), Bodman Dorf-Kaiserpfalz-Adel, 1. Band (= Bodensee-Bibliothek, 13. Band), Sigmaringen 1977, S. 277–286. – Der Text ist hier leicht revidiert, die Anmerkungen sind mit der neueren Literatur ergänzt.

Das ehemalige Stift St. Gallen hütet älteste schriftliche Bezeugungen sowohl des Ortsnamens Bodman als auch der von ihm abgeleiteten Benennung Bodensee. Bodman klingt hier erstmals in der um 834/838 von Walahfrid Strabo überarbeiteten *Vita sancti Otmari* auf, erzählt sie doch ein im Jahr 759 in Bodman geschehenes Ereignis, worüber hier berichtet werden soll. Einleitend sei aber nicht unterlassen, kurz an die

Namen des Bodensees

zu erinnern, sofern sie mit Bodman zusammenhängen und soweit sie in St. Gallen überliefert worden sind[1].

1 Hierüber ausführlich J. Duft, Der Bodensee in Sankt-Galler Handschriften, Texte und Miniaturen aus der Stiftsbibliothek St. Gallen (= BS, 3. Bd.), Zürich und Lindau/Konstanz [1]1959, S. 41 ff. und 83 f., jetzt St. Gallen und Sigmaringen [4]1982, S. 46–50, 122 f. Diese in 1. Auflage erschienenen Ausführungen veranlaßten den Aufsatz von Franz Beyerle, Zur Namengebung »Bodensee« und »Bodman«, in: Hegau, 4. Jg., 1959, S. 149–156, und wurden auch zitiert von Oskar Bandle, Vom Bodensee und seinen Verwandten, in der Erinnerungsschrift »Dr. Guntram Saladin 1887–1958«, Zug 1959, S. 21–39 bzw. S. 26. – Hier sei auf die folgenden Untersuchungen hingewiesen: M. R. Buck, Vortrag über die Bedeutung der alten Namen des Bodensee's, in Schriften des Vereins für Geschichte des Bodensee's und seiner Umgebung, 2. Heft, 1870, S. 82–87; Albert Krieger, Topographisches Wörterbuch des Großherzogtums Baden, 1. Bd., Heidelberg 1904, Sp. 229 (Bodensee), Sp. 234–237 (Bodman); Hans Lieb, Tuggen und Bodman, Bemerkungen zu zwei römischen Itinerarstationen, in SZG, 2. Jg., 1952, S. 386–396. Jetzt ist hinzuweisen auf Herbert Berner (Hg.), Bodman, 1. Bd., Sigmaringen 1977, mit den folgenden wesentlichen Beiträgen: S. 145–152 Bruno Boesch, Zum Namen Bodman; S. 153–159 Hans Lieb, Bodman und der Anonymus Ravennas; S. 161–168 Friedrich Wielandt, Münzprägung in Bodman zur Merowingerzeit; S. 169–230 Arno Borst, Die Pfalz Bodman.

Dieser Zusammenhang zeigt sich vorerst in der lateinischen Formulierung *lacus Potamicus.* Als erster gebrauchte sie nachweislich der genannte Walahfrid Strabo auf der Reichenau, als er 833/834 für Abt Gozbert in St. Gallen die Neufassung der *Vita sancti Galli*[2] vornahm. In ihrem Prolog schrieb er, als er den Schauplatz schilderte: *Abb. 4, 5* *Brigantium oppidum lacui, qui Rheno interfluente efficitur, nomen dedit, qui alio nomine iuxta Grecam ethimologiam Potamicus appellatur* (zu deutsch: Die Stadt Bregenz gab dem See, der vom durchfließenden Rhein gebildet wird, den Namen Bregenzer-See, der mit einem anderen Namen nach griechischer Etymologie auch Potamicus, das heißt Fluß-See, genannt wird). Ähnlich schrieb Ermenrich von *Abb. 26* Ellwangen, Schüler und Freund Walahfrids, um 854 an Abt Grimalt in St. Gallen von *mare Potamicum* und *pontus Potamicus,* der diesen alten Namen *ex fluvio* (vom durchfließenden Fluß) erhalten habe[3]. Walahfrid und Ermenrich vermuteten also in dieser lateinischen Benennung des Sees das griechische Wort ποταμος (Potamos = Fluß). In Wirklichkeit lag ihr der einheimische Name des Ortes, der in merowingischer und karolingischer Zeit reichspolitisch hochbedeutend war, zugrunde: Bodoma. Denn dort »zi deme podame«, also auf dem Boden oder den Böden, auf einem einigermaßen flachen Gelände, stand die Königspfalz.

Das gelehrte Wortgebilde *lacus Potamicus* ging seit dem 9. Jahrhundert – wohl nicht zuletzt durch die weit verbreitete Gallus-Vita – in die lateinisch abgefaßte Geschichtsschreibung und in die lateinisch geschriebenen Urkunden ein. Sobald sich aber Schreiber und Dichter der deutschen Sprache zuzuwenden begannen, gebrauchten sie die dem Kunstwort »Potamicus« und seinem Grundwort »Bodoma« verhaftete Benennung »Bodensee«. Die erste deutsche Bezeugung mindestens in den zu St. Gallen aufbewahrten Handschriften findet sich um 1200 als »Bodemsê« im ›Willehalm‹ des Wolfram von Eschenbach[4]. In einem Brief an den Rat zu St. Gallen von 1438 wurde schließlich wie heute »Bodensee« geschrieben[5]. Wer immer diesen

2 Hg. von Bruno Krusch in MGH Script. rer. Merow. IV, 1902, S. 280–337; unser Zitat S. 282 Z. 1–3. – Vgl. Die Quellen zum Gallus-Leben, im vorliegenden Sammelband S. 11–27.

3 Ermenrici Elwangensis epistola ad Grimaldum abbatem, erhalten in Codex Sangallensis 265, hg. von Ernst Dümmler in MGH Ep. V (= Ep. Karol. aevi, III), 1899, S. 534–579; unsere Zitate S. 574 Z. 40 und S. 577 Z. 41–42.

4 Es handelt sich um die grundlegende Fassung K in dem um die Mitte des 13. Jahrhunderts geschriebenen Codex Sangallensis 857, der auch Wolframs Parzival D sowie Nibelungenlied und Klage B enthält. Der Band kam 1768 aus dem Nachlaß des Schweizer Geschichtsschreibers Aegid Tschudi (1505–1572) durch Kauf in die Stiftsbibliothek St. Gallen. Dazu J. Duft, Die Nibelungen-Handschrift in der Stiftsbibliothek St. Gallen, in: Ders., Die Abtei St. Gallen, Bd. I, Sigmaringen 1990, S. 147–164.

5 Vgl. UBSG V, S. 879, Nr. 4085. Weitere St. Galler Urkunden, die den Bodensee lateinisch und deutsch vom 9. bis 15. Jahrhundert aufführen, sind genannt bei Duft, Bodensee (wie Anm. 1), S. 123.

Namen verwendet, beschwört jedenfalls bewußt und allermeistens unbewußt die große Vergangenheit Bodmans.

Die dortige Königspfalz stand, entsprechend ihrer Bedeutung, in zwar kurzer, aber direkter Beziehung mit dem

Schicksal des Abtes Otmar von St. Gallen

Abb. 9 Über ihn[6] berichtet mit historischer Zuverlässigkeit die *Vita sancti Otmari*[7], verfaßt um 830 vom Diakon Gozbert in St. Gallen, stilistisch überarbeitet in den Jahren 834/838 von dem mit St. Gallen befreundeten und benachbarten Walahfrid Strabo, dem nachmaligen Abt der Reichenau. Er konnte sich dabei mit einer Kurzfassung (*adbreviatio*) begnügen, hatte er doch schon im zweiten Teil seiner Gallus-Vita das »durch des seligen Gallus Verdienste wunderbare Aufblühen seiner Gründung« zur Zeit des Abtes Otmar erzählt.

In dieser Entfaltung lag nun aber der Keim für Otmars Schicksal. Die auffallend reichen Schenkungen[8] von seiten begüterter Alemannen an ihren Landsmann und das von ihm geleitete Kloster erfolgten offenbar in der Absicht, einheimischen Grundbesitz dem Zugriff des immer zentralistischer auftretenden Staates der Karolinger zu entziehen[9]. Die Alemannen wurden bekanntlich 746 bei Cannstatt endgültig unterworfen; ihr Herzogtum wurde zerschlagen und das Herzogsgut in fränkischen Fiskalbesitz übergeführt. Nach dem Zeugnis der Otmars-Vita waren es nun die Grafen Warin und Ruthard, die als Kommissare Pippins »die Verwaltung ganz Alemanniens« besorgten. Wenn sie, die andernorts als Stifter und Wohltäter von Klöstern bezeugt geblieben sind, ausgerechnet das aufblühende St. Gallen mit dem Abte Otmar zu bedrängen begannen, geschah es aus jenen politischen Gründen, die eben damals die Ausrottung alemannischen Eigenlebens veranlaßt hatten[10].

6 Für einschlägige Fragen sei verwiesen auf J. DUFT, Sankt Otmar, Die Quellen zu seinem Leben, lateinisch und deutsch (= BS, 4. Bd.), Zürich und Lindau/Konstanz 1959.

7 Hg. von ILDEFONS VON ARX in MGH Script. II, 1829, S. 41–47. Dazu jetzt J. DUFT (wie Anm. 6) und DERS., Die Lebensgeschichten der Heiligen Gallus und Otmar, aus den lateinischen Viten übersetzt und hg. (= BS, 9. Bd.), St. Gallen und Sigmaringen 1988. – Vgl. Die Quellen zum Otmars-Leben, im vorliegenden Sammelband S. 39–49.

8 Vgl. UBSG I, Nr. 3–24.

9 Vgl. ROLF SPRANDEL, Das Kloster St. Gallen in der Verfassung des karolingischen Reiches (= Forschungen zur oberrheinischen Landesgeschichte, 7. Bd.), Freiburg i. Br. 1958.

10 Dazu nun aber ELSANNE GILOMEN-SCHENKEL, Frühes Mönchtum und benediktinische Klöster des Mittelalters in der Schweiz, in: HS III/1, 1986, S. 47. Sie warnt vor einseitigen »Interpretationen regionaler historischer Vorgänge und Fakten, die einen mit der regionalen Herkunft dieser Familien begründeten Gegensatz zu den Vertretern fränkischer Herrschaft gleichsam als natürliche Prämisse setzten«. Siehe aber im gleichen Band HANS SCHNYDER, S. 239–247 (zu Benken), 272–278 (zu Lützelau), S. 324–337 (zu Säckingen), 832–855 (zu Luzern), wo stets die alemannische Beata-Sippe, die auch für Otmar und St. Gallen als großzügige Donatorenfamilie nachgewiesen ist, erwähnt wird.

Zu ihnen gesellte sich – vielleicht mehr gezwungen als freiwillig – Bischof Sidonius in Konstanz. Worum ging es ihm? Jedenfalls nicht um die ihm zustehende und von niemandem bestrittene bischöfliche Jurisdiktion über das Kloster St. Gallen, sondern eindeutig um grundherrschaftliche Absichten. Konstanz war damals infolge der Neuorganisation der fränkischen Kirche das einheitliche alemannische Bistum geworden, womit es zwar eine gewaltige Ausdehnung, nicht aber eine genügende Dotierung an Grundbesitz erhalten hatte. Deshalb sollte nun mit dem reich gewordenen St. Gallen geschehen, was der Vorgänger des Sidonius bereits mit dem 724 gegründeten Kloster auf der Reichenau erreicht hatte: die besitzrechtliche Inkorporierung, versinnbildet und gesichert durch die Personalunion eines Abtbischofs.

Dagegen wehrte sich Otmar[11], und deshalb wurde ihm von den beiden Grafen und dem ihnen hörigen Bischof der Prozeß gemacht: ein Staatsprozeß in der Form eines Schau- und Sittlichkeitsprozesses, an dem ein durch Gehirnwäsche gefügig gemachter Vertrauter des Angeklagten falsches Zeugnis abzulegen hatte. Die Otmars-Vita berichtet hierüber in schlichter Wahrhaftigkeit:

Kapitel 4: »... Die Grafen ließen den Gottesmann Otmar, als er sich in der gleichen Sache wieder zum König begeben wollte, durch heimlich nachgeschickte Soldaten in Fesseln werfen und gewaltsam zurückführen. Zudem überredeten sie einen gewissen Lantpert, der durch das Klostergelübde, nicht aber durch Heiligkeit des Lebenswandels, zu seinen Brüdern zählte, daß er ihm in lügnerischer Machenschaft ein Sittlichkeitsvergehen nachsage, womit sie beabsichtigten, eine Gelegenheit zu seiner Absetzung zu finden, wenn seine Sittenreinheit durch derartige Verdächtigungen in üblen Ruf gebracht werde. Zu diesem Zweck wurden zahlreiche, welche in die arglistige Interessengemeinschaft nicht eingeweiht waren, zu einer Volksversammlung aufgeboten.«

Kapitel 5: »So wurde nun Otmar ... in die Versammlung gebracht und zu seiner Anklage der Lügenknecht Lantpert vorgestellt ... Er sagte, er kenne eine gewisse Frau, die vom frommen Mann zur Notzucht mißbraucht worden sei. Auf diese Bezichtigung soll Otmar keine Antwort gegeben haben. Wie er aber gedrängt wurde, bestand seine ganze Rede im Ausspruch: ›Ich gestehe, zwar in vielem viel gesündigt zu haben; doch gegen den Vorwurf dieses Vergehens rufe ich Gott, der mein Geheimstes sieht, zum Zeugen an.‹ Wie man ihn eifriger bedrängte, sich zu rechtfertigen, verharrte er schweigend in furchtloser Gesinnung und freiem Gewissen. Weil er erkannte, daß auf seiten der Richter die Geneigtheit zur Anklage offenkundig war, zog er vor, durch Ehrlichkeit seiner Gesinnung dem göttlichen Gericht als durch Zurückweisung der Anschuldigung dem menschlichen Gericht zu gefallen ...«

11 Zu dieser Auseinandersetzung vgl. THEODOR MAYER, Konstanz und St. Gallen in der Frühzeit, in: SZG, 2. Jg., 1952, S. 473–524 (nachgedruckt: DERS., Mittelalterliche Studien, Konstanz 1959, S. 289–324; ebenso in: Wege der Forschung, 100. Bd., 1975, S. 430–481). Jetzt auch ARNO BORST, Mönche am Bodensee 610–1525, Sigmaringen 1978, S. 32–48, 474 ff., 540 f.

Kapitel 6: »Nachdem die ungerecht begonnene Gerichtsverhandlung noch ungerechter geschlossen war, wurde der Gottesmann Otmar in der Königspfalz beim Landgut Bodman eingekerkert. Weil keinem gestattet war, dieselbe zu betreten oder mit ihm zu sprechen, verbrachte er einige Tage ohne die Stütze körperlicher *Abb. 23* Nahrung. Als er so in langwieriger Mißhandlung Hunger litt, pflegte Perahtgoz, einer seiner Klosterbrüder, nachts herbeizukommen und ihm mit Nahrung beizustehen. Bald darauf erwirkte aber ein gewisser Gozbert, ein einflußreicher Mann, von den ungerechten Fürsten, daß ihm der Gottesmann anvertraut wurde, und er brachte ihn auf einer Insel des Rheinflusses, namens Stein (Werd), neben seinem Landgut in Gewahrsam. Dort widmete sich der heilige Vater ausschließlich geistlicher Übung ... und ging nach kurzer Zeit an einem 16. November aus dieser Enge weltlicher Verwirrung in die Weite himmlischer Freude ein ...«

Otmar wurde, wie die Vita weiter berichtet, auf jener Insel – Werd bei Stein am Rhein – beigesetzt, aber nach einem Jahrzehnt in sein Kloster zurückgeholt. Bei der *Abb. 17* Überfahrt im Seesturm soll der stärkende Wein nicht ausgegangen sein, weshalb Otmar schließlich das Weinlägel als sein Attribut erhielt. Mit der Heimholung begann seine weite Verehrung[12], deren vom Augenzeugen Iso geschilderte Höhepunkte 864 die Kanonisierung und 867 die Beisetzung in einer an das Gallus-Münster gebauten eigenen Kirche waren. Beide wurden vom zuständigen Konstanzer Bischof vorgenommen, womit Otmars Rechtfertigung vollendet war, nachdem die Abtei ihre Selbständigkeit schon 818 durch ein Immunitätsprivileg Ludwigs des Frommen wiedergewonnen hatte.

Nach diesem Überblick, der die in der Otmars-Geschichte zwar nur einmalige, aber doch wichtige Nennung Bodmans angeführt hat, stellt sich die Frage über

Zeit und Ort

Das Schicksal Otmars, der das Kloster St. Gallen nach der Aussage Walahfrids[13] während vollen vierzig Jahren geleitet hatte – *expletis non minus quadraginta annis regiminis sui* – und im Alter von ungefähr siebzig Jahren starb, erfüllte sich anscheinend während einigen wenigen Monaten. Am 1. März 759 nennt ihn eine Traditionsurkunde[14] Abt zu St. Gallen; schon am 16. November desselben Jahres stirbt er in der Verbannung, und die nächsten Urkunden führen als st. gallischen Abt jenen Johannes an, welcher zugleich Abt der Reichenau und Bischof von Konstanz war, damit aber seit 760 der Nachfolger des Sidonius, der wenige Monate nach Otmar gestorben war.

12 Vgl. J. Duft, Sankt Otmar in Kult und Kunst, St. Gallen 1966 (= Buchausgabe der Njbl. 106 und 107, St. Gallen 1965 und 1966); ebd., S. 134 (Register) zu Bodman.

13 Vita s. Galli, liber II, Kap. 14.

14 UBSG I, Nr. 24 (Audomarus), 25 ff. (Johannes).

Otmar schmachtete also nicht, wie man gelegentlich liest, während einigen Jahren im Kerker zu Bodman. Im Gegenteil: sein dortiger Aufenthalt war kurz, erlebte er doch schon bald zwar nicht eine Begnadigung oder gar Freisprechung, aber wenigstens eine Haftmilderung. Es geschah dank der Intervention jenes einflußreichen Gozbert[15], der in Eschenz sein Hofgut besaß, zu dem auch die kleine Insel, genannt Werd[16], gehörte. Gleichenorts hatte Ruthard Besitz, den er eben damals der Reichsabtei Fulda übertrug. Auch hier stand Otmar also unter sicherer Bewachung, zumal Gozbert Parteigänger der Franken, wenn nicht selber Franke, vielleicht sogar Bruder des hochpolitischen Abtes Fulrad von St. Denis war.

Als sicher zu gelten hat aber die Tatsache, daß Otmar nach seiner Verurteilung während einer gewissen Zeit – es können mehrere Tage oder einige Wochen gewesen sein – in der Pfalz zu Bodman eingekerkert war, schreibt doch die Vita im mitgeteilten 6. Kapitel: *Concilio autem inique inchoato iniquius terminato vir Dei Otmarus apud villam Potamum palatio inclusus est* (zu deutsch: Nachdem die ungerecht begonnene Gerichtsverhandlung noch ungerechter beendet worden war, wurde der Gottesmann Otmar beim Landgut Bodman in die Pfalz eingeschlossen). Dabei mag es sich um eine Verurteilung zum Hungertod gehandelt haben, blieb er doch in seiner strengen Einzelhaft ohne Nahrung, bis ihn einer seiner getreuen Mönche, sozusagen als Wiedergutmachung des durch einen Mitbruder begangenen *Abb. 23* Verrates, nächtlicherweile und wohl unter Lebensgefahr mit Speise zu versorgen begann. Wenn Otmar trotz der Überführung in mildere Haft schon bald starb, mag die seelische und körperliche Mißhandlung, die er vor dem Gericht und dann im Kerker zu Bodman erlitten hatte, die Hauptursache gewesen sein.

Hat das Gericht wohl auch im Palatium zu Bodman getagt? Die Quellen sagen hierüber nichts, wie sie auch verschweigen, wo Otmar seine – gleichfalls kurze – Untersuchungshaft zu erdulden gehabt hatte. Für letztere erscheint Bodman als gegeben, wobei sich gleich auch die wahrscheinliche Frage stellt, ob die beiden Reichskommissare Warin und Ruthard dort wenn nicht ihren Wohnsitz, so doch ihren Verwaltungssitz hatten. Als Gerichtsort möchte man im Falle Otmars jedoch eher an den Bischofssitz Konstanz, das heißt an das geistliche Gericht denken.

Nachdem sicher steht, daß Abt Otmar von St. Gallen im Jahr 759 während kurzer Zeit in der Königspfalz zu Bodman gefangen gelegen hat, mag noch gefragt werden, wo dieser Bau sich befunden habe. Wenn auch die archäologischen Untersuchungen

15 Vgl. Michael Borgolte, Die Grafen Alemanniens in merowingischer und karolingischer Zeit, Eine Prosopographie (= Archäologie und Geschichte, Freiburger Forschungen zum ersten Jahrtausend in Südwestdeutschland, 2. Bd.), Sigmaringen 1986: S. 131 ff. zu Gozbert, S. 229–236 zu Ruthard, S. 282–287 zu Warin.

16 Vgl. Albert Knoepfli und Hansrudolf Sennhauser, Zur Baugeschichte von St. Otmar auf Werd, in: Corolla Heremitana (= Festschrift f. L. Birchler), Olten 1964, S. 39–80.

geringe Ergebnisse[17] gezeitigt haben, spricht die Wahrscheinlichkeit doch weit eher für die Gegend um die heutige Kirche als für die sogenannte Bodenburg[18] auf halber Bergeshöhe. Jedenfalls war die Pfalz nicht dort, wo mindestens seit dem 17. Jahrhundert Otmars Verließ gezeigt wird: auf dem Frauenberg über Bodman, wovon beispielsweise Hermann Ginter[19] schrieb: »Rechterhand führt eine steile Treppe in die Kellergelasse, die aus einem größeren Raum mit gotischem Gewölbe, auf zwei kräftigen Säulen aufruhend, und zwei kleineren Nebenräumen bestehen; der kleinste wird als Verließ des hl. Othmar angesehen.« Das heutige Schlößlein Frauenberg mit seiner Kapelle, das an der Stelle der 1307 abgebrannten Burg der Herren von Bodman steht, wurde 1622 – wenn auch auf mittelalterlichen Fundamenten – errichtet. Otmars Verließ befand sich aber auch nicht in der heute ruinösen Burg Altbodman[20], wurde sie doch erst erbaut, als die ritterliche Familie nach dem Brand von 1307 die alte Stätte dem Kloster Salem geschenkt und diese neue Stätte als ihren Wohnsitz erwählt hatte.

Wenn Otmar nicht in einer Burg der Herren von Bodman, ja überhaupt nicht unter der Gewalttätigkeit allfälliger Vorfahren dieses im Bodenseegebiet sehr alten Adelsgeschlechtes gelitten hat, ist auch die Sage unrichtig und sogar ungerecht, wie sie sich folgenderweise in der Zimmerschen Chronik[21] aus dem 16. Jahrhundert findet:

Man hat noch heutigs Tags fur gewiss, s. Othmar sey zu Altenbodmen in der Gefengknus gelegen und, nachdem er denen Herren von Bodmen von etlichen

17 Vgl. Helmut G. Walther, Auf der Suche nach der Pfalz von Bodman, Überlegungen zu den ersten Grabungsergebnissen, in: Konstanzer Blätter für Hochschulfragen, 31 (Jg. IX Heft 2), 1971, S. 80–93: Er nimmt an, daß die Pfalz am See gelegen sei; es gelang aber »mit dieser ersten Probegrabung des Jahres 1970 nicht, Reste der ehemaligen Pfalz Bodman nachzuweisen. Neben dieses negative Ergebnis tritt die Enttäuschung, daß auch der 1872 und 1885 aufgedeckte Mauerzug nicht wiedergefunden werden konnte.« Ders., Der Fiskus Bodman, in: H. Berner (Hg.), Bodman, 1. Bd. (wie Anm. 1), S. 231–275; Wolfgang Erdmann, Zur archäologischen Erforschung der Pfalz Bodman, ebd., S. 69–144; A. Borst, Die Pfalz Bodman, ebd., S. 169–230. Jetzt insgesamt Helmut Maurer, Bodman, in: Die deutschen Königspfalzen, Repertorium, hg. vom Max-Planck-Institut für Geschichte, 3. Bd., 1. Lfg., Göttingen 1988, S. 18–45.

18 »Der Name Bodenburg existiert heute noch als Gewann-Name (bis ins 18. Jahrhundert als Feld, dann Wald). Es wurde mehrmals dort gegraben, aber nichts ließ auf ein burgähnliches Gebilde schließen. Dagegen wurden zwei steinzeitliche Siedlungen festgestellt. Somit kommt die Bodenburg als Ort der Einkerkerung des heiligen Otmar wohl sicher nicht in Frage.« So Graf Bodman brieflich am 13. 9. 1974.

19 Vom Frauenberg bei Bodman, in: Birnauer Kalender 1922, 2. Jg., S. 45–57, unser Zitat S. 55.

20 Vgl. Joseph Schlippe, Ruine Altbodman, Geschichte, Baubeschreibung und Erhaltungsmaßnahmen, in: Nachrichtenblatt der Denkmalpflege in Baden-Württemberg, 1. Jg., 1958/59, S. 103–111.

21 Hg. von K. A. Barack, in: Bibliothek des litterarischen Vereins in Stuttgart, Bde. 91–94, Tübingen 1869; unser Zitat Bd. 91, S. 53f. Es findet sich schon bei Ludwig Uhland, Zur schwäbischen Sagenkunde: 3. Bodman, in: Germania, 4. Jg., 1859, S. 51f.; dort S. 37ff. ist auch das Schicksal des Abtes Otmar geschildert.

schwebischen Fursten fengclichen überantwurt, sey er etliche Zeit ganz hertigclich und ohne alle Erbermde von inen gehalten worden uf unser Frawen Perg, da ainest das recht alt Bodmen gestanden und darvon auch die Herren iren Namen gehapt. Do zaigt man noch ain finsters ungehewrs Gewelb oder Kemmerlin, darin der hailig Man ist gepeiniget worden, daher von altem ain Sag uf unser Zeit kommen, es haben sich die von Podmen derzeit an s. Othmarn also verschuldt und versundigt, das ain Fluch uf sie und ire Nachkommen erwachsen; dann der merer Tail alle im Geschlecht schadhafte Schenkel und Fuess haben, welcher Gebresten sich gleichwol bei unsern Zeiten bei etlichen des Geschlechts war sein befunden. Ob es aber der Ursach halb, wie iez gemelt, beschehe, das mag sein oder nit, der waists am basten, dem nichts verborgen oder unbewist.

Die angebliche, aber schon vom Chronik-Verfasser bezweifelte Beziehung zwischen einem Fußleiden der Familie von Bodman und dem Schicksal des heiligen Otmar mag ihren Anlaß in folgendem gefunden haben: Die Otmars-Vita erzählt, die Mönche aus St. Gallen hätten den Leichnam ihres Abtes auf der Werd nach einem Jahrzehnt unversehrt angetroffen, ausgenommen die Spitze eines Fußes, die vom Wasser bespült und verfärbt gewesen sei. Das war denn auch der Grund dafür, daß Fußleidende noch in neuerer Zeit zur Werd pilgerten, um Heilung zu suchen. Was den einen zum Heile diente, hätte also den anderen zur Strafe gereicht! Immerhin sei beigefügt, daß sich bei den Nachkommen der wirklichen Verfolger Otmars, also der Grafen Warin und Ruthard, aus Zeugnissen des 8. bis 11. Jahrhunderts ein eigentliches Schuldbewußtsein und eine urkundlich nachweisbare Sühnegesinnung feststellen lassen[22].

St. Otmar wirkte aber noch in anderer, in freundlicherer Weise nach. Davon berichten die zahlreichen Patrozinien und Patronate sowie die aus zwölf Jahrhunderten faßbar gebliebenen Zeugnisse des Kultes und der vielfältigen Kunst. Auch in Bodman finden sich einige derartige Reminiszenzen aus alter und neuer Zeit.

Erinnerungen an St. Otmar in Bodman

In Bodmans Pfarrkirche St. Peter und Paul[23] sind es zwei neuzeitliche Kunstwerke, die von der Otmars-Verehrung der gräflichen Familie Zeugnis ablegen:

Das neueste ziert die hölzerne Kanzel, die 1959 aus der Werkstätte Viktor Mezgers in Überlingen hervorgegangen ist. Sie ist geschmückt mit zwei holzge-

22 Hierüber ausführlicher J. Duft, St. Otmar (wie Anm. 12) wo S. 50–60 über St. Otmar in Volksglaube und Volksfrömmigkeit (Rache des Heiligen / Hilfe des Heiligen) berichtet wird.

23 Vgl. Joachim Hotz, Die Bau- und Kunstdenkmäler von Bodman am Bodensee, in: H. Berner (Hg.), Bodman, 2. Bd., Sigmaringen 1985, S. 231–284 (S. 235–252 Schloß, 253–261 Pfarrkirche, 261–269 Frauenberg).

schnitzten Flachreliefs, welche die Brustbilder heimatlicher Heiliger wiedergeben. Ihre Namen stehen in den goldenen Nimben, und ihre Todesjahre sind zuunterst mit Goldbuchstaben vermerkt: *S. Otmar* †759 und *S. Conrad* †975. Während der Konstanzer Bischof die Mitra trägt, ist das tonsurierte Haupt des St. Galler Abtes unbedeckt. Beide halten in der rechten Hand den Hirtenstab und in der linken ihr besonderes Attribut: Konrad den Kelch mit der Spinne, Otmar das Fäßchen. Unter dem St. Otmar-Relief (gegen75 cm hoch, gut 35 cm breit) grüßt dezent das Stifterwappen von Bodman – von Spee mit der Jahreszahl 1959.

Gegenüber der Kanzel, im zweitvordersten Fenster des Kirchenschiffes, blickt ein um wenige Jahrzehnte älterer Otmar mit strengem, ja herausforderndem Gesichtsausdruck auf den Betrachter. Es ist eine farbenstarke Glasmalerei der Firma Oidtmann, Linnich bei Aachen, aus dem Jahre 1889, das heißt aus der Zeit, als infolge eines früheren Brandes der Chor und die Eingangsfassade der Kirche neugebaut sowie alle Fenster entsprechend gotisiert und farbig verglast wurden. Dieser Otmar (ca. 1,40 m hoch) ist ein Benediktinerabt, bekleidet mit der schwarzen Kukulle, der an goldener Kette ein goldglänzendes Kreuz auf der Brust trägt. Seine Attribute sind in Form und Haltung dieselben wie auf dem gleich noch zu beschreibenden, zweifellos als Vorbild benutzten Meßkircher Altarflügel im gräflichen Schloß: Tragfäßchen und Abtsstab. Unter der Gestalt ist mit Wappen und Inschrift der Stifter dieses Fensters verewigt: »Gestiftet von Othmar, Freiherrn von Bodman-Bodman. 1889.«

Nicht nur in der Pfarrkirche, sondern auch im benachbarten Schloß erinnern zwei Kunstwerke, ein neueres und ein alt-ehrwürdiges, an St. Otmar und an die ihm durch die Familie von Bodman bezeugte Zuneigung, ist doch sein Name dort öfter als Taufname verwendet worden:

Das neuere ist die Holzstatue (62 cm hoch), die Viktor Mezger in künstlerischer Nachempfindung des Barocks 1928 geschnitzt hat. Sie wurde am damaligen 15. Mai dem Grafen Othmar von Bodman zum 60. Geburtstag von seinen Kindern geschenkt[24]. Der Heilige, mit leidend-ergebenem Gesichtsausdruck, ist ein in das Pluviale gehüllter Benediktinerabt. In der Rechten hält er den Hirtenstab, der leicht über sein tonsuriertes Haupt hinausreicht, während im gebeugten Vorderarm das Fäßchen liegt.

Das älteste und kostbarste Stück ist der im gräflichen Schloß aufbewahrte Altarflügel des anonymen Meisters von Meßkirch, gemalt um 1536/1540 auf Tannenholz (62 cm hoch, 27 cm breit), der einen schwarzgekleideten Benediktinermönch vor einer Nische zeigt, betitelt: *Santt' Othmarvs Abbas.* In seiner rechten Hand, die er ganz hinunterhängen läßt, hält er das Tragfäßchen, das man solcherart jeweils auf die Reise mitnahm, während er mit der erhobenen linken Hand den Stab trägt, unter

24 Frdl. Mitteilung an den Verf. von Graf Dr. Johannes von und zu Bodman (†1976).

dessen Krümme ein bauschiges Handtuch befestigt ist. Bei dieser Tafelmalerei handelt es sich um einen linken Standflügel, der einstmals zu einem der zehn Passionsaltäre der Stadtkirche in Meßkirch gehört hat. Auch der rechte Standflügel, der die heilige Ottilia zeigt, befindet sich erfreulicherweise im Besitz der gräflichen Familie[25]. Beide waren vor Jahrzehnten in der Kapelle auf dem Frauenberg, wo ja sowohl St. Otmar als auch St. Ottilia verehrt wurden und werden. Aus Gründen der Sicherheit hängen sie nun, hochgeschätzt und würdig verwahrt, im Schloß ihrer Besitzer. Sie mögen im 19. Jahrhundert durch Joseph von Lassberg[26], den großen Mittler und Sammler im Bodenseegebiet, an die Familie von Bodman gelangt sein, hatte jener doch auch an andere Interessenten – so 1852 an seinen Freund Bischof Carl Johann Greith in St. Gallen[27] – solche Altarteile aus Meßkirch, jeweils mit den möglichst passenden Heiligen, vermittelt[28].

Und auf dem Frauenberg, wo das angebliche Gefängnis St. Otmars gezeigt wurde? Wenn H. Ginter[29] 1922 schrieb, daß dort Statuen Otmars und Ottiliens den Altar flankierten, täuschte ihn die Erinnerung; selbst die beiden Tafelbilder des Meisters von Meßkirch befanden sich damals nicht mehr in der Kapelle. Auf dem Frauenberg gab und gibt es keine Darstellung Otmars.

25 Beide sind besprochen und abgebildet bei HEINRICH FEURSTEIN, Der Meister von Meßkirch im Lichte der neuesten Funde und Forschungen, in: Oberrheinische Kunst, 6. Jg., 1934, S. 93–162, bzw. Sonderdruck Freiburg i. Br. 1934, in letzerem auf S. 46 und 64 (mit Abb. 40 und 41). – Ungedruckt blieb die Dissertation von CHRISTIAN Altgraf zu SALM (†1973), Der Meister von Meßkirch, Freiburg i. Br. 1950; die Frage nach dem Namen des Meisters konnte auch dort nicht einwandfrei beantwortet werden. – Das Standflügelpaar aus Bodman war 1961 in Meßkirch anläßlich der 700-Jahr-Feier der Stadt ausgestellt; vgl. Ausstellungsführer »Der Meister von Meßkirch«, worin ERNA HUBER die einzelnen Exponate kurz beschrieben hat.

26 Vgl. CHRISTIAN Altgraf zu SALM, Lassberg als Kunstsammler, in: Joseph von Lassberg, Mittler und Sammler, Aufsätze zu seinem 100. Todestag, hg. von KARL S. BADER, Stuttgart 1955, S. 65–87 (S. 72: »Diese Sammlertätigkeit Lassbergs hat sich nach seiner Zurruhesetzung 1817 am stärksten entfaltet. Er erwirbt 1817/18 und 1821/22 aus Meßkirch eine Anzahl von Tafeln des sogenannten Meisters von Meßkirch, die er Hans Holbein dem Älteren zuschrieb.«)

27 Vgl. FEURSTEIN (wie Anm. 25), S. 8 und 52f., sowie KARL S. BADER (wie Anm. 26), S. 417 (Register unter »Greith K«, wo die Seitenzahl 80 in 81 zu verbessern ist), ferner PAUL KÜNZLE, Kunstschätze in der bischöflichen Residenz, in: 100 Jahre Bistum St. Gallen, Beilage zur »Ostschweiz«, St. Gallen 28. 6. 1947.

28 Danach müßten die Briefe des Freiherrn von Lassberg befragt werden, die nach Mitteilung von K. S. BADER (Lassberg-Studien, in: Montfort, 9. Jg., 1957, S. 138) im gräflich-Bodman'schen Archiv liegen.

29 Im Birnauer Kalender (wie Anm. 19), S. 56. Dazu Graf Bodman am 13. 9. 1974 brieflich an den Verfasser dieser Studie: »Ich habe keinen Anhaltspunkt, wann die beiden Bilder des Meisters von Meßkirch auf den Frauenberg gekommen sind, und wann man sie nach unten ins Schloß genommen hat. Daß sie auf dem Frauenberg waren, ist Überlieferung. Jedenfalls sind sie, seit ich mich erinnern kann, im Schloß Bodman. Darum kann sie Dr. Ginter auch nicht auf dem Frauenberg gesehen haben. Eher könnte man annehmen, daß er in der Erinnerung an die beiden großen Statuen am Altar gedacht und sie mit St. Otmar und St. Ottilia verwechselt hat.« – Jetzt KLAUS WELKER, Der Frauenberg und seine Wallfahrt, in: H. BERNER (Hg.), Bodman, 2. Bd. (wie Anm. 23), S. 135–164.

An seinen dort verehrten Kerker erinnert aber ein feiner, klassizistisch beeinflußter Kupferstich[30] (Höhe ohne Rand 13 cm, Breite 8,5 cm) aus der Werkstätte der Gebrüder Klauber in Augsburg, welche die »ersten Großverleger des Andachtsbildes«[31] in Europa waren. Provenienz und Entstehungsjahr sind unten beigegeben: *Fratres Klauber Sculp. A. D. 1786.* Der Stich zeigt einen zum Beschauer gewandten, zusammengekauerten, jüngeren Mönch mit einem Kreuz in den Händen, der in einem niedrigen Gefängnis vor felsigem Hintergrund kniet, wobei die Gittertür weit offen steht. Über ihm besagt ein Inschrift-Täfelchen: *Vestigium / Carceris S. Othmari / Abbatis S. Galli.* Zuoberst steht ein hochovales Bildchen Ottiliens als Äbtissin. Unter dem Kerkergelaß kündet eine breite Inschrift-Tafel von der damals anscheinend besonders eifrigen Verehrung der beiden Heiligen auf dem Frauenberg bei Bodman: *S. Othmarus, et S. Othilia, / qui magno fidelium emolumento coluntur / in Monte B.ae Virginis prope Bodmann.*

30 Exemplare desselben im gräflichen Schloß Bodman und in der Stiftsbibliothek St. Gallen.
31 So ADOLF SPAMER, Das kleine Andachtsbild vom XIV. bis zum XX. Jahrhundert, München 1930, S. 229.

Große Äbte – blühende Abtei

Erstveröffentlichungen: Das 9. Jahrhundert als goldenes Zeitalter, in: Helvetia Sacra, Abt. III (Die Orden mit Benediktinerregel), 1. Band (Frühe Klöster, Die Benediktiner und Benediktinerinnen in der Schweiz), Bern 1986, S. 1192–1198; beziehungsweise Johannes Duft, Anton Gössi und Werner Vogler, Die Abtei St. Gallen (Sonderband aus Helvetia Sacra), St. Gallen 1986, S. 22–28. – Hochblüte im 9. Jahrhundert, in: Peter Ochsenbein (Hg.), St. Gallen als Kulturzentrum (7. bis 12. Jahrhundert), Darmstadt, in Vorbereitung. – Text und Anmerkungen sind hier koordiniert und gekürzt.

Die Abtei St. Gallen erlebte nach dem Tod des Gründer-Abtes Otmar (†759) und der jahrzehntelangen Auseinandersetzung mit dem Bistum Konstanz im 9. Jahrhundert ihre Hochblüte. Die 110 Jahre zwischen dem Antritt des Abtes Gozbert (816) und dem Einfall der Ungarn (926), die in der Kulturgeschichte als »karolingische Renaissance« bezeichnet werden, waren hier politisch und wirtschaftlich, aber auch wissenschaftlich-künstlerisch und liturgisch-monastisch das »goldene Zeitalter«. Seine schriftlich erfaßbaren Äußerungen sind in einem Ausmaß, das die vergleichbaren Stätten an Bodensee und Rhein übertrifft, in Stiftsarchiv und Stiftsbibliothek erhalten geblieben. Die Blüte war vier überragenden Äbten dieses Zeitraumes zu verdanken. *Abb. 28*

Abt Gozbert

Gozbert [1], aus einer Thurgauer Adelsfamilie, eröffnete, zusammen mit tatkräftigen Mönchen, in den Jahren 816–837 mehrfach dieses Saeculum: politisch, indem er 818 von Kaiser Ludwig dem Frommen das Schutz- und Immunitätsprivileg [2] zu erwirken vermochte, wodurch St. Gallen ein Reichskloster wurde; wirtschaftlich, indem er entfremdetes Klostergut zurückbrachte und den Grundbesitz stark erweiterte [3], wobei sich das Schwergewicht von Breisgau und Baar auf Thurgau und Zürichgau

1 Quellen und Literatur: HS III/1, S. 22f., 102f.; Nachschlagewerke: ADB, 9. Bd., 1879, S. 523 (G. Meyer von Knonau); NDB, 6. Bd., 1964, S. 692 (J. Duft); HBLS, 3. Bd., 1926, S. 620 (P. Bütler).

2 UBSG I, Nr. 234; MGH RI, Nr. 663.

3 UBSG I, Nr. 221–359.

verlagerte[4]; organisatorisch, indem die Verwaltung des Streubesitzes vereinheitlicht[5] sowie eine Urkundenregistratur nach 36 territorialen Kapiteln[6] eingeführt wurde; baulich, indem er mit Mönchen wie Winihart, Isenrich und Ratger[7] inmitten anderer Neubauten die große Münsterkirche[8] aufführte, wobei Anregungen des noch erhaltenen Klosterplanes[9] wirksam waren, wie er Gozbert durch Abt Heito von Reichenau zugekommen war; bildungsfördernd, indem er für das Scriptorium[10] besorgt war, in welchem der Kalligraph Wolfcoz unter nahezu hundert Schreibern tätig war, wodurch die Bibliothek um mehr als 70 noch erhaltene Bände biblischen, patristischen und liturgischen Inhalts bereichert wurde; schließlich monastisch, indem St. Gallen die Reformen Benedikts von Aniane übernahm und das heute als grundlegend anerkannte Exemplar der Regel Benedikts von Nursia[11] abschrieb.

Die Abtei, in Alemannien tief verwurzelt, war bisher in einer gewissen Königsferne[12] gestanden, lassen sich doch bis in die zweite Hälfte des 9. Jahrhunderts keine Landschenkungen von Königen nachweisen. Unter Gozbert bahnte sich aber die persönliche Verbindung mit den Herrschern an, damit allerdings auch der Einbezug in die Auseinandersetzungen unter den Söhnen Ludwigs des Frommen. Um sich das besitzreiche Kloster günstig zu stimmen, bestätigte ihm Ludwig der

4 Vgl. ROLF SPRANDEL, Das Kloster St. Gallen in der Verfassung des karolingischen Reiches (= Forschungen zur oberrheinischen Landesgeschichte, 7. Bd.), Freiburg i. Br. 1958, S. 48, 53f.

5 Ebd., S. 57–97.

6 Vgl. PAUL STAERKLE, Die Rückvermerke der ältern St. Galler Urkunden (= MVG, 45. Bd.), St. Gallen 1966, S. 40f., 44, 60f.; OTTO P. CLAVADETSCHER und P. STAERKLE, Die Dorsualnotizen der älteren St. Galler Urkunden, Faksimile-Ausgabe (= UBSG, 2. Ergänzungsheft), St. Gallen 1970.

7 Sie sind erwähnt im Brief Ermenrichs von Ellwangen an Abt Grimalt, hg. in: MGH Epp. Karolini aevi V, S. 534–579, bes. 565f. Vgl. J. DUFT, Männer der Kunst im frühmittelalterlichen St. Gallen, in: Unsere Kunstdenkmäler, 19. Jg., 1968, S. 105–115, bes. 109f.; im vorliegenden Sammelband S. 221–237.

8 Vgl. HANS RUDOLF SENNHAUSER, Das Münster des Abtes Gozbert (816–837) und seine Ausmalung unter Hartmut, St. Gallen 1988 (erw. Sonderdruck aus: Unsere Kunstdenkmäler, 34. Jg., 1983, S. 152–167).

9 Zusammenfassend WALTER HORN and ERNEST BORN, The Plan of St. Gall, A Study of the Architecture and Economy of, and Life in a Paradigmatic Carolingian Monastery, 3 vols., Berkeley 1979.

10 BRUCKNER, Scriptoria 3, S. 21ff. Von der Hand des Wolfcoz die Codices 20 (Psalterium) und 367 (Evangelistarium).

11 Es ist nicht, wie bisher angenommen, im Reichenauer Scriptorium, sondern in St. Gallen geschrieben worden, wie der Paläograph Bernhard Bischoff nun nachgewiesen hat; hg. von BENEDIKT PROBST, Regula Benedicti, de codice 914 in bibliotheca monasterii S. Galli servato quam simillime expressa, St. Ottilien 1983, bes. S. XIIff.

12 Vgl. R. SPRANDEL (wie Anm. 4), S. 52–56. Die »Königsferne« wird allerdings relativiert durch die frühesten Einträge im St. Galler Verbrüderungsbuch; vgl. beispielsweise KARL SCHMID, Zur historischen Bestimmung des ältesten Eintrags im St. Galler Verbrüderungsbuch, in: Alemannisches Jahrbuch 1973/75, S. 500–532.

Deutsche 833, also gleich zu Beginn seiner Herrschaft in Alemannien, urkundlich[13] die früheren Privilegien und gewährte freie Abtwahl. Die Reichswirren scheinen sich aber auch ungünstig ausgewirkt zu haben, indem sie Gozbert zur Resignation veranlaßten. Seine beiden kurzfristigen Nachfolger[14], Bernwig 837–840/841 und Engilbert I. 840/841, wurden von Ludwig dem Deutschen anscheinend wegen ihrer Stellungnahme für Lothar abgesetzt.

Äbte Grimalt und Hartmut

Grimalt[15] war nun der mit dem König eng verbundene Nachfolger. Aus hochadeliger Familie des Saar-Mosel-Gebietes stammend, Neffe und Bruder von Trierer Erzbischöfen, Bruder einer dortigen Äbtissin, verwandt mit dem früheren Abt-Bischof Waldo und dem Gallus-Biographen Wetti auf Reichenau, ausgebildet in der Hofschule Karls des Großen und in der Reichenauer Klosterschule, Kapellan am Kaiserhof Ludwigs des Frommen, sodann während Jahrzehnten Erzkapellan und Kanzler Ludwigs des Deutschen, stellte Grimalt in seiner Verbindung des »Hofmannes und des Kirchenfürsten« die persönlichste Beziehung des Klosters St. Gallen zum Herrscher her. Obwohl nicht Mönch, stand er durch königliche Einsetzung drei Abteien vor: Weissenburg, St. Gallen, angeblich auch Ellwangen (möglicherweise Niederaltaich). Ihm übertrug Ludwig der Deutsche 841, in Mißachtung seines 833 unter Gozbert gewährten Privilegs der freien Abtwahl, das Kloster St. Gallen. Ihm hatte dann aber das Kloster 854 von neuen die königliche Bestätigung der Immunität und der freien Abtwahl sowie die Lösung der letzten Zinsverpflichtung gegenüber dem Bistum Konstanz zu verdanken[16]. *Abb. 25*

Von Grimalts geistigen und geistlichen Interessen sowie von seinen persönlichen und amtlichen Beziehungen sind hervorragende Zeugnisse überliefert. Er besaß eine reichhaltige Privatbücherei[17] theologischen und profanen Inhalts, woraus noch ein Verzeichnis mit 33 Einträgen[18] und manche nachweisbaren Codices in der Stiftsbi-

13 UBSG I, Nr. 344; MGH Dipl. Reg. Germ. Karol. I, Nr. 13.

14 HS III/1, S. 104 f. Gozbert ist letztmals 834, Bernwig erstmals 837 urkundlich belegt.

15 Quellen und Literatur: HS III/1, S. 23 ff., 105 ff.; Nachschlagewerke: ADB, 9. Bd., 1879, S. 701 ff. (G. Meyer von Knonau); NDB, 7. Bd., 1966, S. 75 (J. Fleckenstein); HBLS, 3. Bd., 1926, S. 746 f. (P. Bütler). Jetzt umfassend Dieter Geuenich, Beobachtungen zu Grimald von St. Gallen, Erzkapellan und Oberkanzler Ludwigs des Deutschen, in: M. Borgolte und H. Spilling (Hg.), Litterae medii aevi (= Festschrift f. J. Autenrieth), Sigmaringen 1988, S. 55–68.

16 UBSG II, Nr. 433/434; MGH Dipl. Reg. Germ. Karol. I, Nr. 69/70.

17 Hierüber Bernhard Bischoff, Bücher am Hofe Ludwigs des Deutschen und die Privatbibliothek des Kanzlers Grimalt, in: Ders., Mittelalterliche Studien, 3. Bd., Stuttgart 1981, S. 187–212.

18 Hg. von Paul Lehmann, Mittelalterliche Bibliothekskataloge Deutschlands und der Schweiz, 1. Bd., München 1918, S. 87 ff.; dazu J. Duft, Die Handschriftenkatalogisierung in der Stiftsbiblio-

bliothek erhalten sind, darunter Widmungsexemplare von Hrabanus Maurus. Eindrücklich ist Codex 397: das persönliche ›Vademecum‹[19] Grimalts um 830–860/70, worin er sich von vielen Schreibern aufnotieren ließ, was ihm für Bildung und Verwaltung dienlich sein konnte. Nicht von ihm, sondern von Reichenauer Mönchen namens Grimaltus und Tatto stammt der Begleitbrief zur berühmtgewordenen (im St. Galler Codex 914 kopierten) Abschrift der *Regula s. Benedicti*[20]. Walahfrid Strabo widmete ihm seine Dichtung *Visio Wettini* und *De cultura hortorum* und rühmte ihn in *De imagine Tetrici* als Lehrer und Dichter. Für Ermenrich von
Abb. 26 Ellwangen galt er in der *Epistola ad Grimaldum* geradezu als *praeceptor doctissimus*. Jedenfalls zählte er zu den Begründern der gelehrten Bildung im ostfränkischen Reich und in seiner Abtei St. Gallen.

Unter Grimalt wurden zahlreiche Gebetsverbrüderungen[21] St. Gallens und Weissenburgs mit anderen Gemeinschaften geschlossen. Damals scheint auch das jüngere St. Galler Verbrüderungsbuch[22] angelegt worden zu sein. Grimalt selber ist in den Verbrüderungsbüchern der Klöster Reichenau, Pfäfers und Remiremont aufgeführt. Sein Todestag (13. 6. 872) ist in den Nekrologien der Klöster St. Gallen, Reichenau, Weissenburg, Ellwangen, St. Emmeram/Regensburg (aus Niederaltaich) vermerkt. Vielseitig waren demnach die Beziehungen und vielfältig die Anregungen in religiösen und wissenschaftlichen, aber auch in politischen Belangen vorab im ostfränkischen Reich, und St. Gallen stieg dank Grimalt »zu einem vollbrauchbaren Instrument der Königsherrschaft in Alemannien«[23] auf.

Daß Grimalt trotz seines lebenslangen Status als Weltpriester bei den St. Galler Mönchen hochgeschätzt war, verdankte er, der meistens am Hof in Regensburg zu weilen hatte, nicht zuletzt seinem Stellvertreter, dem Dekan Hartmut[24]. Ihn wählten die Mönche auf Grimalts Veranlassung mit königlicher Zustimmung vor/um 849 zum *pro-abbas* und 872 zum vollberechtigten Nachfolger; er blieb es bis zur freiwilligen Resignation 883. Hartmut entstammte einer alemannischen Adelssippe, war angeblich verwandt mit Graf Rudolf, dem ersten König von Hochburgund (888), dürfte in Fulda ausgebildet worden sein und wurde, zusammen mit Werinbert

thek St. Gallen vom 9. bis zum 19. Jahrhundert, in: Die Handschriften der Stiftsbibliothek St. Gallen, Codices 1726–1984, bearb. von Beat Matthias von Scarpatetti, St. Gallen 1983, S. 23*f.

19 Als solches identifiziert von B. Bischoff (wie Anm. 17), S. 201–210.

20 So D. Geuenich (wie Anm. 15), S. 60f.; vgl. auch oben Anm. 11.

21 Belege bei D. Geuenich (wie Anm. 15).

22 Vgl. Karl Schmid, Das ältere und das neuentdeckte jüngere St. Galler Verbrüderungsbuch, in: Michael Borgolte, Dieter Geuenich und Karl Schmid, Subsidia Sangallensis I, Materialien und Untersuchungen zu den Verbrüderungsbüchern und zu den älteren Urkunden des Stiftsarchivs St. Gallen (= St. Galler Kultur und Geschichte, 16. Bd.), St. Gallen 1986, S. 15–38.

23 So R. Sprandel (wie Anm. 4), S. 101.

24 Quellen und Literatur: HS III/1, S. 23ff., 107ff.; Nachschlagewerke: ADB, 10. Bd., 1879, S. 704ff. (G. Meyer von Knonau); NDB, 8. Bd., 1969, S. 7 (J. Duft); HBLS, 4. Bd., 1927, S. 83 (P. Bütler).

in St. Gallen und anderen, durch Otfrid von Weissenburg mit der Widmung seines Evangelienbuches ausgezeichnet[25].

Hartmut sorgte durch Statuta, die in Ratperts und Ekkeharts Klostergeschichten gerühmt sind, für den Lebensunterhalt seiner Mönche und für straffe Verwaltung des Grundbesitzes[26], der unter den beiden Äbten kräftig gemehrt und gesichert wurde. Nach Grimalts Tod (872) gewährte ihm Ludwig der Deutsche von neuem Immunität, Königsschutz und Inquisitionsrecht[27]. Besondere Gunsterweise erhielt St. Gallen von Ludwigs Sohn Karl III.: Er bestätigte 877, 883 und 887 die Privilegien[28]; er besuchte 883, vielleicht noch öfters, das Kloster[29]; er zeichnete es mit reichen Schenkungen[30] aus, beispielsweise mit dem Viktorsberg in Vorarlberg, wo St. Gallen ein vom Iren Eusebius[31] geleitetes Pilgerhospiz zu unterhalten hatte, und mit der *Abb. 33* Abtei Massino[32] am Lago Maggiore.

Karls III. Besuch 883, der erste schriftlich bezeugte Kaiserbesuch in St. Gallen[33], hatte nicht nur politisch-wirtschaftliche, sondern auch literarische Auswirkungen. Er veranlaßte Notker Balbulus (†912) zur Abfassung der *Gesta Karoli magni imperatoris*[34] und wohl auch zur Widmung seiner zu seinem Buch vereinigten Sequenzen[35] an Karls Erzkapellan, den Bischof Liutward von Vercelli. Vor König *Abb. 10, 11* Karl brachte auch Notkers Mitbruder Tuotilo († um 913) seine Tropusgesänge[36] zur Aufführung. Ratpert († gegen 900) als dritter im Freundschaftsbund dichtete und

25 Zu ihrer angeblichen, aber unwahrscheinlichen Studienfreundschaft in Fulda vgl. Wolfgang Haubrichs, Otfrids St. Galler »Studienfreunde«, in: Amsterdamer Beiträge zur älteren Germanistik, 4. Jg., 1973, S. 49–112.

26 Urkunden aus den Abbatiaten Grimalts und Hartmuts: UBSG II, Nr. 384–567, 568–634.

27 UBSG II, Nr. 569; MGH Dipl. Reg. Germ. Karol. I, Nr. 144.

28 UBSG II, Nr. 604, 627, 661; MGH Dipl. Reg. Germ. Karol. II, Nr. 5, 67, 159.

29 Vgl. Karl Schmid, Bruderschaften mit den Mönchen aus der Sicht des Kaiserbesuchs im Galluskloster vom Jahre 883, in: Helmut Maurer (Hg.), Churrätisches und st.gallisches Mittelalter (= Festschrift f. O. P. Clavadetscher), Sigmaringen 1984, S. 173–194.

30 UBSG II, Nr. 608 von 878, Nr. 612 von 879, Nr. 623 von 882, Nr. 628 von 883, Nr. 632 von 883, Nr. 642 von 885, Nr. 653 von 886.

31 Vgl. Viktor Wratzfeld, Eusebius vom Viktorsberg (= Schriften zur Vorarlberger Landeskunde, 11. Bd.), Dornbirn 1975; früher J. Duft, Der Ire Eusebius auf dem Viktorsberg, in: Montfort, 8. Jg., 1956, S. 3–12; nachgedruckt im vorliegenden Sammelband S. 119–126.

32 Bestätigung durch König Berengar I. 904: UBSG II, Nr. 734; Diplomi di Berengario I, Nr. 45.

33 Vgl. beispielsweise Peter Ochsenbein und Karl Schmuki, Vom Reisen in alter Zeit, Ausstellungsführer, St. Gallen 1989, S. 18–25.

34 Hg. von Hans F. Haefele: MGH Script. rer. Germ. N. S. 12, 1959; vgl. Heinz Löwe, Das Karlsbuch Notkers von St. Gallen und sein zeitgeschichtlicher Hintergrund, in: ZSG, 20. Bd., 1970, S. 269–302.

35 Vgl. Wolfram von den Steinen, Notker der Dichter und seine geistige Welt, Bern 1948 (Nachdruck 1978), Darstellungsband S. 154–163, 504–507, Editionsband S. 8–11.

36 Vgl. Ernst Gerhard Rüsch, Tuotilo – Mönch und Künstler, Beiträge zur Kenntnis seiner Persönlichkeit (= MVG, Bd. 41/1), St. Gallen 1953, S. 34, 36f.

vertonte neben liturgischen Hymnen[37] ein Begrüßungslied für Karls Gemahlin *Abb. 32, 33* Richgarda. Er inaugurierte die Geschichtsschreibung der *Casus monasterii s. Galli*[38], die er mit der Schilderung des damaligen Kaiserbesuches beendete.

Unter Grimalt und Hartmut blühten die innere und die äußere Klosterschule[39], deren bedeutendste Lehrer namentlich bekannt sind: der Ire Moengal[40], genannt Marcellus, der mit seinem Onkel Bischof Marcus nach St. Gallen gekommen war und *Abb. 30, 34* Bücher hergebracht hatte, sowie der Alemann Iso[41], der schließlich von König Rudolf an die Schule in Moutier-Grandval erbeten wurde. Ratpert, Notker und Tuotilo, die Musterschüler der beiden, wurden ihrerseits erfolgreiche Lehrer. Ihre Leistungen im Dienst der Liturgie werden von der Kulturgeschichtsschreibung in Begriffe wie »Sängerschule«[42] und »Dichterschule«[43] eingefangen. Liturgische Hochfeste waren, veranlaßt durch Grimalt und beschrieben von Iso, die 864 vom Konstanzer Bischof Salomo I. vorgenommene Kanonisierung des Gründerabtes Otmar und die 867 vollzogene Translation seiner Reliquien in die ihm erbaute Grabkirche[44]. Sie fügte (und fügt sich) westlich an die Münsterkirche, die Hartmut mit Wandmalereien ausschmücken ließ[45]. Für Grimalt ließ er durch königliche Meister eine Pfalz erbauen und durch Reichenauer Maler ausstatten[46].

Die Äbte Grimalt und Hartmut führten auch das Scriptorium zu Meisterleistun-

37 Vgl. Peter Stotz, Ardua spes mundi, Studien zu lateinischen Gedichten aus Sankt Gallen (= Geist und Werk der Zeiten, 32), Bern/Frankfurt 1972, S. 90–113.

38 Vgl. Eberhard Url, Das mittelalterliche Geschichtswerk »Casus sancti Galli«, Eine Bestandesaufnahme (= 109. Njbl.), St. Gallen 1969.

39 Vgl. Gabriel Meier, Geschichte der Schule von St. Gallen im Mittelalter, in: Jahrbuch für Schweizerische Geschichte, 10. Bd., 1884, S. 33–127; Peter Ochsenbein, St. Galler Klosterschule, Ausstellungsführer, St. Gallen 1983.

40 Vgl. J. Duft, Irische Handschriftenüberlieferung in St. Gallen, in: Heinz Löwe (Hg.), Die Iren und Europa im früheren Mittelalter, Stuttgart 1982, S. 916–937; nachgedruckt in: J. Duft, Die Abtei St. Gallen, Ausgewählte Aufsätze, 1. Bd., Sigmaringen 1990, S. 33–55.

41 Vgl. J. Duft, Iso monachus – doctor nominatissimus, in: H. Maurer (Hg.), Churrätisches und st. gallisches Mittelalter (wie Anm. 29), S. 129–171; nachgedruckt im vorliegenden Sammelband S. 73–117.

42 So Anselm Schubiger, Die Sängerschule St. Gallens vom achten bis zwölften Jahrhundert, Ein Beitrag zur Gesanggeschichte des Mittelalters, Einsiedeln/New York 1858 (Nachdruck Hildesheim 1966).

43 So Samuel Singer, Die Dichterschule von St. Gallen (= Die Schweiz im deutschen Geistesleben, 8. Bdchen.), Frauenfeld/Leipzig 1922.

44 Hierüber J. Duft, Sankt Otmar in Kult und Kunst, St. Gallen 1966, S. 14–18. Zur Baugeschichte insgesamt Kdm SG III.

45 Tituli in der früheren St. Galler, heutigen Zürcher Handschrift C 78, wiedergegeben und übersetzt bei H. R. Sennhauser (wie Anm. 8). Vgl. Josef und Konrad Hecht, Die frühmittelalterliche Wandmalerei des Bodenseegebietes, Sigmaringen 1979, Textband S. 14–28.

46 Tituli in Grimalts ›Vademecum‹ Cod. 397, hg.: MGH Poetae IV, S. 1108 f. Vgl. Wolfgang Erdmann, Zur archäologischen und kunstgeschichtlichen Erforschung der Pfalzen im Bodenseegebiet, in: Deutsche Königspfalzen, 3. Bd., Göttingen 1979, S. 178 f., 200, 207.

gen[47]. Die Anzahl der Schreiber, von denen rund zwanzig namentlich erfaßbar geblieben sind, läßt sich nicht mehr feststellen, sind doch ihre Schriften voller Regelmäßigkeit. Die Minuskel der Grimaltzeit verließ den breiten alemannisch-st. gallischen Ductus zu Gunsten der karolingischen Schrift; jene der Hartmutzeit wurde zur reinen karolingischen Minuskel. Obwohl nun häufiger als bisher irische Peregrini an das Gallusgrab kamen und *libri scottice scripti*[48] mitbrachten, zeigt sich in der St. Galler Schrift und Ornamentik kein irischer Einfluß, der stärker als andernorts gewesen wäre. Einheimisches Schaffen strahlte aber seinerseits nach außen, so beispielsweise wegen Grimalts langjährigem Aufenthalt am Königshof in Regensburg auf die dortige Buchmalerei[49].

Hartmut selber war hervorragender Schreibmeister, dazu tüchtiger Verfasser von Schreiberversen und Diebsverwünschungen[50]. Sein Scriptorium lieferte die Bücher für Kirche, Schule und Verwaltung. Es brachte auch, auf Grund der um 800 in Tours geschriebenen, vielleicht durch Grimalt nach St. Gallen gebrachten sogenannten »Alkuin«-Vollbibel, die achtbändige Hartmut-Bibel[51] hervor, wodurch man sich einen Bibeltext herstellte, der »damals als das Modernste und Beste galt«[52]. Das in Hartmuts Auftrag hergestellte Prachtwerk ist der nach dem Kalligraphen benannte Folchart-Psalter[53] um 864/872, ausgezeichnet durch überragende Initialen zu den 150 Psalmen und 16 kleine Miniaturen in den Litaneibögen. Man setzte sich auch in den Besitz klassischer Literatur, wodurch die »Schule von St. Gallen unter Notker I. (†912) und Notker III. (†1022) eine Stätte humanistischer Klosterkultur«[54] wurde.

Von der Systematik der Bibliotheksführung, wofür nun eigene Bibliothekare ernannt wurden, zeugen die nach Mitte des 9. Jahrhunderts angelegten, höchst

47 Bruckner, Scriptoria 3, S. 24–42; dazu B. Bischoff (wie Anm. 17), S. 200f.

48 Vgl. J. Duft (wie Anm. 40).

49 Vgl. Regensburger Buchmalerei, Ausstellungskatalog, München 1987, S. 15, 22, 23f., 30; B. Bischoff (wie Anm. 17), S. 190, wo auch der »aus der St. Galler Schule der Grimalt-Zeit stammende« Göttweiger Psalter erwähnt ist.

50 Vgl. beispielsweise J. Duft, Mittelalterliche Schreiber, Bilder, Anekdoten und Sprüche aus der Stiftsbibliothek St. Gallen, St. Gallen ²1964, S. 19ff.

51 Die touronische Vollbibel ist Codex 75 der Stiftsbibliothek; die fünf hier verbliebenen Bände der großen Hartmut-Bibel (daneben gibt es auch die kleine) sind die Codices 77, 78, 81, 82, 83; der Band der Paulusbriefe liegt heute als Ms. Add. 11852 im British Museum London.

52 So Bonifatius Fischer, Die Alkuin-Bibel (= Aus der Geschichte der lateinischen Bibel, 1), Freiburg i. Br. 1957, S. 10; Ders., Die Alkuin-Bibel, in: Die Bibel von Moutier-Grandval (British Museum Ms. Add. 10546), Bern 1971, S. 49–98.

53 Codex 23 der Stiftsbibliothek; dazu Franz Landsberger, Der Folchart-Psalter, Eine Initialenstudie, St. Gallen 1912; jetzt auch: Der Folchart-Psalter aus der Stiftsbibliothek St. Gallen, 16 Farbtafeln und 148 Farbinitialen, Nachwort von Peter Ochsenbein und Beat von Scarpatetti, Freiburg Br./Basel/Wien 1987. Grundlegend noch immer Adolf Merton, Die Buchmalerei in St. Gallen vom neunten bis zum elften Jahrhundert, Leipzig 1912, ²1923.

54 So B. Bischoff, Das benediktinische Mönchtum und die Überlieferung der klassischen Literatur, in: Stud. Mitt. OSB, 92. Bd., 1981, S. 165–190, bes. 179.

aufschlußreichen Bücherverzeichnisse[55]: das *Breviarium librorum,* ein sachlich angeordneter Gesamtkatalog (ohne die Liturgica), geschrieben in schönster Hartmutminuskel, anscheinend eher 884/888 als schon um 850/870, mit insgesamt 294 Einträgen, die 426 Einheiten umfassen; ein Zuwachsverzeichnis mit 53 Einträgen, die mindestens 67 Bände umfassen; ein Verzeichnis der im Auftrag Hartmuts geschriebenen Bücher mit 22 Einträgen, die mindestens 28 Bände erfassen; sodann je ein Verzeichnis der Privatbibliotheken Grimalts und Hartmuts mit insgesamt 57 Einträgen, die mindestens 63 Einheiten erfassen, – sie sind eine Summa damaligen Wissens biblischen, patristischen, monastischen, hagiographischen, aber auch juridischen und grammatikalisch-didaktischen Inhalts.

Abt-Bischof Salomo

Abt Hartmut resignierte 883, die Mönche wählten Bernhard[56] zum Nachfolger – beides im Einverständnis des zu Besuch anwesenden Kaisers Karl III. Als sich aber Bernhard 890 an einer Verschwörung gegen Karls Nachfolger Arnulf beteiligte, wurde er von diesem ab- und durch den Hofkaplan Salomo ersetzt; denselben Salomo erhob Arnulf (nun als Salomo III.) zum Bischof von Konstanz. Dieser spielte im Reich, im Bistum und in der Abtei eine Hauptrolle.

Abb. 21 Salomo[57] entstammte einer schwäbisch-reichsadeligen Familie, war Großneffe und Neffe der Konstanzer Bischöfe Salomo I. und II., ausgebildet – als Schüler und Schützling Notkers – in St. Gallen wie sein Bruder Waldo, der nachmalige Bischof von Freising, schließlich dem Kloster beigetreten, wenn auch wegen seines Königsdienstes[58] meistens abwesend. Er gehörte anscheinend schon der Kapelle Kaiser Karls III. an; er wurde nach dessen Absetzung 887 in die Kapelle König Arnulfs aufgenommen; er diente Arnulfs Nachfolgern, den ostfränkischen Königen Ludwig IV. und Konrad I., als Kanzler. Schließlich war er anstelle Ludwigs des Kindes, zusammen mit dem ihm befreundeten Reichenauer Abt und Mainzer

55 Hg. von P. LEHMANN (wie Anm. 18), S. 66–89; Zählungen bei J. DUFT (wie Anm. 18), S. 11*–26*; neue Datierung von W. BERSCHIN, Alte und neue Handschriftenkataloge aus der Stiftsbibliothek St. Gallen, in: Freiburger Diözesan-Archiv, 106. Bd., 1986, S. 5f.

56 HS III/1, S. 109f.

57 Quellen und Literatur: HS III/1, S. 25ff., 110ff.; Nachschlagewerke: ADB, 30. Bd., 1890, S. 277–281 (P. LADEWIG); HBLS, 6. Bd., 1931, S. 21 (A. SCHWEIWILER); LThK², 9. Bd., 1964, Sp. 275 (W. MÜLLER); vgl. Regesta Episcoporum Constantiensium, 1. Bd., 1895, S. 24–42 (P. LADEWIG und TH. MÜLLER). Dem Gedenken an Abt-Bischof Salomo, der 890 sein doppeltes Amt angetreten hat, war 1990 im Rahmen der Ausstellung »Irische Buchkunst« in der Stiftsbibliothek St. Gallen eine Sondervitrine gewidmet; hierzu KARL SCHMUKI im Ausstellungsführer Irische Buchkunst, St. Gallen 1990, S. 56–66.

58 Vgl. JOSEF FLECKENSTEIN, Die Hofkapelle der deutschen Könige, 1. Bd. (= Schriften der MGH, 16/1), Stuttgart 1959, S. 193f., 199f., 201, 205, 206, 207, 210ff., 213f., 215f., 224.

Erzbischof Hatto, 909–911 der eigentlichte »Reichsregent«[59], nach Hattos Tod (913) auch der stärkste Vertreter und Verfechter der Politik Konrads als des ersten Nichtkarolingers auf dem Thron des Ostreiches. Insbesondere war Salomo die Stütze königlicher Macht gegenüber dem widerstrebenden Adel Alemanniens, dem er zwar selber angehörte. Aber er war geradezu der »Statthalter des Reiches in Alemannien«, wo er die Ausbildung eines neuen schwäbischen Herzogtums[60] zu verhindern versuchte. Sein Gegner, der »Kammerbote« Erchanger, Pfalzgraf des schwäbischen Reichsgutes, nahm ihn deshalb gefangen, wurde aber zusammen mit seinem Bruder Berthold 917 auf Anordnung König Konrads hingerichtet. Möglicherweise klebte an Salomos Händen auch schon Blut von der Ermordung (911) des Markgrafen Burchard von Rätien, der als erster die Errichtung dieses Herzogtums betrieben hatte.

Diese äußerst bewegte, von Salomo mitgestaltete Reichspolitik hatte ihre Auswirkungen auf sein Kloster, ja mag innere Spannungen unter den Angehörigen betroffener Adelsfamilien gehabt haben. So muten schon die Absetzung des Abtes Bernhard als Folge der Konspiration gegen König Arnulf und die eigenmächtige Einsetzung Salomos wie eine Strafaktion an. Zweifellos weckte auch die Personalunion Konstanz-St. Gallen alte Befürchtungen im Konvent. Salomo verstand es aber, sich durch seine Mönche nachträglich eigens wählen zu lassen und jegliche Usurpation des Bistums auf die Abtei zu vermeiden, ja er bevorzugte offensichtlich St. Gallen gegenüber Konstanz[61], war doch die Abtei mächtiger als das Bistum. Er brachte aus Füssen eine Reliquie des früheren St. Galler Mönches St. Magnus nach St. Gallen und beschenkte damit die von ihm erbaute, mit einem Chorherrenstift ausgestattete, von Kaiser Arnulf 898 bestätigte Kirche St. Mangen[62].

Von der hohen Position und den ihr entsprechenden Funktionen des Abtes profitierte die Abtei politisch, wirtschaftlich sowie kulturell. Die vorhin genannten Herrscher bestätigten die Privilegien und Schenkungen und vermehrten sie[63]. Durch Papst Sergius III. erfolgte 904 erstmals auch eine römisch-kirchliche Bestätigung der freien Abtwahl und aller königlichen Privilegien[64]. Salomo selber vermochte den

59 Vgl. OTTO P. CLAVADETSCHER, Wolfinus Cozperti palatini comitis filius, in: O. P. CLAVADETSCHER, H. MAURER und St. SONDEREGGER (Hg.), Florilegium Sangallense (= Festschrift für J. Duft), St. Gallen und Sigmaringen 1980, S. 149–163, hier 154.

60 Hierüber HELMUT MAURER, Der Herzog von Schwaben. Grundlagen, Wirkungen und Wesen seiner Herrschaft in ottonischer, salischer und staufischer Zeit, Sigmaringen 1978, passim (s. Register); jetzt auch O. P. CLAVADETSCHER (wie Anm. 59).

61 Vgl. H. MAURER, Konstanz als ottonischer Bischofssitz, Zum Selbstverständnis geistlichen Fürstentums im 10. Jahrhundert, Göttingen 1973, S. 22 ff.

62 UBSG II, Nr. 716; MGH Dipl. Reg. Germ. Karol. III, Nr. 165. Vgl. MICHAEL BORGOLTE, Salomo III. und St. Mangen, Zur Frage nach den Grabkirchen der Bischöfe von Konstanz, in: Churrätisches und st. gallisches Mittelalter (wie Anm. 29), S. 195–223.

63 Urkunden zitiert in HS III/1, S. 112.

64 UBSG II, Nr. 733; H. P. 39, Nr. 2.

Grundbesitz der Abtei, wie er in zahlreich erhaltenen Urkunden[65] dokumentiert ist, kräftig auszuweiten, zu sichern und verwaltungsmäßig zu straffen. Bemerkenswert ist die persönliche Beziehung zum Fraumünster in Zürich, wo Salomos Jugendfreundin, mit der er eine Tochter gezeugt hatte, Äbtissin geworden war[66].

In Salomos Zeitalter, das der Abtei den reichsten Stand an Besitzungen und Einkünften brachte, blühte auch das Scriptorium, das »auf höchstem künstlerischen und kalligraphischen Niveau« stand und doch auch schon »das Ausklingen der klassischen Periode« ankündigte[67]. Die von Hartmut entwickelte karolingische Minuskel erreichte unter Salomo ihre Vollendung, die Kunst des Ornaments in den Initialen ihre letzte Verfeinerung. Solches läßt sich noch an rund 35 erhaltenen Codices biblischen, patristischen und liturgischen Inhalts der Stiftsbibliothek feststellen. Dazu gehören zwei Spitzenwerke, ein anonymes und ein mit Namen verbundenes, beide vor 900 entstanden. Das eine ist das *Psalterium aureum* (Codex 22)[68], durchgehend in Goldschrift kalligraphiert, ausgestattet mit dem Miniaturenzyklus aus der Geschichte Davids, »ein herausragendes Monument der Zeit«. Das andere ist das *Evangelium longum* (Codex 53)[69]: Sintram kalligraphierte es; Salomo
Abb. 2, 3 selber malte zwei der großartigen Initialen; Tuotilo beschnitzte die beiden aus Karls
Abb. 1 des Großen Besitz stammenden Elfenbeintafeln, die Salomo sich aus den Schätzen seines Freundes Hatto listigerweise beschafft und als Einband für das Evangelistarium bestimmt hatte.

Aus dem St. Galler Scriptorium der Salomo-Epoche gingen noch andere, höchst bedeutende Handschriften hervor: das *Psalterium quadrupartitum* (in Bamberg)[70], das Benedictionale für den Augsburger Bischof Adalbero (in Cambridge)[71], das Evangelistarium für den Straßburger Bischof Erkanbald (in Mülhausen)[72]. Mit Salomos Namen verbunden sind die sogenannten *Formulae Salomonis*; sie wurden

65 UBSG II, Nr. 679–778, Anhang Nr. 10 und 11; dazu Gerold Meyer von Knonau, Der Besitz des Klosters St. Gallen in seinem Wachsthum bis 920, in: MVG, 13, 1872, S. 87–225, 2 Karten; jetzt M. Borgolte, Der Besitz des Klosters St. Gallen nach den Urkunden der merowingischen und karolingischen Epoche, Beilage zu Subsidia Sangallensis I (wie Anm. 22).

66 So Ekkehart IV. in Casus s. Galli, Kap. 29; dazu G. Meyer von Knonau in: MVG 15/16, 1877, S. 112–115.

67 Bruckner, Scriptoria 3, S. 43–46.

68 Christoph Eggenberger, Psalterium aureum sancti Galli, Mittelalterliche Psalterillustration im Kloster St. Gallen, Sigmaringen 1987.

69 Johannes Duft und Rudolf Schnyder, Die Elfenbein-Einbände der Stiftsbibliothek St. Gallen (= Kult und Kunst, 7. Bd.), Beuron 1983, S. 55–93, 157–160.

70 Vgl. Walter Berschin,Griechisch-lateinisches Mittelalter, Von Hieronymus zu Nikolaus von Kues, Bern/München 1980, S. 347 (Register).

71 Ders., Das Benedictionale Salomons III. für Adalbero von Augsburg, in: Churrätisches und st. gallisches Mittelalter (wie Anm. 29), S. 227–236.

72 Ders., Erkanbald von Straßburg, in: Zeitschrift für die Geschichte des Oberrheins, 134. Bd., 1986, S. 1–20.

ihm um 890 von seinem Lehrer Notker Balbulus[73] gewidmet »als ein Buch der Erinnerung, der Anregung und auch des praktischen Nutzens in der Kanzlei«, gleich übrigens wie Notkers Lehrbrief *Notatio,* möglicherweise auch Notkers *Metrum de vita s. Galli*[74]. Daß sich Salomo auch selber als Dichter hervortat, wie Ekkehart IV. berichtet, erscheint glaubhaft[75]. Dagegen läßt sich nicht nachweisen, ob und wie er am enzyklopädischen *Vocabularius Salomonis* (Codex 905) beteiligt war.

Ein Großereignis für Abt und Mönche war der Besuch König Konrads I. an Weihnachten 911[76]. Er bestätigte dem Kloster die Immunität und beschenkte es, wobei er in die Verbrüderung aufgenommen wurde. Von den im Reich und im Bodenseeraum wirkenden Kräften – Königtum, Adel, Kloster – zeugen die Confraternitates, wie sie sowohl im Kapiteloffiziumsbuch[77] als auch im eigentlichen Verbrüderungsbuch[78] aus dem 9. Jahrhundert erfaßbar geblieben sind. Zum monastischen Tauschverkehr gesellte sich so der liturgische und der literarische, aber auch der politische.

Als König Konrad I. am 23. Dezember 918 und Abt-Bischof Salomo III. am 5. Januar 919 (oder 920) starben, war ihre Politik des versuchten Zentralismus gescheitert[79]. In Alemannien war seit 917 Burchard, Sohn des 911 umgekommenen gleichnamigen Markgrafen von Rätien, der von den Großen anerkannte Herzog. An ihn gelangte bald nach Salomos Tod das Kloster St. Gallen; er konnte »somit als Klosterherr die Lage wieder zugunsten seiner Familie und des Herzogtums bereinigen«[80].

73 Vgl. W. von den Steinen, Notker, Darstellungsband (wie Anm. 35), S. 494.

74 Vgl. W. Berschin, Notkers Metrum de vita S. Galli, in: Florilegium Sangallense (wie Anm. 59), S. 71–121, hier 89.

75 Casus s. Galli, Kap. 28. Vgl. Reinhard Düchting, Wiedergefundene Verse Salomos III., in: Lateinische Dichtungen des X. und XI. Jahrhunderts (= Festgabe f. W. Bulst), Heidelberg 1981, S. 118–128.

76 Regesta Imperii ²1908, S. 824. Vgl. J. Duft, Weihnacht im Gallus-Kloster, Bilder und Texte aus der Stiftsbibliothek St. Gallen (= BS, 2. Bd.), St. Gallen und Sigmaringen ³1986, S. 14–19, 122 f.; P. Ochsenbein und K. Schmuki, Vom Reisen in alter Zeit (wie Anm. 33), S. 18–25.

77 StiBSG Codex 915. Dazu Johanne Autenrieth, Der Codex Sangallensis 915, Ein Beitrag zur Erforschung der Kapiteloffiziumsbücher, in: Landesgeschichte und Geistesgeschichte (= Festschrift f. O. Herdin, Veröffentlichungen der Kommission für geschichtl. Landeskunde in Baden-Württemberg B. 92), Stuttgart 1977, S. 42–55.

78 StiASG Class.I.Cist.C.3.B. 55; hg. von P. Piper in: MGH Libri confraternitatum, 1884, S. 1–144. Dazu J. Autenrieth, Das St. Galler Verbrüderungsbuch, Möglichkeiten und Grenzen paläographischer Bestimmung, in: Frühmittelalterliche Studien, 9. Bd., 1975, S. 215–225; jetzt grundlegend K. Schmid (wie Anm. 22).

79 Vgl. Theodor Mayer, Das schwäbische Herzogtum und der Hohentwiel, in: H. Berner (Hg.), Hohentwiel, Singen 1957, S. 88–113, hier 93 f. (nachgedruckt: Ders., Mittelalterliche Studien, Konstanz 1959, S. 325–349).

80 So O. P. Clavadetscher, Wolfinus (wie Anm. 59), S. 162 f.

Der dadurch verursachte Schock, ebenso die Lücke, die der Tod des kraftvollen Abtes hinterließ, wahrscheinlich auch innere Differenzen, möglicherweise sogar Ablehnung von seiten des gänzlich anders gesinnten Königs Heinrich I. verzögerten die Wahl des wenig profilierten Abtes Hartmann[81] bis 922. Aus den drei Jahren seines Abbatiates stammt immerhin das Cantatorium (Codex 359)[82], das »eines der ältesten und genauesten Neumendokumente gregorianischer Tradition« ist und in einem elfenbeingeschmückten Buchkasten ruht. Mit dem Tode Hartmanns (925) ging das »goldene Zeitalter« der Abtei zu Ende. Denn was Abt-Bischof Salomo schon um 904/906 als Existenzgefahr des Reiches dichterisch[83] beklagt hatte, widerfuhr am 1. Mai 926 dem Kloster St. Gallen: der Einfall einer ungarischen Reiterhorde.

81 HS III/1, S. 112 f.

82 Zum Musikgeschichtlichen: WALTER WIESLI, Das Quilisma im Codex 359 der Stiftsbibliothek St. Gallen, erhellt durch das Zeugnis der Codices Einsiedeln 121, Bamberg lit. 6, Laon 239 und Chartres 47, Eine paläographisch-semiologische Studie, Immensee 1966. Zum Buchkasten: J. DUFT und R. SCHNYDER, Die Elfenbeineinbände (wie Anm. 69), S. 95–128, 160–162.

83 Im großen Zeitgedicht an Bischof Dado, hg. in: MGH Poetae IV, S. 297–306; vgl. R. DÜCHTING (wie Anm. 75), S. 121 f.

Der Lehrer Iso (†871)

Literatur und Quellen zu Iso

Erstveröffentlichung: Iso monachus – doctor nominatissimus, in: Helmut Maurer (Hg.), Churrätisches und st. gallisches Mittelalter (= Festschrift für Otto P. Clavadetscher), Sigmaringen 1984, S. 129–171. – Diese umfangreiche Studie, die den st. gallischen Klosterlehrer aus dem 9. Jahrhundert erstmals vollständig zu erfassen versucht hat, ist hier in drei Aufsätze unterteilt. Einiges ist gekürzt, weniges ist ergänzt, die Anmerkungen sind koordiniert und nötigenfalls weitergeführt worden.

Die Epitheta, die Ekkehart IV. in seinen *Casus sancti Galli*[1] im Rückblick auf das 9. Jahrhundert *Isoni sancti Galli monacho*[2], das heißt jenem Mönche Iso, der dem Gallus-Kloster zur Zeit der karolingischen Hochblüte angehört hatte, zuerteilt hat, sind ruhm- und zahlreich. Er war *tunc temporis doctor nominatissimus*[3]. Ihm wurden, nachdem Marcellus die *scholae claustri* übernommen hatte, die *scholae exteriores, id est canonicae,* übertragen, worauf die *cella sancti Galli his auspiciis* zu gedeihen begann[4]. Iso war der Sohn *non solum bene natorum sed et sanctorum parentum*[5]. Der Einsiedler Eusebius hatte von ihm vorausgesagt, er werde, in St. Gallen erzogen, *doctor magnificus et multos pueros, ipse asper disciplinis, stilis armaturus* sein[6]. Das bewahrheitete sich, indem er *sancti Galli monachus doctissimus* *Abb. 34*

1 Sie werden hier stets nach der neuesten, erstmals auf der ganzen handschriftlichen Überlieferung fußenden Edition und gleichzeitigen Übersetzung von Hans F. Haefele zitiert, erschienen als 10. Band der Ausgewählten Quellen zur deutschen Geschichte des Mittelalters, Freiherr vom Stein – Gedächtnisausgabe, Darmstadt 1980. Geringfügige Abweichungen in unserer Übersetzung werden nicht eigens vermerkt.

2 So schon im ersten Satz des 1. Kapitels. Diese Schreibweise (*monachus sancti Galli* oder auch *coenobium* u. ä. *sancti Galli*) ist die bei Ekkehart übliche; ausnahmsweise verwendet er das Adjektiv *Sanctigallensis,* so in Kap. 25 für die *abbatia,* in Kap. 123 für *Notker medicus,* in Kap. 128 für die *patres.*

3 Kap. 1 zu Beginn. Die allgemein gebräuchliche Kapitelzählung geht bekanntlich auf Gerold Meyer von Knonau (Edition in MGH 15/16, St. Gallen 1877) zurück. Obwohl diese Einteilung nicht immer zutreffend ist, wurde sich auch in der neuesten Ausgabe »aus praktischen Gründen« beibehalten; vgl. H. F. Haefele (wie Anm. 1), S. 11 f.

4 Kap. 2 gegen Schluß.

5 Kap. 30 nach Beginn.

6 Kap. 31 nach Beginn.

wurde[7]. Iso, dieses *vas spiritus sancti,* war aber auch im Kloster Moutier-Grandval als dorthin erbetener *magister* die *sancti Galli lucerna,* war er doch *uti plurima doctus*[8]. Der *vir Dei* gebot über so wunderbare Kräfte, daß viele danach lechzten, *discipuli Hisonis* zu sein[9].

Trotz dieser rühmenden Nennungen bezieht sich der Titel *tunc temporis doctor nominatissimus* einzig auf St. Gallen und von dort aus auf Moutier-Grandval, was hier gleich schon als grundlegend festgehalten sei; denn Iso ist nur in st. gallischen Quellen genannt. Damit ist er allerdings auch in die Geschichtsdarstellungen eingegangen, die dem st. gallischen 9. Jahrhundert galten und gelten. Sofern sie mit einer gewissen Ausführlichkeit oder zumindest Hervorhebung auf Iso eingegangen sind, sollen sie hier aufgereiht werden. Hierauf sollen die verschiedenartigen Quellen über Iso zuammengestellt und beurteilt werden. Daraus lassen sich die Familie sowie die Persönlichkeit und die Wirklichkeit des St. Galler Mönches Iso erkennen: Was ist über ihn und was ist von ihm überliefert worden?

Iso in der Geschichtsliteratur

Der erste neuzeitliche Historiograph St. Gallens, der sich zwar kurz, aber charakterisierend über Iso ausgesprochen hat, war Vadianus (1484–1551). Wo er über *Die äbt des closters zů S. Gallen* schreibt und dabei Abt Bernhard (883–891) behandelt,
Abb. 11 erwähnt er den Widmungsbrief des Notker'schen Sequenzenbuches an Bischof Liutward, worin er den Namen Iso gefunden hat: Notker habe in dieser Epistel vermerkt, daß er *von zwei praeceptoren gelernt hab, deren einer Yso gheissen.* Zu diesem wird festgestellt: *ein verstendig man und zů Grimwalds tagen gemeiner schůlmeister der mönchen und doch nach sag der closterrödeln vor dem Grimwalden gestorben*[10].

Eine ausführlichere Darstellung widmete sodann Melchior Goldast, genannt von Haiminsfeld (1576/78–1635), dem *Iso magister, coenobita S. Galli.* Unter den *Alamannicarum rerum scriptores aliquot vetusti*[11] erwähnt er ihn, wo er *de auctoribus et eorum scriptis* handelt. Sein thurgauischer Landsmann Iso gilt für Goldast, der in Espen bei Bischofszell geboren war, als *apud Rheguscos in Alamannia natus.* Er

7 Ebd., in der Mitte.

8 Ebd., in der Mitte und gegen Schluß.

9 Kap. 32 zu Beginn. Mit dem Titel *vir Dei* versetzt Ekkehart den Iso in die Schar der Seligen Gottes.

10 Joachim von Watt (Vadian), Deutsche historische Schriften, 1. Bd., St. Gallen 1875, hg. von E. Götzinger, S. 170.

11 Tom. 1 pars 2, Frankfurt 1606, S. 230. Im Register wird auf Erwähnungen Isos in den daselbst ebenfalls edierten Quellen, nicht aber auf diese eigene, wenn auch kurze, Abhandlung hingewiesen.

preist ihn als den gelehrten Schulmeister hochgelehrter Schüler, er verweist richtigerweise auf die hier noch anzuführenden, von ihm teilweise herausgegebenen Quellen, und er teilt Iso als einem der alemannischen Schriftsteller mehrere – kleinernteils angeblich erhaltene, größernteils angeblich untergegangene – Werke zu, worauf hier bei Isos Schrifttum noch einzugehen sein wird.

Der nächste Historiograph, der ein kleines Lebensbild Isos geschrieben hat, war der St. Galler Konventuale Jodocus Metzler[12] (1573–1639) im Traktat *De viris illustribus monasterii S. Galli libri II*, der in der Vorrede auf 1606 datiert ist. Gottfried Depisch O.S.B. in Melk gab ihn 1721 – zwar nicht aus einem st. gallischen Manuskript[13], wohl aber aus einer guten Abschrift des Wiener Schottenstiftes – im Druck heraus; es geschah im großen *Thesaurus Anecdotorum Novissimus*[14] des Melker Stiftsbibliothekars Bernhard Pez O.S.B., wodurch er weithin bekannt wurde. Metzler schildert darin unter vielen anderen auch seinen frühen Mitbruder Iso kurz und eher nüchtern aufgrund der Mitteilungen, die er bei Ekkehart IV. gefunden hatte, als Lehrer in St. Gallen und in Grandval. An Schriften Isos ist ihm nach eigenem Zeugnis nichts bekannt außer den von Surius 1575 herausgegebenen *duo de miraculis B. Othmari libelli.*

Iso fehlt erfreulicherweise nicht in der *Helvetia Sancta seu Paradisus Sanctorum Helvetiae Florum*, die Heinrich Murer (†1638), Kartäuser in Ittingen, verfaßt hat. Sie erschien 1648 posthum in Luzern in erster, 1750 in der St. Galler Stiftsdruckerei sprachlich modernisiert in zweiter Auflage, beide Male in deutscher Sprache. Vieles weiß Murer vom *B. Yson Monachus et Confessor*[15] zwar nicht zu berichten; er belobigt aber die Tugendhaftigkeit des Lehrers in St. Gallen und Grandval und ist der Überzeugung, »daß er die Gnad von Gott empfangen habe, die grobe vnd harte Köpff, Ingenia vnd Verstand zuerleuchten vnd geschickt zu der Lehr zumachen«.

Auf Murer und Metzler, selbstverständlich auch auf Ekkehart IV., berief sich der Weingartner Benediktiner Gabriel Bucelin (1599–1681), der in seinem 1655/56 in Feldkirch erschienenen *Menologium Benedictinum Sanctorum, Beatorum atque illustrium eiusdem Ordinis Virorum* für den 6. April *(VIII. Idus Aprilis)* eine biographische Lesung bietet, die im Stil der üblichen lateinischen Martyrologien beginnt: *In Monasterio S. Galli in Helvetia, natalis [dies] B. Ysonis Monachi et*

12 Über ihn Rudolf Henggeler O.S.B., Profeßbuch der Fürstl. Benediktinerabtei der heiligen Gallus und Otmar zu St. Gallen (= Monasticon-Benedictinum Helvetiae, 1) Zug 1929, S. 264–267; Gall Heer O.S.B., Johannes Mabillon und die Schweizer Benediktiner, Ein Beitrag zur Geschichte der historischen Quellenforschung im 17. und 18. Jahrhundert, St. Gallen 1938, S. 464 (Register); Eberhard Tiefenthaler, P. Jodocus Metzler, Rechtsgelehrter, Chronist und Bibliothekar in St. Gallen, in: Biblos, 29. Jg., 1980, S. 193–220.

13 Hier Bd. 205 in StiA; Kopien als Cod. 1760 in StiBSG, als Cod. 443 in StiB Einsiedeln. Dagegen gibt Cod. 1980 in StiBSG, der ähnlichen Inhalts ist, nicht Metzlers Traktat wieder.

14 Tom. 1 pars 3, Augsburg und Graz 1721, Sp. 555–626; über Iso Sp. 566 f.

15 In 1. Auflage, S. 198; in 2. Auflage, S. 175 f.

Confessoris. Da es hier eindeutig um Hagiographie geht, werden Isos merkwürdige Empfängnis, die Prophezeiung des Reklusen Eusebius und die Wunderheilungen hervorgehoben. Die Lehrtätigkeit in St. Gallen wird mit einem einzigen Satz abgetan. Eher interessiert den Verfasser als einen Mönch der Welfenstiftung Altdorf-Weingarten die Berufung Isos nach Grandval durch *Rudolpho Altorffensi Burgundiae Rege.* Die anscheinend aus Murer übernommene, ungewöhnliche Angabe des Todestages Isos – 6. April anstatt 14. Mai – ging auch in Bucelins *Calendarium Benedictinum* ein[16].

Mit Iso befaßte sich sodann 1803 in einer gewissen Ausführlichkeit der noch lateinisch schreibende Sankt-Blasianer Benediktiner Trudpert Neugart (1742–1825) in seinem *Episcopatus Constantiensis Alemannicus*[17]. Er läßt ihn um 841 geboren sein, nennt seine Brüder und Neffen, diskutiert dann aber nach Goldast und anderen, was ihm *ex re litteraria* zuzuschreiben sei. An Goldast kritisiert er schließlich, daß er den St. Galler Mönch Iso, der 907 *Chartam Chrisamae* geschrieben habe, mit dem Magister Iso identifiziere, wo derselbe Goldast seinen Tod mit Recht schon auf 871 datiert habe. Zu Isos wirklichem und angeblichem Schrifttum äußerte sich Neugart bereits mit scharfsinniger Kritik.

Iso hat selbstverständlich auch den hervorragenden st. gallischen Geschichtsschreiber im Übergang von der Fürstabtei zum jungen Kanton interessiert: Ildefons von Arx (1755–1833). In seinen *Geschichten des Kantons St. Gallen*[18] schildert er ihn 1810 kurz und gut im gewohnt nüchternen Ton. Demselben ist sodann, wie schon früher Goldast, die Edition der Quellen, in welchen auch Iso aufscheint, sowie seines Berichtes über die Otmars-Wunder zu verdanken: Sie erschienen unter den *Annales Sangallenses* (1826) und den *Scriptores rerum Sangallensium* (1829) in den beiden ersten Bänden der *Monumenta Germaniae Historica*[19] und fanden das verdiente Ansehen.

Was von Arx im trockenen Stil des Historikers über Iso berichtet hatte, wurde 1860 vom Franziskaner Laurenz Burgener (1810–1880) wörtlich ausgeschrieben, jedoch im frommen Ton des Hagiographen ausgeschmückt. Seine *Helvetia Sancta oder Leben und Wirken der heiligen, seligen und frommen Personen des Schweizerlandes*[20] ist in der Nachfolge Murers entstanden.

Dreimal befaßte sich der Zürcher Mediävist Gerold Meyer von Knonau (1843–1931) wissenschaftlich mit Iso. Er gab 1870 in den St. Gallischen Geschichtsquellen[21] gekürzt und kommentiert heraus, was er in Isos Bericht über die *miracula s.*

16 Menologium, S. 253 f.; Calendarium, S. 61.

17 Tom. 1 pars 1, St. Blasien 1803, S. 163–166.

18 1. Bd., St. Gallen 1810, S. 89 f.

19 Vgl. Harry Bresslau, Geschichte der Monumenta Germaniae historica, München 1921, S. 753 (Register); Johannes Duft, Erschließer der St. Galler Handschriften, in: Ildefons von Arx, Gedenkschrift, hg. von Eduard Fischer (= Publikation aus dem Stadtarchiv Olten, 4), 1957, S. 29–33.

20 2. Bd., Einsiedeln und New York 1860, S. 356 ff.

21 1. Abt., MVG 12 bzw. N. F. 2, S. 114–139.

Othmari als historischen Stoff erachtete. Er äußerte sich sodann in seiner grundlegend gewordenen Ausgabe von *Ekkeharti (IV.) Casus sancti Galli*, die 1877 in denselben St. Gallischen Geschichtsquellen[22] erschien, kritisch – gelegentlich überkritisch – zur Persönlichkeit Isos im Zusammenhang mit Ekkeharts Erzählungen über diesen; es geschah zwar nicht in einer eigenen Abhandlung, wohl aber in den zahlreichen und einläßlichen Fußnoten zu den jeweiligen Nennungen Isos bei Ekkehart. Daraus entstand schließlich der in erstaunlich freundlichem Ton gehaltene Artikel Iso, den er 1881 in der *Allgemeinen Deutschen Biographie*[23] veröffentlichte.

Darauf bezog sich Gabriel Meier O.S.B. (1845–1924), Stiftsbibliothekar in Einsiedeln, als er 1885 seine noch heute aller Anerkennung werte st. gallisch-mittelalterliche Schulgeschichte[24] veröffentlichte und dabei selbstverständlich auch des Iso als eines hervorragenden Lehrers gedachte. Zu dessen wirklichen und angeblichen Schriften äußerte er sich aber zurückhaltend, wie er auch sonst nicht zu entscheiden wagte, »wie viel Wahres an diesen Nachrichten [Ekkeharts] über Iso ist«. Beigefügt sei, daß Iso in schulgeschichtlichem Zusammenhang oftmals wenigstens erwähnt ist, so beispielsweise 1983 im Ausstellungsführer[25] des St. Galler Stiftsbibliothekars Peter Ochsenbein.

Eine eher kurze, aber kritische Beschäftigung mit Iso verbirgt sich im Aufsatz, den Ludwig Traube (1861–1907), der Begründer der mittellateinischen Philologie und Literaturgeschichte, 1892 über den sogenannten *Computus Helperici* verfaßt hat[26]. Weil er annimmt, der Computus-Verfasser habe vorübergehend in Moutier-Grandval als Lehrer geweilt, kommt er zu Iso, der dort wirklich als Lehrer gewirkt hat. Zwar sei die Tradition »vielfach fabelhaft und irrthümlich«; aber Isos Berufung nach Grandval könne von Ekkehart, wiewohl er allein davon berichtet habe, nicht erfunden worden sein, ebenso nicht Isos Grablegung dortselbst. Allerdings bezweifelt er, wenn auch ohne stichhaltigen Grund, Isos traditionelles Todesjahr (871), seien doch die diesbezüglichen St. Galler Angaben »ohne Glauben, zumal St. Gallen mit Grandval nicht im Confraternitätsverhältnis stand«. Er glaubt jedenfalls, Iso sei erst nach 870 dorthin gegangen und 876 dort gestorben. Traubes apodiktisch vorgetragenen Überlegungen vermögen nicht mehr zu überzeugen, hat er sie doch später teilweise selber revoziert und revidiert.

Zwar nicht eigene Ausführungen über Iso, aber immerhin mehrere Nennungen desselben im Zusammenhang mit der Literatur- und Kulturgeschichte des karolingi-

22 3. Abt., MVG 15/16 bzw. N. F. 5/6, S. LXVI und 484 (Register).

23 ADB, 14. Bd., S. 637.

24 Geschichte der Schule von St. Gallen im Mittelalter, in: Jahrbuch für Schweizerische Geschichte, 10. Bd., 1885, S. 33–127, über Iso S. 48ff.

25 St. Galler Klosterschule, Handschriften aus dem 8. bis 12. Jahrhundert, S. 9; dort weitere Literatur zum Thema.

26 In: Neues Archiv der Gesellschaft für ältere deutsche Gesch.kunde, 18. Jg., 1892, S. 71–105, über Iso S. 96f. Abgedruckt in: L. Traube, Kleine Schriften (= Vorlesungen und Abhandlungen, 3), hg. von S. Brandt, München 1920 (Nachdruck 1965), S. 128–156.

schen Gallus-Klosters finden sich sowohl 1911 in der *Geschichte der lateinischen Literatur des Mittelalters*[27] von Max Manitius, dem Philologen und Historiker in Dresden, als auch 1926 in *The Abbey of StGall as a Centre of Literature and Art*[28] von James Midgley Clark, dem Germanisten in Glasgow. Letzterer betont gegenüber einer latenten Iromanie, Iso sei selbstverständlich nicht irischer, sondern thurgauischer Herkunft gewesen[29].

Eine knappe Zusammenstellung der Fakten um Iso findet sich sodann in dem von Rudolf Henggeler O.S.B. (1890–1971), dem Einsiedler Stiftsarchivar, erarbeiteten *Profeßbuch der Benediktinerabtei St. Gallen*[30] von 1929. Dort wird zugleich auf einige Codices der Stiftsbibliothek, in denen Iso genannt ist, hingewiesen.

Unter benediktinisch-hagiographischem Gesichtspunkt nahm Alfons Maria Zimmermann O.S.B. (1891–1962) in Metten Iso unter dem Datum des 14. Mai in sein 1934 erschienenes *Kalendarium*[31] auf, stellte ihn – den in der Liturgie Übergangenen – allerdings unter die *Praetermissi,* diskutierte sein Todesdatum und wies erstmals auch auf eine gewisse Verehrung des Seligen hin.

In gänzlich anderem Zusammenhang, nämlich in Beziehung zu Notker dem Stammler, nun aber der Dichter genannt, und zu seinem Sequenzenbuch, ist Notkers Lehrer und Förderer Iso 1948 in der großen Notker-Würdigung[32], die Wolfram von den Steinen (1892–1967) zu verdanken ist, oftmals genannt: meistens nur vorübergehend, stets aber anerkennend.

Die bisher ausführlichste Darstellung, eine Art Lebensbild, ist vom Einsiedler Theologieprofessor Otmar Scheiwiller O.S.B. (1884–1954) in einer vierteiligen Artikelfolge unter der Überschrift *Der selige Iso* in der St. Galler Tageszeitung »Die Ostschweiz«[33] 1951 veröffentlicht worden und inzwischen, weil nicht auch als Sonderdruck erschienen, beinahe der Vergessenheit anheimgefallen. Sie behandelt aufgrund der Quellen und ihrer bisherigen Auswertungen die Sippe Isos sowie ihn selber als Mönch und Lehrer, als Heilkünstler und Geschichtsschreiber. Wiewohl kritisch, ja ängstlich gegenüber angeblich legendären Zügen, ist die Historiographie gelegentlich von lehrhafter Hagiographie durchweht. Auf einen wissenschaftlichen Apparat, den der Verfasser durchaus hätte beitragen können, mußte bedauerlicherweise verzichtet werden.

27 1. Bd., München 1911 (Nachdruck 1959), S. 746 (Register).
28 Cambridge 1926, S. 317 (Register).
29 Ebd., S. 173. Hierzu allgemein J. Duft, Iromanie – Irophobie. Fragen um die frühmittelalterliche Irenmission, exemplifiziert an St. Gallen und Alemannien, in: ZSKG 50 (1956), S. 241–262.
30 S. 200 (siehe hier Anm. 12).
31 Kalendarium Benedictinum, Die Heiligen und Seligen des Benediktinerordens und seiner Zweige, 2. Bd., 1934, S. 183.
32 Notker der Dichter und seine geistige Welt, Bern 1948: Darstellungsband S. 632 (Register), bes. S. 521 f.: Editionsband S. 8 f., 160.
33 78. Jg., Nr. 222–225, 15.–17. Mai 1951.

Fünfmal hatte sich Johannes Duft als st. gallischer Stiftsbibliothekar mit Iso schriftlich zu beschäftigen. Vorerst im Zusammenhang mit St. Otmar: Unter den Quellen zu dessen Leben[34] würdigte er 1959 den von Iso verfaßten Bericht über Otmars Kanonisation und Translationen. Bei der Darstellung des St. Otmar gewidmeten Kultes[35] war 1965 nochmals darauf einzugehen. Im Zusammenhang mit der klösterlich-st. gallischen Medizingeschichte[36] wurde 1972 Iso unter den Mönchsärzten aufgeführt. Im römischen Hagiographielexikon *Bibliotheca Sactorum*[37] 1966 sowie in der *Neuen Deutschen Biographie*[38] erschienen seine Artikel über Iso.

Bemerkenswert ist sodann der gründliche Artikel *Iso von St. Gallen,* verfaßt von Franz Josef Worstbrock, erschienen 1983 in der 2. Auflage des Verfasserlexikons *Die deutsche Literatur des Mittelalters*[39], worin Persönlichkeit und Schrifttum aufgrund der edierten Quellen und der Literatur klar erfaßt sind.

Der Rückblick auf Iso in der bisherigen Geschichtsschreibung mag den Anschein erwecken, seine durch Ekkehart IV. gleich schon im ersten Satz des ersten Kapitels erfolgte Belobigung als *doctor nominatissimus* habe nicht nur *tunc temporis* gegolten, sondern sei auch *post tempus*[40] gültig geblieben. Doch der Schein trügt. Zwar blieb Iso bekannt und stets auch einigermaßen genannt. Aber der Nachruhm anderer *doctores* aus der frühen St. Galler Klosterschule, so eines Notker Balbulus, des Dichters, oder eines Notker Labeo, des Deutschen, ebenfalls jener der Geschichtsschreiber Ratpert und Ekkehrt, selbstverständlich auch der großen Äbte Gozbert, Grimalt, Hartmut und Salomo, überflügelten den seinigen bei weiten.

Iso in den Geschichtsquellen

Als erster hat Melchior Goldast[41] 1606 Quellen über Iso, allerdings nur stichwortartig, zusammengestellt, ihr unterschiedliches Gewicht jedoch nicht beachtet. Seine Hinweise sind bisher kaum wahrgenommen, noch weniger sind sie bewertet oder

34 Sankt Otmar, Die Quellen zu seinem Leben, lateinisch und deutsch (= BS, 4. Bd.), S. 15ff., 50–53, 83–86.
35 Sankt Otmar in Kult und Kunst, St. Gallen 1966 (= Buchausgabe der Njbl. 106 und 107, St. Gallen 1965 und 1966), S. 14ff., 135.
36 Notker der Arzt, Klostermedizin und Mönchsarzt im frühmittelalterlichen St. Gallen (112. Njbl. 1972 und Buchausgabe [1]1972, [2]1975), S. 23f., 65.
37 Bd. 7, S. 985f.
38 Bd. 10, S. 198.
39 Bd. 4, Sp. 425ff.
40 So derselbe Ekkehart in Kap. 2 gegen Schluß, wenn auch nicht im hier gemeinten Zusammenhang.
41 Alamannicarum rerum scriptores (wie Anm. 11), S. 230.

ausgewertet worden. Deshalb sollen die Quellen hier vollständig erfaßt und zugleich nach ihrem Aussagewert befragt werden.

Annalen und Memorialbücher

Die für Isos Persönlichkeit grundlegende Aussage – die einzige, die außerhalb der Urkunden eine Jahrzahl mitteilt – ist der Eintrag seines Todes in den *Annales Sangallenses maiores*[42] zum Jahr 871: *Yso magister obiit pridie Idus Maias* (14. Mai)[43]. Die Nachricht ging in das *Chronicon Hermanni Augiensis*[44] über, der zu 871 notierte: *Apud Sanctum Gallum Yso magister obiit.*

Wer nun von den Annalen zum aussagekräftigen *Necrologium sancti Galli* zurückgreift, wird enttäuscht, denn unter dem 14. Mai steht kein entsprechender Eintrag. Der Name *Yso* findet sich dort zwar am 14. März *(II. Id. Mart.: Obitus Hadamari et Ysonis presbiterorum)* und am 15. August *(XVIII. Kal. Sept.: Obitus Ysonis monachi atque presbiteri)*[45]. Aber keiner dieser beiden hat – trotz mancher gegenteiligen Annahmen[46] – als identisch mit Iso, dem Ekkehart'schen *doctor nominatissimus,* zu gelten. Es ist auch nicht eine Verwechslung des 14. Mai mit dem 14. März zu vermuten, wie es Meyer von Knonau[47] fragend angedeutet hat und manche ihm nachgeschrieben haben. Denn bei keinem der beiden Einträge findet sich die sonst im Necrologium für solche Persönlichkeiten übliche Bezeichnung *doctor* oder *magister.* Die Erklärung für Isos Absenz ergibt sich sozusagen zwanglos aus der Tatsache, daß er, obwohl St. Galler Mönch, nicht in St. Gallen, sondern in Moutier-Grandval gestorben ist und dort sein Grab gefunden hat.

Iso fehlt erstaunlicherweise auch in einem anderen, sehr bedeutenden Memorialbuch der karolingischen Gallus-Abtei: im Profeßbuch[48]. Er teilt dieses Schicksal allerdings mit zahlreichen anderen Mitbrüdern seiner Zeit, die im namenreichen Urkundenbestand und im Totenbuch sowie in den Verbrüderungsbüchern von Pfäfers und Reichenau aufscheinen, jedoch im Profeßbuch fehlen. Die Erklärung

42 Von GOLDAST ebd. dem sagenhaften Hepidannus zugeschrieben.

43 Handschriften in StiB: Cod. 915 (10. Jh.), S. 205; Cod. 453 (12. Jh.), S. 218. Editionen: MGH SS 1, S. 76; MVG 19, S. 275.

44 MGH SS 5, S. 106. Ebenfalls bei H. BRESSLAU, Chronicum Suevicum universale: MGH SS 13, S. 65.

45 Cod. 915, S. 310 und 331. Editionen: MGH Necr. 1, S. 469 und 478; MVG 11, S. 36 und 49.

46 Beispielsweise HENGGELER (wie Anm. 12), S. 200. MURER (wie Anm. 15) und BUCELIN (wie Anm. 16) nennen ohne Angabe von Gründen den 6. April 872 als Todesdatum.

47 MVG 15/16, S. 121 Anm. 418.

48 Vgl. PAUL M. KRIEG, Das Profeßbuch der Abtei St. Gallen (Stiftsarchiv Cod. Class.1. Cist. C. 3. B. 56), Phototypische Wiedergabe mit Einführung und einem Anhang, Augsburg 1931. Frühere Editionen: MGH Libr. confr., S. 111–133; MVG 19, S. 140–162, 192f.

ergibt sich aus der Erkenntnis[49], daß die überlieferten (um 1600 übrigens unrichtig eingebundenen) Blätter nicht mehr die ursprüngliche Namenfülle wiedergeben; manche Blätter sind unwiederbringlich verlorengegangen und mit ihnen viele Einträge aus der klösterlichen Blüte um die Mitte des 9. Jahrhunderts.

Diese Namen stehen nun aber in den beiden soeben genannten Verbrüderungsbüchern von Pfäfers und Reichenau:

Im *Liber Viventium* der Abtei Pfäfers[50] findet sich als eine der um die Mitte des 9. Jahrhunderts eingetragenen Listen verbrüderter Konvente jene der *Nomina fratrum de monasterio S. Galli,* darin auch der Name *Iso monachus*[51], der eindeutig den Magister Iso bezeichnet; denn ihm folgt unmittelbar der Eintrag *Marcellus monachus.* Der Alemanne Iso und der Ire Moengal, dieser in St. Gallen Marcellus geheißen, sind auch bei Ekkehart IV. (Kap. 2) im einen gleichen Satz als Zeitgenossen und Kollegen gepriesen: Dem Marcellus wurden die *scholae claustri* übertragen, während dem Iso die *scholae exteriores* anvertraut wurden.

Dieselbe Situation begegnet im *Liber confraternitatum* der Abtei Reichenau[52]. Unter den *Nomina fratrum de monasterio S. Galli* stehen die Namen *Yso* und als zweitfolgender *Marcellus alias Moengal*[53]. Weitere Nennungen des Namens Iso/Yso aus St. Gallen erscheinen dort in anderen Zusammenhängen. Persönlichkeiten desselben Namens sind auch in Listen aus Schuttern, Corbie, Zurzach und Schänis aufgeführt.

Selbstbezeugung

Eine köstliche Quelle zu Isos Persönlichkeit sind – außer den noch eigens anzuführenden Urkunden – die beiden *libelli,* die er selber als Fortsetzung der von Gozbert um 830 geschriebenen und von Walahfrid Strabo um 834/838 überarbeiteten *Vita sancti Otmari* verfaßt hat[54]. Sie wollen als *Relatio de miraculis* in 19 Kapiteln erzählen, wie Abt Otmar (†759), der eigentliche Gründer des Klosters am Ort der

49 Krieg, ebd., S. 18f.; dazu W. Haubrichs (wie Anm. 83), S. 61–67.

50 StiASG: Fonds Pfäfers Cod. 1. Vgl. Werner Vogler (Hg.), Die Abtei Pfäfers, Geschichte und Kultur, St. Gallen 1983: darin S. 32–37 Dieter Geuenich, Der Liber Viventium von Pfäfers als geschichtliches Dokument; S. 38–48 Christoph Eggenberger, Der künstlerische Schmuck des Liber Viventium von Pfäfers. Jetzt insgesamt Anton von Euw, Liber Viventium Fabariensis, Das karolingische Memorialbuch von Pfäfers in seiner liturgie- und kunstgeschichtlichen Bedeutung (= Studia Fabariensia, Bd. I), Bern/Stuttgart 1989.

51 S. 38; in der Edition: MGH Libr. confr., S. 364.

52 Nach der überholten Edition in MGH Libr. confr. (Register: S. 469 Iso, S. 536 Yso) ist nun einzusehen: MGH Libri memoriales et necrologia N. S. 1: Der Verbrüderungsbuch der Abtei Reichenau, hg. von J. Autenrieth, D. Geuenich, K. Schmid, 1979, S. 116 (Personenregister).

53 ZB Zürich: Ms. Rh. hist. 27 S. 11; in der neuesten Edition: Facsimile pag. 11 C 3.

54 Hierzu mit allen Belegen J. Duft (wie Anm. 34 und 35). Nähere Inhaltsangaben folgen hier bei Isos Schrifttum.

Galluszelle, der Vergessenheit entrissen wurde, wie er sich durch Wunder bemerkbar zu machen begann und wie dann sein Kult die bischöfliche Anerkennung fand und in die kirchlich sanktionierte Liturgie einging.

In der ersten *Praefatio Ysonis* ist von *nos fratres* die Rede; in der zweiten *Praefatio* wird Otmar *sanctus pater noster* genannt. Als Zeitgenosse erzählt Iso die Rekognition und Translation der Otmars-Reliquien am 25. Oktober 864 durch den Konstanzer Bischof Salomo I. (Kap. 2–4); gleichfalls als ergriffener Augenzeuge – »wie sehr alle vor Freude weinten und schluchzten, vermögen wir nicht zu schildern« – beschreibt Iso die endgültige Translation am 24. September 867 in die inzwischen erbaute St. Otmars-Kirche (Kap. 15).

Daß man in diesen Schilderungen dem Charakter Isos näherkommt, bezeugt selbst der überkritische Gerold Meyer von Knonau[55]: Iso habe sich nach eigenem Bekenntnis große Mühe für die Ausarbeitung gegeben; er führe die kirchlichen Zeremonien mit größter Anschaulichkeit und mit Wärme vor; überraschend seien Fleiß und Genauigkeit; es sei »von Interesse, an der Hand dieses lebendig und geschickt schildernden gleichzeitigen Erzählers von Wundern, von denen Handelnde, Ort und Zeit theilweise vollständig eingehend angegeben sind, in die Genesis solcher Geschichten einige Einblicke thun zu können«.

Bezeugungen der Schüler

Eine zufällige, aber für Iso als fördernden Lehrer in der St. Galler Klosterschule hervorragende Bezeugung ist seinem Schüler Notker Balbulus (†912), dem Dichter und Vertoner liturgischer Sequenzen, zu verdanken[56]. Als dieser, wohl angeregt vom Besuch Kaiser Karls III. 883 in St. Gallen, seine auf losen Blättern in Schülerhänden befindlichen Sequenzen zu einem Büchlein vereinigte und es auf Wunsch seines Bruders Othari dem kaiserlichen Erzkapellan Bischof Liutward von Vercelli widmete, erklärte er im *Prooemium* die anfänglich mühsame, schließlich geglückte Entstehung dieser Kunstgesänge um das Alleluia der Meßliturgie folgenderweise:

Abb. 11

Als er noch *iuvenulus* gewesen sei und als die *melodiae longissimae saepius memoriae commendatae* immer wieder sein *instabile corculum* geflohen hätten, sei ihm aus dem Kloster *Gimedia* (Jumièges) unerwartet Anregung zugekommen. Ein durch die dortigen Normannen-Einfälle vertriebener Priester habe sein Antiphonarium mitgebracht, worin sich einige zu Sequenz-Melodien modulierte Verse gefun-

55 MVG 12 (wie Anm. 21), S. XXIX–XXXII.

56 Hierüber ausführlich W. von den Steinen, Notker (wie Anm. 32), besonders: Darstellungsband S. 154–163, 504–508; Editionsband S. 8–11, 160. Dazu J. Duft, Le *Presbyter de Gimedia* apporte son antiphonaire à St-Gall, in: Jumièges, Congrès scientifique du XIIIe centenaire, Rouen 1955, S. 925–936; Ders., Wie Notker zu den Sequenzen kam, in: ZSKG, 56 Jg., 1962, S. 201–214; wiedergegeben im vorliegenden Sammelband S. 136–147.

den hätten. Er habe sie nachzuahmen versucht und selber zwei Sequenzen geschrieben. Als er diese Versuche *magistro meo Isoni*[57] dargebracht habe, habe dieser gelobt, was zu gefallen vermocht habe; gleichzeitig habe er zu verbessern unternommen, was weniger gut gewesen sei, wobei er sagte: *Singulae motus cantilenae singulas syllabas debent habere.* Notker nahm die Anregung auf, formte und feilte nach dieser praktischen Regel unermüdlich weiter, präsentierte dann die vollendeten Verse seinem Lehrer Marcellus, und dieser trug sie voller Freude den Schülern zum Singen auf.

In dieser unmittelbaren, geradezu persönlichen Schilderung kommt zwar der Terminus »Isonische Regel«, der in der Musik- und Literaturgeschichte mit Bezug auf Notkers *Prooemium* oft verwendet wird, nicht vor. Aber die Tatsache steht einwandfrei fest: Der verständnisvolle Lehrer Iso gab seinem scheinbar untalentierten, in Wirklichkeit hochbegabten Schüler den Schlüssel durch die Regel: Wie viele Noten – so viele Silben! Die so geschaffenen Gesänge gingen schließlich in die Kirchen des ganzen Abendlandes ein. Notkers »Brief« an seinen alemannischen Landsmann Liutward, früher von Scheinkritik gelegentlich in Frage gestellt, ist im Original untergegangen, ist aber in mindestens zehn Abschriften aus dem 10. bis 12. Jahrhundert überliefert. Er ist heute in jeder Beziehung als authentisch anerkannt; damit ist er auch eine schätzbare Bezeugung des Lehrers Iso geblieben.

Ein indirektes Zeugnis für dessen Persönlichkeit scheint sodann ein Satz in einem anderen »Brief« zu sein: in jener *Epistola commendaticia,* die im Formelbuch desselben Notker als Nr. 25 steht[58]. In diesem Musterbrief, der die Empfehlung für einen Klosterschüler ist, heißt es, dieser sei *cuidam religiosissimo omnique vigore et industria plenissimo viro commendatus* worden. Die Vermutung ist nicht unwahrscheinlich, daß damit Iso[59] bezeichnet war. Der Schüler war nicht – wie meistens vermutet – Salomo, der nachmalige St. Galler Abt und Konstanzer Bischof, sondern dessen Bruder Waldo, der spätere Bischof von Freising. Zwar ist diese Mustersammlung bischöflicher Briefformulare erst 876/878 angelegt worden; es geschah zweifellos unter Anleitung Notkers des Dichters und unter Mitarbeit der beiden Brüder, wobei die Korrespondenz der Konstanzer Bischöfe Salomo I. und Salomo II., des Großonkels und des Onkels der beiden, zugrunde gelegt worden war. Aber die Brüder waren in den 850er Jahren geboren und schon im Kindesalter der Kloster-

57 So steht es eindeutig im Prooemium; M. MANITIUS (wie Anm. 27), S. 355 schreibt anstatt *Iso* irrtümlich *Marcellus.*

58 Wiedergegeben von ERNST DÜMMLER, Das Formelbuch des Bischofs Salomo III. von Konstanz aus dem neunten Jahrhundert, Leipzig 1857, S. 27ff. Dazu W. VON DEN STEINEN, Notkers des Dichters Formelbuch, in: ZSG, 25 Jg., 1945, S. 449–490, bes. S. 468ff., 473; DERS., Notker der Dichter (wie Anm. 32), Darstellungsband S. 492, 494, 528.

59 So schon M. MANITIUS (wie Anm. 27), S. 594f.; er wollte allerdings eher Notker Balbulus als Iso wahrscheinlich machen, was aber wegen der persönlichen Hauptverfasserschaft Notkers an diesen Musterbriefen kaum möglich gewesen sein kann.

schule anvertraut worden. So spricht nichts gegen die – früher als unwahrscheinlich[60] empfundene – Aussage Ekkeharts (Kap. 1), der Lehrer des Salomo, damit auch des Waldo, in der äußeren Klosterschule zu St. Gallen sei Iso gewesen. Selbst wenn dieser damals schon in Moutier-Grandval gewirkt haben sollte, kehrte er doch (bis 871) oftmals nach St. Gallen zurück. Hier aber wird es den bildungshungrigen Schülern nicht anders ergangen sein als den »Geistern von ganz Burgund«, die laut Ekkehart (Kap. 32) »nach seinem Unterricht lechzten« und zufrieden waren, »wenigstens zur Stunde Schüler Isos zu heißen«.

Erzählende Quellen

Abb. 34–37 Am häufigsten und anschaulichsten ist Iso in den *Casus sancti Galli* von Ekkehart IV.[61] geschildert: zwar in den Kapiteln 1, 2 und 33 jeweils nur kurz als Lehrer der St. Galler Schule, dagegen in den Kapiteln 30–32 ausführlich von der Empfängnis und Geburt an über seine Tätigkeit in St. Gallen und Moutier-Grandval bis zu seinem Tod und Grab. Was ist davon zu halten?

Ekkehart[62], geboren um oder nach 980 und wohl schon in jugendlichen Jahren dem Kloster St. Gallen anvertraut, wirkte hier und vorübergehend auch in Mainz als Lehrer und Dichter. Für seine Mitbrüder und Schüler arbeitete er als Bibliothekar und Korrektor die St. Galler Manuskripte durch, wovon bis heute zahlreiche Berichtigungen und Glossen seiner unverwechselbaren Hand zeugen. Man kennt sie aus *Abb. 38, 39* der von ihm selber angelegten Sammlung seiner Gedichte, worin er in einer Glosse unter den »verherrlichten Gefährten« des Dichters Notker auch den Iso nennt[63]. Ekkehart hatte sich jedenfalls große Belesenheit und besondere Vertrautheit mit der heimatlichen Vergangenheit erworben. Deshalb verfaßte er für die Mit- und Nachwelt, vermutlich nach 1030, die Fortsetzung der von Ratpert begonnenen *Casus sancti Galli*, wozu ihn neben dem ausgesprochenen Geschichtsinteresse seine kunstvolle, nicht selten sogar gekünstelte mittellateinische Sprache befähigte. Er starb am 21. Oktober um oder nach 1057, wohl um 1060.

Die Bewertung Ekkeharts als Geschichtsschreibers ist durch ein doppeltes Gelehrten-Mißverständnis, an welchem der Herausgeber Meyer von Knonau[64] die Hauptschuld trug, arg verdunkelt worden. Man mißverstand seine Klostergeschichte

60 So besonders G. Meyer von Knonau (wie Anm. 21), S. 3 Anm. 15.

61 Neueste Edition und Übersetzung siehe Anm. 1. Inhalt, Handschriften, frühere Ausgaben und Übersetzungen sind zusammengestellt bei Eberhard Url, Das mittelalterliche Geschichtswerk »Casus sancti Galli«, eine Bestandesaufnahme (= 109. Njbl.), 1969, S. 18–33.

62 Vgl. W. von den Steinen, Notker (wie Anm. 32), S. 629 (Register); Hans F. Haefele, Ekkehard IV. von St. Gallen, in: VL², 2. Bd., 1980, Sp. 455–465.

63 Johannes Egli (Hg.), Der Liber Benedictionum Ekkeharts IV. nebst den kleinern Dichtungen aus dem Codex Sangallensis 393 (MVG 31), 1909, S. 225 Anm. 10.

64 Wie Anm. 22.

als eine Tendenzschrift gegen den damaligen Abt Nortpert und gegen cluniazensische Reformideen, und man verlangte ihr gesicherte Daten im nüchternen Stil neuzeitlicher Historiographie ab. Inzwischen ist aber Ekkehart nicht nur in vielen beanstandeten Einzelheiten rehabilitiert, sondern in seiner Grundhaltung sowohl von der monastischen[65] als auch von der literarischen[66] Seite unvoreingenommen interpretiert und damit neu verstanden worden.

Ekkeharts Werk will nämlich – nach der Erkenntnis des Neuherausgebers H. F. Haefele – »als bewußt kunstvolle Komposition verstanden sein, in der die verschiedenen geschichtlichen Fakten unter dem Aspekt der *fortunia* und *infortunia* zusammengestellt sind«. Dabei ging es ihm nicht zuletzt um die »Schul- und Literaturgeschichte« seines geliebten Klosters, wobei »die einzelnen Persönlichkeiten ihr je besonderes, individuell gezeichnetes Charakterbild« erhielten, unter ihnen auch der Schulmeister Iso, der für Ekkehart geradezu der *doctor nominatissimus* eines idealisierten Zeitalters war.

Dabei ist allerdings zu bedenken, daß Ekkehart anderthalb Jahrhunderte nach Isos Tod geschrieben und daß er es in einem bewußt rhetorischen Stil, der im 11. Jahrhundert selbst für die Geschichtsschreibung beliebt geworden war, getan hat. Daß er trotzdem im Tatsächlichen – wenn auch nicht im bunten Rankenwerk – Glaubwürdigkeit beanspruchen darf, ergibt sich aus seiner Quelle: Es war die ungebrochene Tradition in der klösterlichen Gemeinschaft, wie sie in solchen Kommunitäten und Fraternitäten – selbst noch heute – über lange Zeiten hinweg lebendig bleibt, wie sie es aber damals noch weit stärker war[67]: Denn das menschliche Gedächtnis und die mündliche Überlieferung waren umso ausgeprägter, je seltener noch die Schreibsucht und die Bücherflut waren. Anekdoten über die Mitbrüder und ihre Eigenheiten sowie Berichte über ihre Leistungen blieben und bleiben in erstaunlicher Lebendigkeit. Sie mögen noch so sehr typisiert und stilisiert worden sein, worin Ekkehart ein Meister war; sie zeichnen gerade in dieser Weise das Charakteristische einer Persönlichkeit umso deutlicher nach. Das gilt auch für Iso, und in diesem Sinn sind Ekkeharts Erzählungen über Isos Geburt, Wirksamkeit

65 Kassius Hallinger, Gorze-Kluny, Studien zu den monastischen Lebensformen und Gegensätzen im Hochmittelalter (= Studia Anselmiana, 22/23 und 24/25), Rom 1950 und 1951, S. 1001 (Register: Ekkehard) und 1041 (Register: St. Gallen), bes. S. 187–199, 304, 608 ff.

66 Hans F. Haefele, Untersuchungen zu Ekkehards IV. Casus sancti Galli, in: DA, 17. Bd., 1961, S. 145–190; DA, 18. Bd., 1962, S. 120–170; Ders., Zum Aufbau der Casus sancti Galli Ekkehards IV., in: Typologia Litterarum (= Festschrift für M. Wehrli), Zürich und Freiburg i. Br. 1969, S. 155–166; Ders., Vita Waltharii manufortis, in: Festschrift für B. Bischoff, Stuttgart 1971, S. 260–276; Ders., Wolo cecidit, Zur Deutung einer Ekkehard-Erzählung, in: DA, 39. Bd., 1979, S. 17–32; Ders., Tu dixisti, Zitate und Reminiszenzen in Ekkehards Casus sancti Galli, in: Florilegium Sangallense (= Festschrift f. J. Duft), St. Gallen und Sigmaringen 1980, S. 181–198. – Siehe jetzt auch S. 213 ff. im vorliegenden Sammelband.

67 Vgl. beispielsweise J. Duft, Notker der Arzt (wie Anm. 36), S. 39 ff.

und Tod, die hier noch ausführlich mitgeteilt werden sollen, aufzufassen und anzunehmen.

Beizufügen ist, daß Ekkehart IV. nicht nur in seinen *Casus sancti Galli,* sondern auch in seiner *Praefatio* zu Notkers *Metrum de vita sancti Galli* – auch Prosimetrum genannt, verfaßt im Dialog zwischen Notker Balbulus und dem jungen Hartmann – Iso als den Lehrer Notkers anführt[68]. Die Vorrede beginnt nämlich mit den Worten: *Yso quondam coenobita sancti Galli nominatissimus.* Neue, zusätzliche Quellen sind hier nicht zu finden. Bezeichnend ist aber auch hier die Verwendung des Epithetons *nominatissimus,* das Iso seinem Laudator Ekkehart zu verdanken hat.

Zu den erzählenden Quellen über Iso wird gelegentlich[69] auch die mittelbare *Continuatio casuum sancti Galli,* die Konrad de Fabaria im 13. Jahrhundert verfaßt hat, gezählt. In seinem 3. Kapitel[70] führt er sieben in Gelehrsamkeit (Philosophie) und Dichtkunst berühmte Mönche aus der klösterlichen Vergangenheit an, deren Namen er zweifellos aus Ekkehart geschöpft hat, unter ihnen *Isonem, qui omni genere florens philosophiae diversos ex se palmites protulit fecundos.* Mit den von ihm hervorgebrachten fruchtbaren Schößlingen sind wohl die gleichfalls bei Ekkehart gepriesenen Schüler Isos gemeint. Ein eigener Quellenwert kommt dieser kurzen Reminiszenz jedenfalls nicht zu.

Als weitere Quelle scheint sich die *Vita Notkeri Balbuli* aus demselben 13. Jahrhundert anzubieten, verfaßt allerdings nicht von einem ehemals behaupteten Ekkehart V. oder Ekkehardus minimus, den es nicht gegeben hat, sondern von einem ungenannten St. Galler Mönch im Hinblick auf eine damals beabsichtigte Kanonisation Notkers[71]. Er faßte alle Nachrichten, deren er in der Geschichtsschreibung seines Klosters über die verschiedenen Notkere habhaft werden konnte, zusammen und wandte sie in moralisierender Ausdeutung auf den einen, den ersten Notker an. Dabei fehlte selbstverständlich nicht die Mitteilung, daß Notker *sub Isone magistro hoc in tempore litteratissimo* (Kap. 7) unterwiesen worden sei. Als Vorlage hatten die Geschichten Ekkeharts IV. gedient; eigene Quellen besaß der Vita-Kompilator nicht.

Ebenfalls nicht als eine Quelle zu Iso, möglicherweise aber als einen Hinweis auf seine Geistigkeit käme der gelehrte Brief eines *L* an einen *Dominus I* in Betracht, sofern sich die Identifizierung des Absenders *L* mit Erzbischof Liutbert von Mainz

68 Vgl. Walter Berschin, Notkers Metrum de vita S. Galli, Einleitung und Edition, in: Florilegium Sangallense (wie Anm. 66), S. 71–121, bes. 73, 90, 91, 117, 118; erwähnt auch bei Peter Osterwalder, Sankt Gallus in der Dichtung, Gallusdichtungen und Gallusverse vom Mittelalter bis zur Neuzeit (= 123. Njbl.), 1983, S. 24.

69 So bei Goldast (wie Anm. 11), S. 230.

70 Editionen: MGH SS 2, S. 166; MVG 17, S. 138.

71 Hierzu Elmar Lechner, Vita Notkeri Balbuli, Geistesgeschichtlicher Standort und historische Kritik, Ein Beitrag zur Erforschung der mittelalterlichen Hagiographie (= MVG 47), 1972, bes. S. 79 f. Dazu Peter Stotz in VL^2, 6. Bd., 1987, Sp. 1185 f.

(863–889) und des Adressaten *I* mit Iso in St. Gallen bewahrheiten sollte[72]. Der Brief behandelt dialektische Fragen und die Unsterblichkeit der Pflanzenseelen im Paradies. Er findet sich abschriftlich im Zusammenhang mit dem Brief Notkers des Deutschen in St. Gallen an Bischof Hugo von Sitten (um das Jahr 1000).

Iso in den Urkunden

Neben den vorhin angeführten Quellengruppen kommt für Iso eine weitere wesentliche in Betracht: Es sind die St. Galler Urkunden, in welchen er und seine Verwandtschaft faßbar werden. Sie sollen hier aus dem von Hermann Wartmann herausgegebenen Urkundenbuch (W)[73] in Regestenform zusammengestellt werden. Ihnen werden die von Otto P. Clavadetscher und Paul Staerkle herausgegebenen Dorsualnotizen (DN)[74] in Kurzform, mit den für die jeweilige Lokalisierung aufschlußreichen Kapitelszahlen, beigegeben.

Vorausbemerkt sei, daß der Name[75] Iso oder Yso – zweimal Hiso geschrieben – in den Jahren 762–926 nur in 24 Urkunden aufscheint und nachher nicht mehr vorkommt, was in Anbetracht der Namenfülle dieser lokalen Quellengattung als gering zu bewerten ist. Bemerkenswert ist, daß die Träger dieses Namens meistens in Urkunden, die sich auf den Thurgau beziehen, anzutreffen sind.

Hier nun die sieben Traditionsurkunden – Traditionen im wörtlichen Sinn von Güterübereignungen an das Kloster St. Gallen –, die den hier in Frage stehenden Mönch Iso betreffen:

W 418: Wolfhugi überträgt den von Staricholf erworbenen Besitz im Thurgau, nämlich im Ort Ramsperg, an Kloster St. Gallen. St. Gallen 852. Schreiber ist der Mönch Yso: *Ego igitur Yso immerens monachus rogatus scripsi et subscripsi.* DN: *Traditio Uuolfhugi e Rammisperge. Cap. I.*

72 Brief abschriftlich im Brüsseler Codex 10'615–729. Identifizierung vorgeschlagen von L. M. De Rijk, On the Curriculum of the Arts of Trivium at St. Gallen from c.850–c.1000, in: Vivarium, 1. Jg., 1963, S. 36 ff.; erwähnt bei Ernst Hellgardt, Notkers des Deutschen Brief an Bischof Hugo von Sitten, in: Befund und Deutung (= Festschrift für H. Fromm), Tübingen 1979, S. 178 f. Anm. 20.

73 UBSG: Teil I 700–840 (1863), Teil II 840–920 (1866), Teil III 920–1360 (1882); die Urkunden sind durchnumeriert. Dazu jetzt Michael Borgolte, Dieter Geuenich und Karl Schmid, Subsidia Sangallensia I (Materialien und Untersuchungen zu den Verbrüderungsbüchern und zu den älteren Urkunden des Stiftsarchivs St. Gallen), St. Gallen 1986, bes. S. 399–417.

74 Die Dorsualnotizen der älteren St. Galler Urkunden, Faksimile-Ausgabe (= UBSG, 2. Ergänzungsheft), St. Gallen 1970.

75 Vgl. Ernst Förstemann, Altdeutsches Namenbuch, 1. Bd., [2]1900, S. 970: »Unser *eis (îs)* und das dazu gehörige *eisen (îsarn)*, welche beiden Wörter uns nur mit dem Keltischen gemeinsam sind [...], weisen, wie Grimm unter *eis* erwähnt, auf den Begriff der Härte und des Glanzes zurück, und dazu scheinen die folgenden Namen zu gehören ...« Mit Hinweisen auf die st. gallischen Quellen werden Iso, Yso, Hiso erwähnt.

W 419/420: Die Brüder Egilbreht und Freuuibreht übertragen den von ihren Eltern Pietar und Hugisinda erworbenen Besitz im Thurgau in der Waldrammishuntari, in villa Hefenhofen, an Kloster St. Gallen. St. Gallen 852. Schreiber ist der Mönch Yso: *Ego igitur Yso indignus monachico habitu indutus rogatus scripsi et subscripsi.* DN: *Traditio Egilberti et Freuuiberti de Hebinhouun. Cap. III.*

W 422: Der Priester Cunzo schenkt seinen Besitz im Nibelgau, in Karbach, an Kloster St. Gallen. 853. Schreiber ist der Mönch Yso: *Ego itaque Yso humilis monachus rogatus scripsi et subscripsi.* DN: *Traditio Gunzonis presbiteri de Nibalgauue de Charabah. Cap. XXXVI.*

W 509: Erimbret (Vetter oder Vater des Mönches Iso) überträgt seinen ererbten und noch nicht übertragenen Besitz im Thurgau, ausgenommen Puohperg (möglicherweise Buchackern zwischen Sulgen und Zihlschlacht)[76], an Kloster St. Gallen. St. Gallen 865. Mönch Iso ist zwar nicht genannt; aber als mögliche Rückkäufer sind die allerdings nicht näher bestimmten Thioto, Luto und Bono (Verwandte, vielleicht Brüder Isos) aufgeführt. Unter den Zeugen Thioto und Luto. DN: *Traditio Erimberti de omni heredidate sua in Durgauge. Cap. II.*

W 510: Erimbret (Vetter oder Vater des Mönches Iso) überträgt gleichentags auch seinen ererbten Besitz in Puohperg an Kloster St. Gallen. St. Gallen 865. Unter den Zeugen Thioto und Luto. DN: *Traditio Erimberti de Puohberge. Cap. II.*

Abb. 30 W 539: Luto (Bruder des Mönches Iso), Sohn des Erimbert und der Waltarada, überträgt seinen ererbten Besitz, ausgenommen Güter in Krummbach und Zihlschlacht, der ihm im Thurgau von seinen Eltern und seinen Brüdern oder auch aus der Übergabe seines Vetters *(consobrinus)* Erimbert zu eigen geworden ist, an Kloster St. Gallen. St. Gallen 868. Als mögliche Rückkäufer werden Lutos Bruder Bono und sein Consanguineus Thiothelm aufgeführt. Schreiber ist der Mönch Iso, der sich als Bruder des Schenkers Luto (damit auch des Bono) zu erkennen gibt: *Ego itaque Iso monachus ac presbiter indignus ipisiusque frater Lutonis rogatus ab eo hanc cartulam scripsi et subscripsi.* DN: *Traditio Lutonis de pago Durgaugensi. Cap. II.*

W 540: Bono (Verwandter, nicht Bruder des Mönches Iso), Sohn des Bono und der Hiltimota, überträgt gleichentags seinen ererbten Besitz, ausgenommen eine Hube in Weinfelden und Güter in Zihlschlacht, der ihm im Thurgau von seinen Eltern und seinem Bruder Waltharius oder auch aus der Übergabe seines Vetters *(consobrinus)* Erimbert sowie aus persönlicher Arbeit zu eigen geworden ist, an Kloster St. Gallen. St. Gallen 868. Als Nutznießerin auf Lebenszeit wird des Schenkers Gattin Engilrat, als mögliche Rückkäufer werden sein Bruder Luto und sein Consanguineus Thiothelm aufgeführt. Schreiber ist Engilbret anstelle des Mönches Iso: *Ego itaque Engilbret indignus monachus vice Isonis rogatus scripsi et subscripsi.* DN: *Traditio Bononis, Cap. II.*

76 So G. Meyer von Knonau, MVG 13, S. 116 Anm. 149.

Der Familie, aus welcher Iso hervorgegangen ist, begegnet man in der von ihm selber geschriebenen Urkunde W 539 vom Jahre 868. Indem er sich dort ausdrücklich als Bruder des Schenkers Luto, damit indirekt auch des unter den allfälligen Rückkäufern genannten Bono offenbart, werden seine darin ebenfalls aufgeführten – anscheinend verstorbenen – Eltern namentlich bekannt: Erimbert und Waltarada[77]. Genannt ist ferner ein Blutsverwandter *(consanguineus)* Thiothelm, der nach Bono als möglicher Rückkäufer in Betracht genommen ist. Was der Donator Luto dem Kloster St. Gallen tradiert, ist Besitz *in pago Turgaugensi,* der nicht näher umschrieben ist; er ist ihm sowohl von seinen Eltern und Brüdern als auch von seinem Vetter *(consobrinus)* Erimbert zu eigen geworden.

Eine auffällige Verwandtschaft mit Isos Familie wird faßbar, wenn die Urkunde W 540 vom gleichen Jahr 868, ja vom gleichen Tag (8. September), miteinbezogen wird, geschrieben von einem St. Galler Mönch Engilbret auf Wunsch seines Mitbruders Iso. Der Schenker dieses gleichfalls *in pago Turgaugensi* gelegenen, wenn auch wiederum nicht näher umschriebenen Besitzes heißt Bono. Er ist aber nicht der vorhin erkannte Bruder des Luto und des Iso, damit auch nicht der Sohn des Erimbert und der Waltarada; sondern er ist der Bruder eines Waltharius und eines Luto und der Sohn eines Bono und dessen Gattin Hiltimota; verheiratet ist der Donator Bono mit Engilrat. Ein Blutsverwandter, der neben Luto als allfälliger Rückkäufer aufgeführt wird, heißt wie in W 539 Thiothelm; er wird auch hier ausdrücklich als *consanguineus* bezeichnet und muß so die beiden Familien verbunden haben. Dazu gesellt sich jener Vetter Erimbert, welcher bei beiden Familien als *consobrinus* aufscheint.

Ein Erimbret, der in der Signum-Zeile als Erimbert erscheint, zeigt sich in den Urkunden W 509 und W 510 vom Jahre 865 selber als Donator. Obwohl diese Urkunden keinen Iso nennen, sind sie hier aufgenommen worden, weil sie sich wegen der darin enthaltenen Namen in Isos nahe Verwandtschaft einfügen: Erimbret/Erimbert dürfte sein Vetter, wohl kaum sein Vater[78], gewesen sein; als mögliche Rückkäufer sind in W 509 Thioto, Luto und Bono, als Zeugen sind in beiden Thioto und Luto genannt. Was dieser Erimbret dem Kloster St. Gallen überträgt, ist gleichfalls ein nicht näher umschriebener Besitz *in Durgauge.*

Was bei diesen drei Übergaben ausgenommen wurde, das heißt, was weiterhin im Besitz der Donatoren verblieb, kann einigermaßen ihr Domizil andeuten: Bei W 509 war es ein Puochperg (möglicherweise zwischen Sulgen und Zihlschlacht gelegen),

77 Zum Namen Waltarada stellt G. Meyer von Knonau (wie Anm. 76) die Frage, ob sie wohl »aus dem Geschlecht der Waltramshundertbeamten« hervorgegangen sei. Die »Waldrammishuntari« ist in der vom Mönch Iso persönlich geschriebenen Urkunde W 419 vom Jahre 852 erwähnt.
78 So wegen des Namens Thioto in W 509, der in W 539 nicht unter den Brüdern des Iso erscheint (war er zwischen 865 und 868 gestorben?). Anders allerdings Georg Caro, Beiträge zur älteren deutschen Wirtschafts- und Verfassungsgeschichte, Gesammelte Aufsätze, Leipzig 1905, S. 18.

bei W 539 war es Besitz in Krummbach (bei Sulgen) und in Zihlschlacht. Die Folgerung, Isos Heimat sei im Thurgau gelegen, ist jedenfalls richtig; sie sei »an der rechten Thurseite, etwa zwischen der Sittermündung und dem Ottenberg, zu suchen«, ist wahrscheinlich[79].

Wie sehr »in derselben Sippe die gleichen Namen wiederkehren«, zeigt sich beinahe verwirrend in den Verwandtschaften um Iso. G. Caro[80] spricht geradezu von den »Isonen« und zieht den Schluß: »Der Mönch Iso wird als Sohn wohlgeborener und sehr frommer Eltern [so jedenfalls bei Ekkehart] bezeichnet; die Urkunden bestätigen diese Angabe. Indessen die Sippe, die das Kloster reichlich mit Schenkungen bedachte, gehörte nicht zu den ersten des Landes, sondern scheint Halt für ihre Stellung durch Anschluß an weltliche Große[81] und an die Kirche gesucht zu haben.«

Zu *Iso monachus* ist noch anzumerken, daß die vier Urkunden, die er persönlich geschrieben hat, im St. Galler Stiftsarchiv original erhalten sind: W 418 und W 419 von 852, W 422 von 853, W 539 von 868. Ihn und seine Familie betrifft allerdings nur die letzte, die er auf Wunsch seines Bruders Luto geschrieben hat; die anderen hatte er, ohne persönlich am Geschäft beteiligt gewesen zu sein, im Auftrag des Klosters auszufertigen. Seine Schrift ist ausgeglichen, gerade aufgerichtet, eher klein und zierlich; die Zeilen sind ebenmäßig wie Bänder, ohne zu große Unterlängen der einzelnen Buchstaben. Das Schriftbild läßt auf eine selbstbeherrschte, ruhige Persönlichkeit schließen. Seinen Namen schrieb er in den drei ersten Urkunden ẏso, in der vierten iso.

79 So G. Meyer von Knonau (wie Anm. 76), dazu dort Karte 1; Ders., in MVG 15/16, S. 116 Anm. 400.

80 Studien zu den älteren St. Galler Urkunden, Die Grundbesitzverteilung in der Nordostschweiz und in den angrenzenden alamannischen Stammesgebieten zur Karolingerzeit, in: Jahrbuch für Schweizerische Geschichte, 27. Bd., 1902, S. 190–193.

81 Diese weitgehende Vermutung – mehr dürfte sie nicht sein! – hat G. Caro schon in den »Beiträgen« (wie Anm. 78), S. 18 aus der Urkunde W 116 vom Jahre 788 abgeleitet: »Ich glaube, diese Urkunde gibt Aufschluß über die soziale Stellung des Geschlechts der Isonen. Petto, der Lehnsherr des Iso, dürfte einem gräflichen Hause angehören ... Für die Isonen würde sich daraus ergeben, daß ihre weitverzweigte Sippe es nicht verschmäht hat, das Eigengut durch den Empfang von Benefizien zu vermehren. Auch bei den Übertragungen an St. Gallen verfolgten sie wohl den Zweck, dafür mit Ämtern und Lehen belohnt zu werden, während zugleich ein und das andere Mitglied des Geschlechts im Kloster selbst Aufnahme findet.«

Isos Geburt, Wirksamkeit und Tod

»Von hier an will ich es unternehmen, die – um mich so auszudrücken – nicht zu vernachlässigenden Viten *(vitas)* über den Lehrer Iso und seine Schüler Notker Balbulus, Tuotilo und Ratpert zu schreiben.« So beginnt Ekkehart IV. das 30. Kapitel seiner *Casus sancti Galli*[82]. Eine eigentliche Biographie[83] ist dort trotzdem nicht zu suchen, weder für Iso noch für seine Schüler, wiewohl ihre historische Existenz vollauf gesichert ist. Immerhin wird es möglich, aus den vorhin zusammengestellten und beurteilten Quellen den einzelnen Lebensstationen des *Iso monachus* nachzugehen. *Abb. 34*

Empfängnis und Prophezeiung

Isos Geburtsjahr ist nicht überliefert. Daß er, der 871 starb, »nicht mehr als 42 Jahre alt« geworden, daß er also um 829 geboren worden sei, ist eine nicht zu belegende Behauptung bei Ildefons von Arx[84]. Isos Eltern Erimbert und Waltarada sowie zwei Brüder namens Luto und Bono sind aus der hier bereits gewürdigten, von Iso 868 persönlich geschriebenen Urkunde (W 539) bekannt geblieben. Aus dieser und den zugehörigen Urkunden ist auch erkannt worden, daß er aus dem Thurgau stammte, anscheinend »vom rechten Thurufer aus der Umgegend von Weinfelden«[85]. Ekkehart hat diese Dokumente offensichtlich nicht eingesehen, weiß er doch von Isos *Abb. 30*

82 Editionen siehe Anm. 1 und 61.
83 Vgl. Wolfgang Haubrichs, Otfrids St. Galler »Studienfreunde«, in: Amsterdamer Beiträge zur älteren Germanistik, 4. Bd., 1973, S. 75: »Die Biographie eines mittelalterlichen Menschen im modernen Sinne zu schreiben, ist unmöglich, weil in den Quellen der Zeit die Person völlig hinter den Strukturen, in denen sie sich befindet, zurücktritt ... Die biographische Methode ist unbrauchbar, will man sich einem Menschen des ›porträtlosen Jahrtausends‹ nähern.« Über Iso ebd., S. 65, 67, 101 Anm. 195 f.
84 In: Geschichten des Kantons St. Gallen, 1. Bd., St. Gallen 1810, S. 89. Er beruft sich auf die Quellen (Annalen, Ekkehart, Chronik Hermanns, Necrologium), die aber eine solche Angabe nicht enthalten.
85 So G. Meyer von Knonau: ADB, 14. Bd., S. 637.

Herkunft nur zu berichten, daß er »der Sohn nicht nur wohlgeborener, sondern auch heiliger Eltern« gewesen sei. Daß Isos Verwandte das Kloster St. Gallen beschenkt hatten, wird von Ekkehart ebenfalls nicht vermerkt.

Weit mehr als das Tatsächliche interessierte ihn – ganz im Sinne damaliger *Vitae sanctorum* – das mit legendären Zügen ausgestattete Moralisch-Religiöse. Er widmete nämlich sein recht umfangreiches Kapitel 30 ausschließlich den teils als sündhaft, teils als tugendhaft geschilderten Umständen bei Isos Zeugung. Sie seien hier, etwas gestrafft, nacherzählt und in die Anschauungen ihrer Zeit gestellt.

Isos Eltern, die sich durch asketische Enthaltsamkeit auszeichneten, schliefen während der vorösterlichen Fastenzeit auf getrennten Lagern. Am Karsamstag erlaubten sie sich endlich ein Bad und schmückten sich für den Kirchgang, worauf die Frau, ermüdet von den Vigilien, in ihr nunmehr prächtiger aufgemachtes Bett zum Schlafen ging. Da kam ihr Mann, geführt vom Versucher, zufällig in ihr Gemach und legte sich, ohne daß sie sich sträubte, an diesem heiligen Tag zu ihr. Nach vollzogenem Frevel erhoben sie großes Wehklagen und bekannten vor dem herbeigeeilten Gesinde ihre Tat. Unter Tränen wuschen sie sich abermals, zogen wieder die während vielen Wochen getragenen Bußgewänder an, bestreuten sich wieder mit Asche und gingen vor allem Volk barfüßig zum Ortspriester. Dieser nahm zwar ihre Bußfertigkeit an und spendete ihnen die Lossprechung, hieß sie aber zur Strafe an diesem Tag und in der Nacht [also während der Vigilfeier] vor dem Kirchenportal stehen und nicht an der Kommunion teilnehmen. Sie aber gingen nach Schluß des Tagesoffiziums in der gleichen Gewandung zu einem als heiligmäßig bekannten Priester im nächsten Dorf, bekannten auch ihm und seinen Bürgern ihren Fehltritt und baten um die Erlaubnis, am folgenden Tag [also an Ostern] die Kommunion zu empfangen. Dieser jedoch schalt sie, gab ihnen immerhin seinen Segen, worauf sie nach Hause zurückkehrten und die Vigilnacht unter Fasten und Weinen verbrachten. Am Ostermorgen standen sie vor dem Portal ihrer Kirche und folgten dem vor der Messe herausgetragenen Kreuz als die Letzten. Der Priester führte sie unter Zustimmung des ganzen Volkes während des *Kyrieeleison* in die Kirche und wies ihnen zuhinterst den Platz an. Die Kommunion erbaten sie sich nicht, da es ja ihrem Priester mißfiel. Nach vollzogenem Gottesdienst trat aber – wie es schien – jener andere Priester eilig herein, als ob er nochmals Offizium halten wollte, nahm sie an den Händen und führte sie zum Altar. Hier öffnete er die Pixis und spendete den Tränenüberströmten die Kommunion, worauf er sie nach dem Friedenskuss eilig, wie wenn er zu den Seinigen zurückkehren müßte, anwies, sich umzukleiden und Mahl zu halten. Alle waren erfreut, daß sie dank der Zuständigkeit eines solchen Mannes die Kommunion hatten empfangen dürfen. Sie verbrachten den Tag in Freude und mit Almosenspenden. Als sie auch jenem heiligen Priester durch einen Reiter Geschenke schickten, fand es sich, daß er an diesem Tag von den Seinigen nicht weggegangen war. Ein Engel Gottes hatte das Geschehene bewirkt, was dann auch in einer Synode kundgemacht wurde. Beide sagten Gott Tag und Nacht Dank und widmeten sich alsdann ihren gewohnten Tugendwerken noch eifriger.

Diese Erzählung Ekkeharts hat Bedeutung für die Liturgiegeschichte, die davon allerdings noch kaum Kenntnis genommen hat. Sie ist gleicherweise aufschlußreich für die Geschichte der Moral in Lehre und Praxis. Als erste machten die Herausgeber von Arx und Meyer von Knonau[86] in den erklärenden Fußnoten auf liturgische und moraltheologische Belange aufmerksam. Letzterer wies auf das dem Theodor von Canterbury (†690) zugeschriebene, allerdings nach seinem Tod entstandene Poenitentiale hin, das die Enthaltsamkeit der Eheleute sowohl jeden Samstag als auch drei Nächte vor dem Kommunionempfang verlangte und das insbesondere deren Unenthaltsamkeit in der Quadragesima mit Kirchenstrafen ahndete.

Dieses Poenitentiale dürfte den Eltern Isos und selbst ihren Priestern zwar nicht unmittelbar bekannt gewesen sein. Aber die rigoristischen Verpflichtungen zu solcher Abstinenz galten schon allgemein seit den Zeiten der altchristlichen Kirchenlehrer und Kirchenversammlungen. Die strengen Canones des gesamtspanischen Konzils von Elvira (um 306) zu Bußdisziplin, Eherecht und Sexualmoral wirkten weit über den Ort und die Zeit nach[87]. Die Synoden der karolingischen und ottonischen Herrscher – hingewiesen sei beispielsweise auf die Synode von Mainz um 950, also kurz vor der Zeit Ekkeharts IV. – sowie die Bußbücher, von denen Burchard von Worms (†1025) eine aufschlußreiche Zusammenfassung geschaffen hatte, verlangten die eheliche Enthaltsamkeit in den ausgedehnten kanonischen Zeiten des Kirchenjahres[88].

Ekkeharts Erzählung des einerseits als traurig und andrerseits als freudig empfundenen Geschehens an Karsamstag und Ostersonntag hat also nichts Außergewöhnliches an sich, wiewohl sie – anscheinend wegen ihres Rigorismus – ausgerechnet von den benediktinischen Historikern um Iso entweder verschwiegen[89] oder aber als wenig glaubwürdig[90] abgetan worden ist. Ein »miraculöser Zusatz«[91] ist einzig der kurze Hinweis auf den die Kommunion spendenden *angelus Dei*. Ekkehart, der in solchen

86 In MVG 15/16, S. 116–119 (G. Meyer von Knonau), mit den Hinweisen auf MGH SS 2 (I. von Arx).

87 Literatur bei K. Lechner: LThK $^{2}3$, 1959, Sp. 838. Allgemein hinzuweisen ist auf J. A. Jungmann, Die lateinischen Bußriten (= Forschungen zur Geschichte des innerkirchlichen Lebens, 3/4), Innsbruck 1932, ebenso auf J. Stelzenberger, Die Beziehung der frühchristlichen Sittenlehre zur Ethik der Stoa, München 1933, Vgl. 2. Buch Moses 19,15; Paulus im 1. Korintherbrief 7, 5.

88 Vgl. Andreas Amiet, Die liturgische Gesetzgebung der deutschen Reichskirche in der Zeit der sächsischen Kaiser 922–1023, in: ZSKG, 70 Jg., 1976, S. 1–106, bes. 45 f., 78 f., 257–262. Jetzt auch Raymund Kottje, Bußpraxis und Bußritus, in: Segni e riti nella chiesa altomedievale occidentale (= Settimane di studio del Centro italiano di studi sull' alto medioevo, 33), 1. Bd., Spoleto 1987, S. 369–395, hier 393 ff., wo das Beispiel der Eltern Isos als Mischform zwischen öffentlicher und privater Bußpraxis interpretiert wird.

89 So von J. Metzler (wie Anm. 12 und 14).

90 So von O. Scheiwiller (wie Anm. 33).

91 So G. Meyer von Knonau: ADB, 14. Bd., S. 637.

Schlüssen sonst zurückhaltender als viele seiner Zeitgenossen war, muß es selber so empfunden haben, weist er doch auf die öffentliche Kundmachung durch eine Synode hin. Das aber spricht für den wahren Kern seiner Erzählung und macht eine Tradierung derselben bis in seine Zeit glaubwürdig.

Nichts Außergewöhnliches liegt auch in der angeblich zweimal gefeierten Ostermesse beziehungsweise in der nochmals gespendeten Osterkommunion durch den Priester des Nachbardorfes. Mehrere Messefeiern am gleichen Tag, besonders an Festtagen, waren alter römischer Brauch[92] und sind es an Weihnachten bis heute geblieben. Die Synode von Tribur 895 untersagte dem Priester einzig, am selben Altar täglich mehr als drei Messen zu feiern. Bischof Ulrich (†973) von Augsburg, den Ekkehart IV. als ehemaligen Klosterschüler von St. Gallen schildert[93], zelebrierte nach Mitteilung seines Biographen Gerhard täglich zwei oder drei Messen.

Soviel zum 30. Kapitel in Ekkeharts *Casus sancti Galli!* Was es mit Iso zu tun hat, wird unmittelbar anschließend im 31. Kapitel – genauer in dessen erster Hälfte – mitgeteilt, weshalb es hier wiederum nacherzählt werde:

Die Frau ward von jenem Beilager schwanger. Als sie der Geburt nahe war, träumte sie, einen Igel geboren zu haben, und sie sah, daß viele Knäblein herbeiliefen, um ihm die Stacheln auszureißen und mit diesen die Wände zu bekritzeln. Beim Erwachen erzählte sie höchst erstaunt den Traum ihrem Manne. Dieser vertraute auf Gott, daß er nichts Böses anzeige. Er ging zum Einsiedler Eusebius auf dem Viktorsberg und bat ihn, den Traum auszulegen. Dieser sagte: »Einen Sohn wird deine Gattin gebären, den du dem heiligen Gallus angeloben wirst[94]. Denn, bei jenem erzogen, wird er *doctor magnificus* sein und, selber scharf in der Zucht, viele Knaben mit Griffeln bewaffnen.« Es geschah, wie jener Mann, erfüllt vom Geiste Gottes und Landsmann des heiligen Gallus, vorausgesagt hatte. Durch seine Prophezeiungen hatte der Herr überhaupt vieles vielen geoffenbart, so auch dem [Kaiser] Karl (III.), der dann auf des Eusebius' Bitte hin, wie auch Ratpert schreibt, eben jenen Viktorsberg dem Kloster St. Gallen übertragen hat. Der Knabe Iso wurde also geboren[95] und erzogen, und er wurde *sancti Galli monachus doctissimus*.

Soweit wiederum Ekkehart! An seiner Erzählung bietet allerdings die Einführung des Inklusen Eusebius[96] auf dem Viktorsberg nicht geringe Mühe. Dessen

92 Vgl. A. Amiet (wie Anm. 88), S. 263–267.

93 Vgl. J. Duft, St. Ulrich in St. Gallen, in: Bischof Ulrich von Augsburg und seine Verehrung (= Jahrbuch des Vereins für Augsburger Bistumsgeschichte, 7. Jg.), 1973, S. 49–60; wiedergegeben im vorliegenden Sammelband S. 189–200.

94 Die Formulierung *Filium uxor tua pariet, quem sancto Gallo votabis* klingt mit der Ankündigung der Geburt Johannes des Täufers an Zacharias zusammen: *Uxor tua Elisabeth pariet tibi filium et vocabis nomen eius Ioannem* (Lucas 1,13); vgl. H. F. Haefele, Tu dixisti (wie Anm. 66), S. 195.

95 Die Formulierung *Puer natus* (Jesaja 9,6) erinnert an den vielzitierten Introitus der dritten Weihnachtsmesse, den Isos Schüler Tuotilo mit einem berühmt gewordenen Tropus umspielt hat.

96 Vgl. J. Duft, Der Ire Eusebius auf dem Viktorsberg, in: Montfort, 8. Jg., 1956, S. 3–12; jetzt unter Einbezug der weitergeführten Literatur überarbeitet im vorliegenden Sammelband S. 119–126.

Persönlichkeit ist zwar einwandfrei gesichert: Er war einer jener Iren, die im 9. Jahrhundert zahlreich auf das Festland kamen und sich nach ihren Pilgerfahrten öfters im Schutze hiesiger Klöster als Reklusen niederließen, wie es zur gleichen Zeit Findan (†881) in Rheinau tat. Eusebius, der sich mit dem Kloster seines Landsmannes Gallus verbunden hatte, zog sich auf den Viktorsberg in Vorarlberg zurück, wo er über der Rheintaler Pilgerstraße ein Hospiz für irische Peregrini betreute. Kaiser Karl III. vergabte diesen Berg mit Umgelände durch zwei noch erhaltene Urkunden von 882 und 885 dem Kloster St. Gallen, damit es dort den Iren-Konvent unterhalte und Pilger verpflege. Eusebius starb nach Mitteilung seines Zeitgenossen Ratpert am 31. Januar 884, nachdem er dort als *Abb. 33* freiwillig Eingeschlossener Gott während dreißig Jahren – diesfalls also seit 854 – gedient hatte.

Wie aber läßt sich dieses Jahr 854 mit dem zwar unbekannten, jedoch um mindestens zwei Jahrzehnte weiter zurückliegenden Geburtsjahr des 871 gestorbenen Iso vereinen? Ekkehart IV. schrieb in einer sozusagen zufälligen Glosse zu *Abb. 38, 39* seinem Gedicht *De aliis sincellitis amborum* – das heißt über die anderen »Zellengenossen der Beiden« (gemeint sind Gallus und Otmar) – im eigenhändigen *Liber benedictionum*[97], Eusebius habe während fünfzig Jahren dort geweilt. Diese Zeitspanne (834–884) ließe sich mit der Lebenszeit Isos besser in Übereinstimmung bringen als jene bei Ratpert (854–884). Aber es ist schon gefragt worden, ob Ekkehart diese Verlängerung mit Absicht vorgenommen habe, um so die Prophezeiung über Iso zu ermöglichen[98]. Die Glosse erweckt allerdings einen so zufälligen Eindruck, daß nicht eine Verfälschung, sondern ein Verschrieb anzunehmen ist. Bessere Quellen als der Zeitgenosse Ratpert konnte der Nachfahre Ekkehart jedenfalls nicht haben.

So ist denn mit Recht bezweifelt worden, was Ekkehart über die Vorhersage der Zukunft Isos durch den Iren Eusebius auf dem Viktorsberg erzählt hat. Sein Irrtum scheint darin zu bestehen, daß Isos Vater den mit prophetischer Gabe ausgestatteten Eusebius nicht erst nach seiner Übersiedlung auf den Viktorsberg, sondern schon zur Zeit seines vorausgegangenen Aufenthaltes im Gallus-Kloster befragt hat. Oder es war ein anderer der in St. Gallen stets anwesenden Iren, denen oft außernatürliche Fähigkeiten zugeschrieben wurden. Die Verwechslung mit Eusebius lag immerhin nahe, denn ein Prophet scheint er mindestens für Kaiser Karl III., den Wohltäter St. Gallens, gewesen zu sein. Letztlich aber gilt, was Scheiwiller[99] folgenderweise formuliert hat: »Man fühlt sich dabei an die Tendenz mittelalterlicher Legendenschreiber erinnert, ihren Helden schon bei

97 StiBSG Codex 393 S. 153; in der Ausgabe von J. EGLI (wie Anm. 63), S. 223 f.
98 So G. MEYER VON KNONAU: MVG 15/16, S. 120 f. Anm. 417.
99 Wie Anm. 33.

seiner Empfängnis und Geburt auf die Ebene des Außergewöhnlichen zu stellen.« Die »Tendenz« findet sich schon in der Bibel und in der Antike.

Bemerkenswert in Ekkeharts 31. Kapitel ist sodann die Igel-Allegorie: Die Schwangere erlebt sie im Traum; der Inkluse interpretiert sie; durch Isos Lehrtätigkeit erfüllt sie sich. Ekkehart vergleicht – vielleicht nach einem bis heute noch unerkannten antiken Vorbild – die Stacheln *(stimulos)* des Igels in einem Wortspiel mit den Griffeln *(stilis)* der Schüler, womit ihr Lehrer sie bewaffnen werde *(multos pueros armaturus)*. Der *stilus* war überhaupt in Antike und Mittelalter das Schreibwerkzeug der Schüler, mit welchem sie auf (Wachs-)Tafeln schrieben[100]. In einem mittelalterlichen Vers ist deshalb zu lesen: *Est stilus unde puer scribit*, in den Carmina Burana: *Stilus nam et tabulae / Sunt feriales epulae.* Wenn Ekkehart in diesem Zusammenhang auch an *armatura* anspielt, mag er sich erinnert haben, daß Schreiber ihren Griffel notfalls als Waffe benutzen konnten und nachweisbar benutzt haben.

Mönch und Lehrer in St. Gallen

Was Ekkehart IV. solcherweise mit einem ganzen (30.) und einem halben (31.) Kapitel gewissermaßen eingeleitet hat, erledigt er nun mit einem einzigen – hier bereits mitgeteilten – Satz in der Mitte des 31. Kapitels: *Puer natus, educatus, sancti Galli fit monachus doctissimus.* Wie wenig dabei biographische Daten zu suchen sind, zeigt sich allein schon im gänzlichen Verschweigen des Klostereintritts, der Profeß und der Priesterweihe. Daß Isos Name zufälligerweise auch im Profeßbuch fehlt, ist – wie hier bei den Memorialbüchern bereits mitgeteilt – mit dem Fehlen des entsprechenden Blattes zu erklären. Im gleichen Zusammenhang ist hier allerdings auch festgestellt worden, daß Iso als verbrüderter St. Galler *monachus* im *Liber Viventium* von Pfäfers und im *Liber confraternitatum* der Reichenau aufgeführt ist. Seine monastische Stellung im Gallus-Kloster ergibt sich schließlich eindeutig aus den vier von ihm geschriebenen – hier gleichfalls schon besprochenen – Urkunden: 852 unterschreibt er als *monachus* (W 418) und als *monachico habitu indutus* (W 419), 853 als *monachus* (W 422), 868 als *monachus ac presbiter* (W 539).

Ekkehart fügt für die Behauptung, daß Iso *sancti Galli monachus doctissimus* geworden sei, den Beweis bei: *Docuitque, ut in gestis eius iam scribimus, Salomonem cum cęteris quam plurimis.* Mit den *Gesta eius* meinte er selbstverständlich nicht eine Schrift über Iso, sondern seine in denselben *Casus sancti Galli* dem vornehmen, für

100 Hierüber Wilhelm Wattenbach, Das Schriftwesen im Mittelalter, Leipzig ^{3}1896 (Nachdruck Graz 1958), S. 76f., 219–222; dort die Nachweise für unsere Zitate. Ekkeharts Igel-Allegorie ist dort allerdings nicht erwähnt, obwohl beispielsweise S. 220 vermerkt wird, daß Ekkehart *stilus* und *grafium* als gleichbedeutend gebraucht habe.

St. Gallen höchst einflußreichen Abt-Bischof Salomo III.[101] gewidmeten Kapitel 1–29, die den Isonischen Kapiteln 30–32 unmittelbar vorausgehen. Salomo ist aber auch schon in den beiden ersten Sätzen des 1. Kapitels als der Schüler des *Iso monachus* eingeführt: Ihm, der als *doctor nominatissimus* gegolten habe, hätten die angesehenen Eltern ihren Sohn zur Ausbildung und zur Hinführung auf den geistlichen Stand übergeben. Da sowohl Iso als auch Salomo, ebenfalls sein bei Ekkehart wohl unabsichtlich verschwiegener Bruder Waldo, schon in ihren Kinderjahren – wie es damals allgemein üblich war – dem Kloster anvertraut worden waren, da ferner Iso auch nach seiner St. Galler Zeit mehrmals aus Moutier-Grandval dorthin zurückkehrte, ist das Lehrer-Schüler-Verhältnis gegenüber früheren Zweifeln als durchaus möglich anzunehmen. Als ihr Lehrer mag er in der hier unter den Quellen – nämlich bei den Bezeugungen der Schüler – angeführten *Epistola commendaticia* gemeint gewesen sein.

Wie Iso selber den aus einer schwäbisch-reichsadeligen, den Alaholfingern verwandten Familie hervorgegangenen Salomo unterrichtete – nämlich *adprime, ut aiunt* –, ist im zweiten Satz dieses 1. Kapitels ausgesagt. Ekkehart fügt bei: »Zugleich aber stellte er ihn rangmäßig über die Mitmönche Notker, Tuotilo, Ratpert und Hartmann und erzog ihn als einen zukünftigen Weltgeistlichen *(canonicum)* feiner *(delicatius)*. Daraus erwuchs geheime Mißgunst unter den hochtalentierten Mitschülern; und da sie gemäß Geburt und Charakter gleichadelig waren *(conliberales)*, konnten sie es, wie es für dieses Alter bezeichnend ist, nicht mit Gleichmut ertragen, daß ihnen, die *fratres* waren, ein Außenstehender *(alienus)* vorgezogen wurde und daß er sie, die ihm nach Stand ebenbürtig waren, mit seinen Fortschritten in den Wissenschaften überholte.« Zu berichtigen ist hier einzig, daß Salomo die genannten Mitschüler, übrigens auch den Lehrer, standesmäßig deutlich überragte.

War diese vom Lehrer Iso gewollt/ungewollt verursachte Spannung wohl der Anlaß, daß eben damals die Schule in St. Gallen entschiedener als bisher geteilt wurde? Ekkehart berichtet nämlich im 2. Kapitel, nachdem er den Klostereintritt des irischen Wanderbischofs Marcus und seines bestens gebildeten Neffen Moengal[102] – in St. Gallen Marcellus genannt – geschildert hat: »Später [das heißt um oder eher nach Mitte des 9. Jahrhunderts] übertrug man dem Marcellus die Schule der Klausur *(scolę claustri*, im Lateinischen also in der Mehrzahl verwendet) mit Notker, der nachher den Beinamen Stammler erhielt, und den übrigen Knaben klösterlichen Habits *(monachici habitus)*; die äußere aber, das heißt die kanonische Schule *(exteriores id est canonice)* mit Salomo und seinen Gefährten wurde dem Iso

101 Über ihn HS III/1, S. 25 ff., 110 ff.; jetzt auch im vorliegenden Sammelband S. 68–72.

102 Über diese für St. Gallen bedeutungsvoll gewordene Persönlichkeit J. Duft, Irische Handschriften-Überlieferung in St. Gallen, in: Heinz Löwe (Hg.), Die Iren und Europa im früheren Mittelalter, Stuttgart 1982, S. 916–937, bes. 918–921 (nachgedruckt in: J. Duft, Die Abtei St. Gallen, Ausgewählte Aufsätze, 1. Bd., Sigmaringen 1990, S. 33–55, bes. 35–39).

übergeben. Erfreulich ist es, daran zu erinnern, wie die Zelle des heiligen Gallus *his auspiciis* zu gedeihen begann und zur Blüte kam, indes Hartmut als Stellvertreter des Abtes Grimalt und schließlich selber als Abt sie in jeder Weise förderte.«

Bemerkenswert ist das auch anderweitig festzustellende Bestehen einer äußeren Schule für die zukünftigen Weltgeistlichen und wohl überhaupt für die Weltlichen im Kloster St. Gallen. Zwar war eine solche in der *Admonitio generalis* 789 den karolingischen Klöstern als Bildungsauftrag höchstobrigkeitlich überbunden und von ihnen nach Möglichkeit auch übernommen worden. Sie scheint sich dann aber als Unruhestifterin gegenüber dem monastischen *Opus Dei*[103] erwiesen zu haben, weshalb der Reichsabt Benedikt von Aniane und die von ihm ausgelöste benediktinische Reform – verwiesen sei auf Beschlüsse der Aachener Synoden von 816 und 817, besonders auf Kapitel 5 des Capitulare von 817 – jede Schule im Kloster, die nicht für die Oblaten bestimmt war, untersagten. In diesem reformerischen Sinn müssen auch die entsprechenden Tituli des in der St. Galler Stiftsbibliothek aufbewahrten, aber nicht in St. Gallen entstandenen karolingischen Klosterplanes interpretiert werden: also nicht auf eine innere und eine äußere Schule hinweisend[104]. In St. Gallen allerdings setzte sich die anianische Reform kaum durch. Abt Gozbert (816–837) hatte dem Widerstand der konservativen Kräfte trotz seiner politischen und wirtschaftlichen Verdienste anscheinend weichen müssen. Sein mittelbarer Nachfolger Grimalt (841–872), bezeichnenderweise Weltpriester und Kanzler Ludwigs des Deutschen, sowie dessen Dekan (mindestens seit 849) und Nachfolger (872–883) Hartmut führten die beiden Schulen mit hervorragenden Lehrern und Schülern zu deren höchster Blüte. Die bis heute erhaltenen Manuskripte der Stiftsbibliothek und ihre frühesten Kataloge – das *Breviarium librorum* von 850/880 und die vier Sonderverzeichnisse dieser Äbte – leisten den eindrücklichen Beweis[105]. In dieser Bildungsfreudigkeit, die keineswegs mehr dem ursprünglichen Benediktinertum entsprochen hatte, stand der Lehrer Iso.

103 Ein lebendiges Beispiel liefert Ratpert, der ehemalige Schüler Isos, der als Lehrer laut Ekkehart IV. (Kap. 34) so emsig in der Schule tätig war, daß er die liturgischen Tagzeiten und Messen meistens versäumte, wobei er sagte: »Gute Messen hören wir, wenn wir sie halten lehren.«

104 Hierzu und zur ganzen Schulfrage: Wolfgang Hafner, Der St. Galler Klosterplan im Lichte von Hildemars Regelkommentar, in: J. Duft (Hg.), Studien zum St. Galler Klosterplan (= MVG 42), 1962, S. 177–192, bes. 182 ff.; Wilhelm Haubrichs, Otfrids St. Galler »Studienfreunde« (wie Anm. 83), bes. S. 53 f., 59, 68 ff.; Günther Binding, Köln-Aachen-Reichenau, Bemerkungen zum St. Galler Klosterplan von 817–819 (= Kölner Universitätsreden 58), 1981, S. 15 f.; Walter Horn and Ernest Born, The Plan of St. Gall, A Study of the Architecture and Economy of, and Life in a Paradigmatic Carolingian Monastery, Berkeley 1979, 1. Bd., S. 311 ff., 2. Bd., S. 168–175 (ohne Kenntnisnahme der Ausführungen von W. Hafner).

105 Vgl. J. Duft, Die Handschriften-Katalogisierung in der Stiftsbibliothek St. Gallen vom 9. bis zum 19. Jahrhundert, in: Die Handschriften der Stiftsbibliothek St. Gallen, Beschreibendes Verzeichnis, Codices 1726–1984, bearbeitet von Beat Matthias von Scarpatetti, St. Gallen 1983, S. 11*–25*.

Die beiden getrennten Schulen im Kloster St. Gallen, die also um und nach Mitte des 9. Jahrhunderts nachweisbar von zwei Vorstehern geleitet wurden – die innere von Marcellus, die äußere von Iso – entsprachen der Unterscheidung des *ordo monasticus* und des *ordo canonicus*, deren Grenzen zwar zur Zeit der ersten Karolinger noch fließend gewesen, durch die Aachener Regelungen von 816/817 jedoch geklärt worden waren und die sich seither durchgesetzt hatten[106]. Für Ekkehart IV. im 11. Jahrhundert waren die beiden Begriffe *scholae claustri* und *scholae canonicae*[107] im einen gleichen Kloster vollauf klar: Schule des klösterlichen Nachwuchses und Schule der zukünftigen Weltpriester und Bischöfe.

Derselbe Ekkehart berichtet zu Beginn seines 33. Kapitels, wo er von den Lehrern zu den Schülern übergeht: »Von seinen [des Iso] und des Marcellus Schülern Notker [Balbulus], Ratpert und Tuotilo, die ein Herz und eine Seele waren, beginnen wir vermischt zu erzählen, was die drei zusammen vollbrachten, so viel wir darüber von den Vätern erfahren haben. Nachdem sie zuvor von Iso *(ab Hisone)* im geistlichen Wissen *(in divinis)* sattsam geschult worden waren, wurden sie, wie wir schon [im 2. Kapitel] erzählt haben, dem Marcellus verbunden. Er, der im göttlichen und menschlichen Wissen *(in divinis et humanis)* gleicherweise beschlagen war, führte sie zu den sieben freien Künsten *(septem liberales eos duxit ad artes)*, dabei besonders zur Musik ...«

Daß die drei Schüler des Iso wirklich Zeitgenossen waren, gilt gegenüber voreingenommenen Zweifeln[108] heute als sicher[109]. Zwar ist nur von Notker dem Stammler, dem Sequenzendichter, das Todesjahr (912) genau bekannt; Ratpert[110], Schöpfer lateinischer Hymnen und eines deutschen Gallusliedes[111], starb um 900; Tuotilo[112], der Elfenbeinschnitzer und Verfasser liturgischer Tropusgesänge, starb

106 Vgl. JOSEF SEMMLER, Mönche und Kanoniker im Frankenreich Pippins III. und Karls des Großen, in: Untersuchungen zu Kloster und Stift (= Veröffentlichungen des Max-Planck-Instituts für Geschichte 68, Studien zur Germania Sacra 14), Berlin 1980, S. 78–111.

107 Vgl. JOSEF SIEGWART, Die Chorherren- und Chorfrauengemeinschaften vom 6. Jahrhundert bis 1160, Mit einem Überblick über die deutsche Kanonikerreform des 10. und 11. Jahrhunderts (= Studia Friburgensia, N. F. 10. Bd.), Freiburg/Schweiz 1962, S. 1–11 (Ursprung der Begriffe Kanoniker und Chorherr), S. 65–68 (Die Aachener *institutio canonicorum* vom Jahr 816); DERS., Der gallo-fränkische Kanonikerbegriff, in: ZSKG, 61. Jg., 1967, S. 193–244; A. AMIET, Die liturgische Gesetzgebung (wie Anm. 88), S. 7. Die schulgeschichtlich aufschlußreiche Unterscheidung bei Ekkehart ist in diesen Arbeiten allerdings nicht beachtet worden.

108 So bei G. MEYER VON KNONAU: MVG 15/16, S. 4f.

109 Vgl. W. VON DEN STEINEN, Notker der Dichter (wie Anm. 32), Darstellungsband, S. 522ff., 637.

110 Vgl. PETER STOTZ, Ardua spes mundi, Studien zu lateinischen Gedichten aus Sankt Gallen (= Geist und Werk der Zeiten, 32), Bern/Frankfurt M. 1972, bes. S. 15–27 (Zur Person Ratperts).

111 Vgl. PETER OSTERWALDER, Das althochdeutsche Galluslied Ratperts und seine lateinischen Übersetzungen durch Ekkehart IV., Einordnung und kritische Edition (= Das Althochdeutsche von St. Gallen, 6. Bd.), Berlin/New York 1982.

112 Vgl. ERNST GERHARD RÜSCH, Tuotilo, Mönch und Künstler, Beiträge zur Kenntnis seiner Persönlichkeit (= MVG 41/1), St. Gallen 1953.

um 913. Da sowohl Iso als auch diese drei bis heute gefeiertsten St. Galler Mönche in jugendlichem, wohl kindlichem Alter dem Kloster übergeben worden waren, ist auch hier – wie bei den Brüdern Salomo und Waldo – das Lehrer-Schüler-Verhältnis vollauf wahrscheinlich, selbst wenn der frühreife Iso (geboren um 830?) zu Beginn ihrer Schulung (Notker geboren um 840?) erst oder noch kaum in den zwanziger Jahren seines Lebens gestanden haben mochte. Für Notker ist dieses Verhältnis gesichert durch dessen eigene Bezeugung in dem hier unter den Quellen gewürdigten *Abb. 11* *Prooemium* seines *Liber Ymnorum;* es blieb ein selbstloses Zeugnis der Dankbarkeit gegenüber seinen verständnisvollen Lehrern Iso und Marcellus, die ihrerseits die schöpferische Leistung ihres Schülers anerkannt und gefördert hatten[113].

Lehrer und Arzt in Moutier-Grandval

Das 31. Kapitel in Ekkeharts *Casus sancti Galli,* das in seiner ersten Hälfte von der Igel-Vorhersage und ihrer Verwirklichung durch den Lehrer Iso in der St. Galler Klosterschule erzählt hat, geht in seiner zweiten Hälfte zur Wirksamkeit Isos *in Grandivallensium coenobio* über.

Das Kloster Münster-Granfelden (Moutier-Grandval)[114], im Hochtal der jungen Birs im heutigen Kanton Jura gelegen, war im 7. Jahrhundert – bald nach Errichtung der Gallus-Zelle im Hochtal der Steinach – durch das beispielhafte Zusammenwirken eines geistlichen und eines weltlichen Impulses entstanden. Abt Waldebert[115]

113 Als Phantasie, die am Prooemium Notkers leicht zu berichtigen ist, hat zu gelten, was O. Scheiwiller (wie Anm. 33) folgenderweise ausgeschmückt hat: Notker habe »in einem Brief« – es war immerhin die Dedikationsepistel seines Sequenzenbuches – »erzählen« können, wie er seine ersten »Versuche in der Verskunst« – in Wirklichkeit ging es um das Verhältnis zwischen Text und Melodie – dem Lehrer Iso unterbreitet habe, wie dieser »ihm dazu gratuliert, aber gleichzeitig bedauert« habe, »daß er selber kein Kenner auf diesem Gebiete sei, ihm aber dennoch offen gesagt, was ihm daran gefallen, und verbessert, was nicht nach seinem Geschmack war.« Und weiter: »Wieweit man nun freilich daraus mit Recht Iso als den Meister der Musik herausstreicht, ist doch recht fraglich.« Wer hat dies jemals getan? »Das eine aber ist sicher, daß Iso in steigendem Maß zum Anziehungspunkt der St. Galler Schule wurde, der ebenso durch seine universelle wissenschaftliche Tüchtigkeit wie durch seine große Lehrbefähigung und unnachsichtliche Strenge die Schüler vorwärts trieb.« Für dieses so sicher vorgebrachte »Sichere« fehlen die historischen Belege ebenso wie für Isos angebliches Bekenntnis musikalischer Unzuständigkeit, aber auch für seine angebliche musikalische Meisterschaft.

114 Literatur über Moutier-Grandval bei J. Duft, Die Geschichte, in: Die Bibel von Moutier-Grandval, Bern 1971, S. 15–48 (mit Bibliographie). Vgl. Pascal Ladner, Die älteren Herrscherurkunden für Moutier-Grandval, in: Zeitschrift für Geschichte und Altertumskunde, 74. Jg., 1974, S. 41–68; Ders., Zur Bedeutung der Burgundischen Rudolfinger Urkunden für die Westschweiz, in: ZSKG, 71. Jg., 1977, S. 423–427.

115 Vgl. beispielsweise Friedrich Prinz, Frühes Mönchtum im Frankenreich, Kultur und Gesellschaft in Gallien, den Rheinlanden und Bayern am Beispiel der monastischen Entwicklung (4. bis 8. Jahrhundert), München/Wien 1965, S. 604 (Register).

(629–670) von Luxeuil suchte für die zahlreich dort eintretenden Mönche Außenstationen, und der Elsässer Herzog Gundoin übergab ihm einen Platz aus seinem Besitz. Der Abt erhob die Neugründung zur Abtei und stellte sie unter die Leitung des aus einer Senatorenfamilie in Trier hervorgegangenen Germanus[116] († um 670), dessen von Bobolenus noch im 7. Jahrhundert verfaßte, historisch wertvolle Vita[117] in der St. Galler Stiftsbibliothek überliefert ist. Der an der Birstalstraße gelegene Stützpunkt wurde im 8. Jahrhundert vom Herzogskloster zum karolingischen Königskloster. Im späteren 9. Jahrhundert, spätestens seit der Erwählung des Grafen Rudolf zum ersten König von Hochburgund (888), wurde die Birstalstraße mit dem ganzen Sornegau und der Abtei Moutier-Grandval dem burgundischen Reiche eingebunden. König Rudolf III. übergab die Abtei 999 dem Bistum Basel, wodurch sie bischöfliches Eigenkloster wurde.

Dorthin also wurde Iso gewissermaßen ausgeliehen. In den dortigen – allerdings nur noch sehr spärlich überlieferten – Quellen fehlt zwar jeder diesbezügliche Hinweis, und selbst in den zahlreichen st. gallischen Quellen sind Verbrüderungen oder andere Beziehungen mit jenem Kloster nicht festzustellen. Aber Ekkeharts Bericht lautet so sicher, daß sogar für seinen schärfsten Kritiker »eine Anwesenheit Isos in Grandval, auf dessen so bestimmte Hervorhebung Ekkehart sonst wohl kaum gekommen wäre, kaum zu bezweifeln« ist[118]. Jedenfalls wird er von der heutigen Geschichtsschreibung ernst genommen.

So berichtet Ekkehart: »Unser Hartmut [Dekan und Stellvertreter des St. Galler Abtes Grimalt spätestens seit 849], der dem Burgunderkönig Rudolf bestens bekannt und sogar verwandt war, bat sich von Grimalt, als Rudolf für das Kloster Grandval einen Lehrer aus den Unsrigen begehrte, eben ihn [Iso] für den König auf drei Jahre aus, wobei man unter Handschlag übereinkam, daß Iso dreimal im Jahr auf Kosten des Königs sein Mutterkloster aufsuchen dürfe.« Und nun wieder eine Allegorie, die allerdings geistiger anmutet als das eher technische Bild vom Igel: »Als dann jenes Gefäß des Heiligen Geistes *(vas spiritus sancti)*[119] dorthin kam und in Provinzen und Reichen bekannt wurde, bot es des heiligen Gallus süßeste Becher *(sancti Galli dulcissima pocula)* dar.« Derselbe Ekkehart nennt wenig später (Kap. 33) auch Isos Schüler Notker ein Gefäß

116 Ebd., S. 595 (Register).

117 Hg. von BRUNO KRUSCH: MGH SS rer. Merov. 5, 1910, S. 25–40; ebenso CAMILLA DIRLMEIER und KLAUS SPRIGADE, Quellen zur Geschichte der Alamannen 3 (= Schriften der Kommission für Alamannische Altertumskunde der Heidelberger Akademie der Wissenschaften, 5), 1979, S. 24–28. Dazu ARNOLD NUSSBAUMER, Der Bericht des Priesters Bobolen über die Jura-Heiligen German und Randoald, nach dem Codex Sangallensis 551 übersetzt, Laufen 1965.

118 So G. MEYER VON KNONAU: MVG 15/16, S. 123 Anm. 421.

119 Ekkehart dachte möglicherweise an Apostelgeschichte 9,15, wo der Herr dem Ananias in einer Vision sagt, der bekehrte Paulus sei ihm *vas electionis,* um seinen Namen vor Heiden und Könige und die Kinder Israels zu tragen.

des Heiligen Geistes, wobei er – im Unterschied zu Iso, aber ganz im Sinne Notkers[120] – das Diminutivum verwendet: *sancti spiritus vasculum.*

Die einzige Schwierigkeit in Ekkeharts kurzem Bericht ergibt sich durch dessen Einführung Rudolfs, des ersten Königs von Hochburgund, eines westfränkischen beziehungsweise burgundischen Welfen, des Markgrafen im Gebiet zwischen Jura und Penninischen (Walliser) Alpen und Laienabtes von St-Maurice, dort 888 zum König gewählt, 912 gestorben[121]. Die Verwandtschaft Hartmuts mit Rudolf ist durchaus wahrscheinlich, entstammte ersterer doch »einer bisher nur unvollständig bekannten alemannischen Hochadelssippe, die in die *cognatio* der Welfen hineinreichte«[122]. Hartmut dürfte auch wirklich der Vermittler des Lehrers Iso gewesen sein. Iso starb allerdings schon 871, als Graf Rudolf noch nicht König war. Meyer von Knonau[123] schlug deshalb als Petenten Isos den Bischof von Basel vor; aber Moutier-Grandval war damals noch längst nicht bischöfliches Kloster. Traube[124] schlug für Iso ein späteres Todesjahr vor; dagegen spricht aber der Eintrag in den St. Galler Annalen. So möchte man am Grafen Rudolf als dem Petenten festhalten, allerdings zur Zeit, als er noch nicht König war.

Bevor nun Ekkehart die Lehrtätigkeit Isos schildert, preist er (im letzten Drittel des 31. Kapitels) dessen als wunderbar empfundene Wirksamkeit als Arzt: »Dort nun glänzte jene Leuchte des heiligen Gallus (*sancti Galli lucerna)* zuweilen sogar durch Wunder. Denn da er in sehr vielem Bescheid wußte und Salben herzustellen verstand, heilte er Aussätzige und Gelähmte, aber auch einige Blinde. Daß er solches eher kraft seiner Heiligkeit vollbrachte, kam endlich, ob er wollte oder nicht, an den Tag, nachdem er es lange verhehlt hatte[125]. Als er nämlich gehört hatte, daß ein armer kleiner Blinder an der Pforte bettelte, hieß er aus Mitleid für den Kleinen eine Salbe herbeibringen und ging hinaus, um nach ihm zu schauen. Wie er nun dessen Augen mit segnenden Fingern behandelte und mit der Salbe zu bestreichen begann, schrie der Knabe auf und sprach: ›Ich sehe, Herr, ich sehe!‹ Und während einigen Tagen genas er und sah schließlich mit seinen Augen ganz klar. Um es jedoch geheimzuhalten, beteuerte Iso, ohne dabei zu lügen, dies sei durch die Wirkung der höchst kostbaren Salbe in seiner Hand geschehen.«

120 Notker Balbulus verwendete im Prooemium seines Sequenzenbuches für sich die Ausdrücke *iuvenulus* und *corculum,* in seiner prosimetrischen Gallusvita *edentulus, caeculus et tremulus,* ähnlich auch in seinen Gesta Karoli. Seine letzte Urkunde (W 761) unterschrieb er 909: *ego Notker infans et sancti Galli famulus.*

121 Vgl. L. Dupraz, L'avènement de Rodolphe Ier et la naissance du royaume de Bourgogne transjurane (6 janvier 888), in: SZG, 13 Jg., 1963, S. 177–195.

122 Vgl. W. Haubrichs (wie Anm. 83), S. 68, bes. Anm. 223.

123 Wie Anm. 118.

124 Wie Anm. 26. Dazu J. Duft, Die Geschichte (wie Anm. 114), S. 24.

125 Zum Verständnis und damit zur richtigen Interpretation dieses kunstvoll gedrängten lateinischen Satzes vgl. H. F. Haefele, in: DA, 18. Jg., 1962, S. 149f.

Wer diesen Bericht vorurteilslos liest, darf nicht von »Wundergeschichtchen«[126] und »Wunderkuren«[127] schreiben oder Iso zum »Heilkünstler« und »Wundermann«[128] abwerten. Denn Ekkehart schreibt zwar in dem damals beliebten rhetorisch überhöhenden Ton, inhaltlich jedoch in sachlicher Aussage: Der Arzt verwendete nämlich Salben, und die Heilung des angeblich Blinden erfolgte nicht wie bei einem Wunder augenblicklich, sondern allmählich während Tagen und durch Behandlung. Bei den drei von Ekkehart angeführten Gebresten ist übrigens nicht an organische Krankheiten zu denken, sondern an die im 9. Jahrhundert des Iso und im 11. Jahrhundert des Ekkehart weitverbreiteten Hautausschläge (»Aussätzige«), Lähmungen (»Gelähmte«) und schmerzhaften Augenentzündungen (»Blinde«), die letzteren vor allem durch Feuer und Rauch in den Wohnstätten verursacht und schon damals oft beklagt[129]. Die Übertreibungen liegen nicht bei Ekkehart, sondern bei jenen modernen Autoren[130], die ohne jede historische Unterlage behaupten, Iso habe in der jurassischen Abtei ein Leprosorium oder Spital eröffnet und medizinische Vorlesungen gehalten.

Wie derselbe Iso als Lehrer in Moutier-Grandval den Ruhm St. Gallens verbreitet haben soll, erzählt Ekkehart sodann mit einer gewissen Emphase in der ersten Hälfte des 32. Kapitels, wobei er nochmals die Igel-Allegorie aufgreift und abwandelt: »Indem der Gottesmann seinen Herrn, den heiligen Gallus, wo immer er war, durch solche Wundertaten ehrte, schärfte er seine Stacheln für zahlreiche Schüler, während er selber, obwohl über solche Kräfte gebietend, wie ein Igel eingehüllt bleiben wollte. Nach seinem Unterricht lechzten die Geister von ganz Burgund und ebenso von Gallien. Es gab darunter auch manche, die zufrieden waren, wenigstens zur Stunde Schüler Isos zu heißen, selbst wenn sie sich nicht an seinen Stacheln schärfen ließen. Denn weit ging sein Ruf, daß er ihnen, auch wenn er stumpfe Geister vorfand, Schärfe verlieh. Es behagte ihm dann auch – sei es wegen der liebenswerten

126 So G. Meyer von Knonau: MVG 15/16, S. 124 Anm. 422: »Wieder bietet Ekkehart ein Wundergeschichtchen, wenn er auch den Wunderthäter selbst die natürliche Herbeiführung der Heilung betonen läßt.«

127 So K. Meyer-Ahrens, Die Ärzte und das Medicinalwesen der Schweiz im Mittelalter, in: Virchow's Archiv, 24. Jg., 1862, S. 466 ff., wo Iso allerdings ausführlich und wohlwollend gewürdigt ist.

128 So selbst der Benediktiner O. Scheiwiller (wie Anm. 33).

129 Vgl. J. Duft, Notker der Arzt (wie Anm. 36), S. 23 f.; dazu Peter Bischoff und Peter Speiser, Mittelalterliche Augenheilkunde im Kloster St. Gallen, in: Gesnerus, 39. Jg., 1982, S. 47–51.

130 Beispielsweise Theodor Schwegler, Geschichte der katholischen Kirche in der Schweiz von den Anfängen bis auf die Gegenwart, Stans ^{2}1943, S. 86; besonders kraß Hanno Caprez, Die Klostermedizin, in: Ciba-Zeitschrift, Bd. 11/126, 1951, S. 4657 f., wo dem Iso sogar ein medizinisches Schrifttum (er habe »in seinen Schriften ausführlich von der Pflege kranker Pilger« berichtet) und medizinischer Unterricht (er habe »nach seiner Übersiedlung ins Jura-Kloster Moutier-Grandval im dortigen Spital Medizinunterricht erteilt«) angedichtet wird.

Art der Schüler, sei es um mit seinem Pfunde zu wuchern[131] –, nach den drei dem König konzedierten Jahren, von seinem Abt von sich aus noch weitere Jahre des Verweilens zu erbitten. Also verharrte er schließlich während manchen Jahren in seiner gütigen Pilgerschaft. Und nachdem er jeweils zu den ihm gesetzten Zeiten sein Kloster, den Abt und die Brüder besucht hatte, sah er, gestärkt durch ihren Segen, die Schüler wieder, die ihn sehnsüchtig erwarteten.«

Ekkehart teilt nicht mit, wann Iso nach Moutier-Grandval ausgeliehen wurde (jedenfalls zur Dekanatszeit Hartmuts, also wohl nicht vor 849) und wie lange er sich insgesamt dort aufhielt (jedenfalls mehr als drei Jahre). Aus seiner Erzählung läßt sich aber leicht verstehen, daß er oft in St. Gallen weilte, so jedenfalls bei den von ihm selber beschriebenen Großereignissen seines Klosters – den Translationen St. Otmars am 25. Oktober 864 und am 24. September 867 – sowie selbstverständlich an den Tagen, da er die vier noch erhaltenen Urkunden schrieb: Es geschah am 29. Mai und am 28. Dezember 852 (W 418 und 419), ferner am 5. März 853 (W 422) – damals dürfte er überhaupt noch in seiner Klosterheimat geweilt haben – sowie am *Abb. 30* 8. September 868 (W 539), möglicherweise auch an einem unbestimmbaren Termin des Jahres 870[132].

Beigefügt sei, daß der schreibgewandte Iso die Vermittlung von Kenntnissen und Manuskripten angeregt haben dürfte. Durch ihn mag St. Gallen die Lebensgeschichte des heiligen Germanus, des ersten Abtes und Märtyrers von Moutier-Grandval, kennengelernt haben; jedenfalls ist die hier im 10. Jahrhundert abgeschriebene Vita im Codex Sangallensis 551 (S. 106–125) ihr ältester noch erhaltener Textzeuge[133]. Durch Iso könnte auch ein umgekehrter Einfluß ausgeübt worden sein: Er kannte von St. Gallen her jene riesengroße Voll- oder Alkuin-Bibel (heute Codex Sangallensis 75), die um 801/804 in Tours geschrieben, sodann nach St. Gallen gebracht und hier von den Schreibern unter Dekan Hartmut um die Mitte des 9. Jahrhunderts in Gemeinschaftsarbeit durchkollationiert und als Vorlage für die achtbändige Hartmut-Bibel verwendet worden war[134]. Iso dürfte daran persönlich mitgearbeitet haben. Er war deshalb in Moutier-Grandval möglicherweise mitbeteiligt am eben zu seiner Zeit vollzogenen Erwerb jener anderen Vollbibel, die um 834/835 gleichfalls in Tours[135]

131 H. F. Haefele, Tu dixisti (wie Anm. 66), S. 195f., hat als erster den Zusammenhang mit dem »Gleichnis von den anvertrauten Pfunden« bei Lucas 19,23f. erkannt und den bisher gänzlich mißverstandenen Satz richtig zu interpretieren vermocht.

132 Hierzu MVG 15/16, S. 123 Anm. 421.

133 Wie Anm. 117.

134 Vgl. J. Duft, Die Bibel in der Stiftsbibliothek, Ausstellungs-Führer, St. Gallen 1981, S. 9ff.

135 Nämlich in der Zeit des Übergangs von Abt Fridugisus zu Abt Adalhardus. Der Name des erstern (807–834) eröffnet im St. Galler Verbrüderungsbuch die Liste der *Nomina fratrum de Turonis;* es bestanden also persönliche Beziehungen zwischen St. Gallen und Tours. Vgl. Johanne Autenrieth, Das St. Galler Verbrüderungsbuch, Möglichkeiten und Grenzen paläographischer Bestimmung, in: Frühmittelalterliche Studien, 9. Bd., 1975, S. 215–225, bes. 221f.

geschrieben – diesmal auch noch ausgemalt – worden war und schließlich das Glanzstück der Münsterer Bibliothek wurde[136].

Tod, Grab, Verehrung

Der Tod ereilte Iso in Moutier-Grandval, was sein Fehlen im St. Galler Necrologium erklärlich macht, und zwar in einem nicht mehr bestimmbaren, wenn auch nach Ekkehart eher vorzeitigen Lebensjahr; es geschah nach Aussage der *Annales Sangallenses maiores* am 14. Mai 871. Ekkehart berichtet in der zweiten Hälfte des 32. Kapitels seiner *Casus sancti Galli* über die anscheinend mündlich tradierten näheren Umstände:

»Schließlich aber, nach der Fügung dessen, der das Ziel gesetzt hat, das man nicht überschreiten kann, ward Iso von einer Krankheit dahingerafft[137], und er starb zum Bedauern gar vieler von hier und von dort, während er noch in rüstigen Jahren stand, selber sehr betrübt darüber, daß er seinem Kloster ferne und es ihm nicht vergönnt war, auf dem Friedhof zu St. Gallen bestattet zu werden. Von überallher scharten sich seine Schüler zusammen, als er in der Kirche des heiligen Germanus beigesetzt wurde. Wie er dort dann in Wundern erglänzte, wurde sein Leib heimlich, wie gesagt wird, nach Burgund in die Kirche eines mächtigen Mannes übergeführt. Wenn das auch nur zweifelhaft belegt werden kann, wollten wir es doch nicht übergehen. Fest steht jedenfalls, daß er nicht mehr in dem Grabe ist, worin man ihn beigesetzt hat.«

Damit endet Ekkeharts Bericht über Iso. Was er von dessen Tod und Bestattung mitgeteilt hat, lautet glaubwürdig und wird auch anerkannt. Was er dann in vorsichtigem Ton über den – für jene Zeit keineswegs ungewöhnlichen – Reliquienraub beigefügt hat, läßt auf persönliche Erkundung schließen[138].

Als 1859 die ehemalige Stiftskirche in Moutier abgebrochen wurde, entdeckte man in einem Grab ihres Vorchores ein jugendliches Skelett und auf ihm einen angeblich vorromanischen Kelch mit zugehöriger Patene, worauf man leichtfertig eine Zuschreibung an Iso vornahm[139]. Eine solche ist aber aus zwei Gründen unrichtig, ja unmöglich: Isos Leib lag schon zur Zeit Ekkeharts, wie dieser anschei-

136 Die Bibel von Moutier-Grandval, British Museum Add. Ms. 10546, Bern 1971: S. 15–48 J. DUFT, Die Geschichte; S. 49–98 B. FISCHER, Die Alkuin-Bibeln; S. 99–120 A. BRUCKNER, Der Codex und die Schrift; S. 121–185 E. J. BEER und A. A. SCHMID, Die Buchkunst; S. 187–193 E. IRBLICH, Das Album Add. MS. 10547.

137 Der Herausgeber H. F. HAEFELE (wie Anm. 1) verweist auf Lucas 19,23 f. und Hiob 14,5.

138 Wiederum ist es G. MEYER VON KNONAU, sonst Ekkeharts schärfster Kritiker, der für dessen Glaubwürdigkeit eintritt: MVG 15/16, S. 125 f. Anm. 428 und 431.

139 Vgl. ANDRÉ RAIS, Trésors du Jura, in: Actes de la Société Jurassienne d'Émulation, 2e série 57, 1953, S. 288 ff. (mit Abbildungen).

nend auf eigene Nachfrage hin zu berichten gewußt hat, nicht mehr in dem ihm 871 bereiteten Grab; überdies stammte jene 1859 abgetragene Kirche nicht schon aus dem 9., sondern erst aus dem 11. Jahrhundert. Die archäologische Grabung[140] von 1960/61 unter dem heutigen Temple St-Germain hat nämlich ergeben, daß sich das ursprüngliche Kloster, damit auch seine karolingische Kirche mit dem ersten Grab Isos, an anderer Stelle befunden haben muß.

Weil für Iso ein Grab an bekannter Stätte – sowohl in Moutier-Grandval als auch in St. Gallen – fehlte, konnten sich weder Wallfahrt noch Kult entwickeln. Nirgendwo und zu keiner Zeit ist eine liturgische Verehrung nachweisbar; selbst in seiner thurgauischen und st. gallischen Heimat fehlt jeder Hinweis auf Patrozinien und Patronate. Im *Proprium Sangallense* sowohl der Abtei als dann auch des Bistums kommen weder Gedenktag noch Kommemoration vor, wie auch niemals ein Kultbild von ihm entstanden ist.

Als *Beatus* oder *Seliger* erscheint Iso erst seit den geistlichen Schriftstellern der Barockzeit[141]. Trotzdem war selbst damals die Verwendung seines Namens anläßlich der Profeß von Mönchen des Klosters St. Gallen auffälligerweise selten: Einzig 1632 und 1739 legten Hieronymus Pfau aus Überlingen und Franz Jakob Walser aus Feldkirch unter dem Namen Iso Profeß ab[142]. Daß dieser Name nach der Aufhebung der Abtei St. Gallen gelegentlich in anderen benediktinischen Klöstern vorab der Schweiz gewählt oder verliehen wurde[143], kommt einer stillen Memoria gleich.

Zweimal wurde in St. Gallen ein *Epitaphium* auf Iso gedichtet. Es ist allerdings nichts Singuläres, finden sich doch in beiden Zusammenhängen gleichgestaltete Gedenkverse für alle großen Persönlichkeiten der stift-st. gallischen Vergangenheit.

Abb. 20, 21 Das erste steht im *Codex Gaisbergianus*[144], also in der für Abt Franz von Gaisberg (1504–1529) angelegten, vom Münsterorganisten Fridolin Sicher 1526 geschriebenen, von einem ungenannten Miniaturisten ausgemalten Sammlung st. gallischer Geschichtsquellen. Die darin enthaltenen, schwerfälligen Epitaphien sind von *Frater Johannes Faber (Fabritius) Lithopolitanus*, das heißt vom Konventualen Johannes Schmid aus Steinheim[145], 1513 und 1519 gesammelt, wenn nicht gar selber gedichtet worden, darunter auch *Magistri Isonis ac monachi S. galli Epitaphium* folgenden Wortlautes:

140 So Hans Rudolf Sennhauser in dem von H. von Fischer herausgegebenen Tätigkeitsbericht »Denkmalpflege im Kanton Bern 1960 und 1961«, in: Berner Zeitschrift für Geschichte und Heimatkunde 1962, S. 42 f.

141 Verwiesen sei auf die Literatur in unseren Anmerkungen 14, 15, 16, 20, 31, 33 u. a.

142 Vgl. R. Henggeler, Profeßbuch (wie Anm. 12), S. 306 f., 389 ff.

143 Hierauf weist auch A. M. Zimmermann, Kalendarium Benedictinum (wie Anm. 31) S. 183 hin.

144 StiBSG Cod. 613, S. 68. Vgl. Alfred A. Schmid, Die Buchmalerei des XVI. Jahrhunderts in der Schweiz, Olten 1954, S. 27 f., 105 Anm. 75, 153.

145 Über ihn R. Henggeler, Profeßbuch (wie Anm. 12), S. 246, sowie J. Duft, Die Handschriften-Katalogisierung (wie Anm. 105), S. 44*f.

Cana fides cordi probitas cui phasque piumque
Humani mores Isoque mitis erat.
Et quod conuexo phēbe complectitur orbe
Rimatus, nouit infima cum superis.

Die anderen Memorialverse sind Distichen neulateinischen Gehabens, anscheinend von P. Chrysostomus Stipplin[146] (1609–1672) verfaßt und niedergeschrieben[147]. Unter der hochtönenden Überschrift *B. Yso S. Galli monachus, publicus litterarum professor, miraculis clarus* stehen die Zeilen:

Praestiterit ne magis doctrinae laudibus Yso,
Vel pietate magis, paenè nec ipse scio.
Namque Pij quidquid vel Docti Gallus habebat,
Reddidit hoc Doctum, reddidit Yso pium.
Quin ità Sanctus erat, grates vt lumine captis
Redderet amissi luminis Yso faces.
Caecus opem rogita, vix occaecatus es, eheu!
Nil tibi (nam verè caecus es) Yso dabit.

Isos Name klingt gelegentlich in der Verehrung, die seinem Schüler Notker Balbulus seit dessen 1514 stattgefundener Beatifikation zuteil wurde, auf. In einer diesem Notker gewidmeten liturgischen Sequenz, deren Verfasser kein geringerer als Abt Franz von Gaisberg[148] in eben jenem Jahre 1514 war – sie ist frei-rhythmisch angelegt nach Notkers Pfingstsequenz *Sancti Spiritus assit nobis gratia*[149] –, stehen die folgenden Zeilen, die Notker als den erfolgreichen Schülers Isos feiern:

In diui cenobio Galli flore pollebat,
Quem Grimaldus abbas suscepit, suum monachum fecit,
Ysoni magistro commendans libros diuinos docendum,
Qui doctus in breui taliter vt sequencias faceret.

146 Über ihn R. Henggeler, Profeßbuch (wie Anm. 12), S. 299f.

147 StiBSG Cod. 1980, S. 81. Vgl. B. M. von Scarpatetti, Die Handschriften (wie Anm. 105), S. 243ff.

148 Über ihn R. Henggeler, Profeßbuch (wie Anm. 12), S. 136ff., 241; dazu Paul Staerkle, Zur Vorgeschichte von Abt Franz Gaisberg, SA aus »Die Ostschweiz«, St. Gallen 1946; besonders wieder A. A. Schmid, Die Buchmalerei (wie Anm. 144), S. 163 (Register).

149 StiBSG Cod. 546, fol. 404^{v}. Am Kopf der Sequenz, die nach der Melodie *Occidentana* zu singen war, stehen der Hinweis auf den beatifizierten Notker als nunmehr dritten Patron St. Gallens (nach St. Gallus und St. Otmar) sowie der Name des Verfassers: *Composita a venerando gratioso domino tunc temporis Francisco Gaisberg anno 1514.* Vgl. Frank Labhardt, Das Sequentiar Cod. 546 der Stiftsbibliothek St. Gallen und seine Quellen (= Publikationen der schweiz. musikforschenden Gesellschaft, 2/8/1), Bern 1959, S. 82.

Darin ist stillschweigend an die Förderung erinnert, die Iso dem jungen Notker beim schwierigen Werk der Sequenzen geboten hat. Das weckt die Vermutung, seinen Namen noch in anderen dem Notker gewidmeten Sequenzen zu finden; sie bestätigt sich leider nicht. Iso fehlt auch in den beiden für Notker im späten 15. Jahrhundert bereitgestellten Brevier-Hymnen[150], die noch in den gedruckten *Officia propria S. Galli* von 1736 verwendet sind.

Wenn die St. Galler Kloster-Dichter der Barockzeit[151] jeweils auf Notker Balbulus zu sprechen kamen, versäumten sie einen Hinweis auf dessen Lehrer Iso möglichst nicht. Als einziges Beispiel, das allerings schon an Bänkelsängerpoesie erinnert, sei angeführt, was P. Anton Widenmann[152] (1597–1641) in seinen hunderten von Strophen auf Notker[153] folgenderweise gereimt hat:

Allda war Iso brüemdt gar sehr,
Dem er [Notker] befohlen in sein Lehr,
Studiert mit fleiss die Rudiment,
Hiemit er legt das Fundament.

Der barocke Kult der Hausheiligen in der Abtei St. Gallen, zu dessen Höhepunkten die 1628 unternommenen Translationen St. Otmars und St. Notkers gehörten, veranlaßte die Schaffung großformatiger, künstlerisch beachtenswerter Kupferstichblätter[154]. Zeichner war Peter Wuilleret (†1643), ein Schüler Hans Holbeins d. J., gebürtig aus Romont, wohnhaft in Fribourg. Stecher war Wolfgang Kilian (1581–1662) in Augsburg, einer der Begründer des Ruhmes dieser Stadt als Sitz der Kupferstecherei. Beide stellten, beauftragt 1630 vom St. Galler Fürstabt Pius Reher, unter anderen ein solches Blatt zu Ehren Notkers her: In der Mitte steht der Selige, der in der nächtlichen Krypta auf den Höllenhund einschlägt; im Umkreis illustrieren zwölf kleinere Bilder Notkers Lebenslauf. Dabei zeigt gleich schon das erste, wie der Knabe von seinem adeligen Vater einem Mönch mit Nimbus übergeben wird. Die Legende bestätigt, daß damit Iso gemeint ist: *B. Notkerus ... Monasterio S. Galli oblatus, B. Ysoni monacho in disciplinam traditur.*

Wenn in solchen Zusammenhängen die Frage gestellt wird, ob Iso jener *doctor nominatissimus* geblieben sei, als den ihn Ekkehart IV. im 11. Jahrhundert gepriesen hat, so ist zu antworten, daß er schon bald in den Schatten seines Schülers Notker gerückt ist, auf welchen der Titel weit eher zuträfe als auf ihn.

150 StiBSG Cod. 440 (*Psalterium et Festivale cum hymnis)*, fol. 181^{b} und 182. Dagegen erwähnt M. Goldast (wie Anm. 11) einen *in Lectionario* (in welchem?) enthaltenen Hymnus auf Notker, worin Isos Name aufscheine.

151 Hingewiesen sei auf J. Duft, Sankt Otmar in Kult und Kunst (wie Anm. 35), S. 115 ff.

152 Über ihn R. Henggeler, Profeßbuch (wie Anm. 12), S. 283 f.

153 StiBSG Cod. 1257, S. 435. Ebd., S. 487–491 von demselben die Übersetzung des kurzen Lebensabrisses über Iso von P. Jodocus Metzler bei B. Pez (siehe hier Anm. 14) in deutscher Prosa.

154 Hierüber mit den Belegen J. Duft, Sankt Otmar in Kult und Kunst (wie Anm. 35), S. 75 f.

Isos Schrifttum

Von Melchior Goldast[155] (1606) und seit ihm wird der Autorschaft Isos ein umfangreiches Schrifttum zugeteilt *(scripsit libros non paucos)*, von welchem allerdings der beste Teil untergegangen sei *(quorum optima pars interiit)*. Er habe angeblich auch gewisse *carmina* geschaffen, die man zwar noch nicht zu Gesicht bekommen habe. Dazu ist gleich festzustellen, daß Ekkehart IV., der sich für die liturgischen Dichtungen seiner st. gallischen Vergangenheit nachweisbar interessiert hat, nichts von solchen und anderen Beiträgen Isos zu berichten gewußt hat. Isos Name ist auch später im Zusammenhang mit der Erforschung der *carmina Sangallensia* – manche sind allerdings anonym geblieben – niemals aufgeklungen[156], wobei selbstverständlich nicht abzustreiten ist, daß er, der seinem Schüler Notker die sogenannte Isonische Regel für die Sequenzen gegeben hat, sich diesbezüglich ausgekannt haben muß. Für die ihm zugesprochenen Schriften ist sodann zu bedenken, daß P. Jodocus Metzler[157], der Chronist und Bibliothekar des Klosters St. Gallen, in seiner Würdigung Isos – ihre Vorrede ist gleichfalls auf 1606 datiert – ausdrücklich vermerkt, außer dessen beiden *libelli de miraculis B. Othmari* sei nichts an Schrifttum in seine Hände gelangt.

Relatio de miraculis sancti Otmari

Das einzige Werk, das dank den Überschriften in allen Manuskripten[158] sicher von Iso stammt, ist sein Bericht über Wunder am Grabe Otmars und die dadurch angeregten, von Iso miterlebten Feiern der Kanonisation und der zweimaligen Translation des Heiligen. Daß diese liturgiegeschichtlich aufschlußreichen Schilde- *Abb. 8*

155 In Alamannicarum rerum scriptores (wie Anm. 11), S. 230.

156 Hingewiesen sei hier nur auf die dem Werk Goldasts vorausgegangenen Antiquae Lectiones von Heinrich Canisius, wo in Bd. 5/2 (1604) S. 725–792 *Epigrammata seu Hymni illustrium virorum, antiquorum Patrum monasterii S. Galli* wiedergegeben sind.

157 In De viris illustribus monasterii S. Galli (wie Anm. 12–14).

158 18 Handschriften vom 9. bis zum 16. Jahrhundert sind aufgeführt bei J. Duft, Sankt Otmar, Die Quellen (wie Anm. 34), S. 83 f.; ebd., S. 84 ff. die Editionen seit 1575, dabei MGH SS (1829), S. 47–54; jetzt auch im vorliegenden Sammelband, S. 44 ff.

rungen zugleich eine Selbstbezeugung ihres Verfassers sind, ist hier schon vermerkt worden[159].

Iso verfaßte diese Schrift als eine Fortsetzung der *Vita sancti Otmari*, die der St. Galler Diakon Gozbert um 830 verfaßt und der Reichenauer Mönch Walahfrid Strabo um 834/838 stilistisch überarbeitet hatte. Sie ist in zwei Ansätzen entstanden, weshalb man von zwei *libelli* spricht, zumal er beide durch eigene Vorreden eingeleitet hat. Die originalen Niederschriften sind allerdings nicht mehr erhalten; deshalb sind die verschiedenen Etappen im einzelnen nicht mehr nachzuweisen. Ein kurzer Überblick anhand der in den Handschriften enthaltenen Kapitelüberschriften[160] deute den Inhalt an:

[Praefatio I.] De sequentibus miraculis. Walahfrid hat über Otmars *virtutes et miracula* geschrieben, wie er sie aus den Berichten *seniorum in coenobio sancti Galli* wahrheitsgetreu erfahren hatte. Weil nun aber auch *nos fratres in eodem coenobio Deo militantes* viele neue Wunderzeichen erlebt haben, wollen wir einige derselben zur Ehre Gottes dem Gedächtnis anvertrauen.
1. Kap. *Quibus miraculis beati Otmari sanctitas in basilica santi Petri claruerit.* Beim Abbruch des Gallus-Münsters 830 waren Otmars Reliquien in die nahe St. Peters-Kapelle übertragen[161], dort aber vernachlässigt, schließlich durch wunderbare Erscheinungen ins Gedächtnis zurückgerufen worden.
2. Kap. *Quomodo Salomon episcopus eius sanctimoniam in synodo perstringens triduanum ieiunium indixerit.* Nachdem die Reliquien dort während 34 Jahren und 194 Tagen [Iso liebte genaue Zeitangaben!] geruht hatten, berief Bischof Salomo I. 864 eine Synode nach Konstanz ein, ließ Otmars Vita vorlesen und verordnete ein dreitägiges Fasten, um dessen Heiligkeit zu erfahren.
3. Kap. *Qualiter idem episcopus sanctum corpus de sepulchro sustulerit et oblatas inibi inlesas reppererit.* Der Bischof ließ am 25. Oktober 864 in St. Gallen die Gebeine nach Art einer Reliquien-Rekognition in der St. Peters-Kapelle dem Sarkophag entheben. Iso berichtet als Teilnehmer und nennt als Anreger und Zeugen namentlich Abt Grimalt und Dekan Hartmut.
4. Kap. *Beati Otmari translatio et festivitatis eius indicta celebratio.* Der Rekognition folgten gleichentags die Translation in die St. Gallus-Basilika und die bischöfliche Kanonisation, tags darauf die Festsetzung der jährlichen Gedächtnisfeier derselben.
5. Kap. *Adbreviatio temporum, in quibus res commemoratae gerebantur.* Zum

159 In unserem vorausgegangenen Kapitel über die Quellen zu Iso: siehe S. 81 f.
160 Hier in regularisierter Schreibweise wiedergegeben; vgl. G. Meyer von Knonau in MVG 12 (wie Anm. 21), dort auch einläßlichere Kommentare.
161 Zu diesem und den folgenden Kapiteln vgl. J. Duft, Sankt Otmar in Kult und Kunst (wie Anm. 35), S. 13 ff.

Nachweis der Glaubwürigkeit des Geschehens um den lebenden und den toten Otmar bietet Iso einen kritischen, auf gewissenhafter Chronologie fußenden historischen Exkurs bis in seine Zeit, wofür er neben den häuslichen Quellen die *Vita Karoli* Einhards beigezogen hat[162].

6. Kap. *Incognita odoris fragrantia circa eius corpus aspersa.* Nachdem er die Zeitenabfolge beschrieben habe, komme er nun, so teilt Iso mit, zu den Wundern, die Gott nach Otmars Translation gewirkt habe. Den Wohlgeruch in der Kirche hätten allerdings nur *quidam nostrae congregationis fratres* wahrgenommen, welche *religiosiores* gewesen seien; Iso scheint sich nicht dazu gezählt zu haben.

7. Kap. *Lucerna vitra coram eo caelitus incensa.* Iso, der sich um genaue Zeitangaben kümmert und sie als Zeitgenosse auch kennt, nennt hier beispielsweise den »folgenden Sonntag«, den er als den vierten Tag seit der Translation präzisiert.

8. Kap. *In vigilia festivitatis eius alia itidem lucerna sponte sua irradiata.* Iso erwähnt seine Teilnahme an der abendlichen Vigilfeier.

9. Kap. *Opificum labor in eius solemnitate frustratus.*

10. Kap. *Quemadmodum panis odio afflictus eius desiderio fuerit invasus.* Betrifft einen Knaben aus dem Elsaß.

11. Kap. *Quidam debilis sanitati restitutus.* Betrifft einen Lahmen aus Gallien.

12. Kap. *Mutus loquendi officio donatus.* Betrifft einen Stummen aus benachbarter Gegend, den *multi nostrorum* als solchen gekannt haben.

13. Kap. *Membris omnibus a nativitate contractus meritis sancti corrigitur.* Ein gelähmter Knabe aus Orléans wird geheilt in Anwesenheit des St. Galler Abtes Grimalt, der *his diebus in monasterio positus* ist (als Kanzler Ludwigs des Deutschen war er bekanntlich meistens abwesend), sowie des zufällig auch anwesenden Bischofs Salomo und des Abtes der Reichenau.

14. Kap. *[Praefatio II.] Item praefatio Isonis, qualiter beatus Otmarus in suum oratorium fuerit translatus.* Nachdem inzwischen die für Otmar bestimmte Basilika erbaut worden ist, will Iso den Nachfahren berichten, wie dessen Reliquien dorthin übergeführt und zeichenhaft verherrlicht worden sind.

15. Kap. *De consecratione basilicarum sancti Otmari et Michahelis archangeli et reparatione muti.* Nachdem seit der im 3. Kapitel geschilderten Übertragung von 864 beinahe drei Jahre verflossen sind, nimmt der Konstanzer Bischof Salomo I. auf Bitte des Abtes Grimalt am 24. September 867 die feierliche Kirchweihe vor, worauf die Translation stattfindet, die Iso voller Ergriffenheit miterlebt und in Einzelheiten festhält[163].

162 Zu Einzelheiten (Iso hat sich um ein Jahr verrechnet, ebenso die St. Galler Annalen) J. Duft, Sankt Otmar, Die Quellen (wie Anm. 34), S. 16f.; ebd., S. 50–53 lateinischer Wortlaut und deutsche Übertragung; dazu MVG 12 (wie Anm. 21), S. 121–124. Über Mabillons Ansichten zu Iso vgl. G. Heer (wie Anm. 12), S. 137, 150f., 192. Vgl. auch P. Stotz (wie Anm. 110), S. 132, 175, 239, 240.

163 Zu den bei Iso erwähnten Kirchenbauten vgl. Kdm SG III, S. 35ff.

16. Kap. *Quod per reliquias sancti viri etiam in locis aliis plurima sint ostensa miracula.* Als Anhang zum Translationsbericht will Iso einige ausgewählte, nachgeprüfte wunderbare Geschehnisse mitteilen.
17. Kap. *De servo cuiusdam pedem vulnerato meritis sancti Otmari sanitati restituto.* Der Herr des geheilten Knechtes war *multorum apud nos* bestens bekannt.
18. Kap. *De alio pedem cum tibia ad posteriora retorto interventu viri Dei correcto.*
19. Kap. *De sanctimoniali femina in vigilia Pentecostes a templo quondam Spiritus sancti, sed nunc uno cum eodem Spiritu effecto post diutinam caecitatem illuminata.* Mit diesem dritten Wunderbericht, diesmal über die am Otmarsgrab sehend gewordene Nonne aus Basel, bricht Iso unvermittelt ab, sei es wegen seiner Ortsabwesenheit, sei es wegen seines frühen Todes.

Iso erweist sich in seiner zweifachen *Relatio de miraculis sancti Otmari* nicht einfach als wundersüchtiger Hagiograph, sondern weit mehr als kritischer Historiograph, der Sinn für Orte und Zeiten besitzt, der aber auch in einer fließenden Sprache anschaulich zu schildern und aufschlußreich zu berichten weiß. Damit hat er eine Schrift hinterlassen, die für die St. Galler Klostergeschichte ebenso wertvoll ist wie für die spätkarolingische Liturgiegeschichte. Daß man sie stets zu schätzen gewußt
Abb. 15, 17 hat, bestätigen ihre vielen mittelalterlichen Abschriften sowie ihre erstmaligen deutschen Übersetzungen[164] im Zusammenhang mit der Otmars-Vita.

Indiculum Isonis

Im Codex 566 der St. Galler Stiftsbibliothek[165], einer für die Hagiographie ergiebigen Sammelhandschrift, steht auf den Seiten 98–113 die in der zweiten Hälfte des 9. Jahrhunderts geschriebene *Passio sancti Desiderii,* eingeleitet durch die *Prefatiuncula Adonis.* Sie besaß für St. Gallen ihre besondere Bedeutung, hatte doch Gallus selber um 612 laut Aussage seiner Viten[166] Reliquien desselben mitgebracht. Erzbischof Desiderius von Vienne war wegen seines Tadels an Königin Brunhilde und ihrem Enkel Theuderich II. kurz zuvor getötet worden; beide hatten bekanntlich

164 StiBSG Cod. 586 (S. 198–229) von P. Friedrich Colner um 1430 und Cod. 602 (S. 240–275, mit Illustrationen) von Conrad Sailer 1451. Vgl. J. Duft, Sankt Otmar, Die Quellen (wie Anm. 34), S. 87 ff.

165 Hierzu Scherrer, Handschriften, S. 181; Bruckner, Scriptoria 3, S. 111; Emmanuel Munding, Das Verzeichnis der St. Galler Heiligenleben und ihrer Handschriften in Codex Sangall. Nr. 566 (= Texte und Arbeiten, 3/4), Beuron 1918, bes. S. 174 (Register: Iso); J. Duft, Die Handschriften-Katalogisierung (wie Anm. 105), S. 26*ff.

166 Edition von B. Krusch: MGH SS rer. Merov. IV, S. 263 (Wetti Kap. 11) und 293 (Walahfrid Kap. 11).

auch die Vertreibung Columbans und seiner Gefährten, darunter des Gallus, aus Luxeuil unternommen. Ado, gleichfalls Erzbischof von Vienne in den Jahren 860–875, bei den Zeitgenossen berühmt als Verfasser eines Martyrologiums und einer Weltchronik, verfaßte eine Passio[167] seines früheren Vorgängers, und diese hat eine ihrer ersten Abschriften im vorgenannten St. Galler Codex gefunden.

Möglicherweise war Iso von Moutier-Grandval her ihr Vermittler. Jedenfalls steht am Schluß der St. Galler Abschrift (S. 113) auf sieben Zeilen ein kurzes, aber bemerkenswertes *Indiculum*, das heißt ein Hinweis oder Anhang, folgenden Wortlautes:

Hanc autem passionem praefatus ado episcopus – nobis fratribus in coenobio s[an]c[t]i galli sub grimaldo abbate d[e]o militantib[us] - reliquiasqu[e] s[an]c[t]i desiderii ab eo postulantib[us] cum ipsius aliorumq[ue] s[an]c[t]orum reliquiis – actib[us] quoq[ue] & passionib[us] infra descriptis – anno supra memorato – per nuntios satis fideles dirigere curauit.

Danach hatte der bischöfliche Verfasser Ado persönlich seine Schrift den im Kloster St. Gallen unter Abt Grimalt lebenden Brüdern, die ihn darum sowie um Reliquien des heiligen Desiderius gebeten hatten, durch getreue Boten überbringen lassen, zusammen mit den erbetenen und anderen Reliquien sowie anderen hagiographischen Schriften. Erstaunlicherweise ist einer der Boten namentlich bekannt geblieben; denn Notker Balbulus, Schüler des Iso, notierte in dem von ihm selber verfaßten Martyrologium zum jährlichen Festtag des Desiderius (23. Mai)[168]: Überbringer seiner Passio im Jahre 870 sei der Priester Beroldus gewesen, der von dort herstamme, jetzt aber *in castro Turico* weile.

Das *Indiculum Isonis*, das als glaubwürdig zu gelten hat, interessierte stets die Editoren der Passio des Desiderius: H. Canisius[169] gab es 1604 heraus; von dort übernahm es J.-P. Migne 1852 in die Patrologia Latina[170]; schließlich gab es B. Krusch 1896 wieder[171]. Auch J. Mabillon[172] sowie G. Scherrer und E. Munding[173] setzten sich damit auseinander. G. Meyer von Knonau[174] folgerte daraus die Anwesenheit Isos im Jahre 870 in St. Gallen (was sich allerdings nicht unbedingt ableiten läßt) und äußerte wie Scherrer die Ansicht, die Passio und das in denselben Schriftzügen geschriebene *Indiculum* stammten wohl nicht von Isos Hand (diesem

167 Edition aller einschlägigen Texte von B. Krusch: MGH SS. rer. Merov. III, S. 620–648.
168 StiBSG Cod. 456, S. 153–158.
169 Antiquae Lectionis tom. 6, S. 452.
170 PL 123, Sp. 442.
171 Siehe Anm. 166.
172 Annales O. S. B. 3 (1706), S. 163.
173 Siehe Anm. 165. Hinzuweisen ist auch auf T. Neugart (wie Anm. 17), der einerseits auf D. Rivet, Hist. lit. V 401, verweist.
174 MVG 12 (wie Anm. 21), S. 123 Anm. 421.

Schluß möchte man im Hinblick auf die Schrift zustimmen). Das *Indiculum* als solches mutet wie ein (hier abgeschriebener) Begleitbrief für die durch Iso vermittelte und hernach in die St. Galler Vitensammlung aufgenommene Desiderius-Passion an.

Von einer anderen Hand als diese ganze Abschrift der Passio und ihres Anhangs stammt jedoch der sehr kleine, zierliche, steil aufgerichtete rote Zwischentitel *Indiculum isonis.* Sie könnte Isos eigene Hand gewesen sein, gleicht doch ihr Schriftcharakter, sofern bei diesen wenigen Buchstaben ein Vergleich möglich ist, *Abb. 30* auffällig dem seinigen in der von ihm zwei Jahre zuvor (868) geschriebenen Urkunde (W 539). Mag auch ein solches Selbstzeugnis im anonymen Mittelalter auf den ersten Blick erstaunen, es hatte als Wahrheitsnachweis doch seine volle Berechtigung, und es wirkt in seiner Kleinheit bescheiden, ja beinahe schüchtern.

Zuschreibungen

Was sonst noch von Iso stammen soll, hat nach heutiger Erkenntnis durchwegs nur als unbegründete Zuschreibung zu gelten. Es sind drei solche Zuweisungen, die auf M. Goldast zurückgehen. Selbst wenn ihm heute wieder mehr Glaubwürdigkeit attestiert wird, da er sich auf manche durch ihn entfremdeten, teilweise untergegangenen oder bislang unbekannt gebliebenen Manuskripte stützen konnte, fehlen im Falle Isos alle Unterlagen[175].

Goldast gab in seinem *Manuale biblicum*[176], das 1610 anonym[177] in Frankfurt erschien, *Jsonis magistri Glossae* heraus, die sich auf Prudentius, vorab auf dessen Dichtung *Dittochaeon,* beziehen. Um welchen Iso es sich gehandelt haben soll, ist allerdings nicht gesagt. Man nahm aber stets den St. Galler Magister als deren Verfasser an und schrieb ihm seither in grundlegend gewordenen Editionen diese und andere lateinischen Glossen zu den Dichtungen des auch in der St. Galler Klosterschule gelesenen Prudentius zu.

Immerhin stellte schon G. Scherrer im Verzeichnis der stift-st. gallischen Hand-

175 Die Zuschreibungen gingen trotzdem, mit mehr oder weniger Kritik, in die folgenden einflußreichen Werke über: Magnoald Ziegelbauer, Historia rei literariae Ordinis S. Benedicti, hg. von Oliver Legipont, 2. Bd., Augsburg 1754, S. 303, 500, 628, 658; Trudpert Neugart, Episcopatus Constantiensis Alemannicus, Bd. 1/1, St. Blasien 1803, S. 163–166.

176 Manuale biblicum seu Enchiridion SS. Scripturae à Catholicae Apostolicae veteris Ecclesiae Patribus Compendiatum, & nunc primum ex vetustis membranis MSS. collectum, & dicatum Venerabili ac Religioso Patri, D. Joanni Mintzenbergio Priori Carmelitarum in Conventu Francofurdiano: S. 1–10 *Dittochaeon* von Prudentius, S. 10–12 die angeblichen Glossen Isos. Welchem Manuskript Goldast sie enthoben hat, ist nicht mitgeteilt.

177 Vgl. M. Holzmann und H. Bohatta, Deutsches Anonymen-Lexikon, 3. Bd., Weimar 1905, S. 112 Nr. 3645.

schriften[178] 1875 fest, daß der Autorname Iso diesen Glossen »vermuthlich von Goldast willkührlich beigefügt« worden sei; denn in den St. Galler Handschriften fehle jegliches Zeugnis dafür, ebenso »in dem älteren nach Zürich gekommenen Codex von Prudentius aus St. Gallen und in der Bongarsischen Handschrift in Bern, welche die nämlichen Glossen enthält«. Kräftiger äußerte sich L. Traube[179] 1892, der dem Namen Iso »weder im Parisinus 13953 noch in irgend einer anderen Handschrift derselben Prudentius-Scholien« begegnet war, »so daß Scherrer wohl im Recht ist, ihn als Schwindel Goldast's zu betrachten«. Mit dem von Scherrer angeführten Bongarsischen Prudentius-Codex 264 der Burgerbibliothek Bern setzte sich sodann O. Homburger[180] 1962 weitläufig auseinander, wobei er insbesondere »den Entstehungsort des Berner Prudentius« abzuklären versuchte: es spreche »vieles für St. Gallen, anderes, vor allem die Schrift, läßt an das Kloster der Reichenau denken«. Heute steht nun aber, besonders dank Ellen J. Beer[181], einwandfrei fest, daß der Bernensis mit seinen gleichzeitig geschriebenen lateinischen Glossen »frühestens gegen 900« oder »sogar ins erste Jahrzehnt des 10. Jahrhunderts« – also nach Isos Lebenszeit – zu datieren und dem »Scriptorium der Reichenau« zuzuweisen ist. Damit fällt dieses wichtigste Belegstück für die Zuschreibung der Prudentius-Glossen an Iso von St. Gallen zeitlich und örtlich weg. Sie werden neuerdings, wofür G. Glauche[182] Literaturhinweise bietet, »wohl mit Recht als Exzerptensammlung aus dem Kommentar des Remigius [von Auxerre] betrachtet«, schienen sie doch schon für Traube »nach Frankreich zu gehören«. Alemannischer Provenienz dürften allerdings althochdeutsche Prudentius-Glossen sein; sie sind aber niemals für Iso vindiziert worden, weshalb sie hier außer Betracht fallen.

Die beiden anderen Zuschreibungen nahm Goldast in den *Alamannicarum rerum scriptores*[183] vor: Iso habe ein *Lexicon Latinum ex omnibus veterum glossariis collectum* geschaffen und unter dem Namen seines Schülers, des Bischofs Salomo III., herausgegeben, das in der St. Galler Klosterbibliothek und in der Konstanzer Kathedralbibliothek aufbewahrt werde. Zum St. Galler Codex 905, den

178 S. 51 (wie Anm. 165) zum Prudentius-Codex 136 der StiBSG. Dagegen steht beispielsweise bei M. Manitius (wie Anm. 27), S. 354 apodiktisch: »Iso, der den Prudentius kommentierte.«

179 Computus Helperici, in: Neues Archiv, 18. Bd., 1892, S. 97 Anm. 2; abgedruckt in: Ders., Kleine Schriften (wie Anm. 26), S. 151 Anm. 1.

180 Die illustrierten Handschriften der Burgerbibliothek Bern, Die vorkarolingischen und karolingischen Handschriften, Bern 1962, S. 136–158, mit ausführlichen Literaturangaben, u. a. zu den lateinischen und den althochdeutschen Glossen.

181 Stil und Herkunft des Berner Prudentius-Codex 264, in: Florilegium Sangallense (= Festschrift für J. Duft), St. Gallen und Sigmaringen 1980, S. 15–70, mit weiteren Literaturangaben.

182 Schullektüre im Mittelalter, Entstehung und Wandlungen des Lektürekanons bis 1200 nach den Quellen dargestellt (= Münchener Beiträge zur Mediävistik und Renaissance-Forschung, 5. Bd.), München 1970, S. 59f.

183 S. 230 (siehe hier Anm. 11).

sogenannten *Glossae Salomonis* beziehungsweise dem *Vocabularius Salomonis*[184], der mit seinen 1070 großformatigen Seiten eine gewaltige Enzyklopädie damaligen Wissens darstellt, ist ein Doppeltes auszusagen: Die geistigen und körperlichen Kräfte eines einzigen Sammlers und Schreibers, der zudem noch – wie Iso – oft abwesend war und früh starb, hätten für seine Herstellung niemals ausgereicht; zudem ist das Manuskript nicht schon im 9., sondern erst im 10. Jahrhundert entstanden, und es ist wie seine Parallelhandschriften nicht st. gallischer Provenienz, weshalb es auch Isos Namen nirgendwo aufführt.

Die dritte Zuschreibung Goldasts, Iso habe eine Formelsammlung – *Chartarum formulas,* genannt *Formulae Isonis* – verfaßt, ist von Karl Zeumer[185] schon 1883 zurückgewiesen worden. Die Handschrift, aus welcher Goldast die Formeln abdruckte[186], war von ihm aus St. Gallen verschleppt worden; sie ist der heutige Codex Vaticanus Christ. reg. Suec. 469. Darin sind Urkundenformulare enthalten, wie sie »für den Unterricht im Urkundenschreiben dienten«. Weil nun Goldast aus Ekkehart wußte, »daß Iso ein berühmter Lehrer der Sanct Galler Schule gewesen, und er andererseits Iso in einer der wirklichen von ihm herausgegebenen Urkunden des Klosters als Schreiber angegeben fand, so lag jene Combination für ihn nahe genug, die er dann in seiner Weise ohne weiteres wie eine sicher überlieferte Thatsache hinstellte, indem er über die Formeln Isos Namen setzte, wie über die anderen wirklichen Urkunden die der betreffenden Schreiber«. Zeumer stellt fest: »Iso ist nicht der Verfasser der ihm zugeschriebenen Formeln, noch ist uns überhaupt bekannt, daß er solche verfaßt habe.«

Eine neueste Zuschreibung[187], die gleichfalls durch nichts belegt werden kann, bringt Iso in Beziehung mit dem griechischen Bibeltext. Damit hätten sich in St. Gallen zur Zeit des Iren Moengal-Marcellus auch »nichtirische Gelehrte« beschäftigt, »allen voran vielleicht [!] der Alemanne Iso«. Auf ihn gehe »vielleicht« auch die St. Galler Handschrift 17 (griechisch-lateinischer Psaltertext) zurück[188].

184 Hierzu sowie zu den anderen Exemplaren, darunter auch zum (damaligen) Weingartner Manuskript aus Konstanz: SCHERRER, Handschriften, S. 321 ff. Vgl. J. A. MC GEACHY, The Glossarium Salomonis and its relationship to the Liber glossarum, in: Speculum, 13. Bd., 1938, S. 309–318.

185 Über die alamannischen Formelsammlungen, in: Neues Archiv, 8. Bd., 1883, S. 473–553, bes. 547–552, Zitate S. 548 f. Dazu auch SCHERRER, Handschriften, S. 169 f. zu Cod. 550 der StiBSG.

186 In Alamannicarum rerum scriptores aliquot vetusti, Bd. 2/1, 1606, S. 38 (Nr. 9), 40 f. (Nr. 16), 44 (Nr. 25), 48 (Nr. 34), 64 (Nr. 66), 73 f. (Nr. 84).

187 HERMANN JOSEF FREDE, Altlateinische Paulus-Handschriften (= Vetus Latina, Aus der Geschichte der lateinischen Bibel, 4. Bd.), Freiburg i. Br. 1964, S. 66, 78 f.

188 Zum Griechischen in St. Gallen: BERNHARD BISCHOFF, Das griechische Element in der abendländischen Bildung des Mittelalters, in: DERS., Mittelalterliche Studien, 2. Bd., Stuttgart 1967, S. 246–275; WALTER BERSCHIN, Griechisch-lateinisches Mittelalter, Von Hieronymus zu Nikolaus von Kues, Bern/München 1980, S. 175–184, 190 Anm. 81, 349; J. DUFT, Die griechischen Handschriften der Stiftsbibliothek St. Gallen, in: DERS., Die Abtei St. Gallen, Ausgewählte Aufsätze, 1. Bd., Sigmaringen 1990, S. 56–61. – Iso ist bei diesen Autoren nicht genannt, weil jedes einschlägige Zeugnis fehlt.

Iso monachus – tunc temporis doctor nominatissimus: Es war diese – wie abschließend festgestellt werden kann: hyperbolische – Formulierung des bewundernden Schulmannes und Geschichtsschreibers Ekkehart, die den Späteren ungewollt zum Anlaß geworden ist, dem Magister Iso neben den beiden Büchlein über St. Otmar ein Schrifttum zuzuschreiben, für welches weder die Zeit seiner Anwesenheit in St. Gallen noch überhaupt die Zeit seines Lebens ausgereicht hätten. Was aber von ihm und insbesondere über ihn erhalten geblieben ist, genügt vollauf, um ihn als erfolgreichen Lehrer bedeutendster st. gallischer, anscheinend auch burgundischer Schüler kennen, sowie als Menschen in seinen vielfältigen Beziehungen schätzen zu lernen, und dies ist für das 9. Jahrhundert ein eher seltener Glücksfall.

Der Pilger Eusebius (†884)

Irische Pilger und ihr Hospiz

Erstveröffentlichung: Der Ire Eusebius auf dem Viktorsberg, in: Montfort, 8. Jg., 1956, S. 3–12. – Text und Anmerkungen sind hier völlig überarbeitet und weitergeführt.

Einer der zahlreichen irischen Peregrini[1], die im 9. Jahrhundert ihre heimatliche Insel aus mehrfacher Ursache – teils wegen ihres mit Askese vermischten Wandertriebes, teils auch infolge der feindlichen Einfälle – verließen und so aus der Not eine Tugend machten, war Eusebius in St. Gallen. Er gehörte zur Schar jener meistens Namenlosen, die auf ihrer Wanderschaft das Grab ihres früheren Landsmannes Gallus aufsuchten und hier während kürzerer oder längerer Zeit verweilten[2]. Sie waren fromme Rompilger und Heimatlose um das Evangeliums willen; sie waren oft mittellose, wenn nicht gar anspruchsvolle Abenteurer; sie traten aber auch als Vermittler von Kenntnissen und Büchern hervor. Gelegentlich schloßen sie sich einer festländischen Mönchsgemeinschaft an oder bezogen in Verbindung mit einer solchen eine Eremitenzelle.

Die Sankt-Galler Quellen berichten anschaulich vom verschiedenartigen Auftreten solcher Peregrini zu derselben Zeit. Walahfrid Strabo erwähnt in der von ihm um

1 Hinzuweisen ist noch immer auf Louis Gougaud, Ermites et reclus, Etudes sur d'anciennes formes de vie religieuse (= Editions de la Revue Mabillon, Moines et Monastère, 5. Bd.), Ligugé 1928; Ders., Sur les routes de Rome et sur le Rhin avec les »peregrini« insulaires, in: Revue d'histoire ecclésiastique, 29. Bd., 1933, S. 253–271. – Vgl. insgesamt und auch zu den im folgenden aufgeführten Peregrini: James F. Kenney, The Sources fo the Early History of Ireland, vol. I: Ecclesiastical, New York 1929 (Nachdruck 1966). – Für St. Gallen: Johannes Duft und Peter Meyer, Die irischen Miniaturen der Stiftsbibliothek St. Gallen, Olten/Bern/Lausanne 1953 (english ed. 1954); sowie J. Duft, Irische Handschriften-Überlieferung in St. Gallen, in: Heinz Löwe (Hg.), Die Iren und Europa im früheren Mittelalter, Stuttgart 1982, S. 916–937 (nachgedruckt in: J. Duft, Die Abtei St. Gallen, Ausgewählte Aufsätze, 1. Bd., Sigmaringen 1990, S. 33–55).

2 Über Iren in St. Gallen ausführlich J. Duft und P. Meyer, Miniaturen (wie Anm. 1), S. 29–33; vgl. J. M. Clark, The Abbey of StGall as a Centre of Literature and Art, Cambridge 1926, S. 18–54.

833/834 überarbeiteten *Vita sancti Galli*[3] ein am Gallus-Grab geschehenes Wunder, das sich »kürzlich« ereignet habe: Vorüberreisende Iren – *quibus consuetudo peregrinandi iam paene in naturam conversa est* – hätten einen schwerkranken Landsmann im Kloster zurückgelassen; dieser sei nach einer nächtlichen Erscheinung des Heiligen geheilt worden, halte sich »bis jetzt« im Kloster auf und führe einen erbaulichen Lebenswandel. – Ekkehart erzählt in den *Casus sancti Galli*[4]: Zur Zeit des Abtes Grimalt, als Hartmut (um/nach 850) sein Stellvertreter gewesen sei, hätten zwei hochgebildete, besitzreiche Iren, der Bischof Marcus und sein Neffe Moengal, auf der Rückreise von Rom Station im Kloster gemacht, sich schließlich zur Bleibe überreden lassen, ihre Begleiter und Pferde weggeschickt, aber ihre Bücher und Besitztümer bei sich behalten; Moengal, den die Einheimischen nun Marcellus nannten, sei erfolgreicher Leiter der Klosterschule geworden. Er machte sich nachweisbar auch als Scriptor verdient. – Derselben Zeit und Emigrantenwelle gehörte auch Eusebius an, über den einige Zeugnisse berichten.

Eusebius Pilger und Rekluse

Der in den Sankt-Galler Quellen sozusagen zufällig bezeugte Eusebius war ein Zeit- und anscheinend auch ein Schicksalsgenosse des Iren Findan[5] auf der Klosterinsel Rheinau im Hochrhein. Über Findan besteht, im Unterschied zum bescheideneren Eusebius, eine Vita[6], die von Iren verfaßt und sogar mit irischen Textstellen bereichert ist. Sie hat geradezu »als Selbstzeugnis eines Kreises irischer Peregrini«, ja »der irischen Gefährten Findans« zu gelten. An der Spitze ihrer handschriftlichen Überlieferung steht ein Sankt-Galler Manuskript aus dem 9. oder eher 10. Jahrhundert. Es wurde nach Ausweis eines kalendarischen Bücherverzeichnisses[7] jeweils am Gedenktag des Heiligen (17. November) benutzt, liegt heute aber nicht mehr in der Stiftsbibliothek, sondern als Codex 317 in der Kantonsbibliothek (Vadiana)[8]. Aus

3 Liber II, Kap. 46; hg. MGH Script. rer. Merov. IV, S. 336. Vgl. J. Duft und P. Meyer, Miniaturen (wie Anm. 1), S. 30f.

4 Kap. 2. Vgl. J. Duft und P. Meyer, Miniaturen (wie Anm. 1), S. 35–40; J. Duft, Handschriften-Überlieferung (wie Anm. 1), S. 918–921.

5 Vgl. Heinz Löwe, Findan von Rheinau, eine irische Peregrinatio im 9. Jahrhundert, in: Studi Medievali, 3ª serie, XXVI/I, Spoleto 1985, S. 53–100.

6 Bewertung, Handschriften und Editionen: H. Löwe, Zur Überlieferungsgeschichte der Vita Findani, in: DA, 42. Jg., 1986, S. 25–85.

7 StiB SG Codex 566, S. 18.

8 Es diente als Grundlage der (überkritischen) Edition von Oswald Holder-Egger: MGH Script. XV/1, 1883, S. 502–506. Vgl. Bruckner, Scriptoria 3, S. 54; jetzt besonders H. Löwe (wie Anm. 6), S. 29f., mit Hinweis auf Bernhard Bischoff, Bücher am Hofe Ludwigs des Deutschen und die Privatbibliothek des Kanzlers Grimalt, in: Ders., Mittelalterliche Studien, 3. Bd., Stuttgart 1981, S. 186–212, hier S. 199 Anm. 62, wonach die Vita S. Findani in Cod. Vad. 317 (S. 32–46) etwas

der Vita ergeben sich für Findan die folgenden Daten: 803/804 Geburt in Leinster, dann infolge dortiger Wikingereinfälle Auswanderung und Pilgerschaft, 854 Eintritt als Mönch in Rheinau, 859 Einschließung als Inkluse in einer Zelle auf der dortigen Klosterinsel, 881 Tod. Unter den verstorbenen Rheinauer Mönchen wurde *Findan mon[achus]* 885 in das Sankt-Galler Verbrüderungsbuch[9] eingetragen.

Über Eusebius[10] ist niemals eine Vita geschrieben worden. Seine Vorgeschichte ist deshalb unbekannt, dürfte aber ähnlich wie jene des Findan gewesen sein. Daß er einen lateinischen Namen trug, war nicht ungewöhnlich. Wegen ihres Klanges, der für festländische Ohren barbarisch und für festländische Zungen unaussprechbar war, wurden irische Eigennamen oft latinisiert, wobei nach Möglichkeit der Anfangsbuchstabe beibehalten wurde; das Beispiel Moengal-Marcellus in St. Gallen ist typisch. Wie Findan mit der Abtei Rheinau in Verbindung trat, verband sich Eusebius in einer gewissen, heute nicht mehr bekannten Weise mit der Abtei St. Gallen, die ihm wegen des Gallus-Grabes nahestehen mußte; daß er dem Kloster als Mönch beigetreten sei, läßt sich nicht nachweisen, sondern scheint erst seit dem 16. Jahrhundert behauptet worden zu sein[11]. Im ältesten Necrologium[12] ist der 31. Januar als sein Todestag überliefert: *Ob [itus] Eusebii reclusi.* Eusebius starb also als Rekluse wie Findan, und zwar 884, also nur drei Jahre nach jenem, wie gleich aus Ratpert zu vernehmen sein wird.

Angemerkt sei zuvor, daß die Legende eines Martyriums[13] nicht vor dem späten 16. Jahrhundert aufscheint. Eusebius, der Einsiedler auf dem Viktorsberg in Vorarlberg, habe die Bauern zur Heiligung des Sonntags aufgefordert; man habe ihm deshalb in der Erregung mit einer Sense das Haupt abgeschlagen; er selber habe es dann von Brederis zu seiner Inklusenzelle auf dem Viktorsberg getragen. Martyrium und Kephalophorenmotiv könnten durch die dortige Kirche eines altchristlichen

später als die anderen Teile dieser Handschrift, die aus der Bibliothek des Abtes Grimalt (841–872) stammt, geschrieben worden sei.

9 Hg. MGH Libri confraternitatum, 1884, S. 47, col. 117, Zeile 35. Über Findan in der Sankt-Galler Überlieferung J. Duft und P. Meyer, Miniaturen (wie Anm. 1), S. 50, 54.

10 Vgl. J. Duft und P. Meyer, Miniaturen (wie Anm. 1), S. 33 ff. Jetzt ausführlich Viktor Wratzfeld, Eusebius vom Viktorsberg, Geschichte-Legende-Kult, Ein Beitrag zur Geschichte der Heiligen Vorarlsbergs (= Schriften zur Vorarlberger Landeskunde, 11. Bd.), Dornbirn 1975. Zusammenfassend Ders., Der heilige Eusebius und der Viktorsberg, in: Kulturinformationen Vorarlberger Oberland, hg. von der Rheticus-Gesellschaft, Feldkirch 1989, Heft 3, S. 193–208.

11 Ebd., S. 70 Anm. 207.

12 StiBSG Codex 915, S. 303 (10. Jh.); Abschriften: Codex 453, S. 132 (12. Jh.); Codex 452, S. 98 (von 1543).

13 Hierzu mit allen Nachweisen V. Wratzfeld, Eusebius (wie Anm. 10), S. 61–106, 131–139. Jetzt auch Ders., Ein seltsamer Gelehrtenstreit, in: Bundes-Oberstufen-Realgymnasium Lauterach, Jahresbericht 1980/81, S. 45–50; Ders., Der Heilige mit dem Kopf in der Hand, Zur Frage christlicher und vorchristlicher Traditionen im Kephalophorenmotiv der Eusebius-Legende, in: Martin Eybl (Hg.), Gold und Schweine, Aufsätze zum Phänomen Kult, Wien 1989, S. 84–89 (mit weiteren Literaturangaben).

Martyrers Viktor veranlaßt worden sein. In St. Gallen ist die Erinnerung an Eusebius zwischen dem 9. und dem frühen 16. Jahrhundert aber nicht nachweisbar, gleichfalls nicht ein Kult. Daß er schließlich zum »Erzmartyrer« der barocken Abtei[14] aufrückte, war durch eine 1731 erfolgte Reliquienschenkung und insbesondere durch die 1786 erfolgte Translation seines Hauptes aus dem eben damals aufgehobenen Franziskanerkloster auf dem Viktorsberg veranlaßt. Die Sense wurde zum Attribut des angeblichen Martyrers in der Kunst, so besonders ausdrucksvoll in einer der monumentalen Sandsteinstatuen Wenzingers an der Südfassade der spätbarocken Stiftskirche[15].

Der einzige sichere Hinweis auf den historischen Eusebius, längst vor aller Legende, ist Ratpert zu verdanken. Dieser, ein Zeitgenosse des Eusebius und somit der unmittelbare und vertrauenswürdige Zeuge, überliefert das Todesdatum in
Abb. 33 seinen *Casus sancti Galli*[16], wo er erzählt: Kaiser Karl III. habe einen in Churrätien gelegenen Berg, auf welchem eine Kirche des heiligen Martyrers Viktor stehe und der deshalb Viktorsberg heiße, dem Kloster des heiligen Gallus urkundlich vergabt; das sei geschehen auf Bitten des Iren Eusebius, der dort während 30 Jahren als freiwillig Eingeschlossener dem Herrn gedient habe und am 31. Januar 884 von diesem Licht zum ewigen Licht hinübergegangen sei. – Hier der Wortlaut[17] dieses grundlegenden Berichtes: *Quendam etiam montem situm in hretia Curiense, in quo constructa est basilica sancti Victoris martyris, cuius et nomine vocatur idem locus mons Victoris, ipso tempore ad monasterium sancti Galli contradidit firmitatisque cartam regia auctoritate exinde fieri iussit, rogante Eusebio scottigena, qui ibidem per XXX annos spontanee clausus domino serviebat. Anno vero incarnationis dominicae DCCCLXXXIIIIto Pridie Kalendas Februarias de hac luce ad lucem migravit perennem.*

Zwei gut erhaltene und mit dem aufgedrückten königlichen Wachssiegel versehene Urkunden[18] im Sankt-Galler Stiftsarchiv zeugen für die historische Wahrheit dieses Berichtes, wiewohl sie Eusebius nicht nennen: Am 23. September 882 schenkt *Karolus divina favente clementia imperator augustus* dem Kloster St. Gallen den Viktorsberg mit dem dazugehörigen königlichen Besitz und Zins zu Rankweil *(in villa Venommia)* und einen Baum- und Rebgarten bei der Kirche des heiligen Martin zu Röthis *(in villa Rautena)*; am 15. April 885 vermehrt er diese Schenkung, indem er

14 Vgl. J. Duft, Der Ire Eusebius auf dem Viktorsberg, in: Montfort, 8. Jg., 1956, S. 5f.; dazu V. Wratzfeld (wie Anm. 10), S. 114–124.

15 Vgl. Ingeborg Krummer-Schroth, Johann Christian Wentzinger, Freiburg i. Br. 1987, S. 54, 279, Abb. 95.

16 Kap. 31, hg. MVG XIII, 1872, S. 56ff.

17 Nach der ältesten erhaltenen Abschrift (10. Jh.): StiBSG Codex 614, S. 129.

18 UBSG II, Nr. 623 und 642; MGH, Dipl. Reg. Germ. Karol. II, Nr. 60 und 98; Albert Bruckner (Hg.), Diplomata Karolinorum, Basel 1969, Faksimile-Ausgabe Nr. 73 und 80, Text S. 19 und 20.

der Gallusabtei einen Hof samt der Kirche von Röthis, was früher im Besitz eines gewissen Odulfus gewesen sei, mit allem Zubehör an Gebäuden, Leibeigenen, Feldern, Wiesen und Alpen überträgt. Daß Eusebius nicht genannt wird, braucht nicht aufzufallen: Er war zwar der vermittelnde Bittsteller, nicht aber der Geber oder Empfänger der Schenkung, und bei der Ausstellung der zweiten Urkunde weilte er nicht mehr unter den Lebenden.

Daß aber sein Andenken noch im 11. Jahrhundert in der sankt-gallischen Klostertradition lebendig war, bezeugt der anekdotenreiche Chronist Ekkehart IV. zweimal. In seinem *Liber benedictionum*[19] findet sich das Gedicht über die Mitmönche der heiligen Gallus und Otmar *(Item de aliis sincellitis amborum),* worin der 10. Vers lautet: *Eusebius celso qui pausat monte Rotino* (Eusebius, der auf dem hohen Rötnerberg verweilt). Darüber schrieb er in kleineren Buchstaben die Erklärung: *Item scottus, qui per L annos inclusus ibi, propheta Karolo et aliis multis* (gleichfalls eine Ire, während 50 [!] Jahren dort eingeschlossen, ein Prophet für Karl und viele andere). *Abb. 38, 39*

In seinen *Casus sancti Galli*[20] kommt Ekkehart sozusagen zufällig auf Eusebius zu sprechen. Er schildert den Traum, den die Mutter des Iso[21], des nachmals bedeutendsten sankt-gallischen Klosterlehrers, gehabt habe: Sie sah ihr Kind als Igel, dem zahlreiche Knaben die Stacheln ausrissen, um damit die Wände zu beschreiben. Ihr Gatte, dem sie den Traum erzählte, holte sich die Erklärung beim Inklusen Eusebius auf dem Viktorsberg; dieser sagte voraus, der Knabe werde in St. Gallen ein ruhmvoller und gestrenger Lehrer sein, der viele Knaben schreiben lehre. Ekkehart fügt hinzu, es sei so gekommen, wie jener vom heiligen Gottesgeist erfüllte Landsmann des heiligen Gallus prophezeit habe; Gott habe überdies noch vielen anderen durch ihn die Zukunft enthüllt, insbesondere dem Kaiser Karl, der – wie auch Ratpert schon geschrieben habe – auf seine Bitte den Viktorsberg dem Kloster St. Gallen übergeben habe. *Abb. 34–37*

Zusammenfassend sei betont: Das grundlegende Zeugnis für Eusebius ist der knappe, durch zwei Urkunden bestätigte Bericht seines Zeitgenossen Ratpert, auf den sich auch Ekkehart beruft. Was an der Ausschmückung, die der letztere darüber hinaus bietet, als geschichtlich zu gelten hat, läßt sich nicht mehr abklären. Aller-

19 StiBSG Codex 393, S. 153; hg. von Johannes Egli, Der Liber Benedictionum Ekkeharts IV. nebst den kleinern Dichtungen aus dem Codex Sangallensis 393 (= MVG, 31. Bd.), St. Gallen 1909, S. 223.

20 Kap. 31. StiBSG Codex 615, S. 112 f.; hg. und übersetzt von Hans F. Haefele, Ekkehardi IV., Casus sancti Galli, St. Galler Klostergeschichten (= Ausgewählte Quellen zur deutschen Geschichte des Mittelalters, 10. Bd.), Darmstadt 1980, S. 74 f.

21 Über ihn und damit auch über Ekkeharts Erzählung jetzt ausführlich J. Duft, Iso monachus – doctor nominatissimus, in: Helmut Maurer (Hg.), Churrätisches und st. gallisches Mittelalter (= Festschrift f. O. P. Clavadetscher), Sigmaringen 1984, S. 129–171; wiedergegeben im vorliegenden Sammelband S. 73–117, bes. 94 ff.

dings kann das (zwar unbekannte) Geburtsjahr Isos, der 871 nach verdienstvoller Lebensleistung starb, mit der angeblichen Prophezeiung seiner Geburt durch Eusebius, dessen Inkludierung laut Ratpert um 854 stattgefunden hat, nicht vereinbart werden.

An Eusebius sind unbezweifelbar seine Existenz, seine irische Herkunft *(scottigena* und *scottus* oder *scotus* bedeuteten nach damaligem Sprachgebrauch noch nicht »Schotte«, sondern eindeutig »Ire«[22]), sein latinisierter Name, sein jahrzehntelanger Aufenthalt als *reclusus* auf dem Viktorsberg sowie sein am 31. Januar 884 eingetretener Tod. Daß er Beziehungen mit dem in Vorarlberg schon ein Jahrhundert zuvor begüterten Gallus-Kloster hatte, ist verständlich und wird durch die beiden Urkunden indirekt bestätigt. Wie lange er auf dem Viktorsberg geweilt hat – ob 30 Jahre, wie Ratpert überliefert, oder aber 50 Jahre, wie Ekkehart in der Interlinearglosse zu seinem Gedicht eilfertig beigeschrieben hat –, ist nicht entscheidend; den von Ratpert überlieferten drei Jahrzehnten gebührt der Vorzug.

Hospiz irischer Pilger

Eusebius weilte nicht allein auf dem Viktorsberg, als Kaiser Karl III. 882 die Schenkung an St. Gallen vollzog. Denn die Urkunde bezeugt, daß jener Berg damals von einem frommen oder gar klösterlichen Konvent einiger Iren *(religioso quorundam Scotorum conventu)* bewohnt war. Weil sich nun der Donator aus der Obsorge für Pilger und Arme ewige Belohnung erhoffe, übertrage er diesen Berg mit allem Zubehör dem Kloster St. Gallen, auf daß dieses den Vorstehern jener Kirche und den Brüdern, die dort Gott dienen, seine Fürsorge zukommen lasse. In der zweiten Urkunde erweitert der Kaiser 885 die Schenkung an St. Gallen mit der klar ausgesprochenen Verpflichtung, daß aus den Erträgnissen inskünftig stets zwölf Pilger *(XII pelegrini)* auf dem Viktorsberg verpflegt werden sollten. So hatte also die Abtei des heiligen Gallus, die selber nie eine irische Gemeinschaft war, die Obhut über eine kleine Vereinigung irischer Mönche und über eine verhältnismäßig früh und gut bezeugte Pilgerherberge erhalten.

Daß solche *hospitia* und *hospitalia* oder auch *hospitalitia Scot(t)orum* nicht selten waren, ist mehrfach, wenn auch zufällig nachgewiesen. »Zur Aufnahme der Gäste hatten größere Klöster [in Irland] besondere Gasthäuser *(hospitia)*, wie sie zum Beispiel für Iona und Lismore ausdrücklich bezeugt sind. Später haben die Iren auch auf dem Kontinent Hospize für Pilger, vor allem für Rompilger, errichtet und

22 Vgl. beispielsweise Ludwig Bieler, Irland, Wegbereiter des Mittelalters, Olten/Lausanne/Freiburg i. Br. 1961, S. 10.

verwaltet.«[23] Sie werden auch von der Medizingeschichte[24] beachtet, wobei allerdings gewöhnliche Unterkunfts- und Versorgungsstätten von eigentlichen Heilstätten zu unterscheiden sind. Abt Otmar in St. Gallen unterhielt laut Nachricht seiner Vita schon im 8. Jahrhundert beides: sowohl *mansiones* für die Armen als auch ein abgesondertes *hospitiolum* für die Leprosen.

Über Art und Nationalität der »zwölf Pilger«, die auf dem Viktorsberg unter irischer Leitung zu versorgen waren, ist in der Urkunde nichts bestimmt worden. Daß es nicht einfach »Reisende im üblichen Sinn des Wortes« gewesen seien, sondern festniedergelassene »irische Mönche, für welche die Wanderschaft für Christus ebenso wie die Zwölfzahl der Gefährten« im Sinn der asketischen Heimatlosigkeit charakteristisch waren, ist möglich[25]. Allerdings sind die hierfür vorgebrachten Begründungen einerseits unrichtig und andererseits nicht überzeugend: Unrichtig ist die Annahme, irische Mönche in St. Gallen hätten sich wegen der Einführung der Benediktinerregel dorthin zurückgezogen (es gab in St. Gallen niemals eine irische Gemeinschaft, und die Benedictus-Regel war nicht erst um 850, sondern schon 747 eingeführt worden). Nicht überzeugend ist die Meinung, »für ein Pilgerhospiz wäre der Viktorsberg, der weder in der Nähe der Straße noch eines Paßübergangs liegt, völlig ungeeignet« gewesen, liege doch die Viktorskirche »mehr als eine Stunde von der Straße im Tal entfernt und nur auf beschwerlichem Saumpfad durch einen Wald erreichbar« (der Viktorsberg war, wie die anderen bewohnten Erhebungen im sumpfigen Rheintal, vor den häufigen Überschwemmungen des Rheins gesichert, und der kleine Aufstieg bot den wandergewohnten Pilgern keine Schwierigkeit). Jedenfalls führte die rechtsrheinische Römerstraße von Brigantium nach Clunia, Magia und Curia recht nahe vorbei; die Anhöhe schützte vor Naturgewalten, und die nicht allzu weit entfernte Gallus-Abtei hatte für den Unterhalt aufzukommen.

Sie hatte wohl auch für Eusebius während seinen dreißig Jahren auf dem Viktorsberg besorgt zu sein. Wenn er nicht einfach ein Rekluse im Sinn der altchristlichen Anachoreten war, sondern ein im strengen Sinn in die Zelle eingeschlossener Inkluse, war er auf Betreuung angewiesen. Darauf läßt die Erwähnung eines wohl allmählich um ihn entstandenen *religiosus conventus* einiger *Scoti* schließen, und diesen waren nun auch die vorüberreisenden Pilger anvertraut.

23 So L. Bieler, Irland (wie Anm. 22), S. 55. Vgl. L. Gougaud, Sur les routes (wie Anm. 1), S. 253–271; Ders., Christianity in Celtic Lands, London 1932, S. 177–180.

24 Vgl. beispielsweise J. Duft, Notker der Arzt, Klostermedizin und Mönchsarzt im frühmittelalterlichen St. Gallen (= 112. Njbl., 1972), St. Gallen ²1975, S. 16f. (Hospiz für irische Pilger), ebd., S. 15f. (Krankenpflege St. Otmars).

25 So Gerhard Podhrasky, Hof und Pfarrei Röthis, I. Teil, in: Jahrbuch Vorarlberger Landesmuseums-Verein 1984, Bregenz 1985, S. 13–43; Zitate S. 29f.

Unbekannt ist die weitere Geschichte des irischen Konvents und des Hospizes auf dem Viktorsberg. Jedenfalls fehlt in der nächsten einschlägigen Urkunde[26], ausgestellt am 23. Juli 896, jegliche Reminiszenz: Damals vertauschte ein Presbyter namens Valerius, der auch mit der rätischen Abtei Pfäfers in Beziehung stand, Eigenbesitz in der Umgebung mit dem Kloster St. Gallen; dafür erhielt er die Viktorskirche mit deren Zubehör und dem Viktorsberg zu lebenslanger Nutznießung. Von irischen Pilgern war nicht mehr die Rede. Für sie galt anscheinend das ihnen wohlbekannte Wort aus dem Hebräerbrief (13, 14): *Non enim habemus hic manentem civitatem, sed futuram inquirimus.*

26 UBSG II, Nr. 705. Dazu auch G. Podhrasky (wie Anm. 25), S. 30.

DER DICHTER NOTKER BALBULUS (†912)

Notker der Stammler in Sankt-Galler Manuskripten

Erstveröffentlichung: Notker Balbulus in den Sankt-Galler Manuskripten, in: Protokoll Nr. 246 über die Arbeitssitzung am 23. Mai 1981 im Konstanzer Arbeitskreis für mittelalterliche Geschichte. – Die damalige Rede ist hier zur Schreibe umgeformt, wesentlich überarbeitet, teils gekürzt und teils ergänzt worden. Auf ausführlichere Quellen- und Literaturhinweise wurde verzichtet, weil sie in dem in Anm. 2 angeführten Lexikonartikel sozusagen vollständig erfaßt sind.

Nicht weniger als vierzehnmal – nämlich zehnmal für Geistliche und viermal für Laien – steht der Name Notker in den Nekrologien der Abtei St. Gallen, die seit dem früheren Mittelalter sowohl die Urkunden des Stiftsarchivs als auch die Manuskripte der Stiftsbibliothek, darunter bedeutende Notkeriana, zu bewahren vermocht hat. Einer der Träger dieses alemannisch-sankt-gallischen Namens war Notker der Abt (†975)[1]; er empfing 972 Kaiser Otto den Großen, als dieser im Sinn seiner Reichs- und Kirchenpolitik die Abtei visitierte. Drei der Notkere gingen nicht nur in die lokale Kloster-, sondern auch in die abendländische Wissenschaftsgeschichte ein.

Die drei Notkere

Notker I. (†912)[2] blieb vielfältig bekannt: als Schöpfer liturgischer Sequenzen, als Kompilator eines Martyrologiums, als Erzähler der Karlsgeschichten, als Autor eines in Poesie und Prosa gestalteten Galluslebens, als Verfasser des sogenannten Formelbuches sowie kleinerer Abhandlungen, Briefe und Gedichte. Die Zeitgenossen und Nachfahren schätzten die Sequenzen als seine Hauptleistung, steht doch im Necrologium (Codex 915 der Stiftsbibliothek, S. 313) unter dem 6. April zu lesen: *Obitus … et Notkeri magistri,* darüber *qui sequentias composuit.* *Abb. 29*

1 Über ihn HS III/1, S. 31, 116.
2 Grundlegend HANS F. HAEFELE, Notker I. von St. Gallen, in: VL², 6. Bd., 1987, Sp. 1187–1210.

Er selber nannte sich bescheiden *balbus* und im für ihn typischen Diminutiv *balbulus.* Stammler war er, wie er selber andeutet, weil er *edentulus* war, also nicht wegen eines Sprachfehlers, sondern wegen frühzeitiger Zahnlosigkeit[3].

Nicht stammelnd war er im Schreiben und Dichten, weshalb Wolfram von den Steinen sein 1948 erschienenes zweibändiges Monumentalwerk mit dem (leicht verwirrlichen) Titel überschrieben hat: »Notker der Dichter«[4]. Damit hat er eine eigentliche Notker-Renaissance eingeleitet. Erinnert sei, um nur wenige der seitherigen Veröffentlichungen anzuführen, an die Ausgabe der Gesta Karoli durch Hans F. Haefele 1959, an mehrere anschließende, nicht selten kontrovers gehaltene Studien zu diesen Karlsgeschichten, an »Profile des Mittelalters« beispielsweise von Karl Langosch, aber auch an musikhistorische Untersuchungen von Jacques Handschin, von Heinrich Husmann, von Bruno Stäblein und besonders einläßlich von Frank Labhardt[5], dieser über die spätmittelalterliche Sequenzen-Sammlung Codex 546 der Stiftsbibliothek.

Der zweite Notker († 975)[6], der unter diesem Namen bekannt geblieben ist, war der Arzt (*medicus* oder *physicus*), von den Mitbrüdern auch *piperisgranum* genannt: Pfefferkorn, angeblich wegen seiner Regelstrenge, vielleicht auch wegen seiner Medikamente. Jedenfalls schätzte man ihn hoch, wie es wiederum der Eintrag im zeitgenössischen Necrologium (Codex 915, S. 346) zum 12. November beweist: *Obitus Notkeri, benignissimi doctoris et medici.*

Der dritte dieses Namens war Notker Labeo († 1022)[7], der mit der großen Lippe, oder wie Vadian das Epitheton übersetzt hat: der mit dem großen Maul. Schon für die Zeitgenossen war er der *teutonicus,* weil er nach Ekkeharts Zeugnis im sogenann-
Abb. 38, 39 ten *Liber benedictionum* (Codex 393, S. 155) als erster deutsche Sprache geschrieben und schmackhaft gemacht habe: *primus barbaricam scribens faciensque saporam.* Er steht im Necrologium (Codex 915, S. 326) unter dem 29. Juni: *Obitus ... Notkeri doctissimi atque benignissimi magistri.*

3 Vgl. Günther Habermann, Über die Sprachstörung des Notker »Balbulus« und zu anderen sprachbezüglichen Namensattributen im Mittelalter, in: Folia phoniatrica, 19. Bd., 1967, S. 220–227; dazu auch J. Duft, Notker der Arzt (wie Anm. 6), S. 25 f.

4 Wolfram von den Steinen, Notker der Dichter und seine geistige Welt, Darstellungsband und Editionsband, Bern 1948 (Nachdruck 1978); Ders., Liber ymnorum / Hymnenbuch, Editio minor / Kleine Ausgabe, Bern und München 1960.

5 Frank Labhardt, Das Sequentiar Cod. 546 der Stiftsbibliothek von St. Gallen und seine Quellen (= Publikationen der Schweizerischen Musikforschenden Gesellschaft, Serie II Vol. 8, I Textband, II Notenband), Bern 1959 und 1963.

6 Über ihn insgesamt J. Duft, Notker der Arzt, Klostermedizin und Mönchsarzt im frühmittelalterlichen St. Gallen (112. Njbl. 1972 und Buchausgabe, St. Gallen [1]1972, [2]1975); Ders., Notker II. von St. Gallen, in: VL[2], 6. Bd., 1987, Sp. 1210 ff. Siehe auch S. 149–164 im vorliegenden Sammelband.

7 Grundlegend Stefan Sonderegger, Notker III. von St. Gallen, in: VL[2], 6. Bd., 1987, Sp. 1212–1236. Siehe auch S. 165–173 im vorliegenden Sammelband.

Notker Balbulus in Miniaturen

Bemerkenswerterweise bestehen von einem dieser Notkere – vom Stammler/Dichter – zwei beachtenswerte Miniaturen, die unmittelbaren Zusammenhang mit der sanktgallischen Buchmalerei des 11. Jahrhunderts aufweisen. Die eine ziert das früher in Berlin, heute in Krakau[8] aufbewahrte Sequentiarium, das Bischof Sigebert zwischen 1022/1036 für seinen Dom in Minden schreiben ließ. Sankt-gallischer Einfluß ist stilistisch und inhaltlich, in Tropen und Sequenzen, ebenso im Schreiberbild Notkers festzustellen. Die andere Miniatur liegt heute in Zürich[9], entstammt aber nachweisbar dem Graduale/Troparium/Sequentiarium Codex 376 der Stiftsbibliothek St. Gallen um 1070. Notker ist hier nicht als Scriptor, sondern als meditierender Autor dargestellt.

Die Bildunterschrift *S[anctus] Notkerus* auf dieser zweiten Miniatur ist ein späterer Zusatz. Zwar scheint eine römische Kanonisation Notkers, möglicherweise bei einem Gespräch des Sankt-Galler Abtes Ulrich VI. von Sax mit Papst Innozenz III. um 1215, beabsichtigt gewesen zu sein, wie es die (hier noch anzuführende) *Vita Notkeri Balbuli* in ihrem 18. Kapitel andeutet[10]; sie fand aber nicht statt. Erst 1513 vollzog der Konstanzer Bischof Hugo von Landenberg mit päpstlicher Ermächtigung die Seligsprechung, angeregt von dem aus Konstanz hervorgegangenen Abt Franz von Gaisberg. Die Akten sind im sogenannten *Codex Gaisbergianus* (Cod. 613 der Stiftsbibliothek) überliefert. Abt Franz bemühte sich erfolgreich um die liturgisch-musikalische Erneuerung des klösterlichen Gottesdienstes, damit auch um die Wiedererweckung der Notker'schen Sequenzen; sein Cantor Joachim Cuontz legte dafür den imponierenden Sammelband Codex 546 an. Nun entstanden auch die Kultbilder Notkers, so in Missale, Vesperale, Graduale und Antiphonarium (Codices 357, 439, 542, 543) des Abtes Diethelm Blarer von Wartensee aus den Jahren um 1550/1560[11]. Als Attribut gab man dem Seligen nicht mehr den Federkiel wie im 11. Jahrhundert, sondern den zerbrochenen Stab in die Hand, mit welchem er laut Ekkeharts 41. Kapitel der *Casus s. Galli* auf den Teufel in Hundsgestalt eingeschlagen haben soll.

Abb. 20, 21

8 Biblioteka Jagiellońska, Cod. theol. lat. quart 11, fol. 144r; dazu J. Duft, Die Abtei St. Gallen, Ausgewählte Aufsätze, 1. Bd., Sigmaringen 1990, S. 112, 252 f., Abb. 16.

9 Staatsarchiv, Blatt 56 in Sammelmappe AG 19. XXXV; dazu J. Duft (wie Anm. 8), S. 108 f., 117, 253, Abb. 17.

10 Vgl. J. Duft, Hochfeste im Gallus-Kloster (= Kult und Kunst, 1. Bd.), Beuron 1963 (Nachdruck 1974), S. 76 ff. (die Jahrzahl 1125 ist ein Verschrieb für 1215!); jetzt auch Elmar Lechner (wie Anm. 14), S. 103–106, 173, 174 f.; ebenso Peter Ochsenbein und Karl Schmuki, Sankt Galler Heilige (Ausstellungsführer), St. Gallen 1988, S. 36–40.

11 Vgl. Alfred A. Schmid, Die Buchmalerei des XVI. Jahrhunderts in der Schweiz, Olten 1954, S. 145–153.

Quellen zu Notker Balbulus

Die ergiebigste – allerdings erzählerische – Quelle ist, neben den Einträgen in den *Libri memoriales,* die von Ekkehart IV. nach 1030 geschriebene, aus der lebendigen Haustradition geschöpfte Klostergeschichtsschreibung: die Continuatio der von *Abb. 34–37* Ratpert begonnenen *Casus s. Galli,* abschriftlich erstmals im Codex 615 der Stiftsbibliothek überliefert. Ekkeharts anekdotenreiches Werk ist literarisch stets geschätzt worden; es wird nun auch historisch ernster genommen als früher, nachdem H. F. Haefele es mehrfach rehabilitiert hat[12]. Er besorgte auch, erstmals aufgrund der ganzen Textüberlieferung, die neue gültige Ausgabe und die verständnisvolle Übertragung ins Deutsche[13].

In 21 Kapiteln seiner *Casus* schreibt Ekkehart – teils ausführlich, teils nur zufällig – von Notker dem Stammler. Geradezu persönlich geschieht es im 33. Kapitel: *De Notkero, Ratperto, Tuotilone* – »Von Notker, Ratpert und Tuotilo, den Schülern des Iso und des Marcellus, erzählen wir gemeinsam, da sie ein Herz und eine Seele waren. Nachdem sie von Iso in den göttlichen Dingen sattsam geschult waren, schlossen sie sich dem Marcellus an. Dieser, im göttlichen und menschlichen Wissen gleicherweise gebildet, führte sie den sieben freien Künsten zu, insonderheit der Musik. Darin brachten sie es zu solcher Meisterschaft, wie sie in den Werken eines jeden deutlich sichtbar wird«, – ja wie sie in den Sequenzen Notkers, den Hymnen Ratperts und den Tropen Tuotilos bis heute faßbar geblieben ist.

Ekkehart zeichnet sodann Notkers innere und äußere Gestalt: »Notker, hager an Leib, nicht aber an Seele, stammelnd in der Rede, nicht aber im Geiste, hochragend in göttlichen Dingen, geduldig in irdischem Ungemach, milde bei allem, drang doch bei den Unsrigen auf scharfe Zucht. Vor jähen Geschehnissen verzagte er leicht, nicht aber vor dem Angriff der Dämonen, denen er sich kühn entgegenstellte. Um alle die Gaben seiner heiligen Persönlichkeit bündig zusammenzufassen: er war ein Gefäss des Heiligen Geistes so überquellend reich, wie es zu seiner Zeit kein anderes gab.« Selbst Ekkehart greift hier zum Notker'schen Diminutiv: *sancti spiritus vasculum,* also wörtlich »Gefäßchen«.

Daß Ekkeharts Schilderungen eine Hauptquelle für die nachwirkende Kenntnis Notker sind, wußte schon jener anonyme Sankt-Galler Mönch, der im 3./4. Jahrzehnt des 13. Jahrhunderts aus allen Nachrichten, die er über die drei Notkere aufzustöbern vermochte, die *Vita Notkeri Balbuli* kombinierte und kompilierte (Autograph Codex 556, Abschriften in Codices 610 und 613). Man hat ihn seit dem

12 Hans F. Haefele, zusammengefaßt im Lexikonartikel: VL², 2. Bd., 1980, Sp. 455–466; hier auch Handschriften, Ausgaben, Übersetzungen. Zu Ekkehart IV. siehe auch S. 211–220 im vorliegenden Sammelband.

13 Ekkehardi IV. Casus sancti Galli – St. Galler Klostergeschichten (= Ausgewählte Quellen zur deutschen Geschichte des Mittelalters, Bd. X), Darmstadt 1980.

17. Jahrhundert willkürlich Ekkehart V. genannt. Seine Fleißarbeit, die er anscheinend im Hinblick auf eine beabsichtigte Kanonisation Notkers verfaßte, wurde gelesen und geschätzt; P. Hans Conrad Haller schrieb 1522 eine deutsche Übertragung nieder (Codex 590), und P. Anton Widenmann besorgte 1637 eine Nachdichtung (in Codex 1257)[14]. Es handelt sich durchweg nicht um Biographie, sondern um Hagiographie.

Quellen persönlicher Eigenart sind Notkers eigenhändige Selbstzeugnisse in St. Gallen. Vorerst ist auf Urkunden[15] im Stiftsarchiv aus den Jahren 858–909 hinzuweisen, in denen Notker als Schreiber oder auch als Zeuge genannt ist: dabei 890 als *bibliothecarius,* 892 und 894 als *hospitarius,* 895 als *presbyter.* Die letzte von ihm 909 geschriebene Urkunde trägt die Unterschrift: *Ego Notker infans et sancti Galli famulus.* Es sind die für ihn bezeichnenden Bescheidenheitsformeln, wobei im Wort *infans* (von *fari*) mehr liegt als nur die Übersetzung »Kind«, nämlich die Grundbedeutung »nicht-sprechend«, also stumm oder aber lallend, stammelnd, wohl auch zahnlos.

Hinzuweisen ist sodann auf Notkers Einträge in Manuskripten der Stiftsbibliothek, so im Codex 672. Am Fuß der Seite 64 steht: *hucusque patravit Notker,* das heißt: bis hierher hat Notker das Abschreiben des Textes – es sind die Akten des II. Konzils von Konstantinopel – betreut. Am Fuß der gegenüberliegenden Seite steht sodann: *ab hinc vero per quinque annos, a quinto Bernhardi usque ad quartum Salomonis* (d. h. 889–894), *hoc totum est in commune patratum.* Damit ist ein bemerkenswerter Einblick in das Scriptorium gegeben. Weitere eigenhändige Notizen schrieb Notker als Randglossen in das Martyrologium des Ado von Vienne (Codex 454), als er sein eigenes Martyrologium erarbeitete.

Eindrücklich in mehrfacher Beziehung ist Notkers Eintrag im alttestamentlichen Codex 14. Am Schluß des Buches Esdras benützte er die halbleer gebliebene Seite 331, um folgende Notiz[16] beizufügen: *Ego Notker, indignus coenobiota s. Galli, cum* *Abb. 27*
adhuc adolescentulus (wieder der Diminutiv!), zu deutsch: »Als ich noch ein grüner Jüngling war, las ich in einem uralten Buch der Reichenau einige eingeschobene Rätsel und bewertete sie als Nichtigkeit.« Es handelte sich um die Episode von den drei Leibwächtern des Königs Darius, die darüber stritten, was wohl das Stärkste in

14 Insgesamt ELMAR LECHNER, Vita Notkeri Balbuli, Geistesgeschichtlicher Standort und historische Kritik, Ein Beitrag zur Erforschung der mittelalterlichen Hagiographie (= MVG, 47. Bd.), St. Gallen 1972; dazu auch ERIKA-ANETTE KOEPPEL, Die Legende des heiligen Notker von Konrad Haller, Edition mit Einleitung (= Göppinger Arbeiten zur Germanistik, Nr. 359), Göppingen 1983; zusammenfassend PETER STOTZ, »Notker Balbulus« Lebensbeschreibung, in: VL², 6. Bd., 1987, Sp. 1185 f.

15 Zusammengestellt bei W. VON DEN STEINEN, Darstellungsband (wie Anm. 4), S. 500–503; Wiedergabe der Urkunde von 904 im Editionsband Tafel 4. Jetzt auch PASCAL LADNER; Die Welt Notkers des Dichters im Spiegel seiner Urkunden, in: DA, 41. Bd., 1985, S. 24–38.

16 Editionsband (wie Anm. 15), Tafel 3.

der Welt sei: der Wein, der König, die Frau oder aber die Wahrheit. Notker fährt so weiter: »Als ich aber mit fortschreitenden Jahren die Bücher des hl. Augustinus [nämlich *de civitate Dei*] las und dabei erkannte, mit welcher Autorität er jene Rätsel ausgelegt hat, hielt ich es für unrecht, sie der Bibliothek des hl. Gallus, der ich mit Gottes Hilfe vieles zugehalten habe, zu unterschlagen. Schon früher habe ich ja auch den Brief des Jeremias abschreiben lassen sowie das [apokryphe] Buch Baruch, das vom erfahrenen Hieronymus zwar verachtet, von anderen Kirchenmännern aber benützt worden ist.« Der Eintrag Notkers ist aufschlußreich sowohl für seine geistige Selbständigkeit und Bibelkenntnis als auch für die Geschichte seiner Kloster-, unserer Stiftsbibliothek. Seine Literaturkenntnisse erweisen sich überdies im sogenannten Formelbuch, das er für seinen zur Bischofswürde emporgestiegenen Schüler Salomo zusammengefügt hat.

In diesem Zusammenhang sei die Wahrscheinlichkeit, daß der Bibliothekar Notker am ältesten überlieferten Katalog[17] der Bibliothek (in Codex 728) beteiligt war, angedeutet. Man hat die Möglichkeit auch schon erwogen, jedoch wieder verworfen mit dem Hinweis, Notker sei frühestens um 840 geboren, der Katalog aber sei um/nach 850 angelegt worden. Neuestens wird er in die Jahre 884–888 datiert, womit er dem Bibliothekar Notker zeitlich bestens entspricht. Jedenfalls dürften Bemerkungen einer Revision desselben – teils an den Rändern wie im Ado-Martyrologium, teils zwischen den Zeilen – von seiner Hand stammen.

Das Schrifttum von Notker Balbulus

Das von Notker geschaffene Schrifttum – als Hauptwerke die Sequenzen des Dichters, das Gallusleben des Lehrers, das Martyrologium des Gelehrten – wird hier nur insoweit gestreift, als es noch in Manuskripten zu St. Gallen greifbar geblieben ist. Insgesamt ist es bei H. F. Haefele[18] nachgewiesen. Dabei ist zu beachten, daß diese ganze Überlieferung – selbst jene in den Sankt-Galler Manuskripten – nicht mehr in Originalen des Verfassers, sondern in Abschriften vorliegt. Die Originale dürften größtenteils aus fliegenden Blättern bestanden haben: Für die Sequenzen ist es ausdrücklich bezeugt; für das Martyrologium ist es wahrscheinlich; bei der unvollendet gebliebenen Gallus-Vita, die ein Schriftenwechsel zwischen Lehrer und

17 Vgl. J. Duft, Die Handschriften-Katalogisierung in der Stiftsbibliothek St. Gallen vom 9. bis zum 19. Jahrhundert, in: Beat Matthias von Scarpatetti, Die Handschriften der Stiftsbibliothek St. Gallen, Beschreibendes Verzeichnis, Codices 1726–1984, St. Gallen 1983, S. 11*–18*, bes. S. 12* Anm. 16. Zur Neudatierung Walter Berschin, Alte und neue Handschriftenkataloge der Stiftsbibliothek St. Gallen, in: Freiburger Diözesan-Archiv, 106. Bd., 1986, S. 5 f.

18 Siehe Anm. 2: hier jeweils die Textüberlieferung, die Ausgaben und allfälligen Übersetzungen.

Schüler war, liegt es in der Natur der Sache. Die Einzelblätter gingen jeweils unter, nachdem ihr Inhalt in Buchform gesammelt und abgeschrieben war.

Ein *Sequentiarium* aus der Lebenszeit und von der Hand Notkers besteht bekanntlich nirgendwo (die von ihm um 884 für Bischof Liutward eilig hergestellte Sammlung seiner Einzelblätter ging damit beim Beschenkten unter). Aber weil die Sequenzen als Bereicherung der Festmessen rasch beliebt wurden, stellten Notkers Nachfahren im Kloster für ihre liturgischen Gradualien eigentliche Sequenzenanhänge her. Darin nahmen sie allerdings auch die Gesänge der Nachahmer Notkers – so des ersten und des zweiten Ekkehart – begeistert auf. Ekkehart IV.[19] im 11. Jahrhundert sprach Notker fünfzig Sequenzen zu; in den Sequentiarien sind zwischen 37 und 81 solche Gesänge aufgeführt; für den modernen Notker-Interpreten Wolfram von den Steinen[20] haben vierzig als authentisch zu gelten.

Grundlegende Sammlungen in St. Gallen finden sich in den Codices 381 (um 1000), 376 (um 1065), 378 (um 1070), 380 (um 1085). Insgesamt ist die Anzahl *Abb. 12, 13* solcher Manuskripte sowie der Missalien-Frühdrucke bis in das 16. Jahrhundert nicht mehr erfaßbar, wenn man Notkers Ausstrahlung bedenkt: nach Deutschland, Österreich, Ungarn, Böhmen, Italien, Spanien, England, Irland, Frankreich, Belgien, Holland, Schweden, Norwegen, Island. Die *Analecta hymnica* von C. Blume und H. M. Bannister sowie das *Repertorium hymnologicum* von U. Chevalier führen eine Fülle an Handschriften auf, beispielsweise 52 für die Weihnachtssequenz, 53 für die Ostersequenz, 65 für die Epiphaniesequenz, 66 für die Pfingstsequenz, – und seither sind manche weiteren bekannt geworden.

Eigenartig mutet an, daß in mindestens zehn dieser Handschriften aus dem 10. bis 12. Jahrhundert – dabei auch in den vier soeben angeführten Sankt-Galler Codices – das *Prooemium Notkeri* aufgenommen ist: seine um 884 verfaßte Dedika- *Abb. 10, 11* tion der Sammlung an Bischof Liutward von Vercelli, den Erzkanzler Karls III., den aus Alemannien hervorgegangenen Gönner St. Gallens. Denn dieser sehr persönlich gehaltene »Brief«[21] ist für die gottesdienstliche Weiterverwendung der Sequenzen belanglos, wenn nicht gar störend. Er läßt aber das dankbare Erstaunen seiner Nachfahren über Notkers Kunst erahnen und zeugt für deren Verehrung des Meisters.

Gleichfalls nicht mehr original ist Notkers geradezu singuläres *Prosimetrum de vita sancti Galli* erhalten. Der *Codex unicus* ging im 16. Jahrhundert verloren; erhalten blieben im Band 369 des Stiftsarchivs die flüchtigen Exzerpte, die Hofammann Johannes Hechinger vor 1464 angefertigt hat. Sie sind allerdings unvollständig, und unvollständig war schon das Werk als solches, da Notkers Partner, der junge

19 Zufällige Glosse in seiner Dichtung *De aliis sincellitis* zu Zeile 15 (hg. in MVG 31, S. 225).

20 Siehe Anm. 4: Darstellungsband S. 513–518 (Die Notkerfrage: Stand der Forschung), Editionsband S. 192–198 (Zur Überlieferungsgeschichte), S. 198–213 (Zu den einzelnen Handschriften).

21 Hierüber ausführlich in unserem hier folgenden Beitrag: Der Impetus für Notkers Sequenzen.

Dichter-Mönch Hartmann, vorzeitig starb. Notker wollte, wie sein Editor Walter Berschin[22] ausführt, »das Gallus-Leben in einer Form feiern, die Poesie und Prosa vereinigte. Ist schon dieser Plan in der Viten-Literatur des lateinischen Mittelalters zunächst einzigartig, so ist auch auf weite Strecken literarischen Lebens die Entstehung des Werks ein Unikum. Denn es entstand in einem echten Wechselgesang, Wettbewerb oder Spiel, zwischen altem Dichter und jungem Dichter, Lehrer und Schüler, Meister und Jünger«, eben zwischen Notker und Hartmann. Deshalb beginnt es, nach einem später vorgesetzten Prolog von Ekkehart IV., mit der *Epistola Notkeri metrica ad Hartmannum discipulum in vitam sancti Galli*. Ihr folgen die *Rescripta Hartmanni ad epistolam Notkeri sibi prolatam*. Sie sind in frisch-fröhlichen Reimversen gehalten, während sich der Meister vorher und nachher des sapphischen Versmaßes bedient. Er scheut sich aber auch nicht der Prosa, insbesondere bei der langen Predigt, die der heilige Gallus nach der Bischofswahl seines Jüngers Johannes in Konstanz gehalten haben soll. Die Hagiographen berichten, er habe die Heilsgeschichte von Adam bis Christus entwickelt, und Notker führt sie als das Mittelstück seiner eigenständigen Vita weit und breit aus[23].

Das dritte hier zu nennende Werk Notkers ist sein *Martyrologium*[24] im Codex 456 der Stiftsbibliothek[25]. Es ist aber, wie die anderen Schriften Notkers, nur noch mit bedauerlichen Lücken überliefert. Es dürfte vom Verfasser selber nicht vollendet worden sein, weil er daran während langer Zeit und mit bewußter Kritik gegenüber seinen Vorlagen arbeitete; damit läßt es wieder seine Persönlichkeit – diesmal seinen gelehrten Eifer – durchschimmern. Als Vorlagen benutzte er, neben dem für die Liturgie stets grundlegenden Martyrologium Hieronymianum, die ihm besonders nahen Martyrologien des Ado von Vienne (es lag ihm im heutigen Codex 454, angeblich von Ado persönlich nach St. Gallen gesandt, vor) und des Hrabanus Maurus (Codex 457 ist das vom Verfasser dem Abt Grimalt in St. Gallen gewidmete Exemplar, Codex 458 ist die wenig später hier hergestellte Abschrift, beide waren Notker in seiner Bibliothek zur Hand).

22 Walter Berschin, Notkers Metrum *de vita S. Galli*, Einleitung und Edition, in: Otto P. Clavadetscher, Helmut Maurer, Stefan Sonderegger (Hg.), Florilegium Sangallense (= Festschrift f. J. Duft), St. Gallen und Sigmaringen 1980, S. 71–121.

23 Identifiziert von Wilhelm Emil Willwoll, Die Konstanzer Predigt des heiligen Gallus, ein Werk des Notker Balbulus, in: ZSKG, 35. Jg., 1941, S. 4–28, 114–139, Sonderdruck Freiburg/Schweiz 1942.

24 Dazu besonders John Mc Culloh, Das Martyrologium Notkers als geistesgeschichtliches Dokument, in: Protokoll Nr. 246 über die Arbeitssitzung am 23. Mai 1981 im Konstanzer Arbeitskreis für mittelalterliche Geschichte; ebd. auch die weiterführenden Diskussionsbeiträge.

25 Zu diesem und den anderen hier angeführten Codices ist auch Scherrer, Handschriften, S. 148–151, einzusehen; zu den Manuskripten von Hrabanus Maurus J. Duft, Abendländisches Mönchtum (Ausstellungsführer), St. Gallen 1980, S. 16ff.; dessen Martyrologium ist 1979 auf den Grundlagen der beiden Sankt-Galler Codices 457 und 458 herausgegeben von J. Mc Culloh in Bd. 44 der *Continuatio mediaevalis* des *Corpus Christianorum*.

Von den kleineren Schriften Notkers[26] sind in St. Gallen noch abschriftlich erhalten: die Hymnen *de sancto Stephano,* von ihm gedichtet für den 883 zum Bischof von Metz erhobenen Sankt-Galler Mönch Ruotpert zu Ehren des dortigen Kathedrale-Patrons (in Codex 242, S. 3–9); die *Epistola ad Lantbertum* über die Bedeutung der sogenannten Romanusbuchstaben *(litterae significativae),* die der Präzisierung der Neumen dienlich waren (in Codex 381, S. 6ff.); das Grußlied *Ave beati germinis* zum Empfang eines Königs (ebd., S. 47f.). Dagegen fehlen hier Manuskripte der für Kaiser Karl III. um/nach 883 niedergeschriebenen Gesta seines Urgroßvaters Karl des Großen sowie des für Abt-Bischof Salomo um 890 aus mehreren Bestandteilen zusammengefügten sogenannten Formelbuches.

Harte Scholle – süßes Land

Im 18. Jahrhundert stellte ein ungenannter Barockmaler in einem in St. Gallen noch erhaltenen Historienbild[27] den Benediktinermönch Notker Balbulus dar, wie er im heimatlichen Klostergarten kniet, tief versunken in die bescheidene und doch entscheidende Arbeit des Pflanzens und des Jätens. Zwar handelt es sich dabei um eine mißverstandene Szene aus Notkers *Gesta Karoli* (II 12), die nicht ihn betraf, sondern Karls des Großen hierher verbannten Bastard, den buckligen Zwerg Pippin. Trotzdem ist die Gartenarbeit ein Symbol für Notkers literarische Wirksamkeit, wie sie in den Sankt-Galler Manuskripten bis heute erfaßbar geblieben ist. Dadurch nämlich hat er an der Metamorphose Alemanniens mitgebaut, und er hat sie in zwei treffliche Formulierungen eingefangen. Im Gallus-Prosimetrum charakterisiert er die *Alamannia* mit dem Vers: *Dura viris et dura fide, durissima gleba* – rauh sei sie in den Leuten, rauh im Glauben, besonders rauh in der Erdscholle. Dasselbe Land streift Notker aber auch in der Gallus-Sequenz, und hier ist es für ihn schon verwandelt: denn Gott hat es dem Fremdling zur *patria* gegeben, und damit ist es zur *Suevia suavis* geworden – zum süßen Schwaben.

26 Vgl. Anm. 2. – Zu Notkers Lehrbrief in Codex 381: JACQUES FROGER, L'Epitre de Notker sur les ›lettres significatives‹, Edition critique, in: Etudes Grégoriennes 5, 1962, S. 23–71. – Über Notkers eigenhändig geschriebene Zeugnisse jetzt umfassend SUSAN RANKIN, Notker Balbulus as Scribe, in: Revue Bénédictine (1991 im Druck).

27 Vgl. J. DUFT, Die Hausherren der Fürstabtei St. Gallen, Historienbilder aus dem 18. Jahrhundert »Am Gallusplatz« in St. Gallen, St. Gallen 1975, S. 29ff.

Der Impetus für Notkers Sequenzen

Erstveröffentlichungen: Le »Presbyter de Gimedia« apporte son antiphonaire à Saint-Gall, in: Jumièges, Congrès scientifique du XIIIe centenaire, Rouen 1955, S. 925–936. – Wie Notker zu den Sequenzen kam, in: Zeitschrift für Schweizerische Kirchengeschichte, Band 56, 1962, S. 201–214. – Text und Anmerkungen der beiden koordinierten Aufsätze sind hier überarbeitet worden.

In Rouen fand 1954 ein internationaler Kongreß zur Erinnerung an die 1300 Jahre zuvor durch den heiligen Philibert gegründete und nach wechselvoller Geschichte in der Französischen Revolution 1790 gewaltsam zerstörte Benediktinerabtei Jumièges statt[28]. Was St. Gallen für Alemannien, das war Jumièges für die Normandie: geistig und wirtschaftlich ein Kulturzentrum. Bemerkenswert ist eine uralte Beziehung zwischen den beiden Abteien: Notker Balbulus berichtet im Vorwort seines Sequenzenbuches, ein Priester aus dem von den Normannen verwüsteten Jumièges habe sein Antiphonarium nach St. Gallen geflüchtet und ihm dadurch die Anregung für seine dichterisch-musikalischen Schöpfungen – die Sequenzen – gegeben. Hier der Schlüsselsatz: *prespiter quidam de Gimedia ... veniret ad nos, antiphonarium suum deferens secum ...* Auffallende persönliche Bande im gleichen 9. Jahrhundert offenbart zudem das Verbrüderungsbuch der benachbarten Abtei Reichenau. Wegbereiter solcher Beziehungen, denen hier kurz nachgegangen sei, dürften wandernde Irenmönche gewesen sein.

Notkers Widmungsbrief

Wie Notker zu den Sequenzen kam, schilderte er persönlich im einleitenden »Brief«, womit er sein ad hoc zusammengestelltes Sequenzenbuch seinem alemannischen Landsmann Liutward widmete, der Bischof von Vercelli, Abt von Bobbio und

28 Darüber berichten die in obiger Vorbemerkung zitierten Kongreßakten mit 106 Textbeiträgen und 64 Tafeln auf 1070 Seiten in zwei Halbbänden, erschlossen durch ausführliche Register (Notker S. 1035, Sankt-Galler Manuskripte S. 1061).

Erzkaplan des Kaisers Karl III. war[29]. Für Karl, der 883 St. Gallen besucht hatte, verfaßte Notker bekanntlich die *Gesta Karoli magni imperatoris;* für Liutward schrieb er um 884 das *Prooemium* zu seinem *Liber Ymnorum*[30]. Das Original desselben ist nicht mehr vorhanden; es dürfte um 900 bei der Ermordung Liutwards durch die Ungarn und der Erbeutung seiner »unvergleichlichen Schätze« untergegangen sein. Es ist aber durch mindestens zehn Abschriften aus dem 10. bis 12. Jahrhundert, die zwar in der Anzahl der darin überlieferten Sequenzen differieren, die jedoch diesen Widmungsbrief in zuverlässiger und weitgehend übereinstimmender Weise darbieten, gesichert geblieben.

Nach Jakob Werner[31] und Wolfram von den Steinen[32] sind es folgende Handschriften, die hier nach ihrer heutigen Bibliotheksheimat geordnet sind: in Einsiedeln Codex 121, um 970; in St. Gallen[33] Codex 381, um 1000; Codex 376, um 1065; Codex 378, um 1070; Codex 380, um 1085; in Krakau (früher Berlin) Ms. theol. lat. IV 11, zwischen 1022/1036 für Bischof Sigebert von Minden geschrieben, vielleicht in St. Gallen; in Oxford Ms. Selden supra 27, um 1030, aus Heidenheim im Bistum Eichstätt; in Paris Fragm. lat. 10587 (Suppl. lat. 1000), 1. Hälfte des 11. Jahrhunderts, Herkunft unbekannt; in München Clm. 14322, 2. Viertel des 11. Jahrhunderts, aus St. Emmeram in Regensburg; Clm. 27130, Anfang des 12. Jahrhunderts, aus Ottobeuren.

Die frühen Editoren des *Prooemium Notkeri* folgten nicht den besten Vorlagen. Mabillon veröffentlichte es 1685 in seinen *Acta Sanctorum Ordinis S. Benedicti*[34] nach einer nicht näher beschriebenen Handschrift aus Cluny: *quam ex ms. codice Cluniacensi eruit noster Stephanotius.* Pez, der von den Maurinern angeregte Bibliothekar in Melk, gab 1721 in seinem *Thesaurus anecdotorum novissimus*[35] nicht nur die *Praefatio Notkeri,* sondern erstmals auch den ganzen *Liber Sequentiarum* heraus,

29 In diesem Zusammenhang sei hingewiesen auf JOSEF FLECKENSTEIN, Die Hofkapelle der deutschen Könige (= Schriften der MGH, Bd. 16/1), 1. Teil, Stuttgart 1959, S. 164, 190–195, 197 ff.

30 Für die Wahrscheinlichkeit dieser Datierung vgl. W. VON DEN STEINEN, Darstellungsband (wie Anm. 4), S. 507.

31 JAKOB WERNER, Notkers Sequenzen, Beiträge zur Geschichte der lateinischen Sequenzendichtung, aus Handschriften gesammelt, Aarau 1901, S. 5 f., 97 f.

32 VON DEN STEINEN, Editionsband (wie Anm. 4), S. 157 ff., 160, 192–213.

33 Zur Datierung dieser Handschriften vgl. auch HEINRICH HUSMANN, Die älteste erreichbare Gestalt des St. Galler Tropariums, in: Archiv für Musikwissenschaft, 13. Jg., 1956, S. 25–41, bes. 31 ff.; Überblicke: J. DUFT, Gesangskunst – Buchkunst, Handschriften aus dem 8. bis 18. Jahrhundert in der Stiftsbibliothek St. Gallen, in: Katholische Kirchenmusik (= 96. Jg. des »Chorwächter«), 1971, S. 161–179; DERS., Gesangbücher vom 9. bis zum 18. Jahrhundert, in: Die Abtei St. Gallen, Ausgewählte Aufsätze, 1. Bd., Sigmaringen 1990, S. 114–129.

34 JEAN MABILLON, Saeculum V, S. 18 f. In der Einleitung nennt er Bischof Liutward irrtümlich *sancti Galli Abbatem.*

35 BERNHARD PEZ, Tom I, pars 1, col. 17–18 *(Praefatio),* col. 18–42 *(Liber Sequentiarum).*

wobei ihm als einzige und nicht glückliche[36] Quelle der vorgenannte, verhältnismäßig späte Clm. 14322 diente. Die Ausgabe in der *Patrologia Latina*[37] von Migne ist nichts anderes als ein kritikloser Nachdruck dieser Pezschen *Editio princeps.* Eine andere Quelle benutzte Gerbert, der mit St. Gallen befreundete Abt von St. Blasien, als er 1774 in *De cantu et musica sacra*[38] den Widmungsbrief Notkers wiedergab. Zwar verwies er auf Mabillon und Pez, folgte aber einem persönlich eingesehenen St. Galler Codex, den er in das 10. Jahrhundert datierte; es ist zweifellos der Sangallensis 376, geschrieben nach Mitte des 11. Jahrhunderts.

Das früher oft umstritten gewesene *Prooemium Notkeri* ist für die Frage, wie Notker zu den Sequenzen kam und wie überhaupt Sequenzen entstanden sind, so aufschlußreich, daß es hier vollinhaltlich wiedergegeben sei. Dabei folgen wir weder den Vorlagen der alten Editoren noch dem »regularisierten« Text moderner Herausgeber, sondern bieten es im Wortlaut der anscheinend ältesten und besten Handschrift: es ist der Codex Einsidlensis 121[39]. Die eigentliche Widmung allerdings, das heißt der erste kurze Abschnitt (*Summae* bis *novissimus*), der über den Vorgang des Sequenzen-Schaffens nichts aussagt, muß dem verwandten Sangallensis 381[40] entnommen werden, da er in der Einsiedler Handschrift fehlt. Notkers Brief lautet also:

Abb. 11 *Summae sanctitatis merito, summi sacerdotii decore sublimato, domino dilectissimo Liutvvardo, incomparabilis viri Eusebii Vercellensis episcopi dignissimo successori, abbatique coenobii sanctissimi Columbani, ac defensori cellulae discipuli eius mitissimi Galli, nec non et archicappellano gloriosissimi imperatoris Karoli: Notkerus cucullariorum sancti Galli novissimus.*

Cum adhuc iuvenulus essem et melodiae longissimae sepius memoriae commendatae instabile corculum aufugerent, coepi tacitus mecum volvere, quonam modo eas potuerim colligare.

36 W. von den Steinen, Editionsband (wie Anm. 4), S. 211f.
37 Migne, Tom. CXXXI, col. 1003–1026.
38 Martin Gerbert, Tom I, S. 412f.; vgl. tom II, S. 25f.
39 S. 429–433. Vgl. Gabriel Meier O. S. B., *Catalogus codicum manu scriptorum qui in bibliotheca monasterii Einsidlensis O. S. B. servantur,* 1. Bd., Einsiedeln und Leipzig 1899, S. 100f. Der erste Teil dieses Codex (S. 1–428: *Antiphonale Missarum S. Gregorii),* sowie einige Seiten des zweiten Teils (S. 429–600: *Notkeri Sequentiae)* sind in der Paléographie musicale, Bd. IV, Solesmes 1894, photographisch wiedergegeben. Die Handschrift ist nach W. von den Steinen (Editionsband, S. 157) in Einsiedeln geschrieben worden; doch nach Pirmin Vetter O. S. B. (in: Die Musik in Geschichte und Gegenwart, 3. Bd., Kassel und Basel 1954, Sp. 1200) stammt sie »aus dem Kreis um St. Gallen« und war nicht die Vorlage für die um 1100 in Einsiedeln hergestellten Missalien. Heinrich Husmann, Die St. Galler Sequenztradition bei Notker und Ekkehard (in: Acta Musicologica, 26. Bd., 1954, S. 6–18) verweist dagegen den Hauptteil als zweifelsfrei nach Einsiedeln, »wenn freilich auch der Sequenzenteil in St. Gallen oder durch einen St. Galler Schreiber angefertigt sein könnte«. – Die Handschrift 121 der Stiftsbibliothek Einsiedeln, Faksimile-Edition und Kommentarband (in Vorbereitung 1991 bei VCH Verlagsgemeinschaft, Weinheim).
40 S. 326/327. Über die Verwandtschaft dieser beiden Handschriften, die schon Paul von Winterfeld festgestellt hat, vgl. beispielsweise H. Husmann (wie Anm. 39), S. 10.

Interim vero contigit, ut prespiter quidam de Gimedia nuper a Nortmannis vastata veniret ad nos, antiphonarium suum deferens secum, in quo aliqui versus ad sequentias erant modulati, sed iam tunc nimium viciati. Quorum ut visu delectatus, ita sum gustu amaricatus. Ad imitationem tamen eorundem coepi scribere: »Laudes Deo concinat orbis universus, qui gratis est [redemptus]«. Et infra: »Coluber Adae deceptor«.

Quos cum magistro meo Isoni obtulissem, ille studio meo congratulatus, imperitiaeque compassus, quae placuerunt laudavit, quae autem minus, emendare curavit, dicens: Singulae motus cantilenae singulas syllabas debent habere. Quod ego audiens, ea quidem quae in »[Allelu-]ia« veniebant ad liquidum correxi. Quae vero in [Al-]le[-luia]« vel »[Alle-]lu[-ia]«, quasi inpossibilia vel attemptare neglexi, cum et illud postea usu facillimum deprehenderim, ut testes sunt »Dominus in Syna« et »Mater«. Hocque modo instructus, secunda mox vice dictavi: »Psallat aeclesia mater illibata«.

Quos versiculos cum magistro meo Marcello praesentarem, ille gaudio repletus in rotulas eas congessit et pueris cantandos aliis alios insinuavit. Cumque mihi dixisset, ut in libellum compactos alicui primorum illos pro munere offerem, ego pudore retractus numquam ad hoc cogi poteram.

Nuper autem a fratre meo Othario rogatus, ut aliquid in laude vestra conscribere curarem, et ego me ad hoc opus imparem non inmerito iudicarem, vix tandem aliquando aegreque ad hoc animatus sum, ut hunc minimum vilissimumque codicellum vestrae celsitudini consecrare praesumerem. Quem si in eo placitum vestrae pietati comperero, ut ipsi fratri meo apud domnum imperatorem sitis adminiculo, metrum quod de vita sancti Galli elaborare pertinaciter insisto, quamvis illud fratri meo Salomoni prius pollicitus fuerim, vobis examinandum, habendum ipsique per vos explanandum dirigere festinabo.

Die Anregung aus Jumièges

Notker erzählt im soeben mitgeteilten Widmungsbrief[41] seines *Liber Ymnorum* dem Adressaten Liutward in schlichten Worten, wie, als er noch ein grüner Jüngling war, die überlangen Melodien, die er häufig dem Gedächtnis eingeprägt habe, immer wieder seinem »unbeständigen Herzlein« entschlüpften, wie er deshalb ein mnemotechnisches Hilfsmittel suchte und wie ihm aus Jumièges[42] unerwartete Anregung kam. Ein Priester jenes Klosters, das kurz zuvor von den Normannen zerstört

41 Beste deutsche Übersetzung bei W. von den Steinen, Editionsband (wie Anm. 4), S. 9ff.

42 Alle Handschriften überliefern für Jumièges die Schreibweise *Gimedia*, ausgenommen Clm. 14 322, der *Gemidia* schreibt; weil aber Pez und Migne diesem letztern folgten, ging diese Form in die Literatur ein.

worden sei, habe sich nach St. Gallen geflüchtet und sein Antiphonar – es muß ein *Antiphonarium Missae* gewesen sein – mitgebracht. Darin hätten sich einige zu Sequenzen modulierte Verse gefunden, die allerdings schon damals allzu verderbt gewesen seien, die ihn aber doch erfreut und zur Nachahmung bewogen hätten. Als er die eigenen Versuche seinem Lehrer Iso[43] zeigte, habe ihn dieser zwar gelobt, gleichzeitig aber auch verbessert, indem er ihn auf die Regel hinwies, jede einzelne Melodiebewegung müsse eine einzelne Silbe für sich haben, mit andern Worten: wie viele Noten – so viele Silben! Schließlich habe sein Lehrer Marcellus[44] die verbesserten Verslein freudig auf Einzelblätter gesammelt und den Schülern zum Singen verteilt. Auf Wunsch seines Bruders Othari widme er – Notker – diese zu einem unscheinbaren Bändchen gesammelten Verse widerstrebend dem hohen Gönner, auf daß dieser dem Othari beim Kaiser behilflich sein möge[45].

Neben dem historischen und dem (hier übergangenen) Musikalischen[46] dieses aufschlußreichen Berichtes vermag auch das Psychologische zu interessieren: Das schwache Gedächtnis Notkers war der Anlaß zum großen Werk gewesen; der scheinbare Talentmangel führte den eifrigen Klosterschüler zur hohen Kunst, wobei er, wie er dankbar und bescheiden anerkannte, von einsichtigen Lehrern gefördert worden war, bis das Unerwartete geschah: Die Lieder des »Untalentierten« wurden aufführbar, wurden vorbildlich, wurden auch für andere die leichte und schöne Gedächtnisstütze. Die handwerkliche, mechanische Textierung durch den jungen Notker wurde zur selbständigen – nach heutigem Empfinden sogar zur unverwechselbaren[47] – Kunst, die Eingang fand in die Liturgie der Sonn- und Feiertage, nicht nur in St. Gallen, sondern im weiten Abendland. »Ohne Frage ist Notker einer der wenigen großen Dichter zwischen dem Evangelium und Dante; auch ist er der einzige aus dem Boden der heutigen Schweiz, der einmal, und immerhin für sechs Jahrhunderte, universale Geltung gewann ... Dichten als ein heiliges Amt, der

43 Über den Alemannen Iso jetzt umfassend im vorliegenden Sammelband S. 73–117.

44 Über den Iren Moengal-Marcellus, im Zusammenhang mit den irischen und den griechischen Manuskripten der Stiftsbibliothek, bei J. Duft, Die Abtei St. Gallen, Ausgewählte Aufsätze, 1. Bd., Sigmaringen 1990, S. 34–39, 44, 58 f., 61, 80.

45 Was Notker vom einflußreichen Liutward für seinen leiblichen Bruder erhoffte, ist unbekannt. Bemerkenswert ist jedenfalls, daß zwei ehemalige Lieblingsschüler Notkers, die Brüder Waldo und Salomo, unter Liutward Hofkapläne und Notare waren; vgl. J. Fleckenstein (wie Anm. 29), S. 193 f.

46 Dazu beispielsweise Jacques Handschin, Geschichte der Musik in der Schweiz bis zur Wende des Mittelalters, in: Willi Schuh (Hg.), Schweizer Musikbuch, 1. Bd., Zürich 1939, S. 35 f., besonders aber H. Husmann (wie Anm. 39). Vgl. u. a. Georg Reichert, Strukturprobleme der älteren Sequenz, in: Deutsche Vierteljahrsschrift für Literaturwissenschaft und Geistesgeschichte, 23. Bd., 1949, S. 227–251.

47 Das bot W. von den Steinen die Möglichkeit, aus den zahlreich dem Notker zugeschriebenen Sequenzen 40 als authentische festzustellen und herauszugeben: 7 für den Weihnachtskreis, 17 für den Oster- und Pfingstkreis, 10 für bestimmte Heiligenfeste, 6 für das Commune Sanctorum.

Dichter als Künder der Gottheit: Notker hat dies Seltenste erfüllt ... Notker ist im I. Stil [der Sequenz] der schlechthin überragende Dichtername[48].« Die entscheidende Anregung aber war ihm nach eigenem Zeugnis aus Jumièges zugekommen.

Sogleich stellt sich nun die Frage, ob hiefür auch auf jener Seite – also in Jumièges – eine Bezeugung gefunden werden könne. Allerdings erscheint dies zum vorneherein als unwahrscheinlich, außer der Flüchtling hätte von St. Gallen wieder dorthin zurückkehren oder mindestens seinen dortigen Mitbrüdern Nachricht geben können.

Zu dieser Vermutung könnte gelangen, wer die gewichtige Geschichte konsultiert, die Abbé Julien Loth ersmals 1882 in Rouen herausgegeben hat: *Histoire de l'abbaye royale de Saint-Pierre de Jumièges par un religieux bénédictin de la congrégation de St Maur.* Darin[49] findet sich nämlich nach der Erwähnung früherer Normannen-Einfälle folgende Schilderung zum Jahr 851:

... A peine sa flotte [d'Ogier] en étoit-elle sortie que, le 9 octobre de l'année suivante, 851, une nouvelle y rentra et vint camper devant Rouen. Le prieur de Jumièges assembla sa communauté, qui étoit encore alors de près de neuf cents [!] religieux ... Il leur proposa la mort ou la fuite. Plusieurs historiens sont d'avis qu'ils préférèrent la mort; mais Guillaume de Jumièges nous assure qu'ils choisirent tous le dernier parti, aimant mieux sans doute souffrir plus longtemps le martyre de la pénitence, que de s'exposer à perdre la foi, ou à céder à la violence des tourments. Le père *Mabillon* et tous les modernes ont suivi ce sentiment (*Ann. B.*, t. III, p. 13) ... Avant de quitter le païs, les religieux pourvurent à la sûreté de ce qu'ils avoient de plus précieux ... Le plus grand nombre fut à Haspres ou ils se bâtirent de nouvelles cellules (*Ann. B.*, t. II, p. 620), quelques-uns à Saint-Denis, en France, et les autres en divers monastères, selon que la divine Providence leur procura une retraite. Un d'entre eux se réfugia à Saint-Gal, en Suisse, portant avec lui son antiphonier, dont *Notker-le-Bègue,* pour lors religieux de ce monastère, témoigne avoir fait usage dans son traité des lettres de l'alphabeth, qui servent au chant rapporté par Canisius (*Epist. Notkeri balbuli ad Lintvard* [sic!], *Act. SS. B.*, saec. 5, p. 18). Les Normans aiant quitté Rouen vinrent à Jumièges. L'abbaïe fut investie dès le même jour...

Besaß der ungenannte Mauriner, dem wir diese Schilderung verdanken, für seine Nachricht über den nach St. Gallen geflohenen Mönch eine Quelle in Jumièges? Die damals erfolgte Zerstörung der Abtei, worüber er anschaulich berichtet, macht es höchst unwahrscheinlich. Überdies nennt er seine Quelle: Es sind die Werke seines

48 Von den Steinen, Darstellungsband (wie Anm. 4), S. 7, 80, 85.

49 1. Bd., S. 111 ff.; unsere gekürzte Wiedergabe beschränkt sich auf die hier in Betracht fallenden Ausführungen. – Hingewiesen sei auch auf Geneviève Nortier, Les bibliothèques médiévales des abbayes bénédictines de Normandie, Nouvelle édition (= Bibliothèque d'histoire et d'archéologie chrétiennes), Paris 1971, Jumièges S. 143–171 (erstmals erschienen in Revue Mabillon, N° 192, 1958, S. 99–127).

großen Mitbruders Mabillon, der – wie hier bereits ausgeführt wurde – als erster den Notkerschen Widmungsbrief aus einer Clunyazenser Handschrift herausgegeben hatte. Allerdings läßt sich der Verfasser dieser *Histoire de Jumièges* eine Verwechslung zu schulden kommen. Mabillon spricht an der von ihm zitierten Stelle der *Acta Sanctorum O.S.B.* von *zwei* Briefen des Notker Balbulus. Der eine richtet sich an den Mönch Lantpert und handelt über die Bedeutung der Buchstaben des Alphabetes als rhythmische und melodische Zeichen (Tonarbuchstaben); W. von den Steinen[50] verteidigt die Authentizität dieses Briefes gegenüber der Kritik von Dom Rombaut van Doren[51], dessen Kompetenz er mit Recht bestreitet. Der andere Brief Notkers ist jener an Bischof Liutward, also unser *Prooemium Notkeri.* Darin – und nur darin – ist die Nachricht über den Flüchtling aus Jumièges enthalten; aus dieser Quelle schöpfte Mabillon, und von ihm ging die Nachricht in die *Histoire de Jumièges* über.

Mabillon[52] war auch der erste gewesen, der diese Flucht in das Jahr 851 und damit in den Zusammenhang mit der schlimmsten unter den mehrmaligen Zerstörungen von Jumièges gesetzt hatte. Das Jahr 851 ist jedenfalls wahrscheinlicher als das von H. Leclercq[53] vorgeschlagene Jahr 862, das er vermutlich den *Annales Bertiniani* entnommen hat. Eine Untersuchung über dieses Datum anzustellen ist jedoch nicht mehr möglich und erscheint auch unnötig. Notkers Geburtsjahr ist unbekannt; es wird um 840 oder etwas früher vermutet. Nach eigenem Zeugnis war er *iuvenulus,* als der *presbiter de Gimedia* nach St. Gallen kam. Von den Steinen[54] glaubt nun allerdings, er sei damals eher über 20 als erst über 10 Jahre alt gewesen, weshalb die Wendung *de Gimedia nuper a Nortmannis vastata* in einem weiteren Sinn verstanden werden müsse; Notker habe seinen Widmungsbrief einige Jahrzehnte später geschrieben und sich deshalb in der Erinnerung täuschen können. Aus Notkers Brief läßt sich also weder das Jahr seiner Geburt noch das Jahr der Zerstörung von Jumièges gültig errechnen.

50 Von den Steinen, Darstellungsband (wie Anm. 4), S. 495; vgl. H. F. Haefele, VL² (wie Anm. 2), Sp. 1202 f.

51 R. van Doren, Etude sur l'influence musicale de l'abbaye de Saint-Gall (VIIIᵉ au XIᵉ siècle) (= Académie Royale de Belgique, Classe des Beaux-Arts, Mémoires, Collection in-8°, t. II, fasc. 3), Bruxelles 1925. – Die neuere Forschung, die aufgrund der Quellen von der voreingenommenen radikalen Gechichtsschreibung früherer Jahrzehnte abgerückt ist, hat die Behauptungen dieser Studie in wesentlichen Punkten korrigiert.

52 Acta Sanctorum O. S. B., Saec. V, S. 19: *Monasterium de Gimedia, id est Gemeticense (Iumieges) in Neustria ad Sequanam infra Rotomagum, quod à Nortmannis, teste Vvillelmo Gemeticensi, vastatum est anno DCCCLI, quo tempore Notkerus juvenculus erat.*

53 In: Dictionnaire d'archéologie chrétienne et de liturgie, t. XII/2, col. 1728, note 5.

54 Von den Steinen, Darstellungsband (wie Anm. 4), S. 521.

Echtheit des Widmungsbriefes

Das Ergebnis der bisherigen Ausführungen ist zweifach: Notker schreibt die Anregung für seine Sequenzen einem Antiphonar zu, das ein Flüchtling aus Jumièges nach St. Gallen gebracht habe; die einzige Quelle für diese Überlieferung ist Notkers Widmungsbrief an Bischof Liutward von Vercelli. Sogleich stellt sich nun die entscheidende Frage: Ist Notkers Brief echt?

Die Authentizität wurde von keinem Geringeren bezweifelt als von Clemens Blume, dem verdienten Herausgeber der *Analecta hymnica medii aevi*[55]. Seine Kritik bezog sich nicht nur auf das *Prooemium Notkeri,* das er »einem späteren St. Galler Mönche« zuweisen wollte, sondern auch auf alles, was Ekkehart IV. in den *Casus sancti Galli* über Notker als den Meister der Sequenzen erzählt. Dagegen ist nun aber allgemein festzustellen, daß die alte st. gallische Überlieferung, die – übrigens nur zu ihrem Vorteil! – von der radikalen Geschichtsforschung leidenschaftlich bekämpft worden ist, in neuerer und neuester Zeit weitgehend gerechtfertigt wurde; das gilt nicht zuletzt für Ratperts und Ekkeharts *Casus sancti Galli.* Im besonderen ist festzustellen, daß die Kritiker den Widmungsbrief Notkers erstaunlich unsorgfältig untersuchten: Er paßte nicht zu vorgefaßten Ansichten; sie wollten ihm zu viel entnehmen, und so mißverstanden sie ihn. Niemals hat sich Notker als Erfinder der Sequenzen aufgespielt; im Gegenteil, unter allen Einzelheiten und Persönlichkeiten, die er und nur er so unmittelbar schildern und nennen konnte, verschwieg er auch die Anregung aus Jumièges nicht. Aber er wurde über die von dort erhaltene Vorlage hinaus, mindestens als Dichter, der Vollender der Sequenz.

Wer immer Notkers Brief an Liutward vorurteilslos untersuchte, mußte seine Echtheit und Wahrhaftigkeit anerkennen[56]. Den durchschlagenden Erweis der Authentizität lieferte schließlich von den Steinen[57]. Es erübrigt sich, die aus inneren und äußeren Gründen erschlossene und zugleich geschlossene Beweisführung zu wiederholen. Doch sei betont, daß jeder, der sich in Zukunft mit den Problemen der Sequenzengattung und dem überragenden Anteil Notkers befaßt, an diesen grundlegenden Ergebnissen nicht vorbeisehen darf. Sie gipfeln in der Zusammenfassung, daß nur Scheinkritik die Echtheit des Widmungsbriefes habe in Frage stellen können.

Was so der Historiker bot, mußte auch von seiten der Musikwissenschaft geprüft

55 Bd. LIII, Leipzig 1911, S. XIIIf., sowie Bd. LIV, 1915, S. XVIIIf.

56 Beispielsweise K. Strecker, J. Handschin, W. E. Willwoll, H. Spanke, A. Manser; so nach W. von den Steinen, Darstellungsband (wie Anm. 4), S. 507, Anm. 1. Beizufügen ist u. a. auch E. Jammers, Musik in Byzanz, im päpstlichen Rom und im Frankenreich (= Abhandlungen der Heidelberger Akademie der Wissenschaften, phil.-hist. Kl., Jg. 1962), Heidelberg 1962, S. 213, 268, 342 (Register).

57 Von den Steinen, Darstellungsband (wie Anm. 4), S. 154–163, 504–507.

werden. Schon Jacques Handschin[58], der besondere Kenner der St. Galler Musikhandschriften, hatte festgestellt, es erscheine unverständlich, wie man aus Notkers Vorwort zum Sequenzenbuch habe herauslesen können, er hätte sich die Erfindung der Sequenz zugeschrieben, was zur Ablehnung des ganzen Dokuments geführt habe. Einläßlicher ist, was Heinrich Husmann fachmännisch ausführt. An musikalischen Beispielen zeigten sich ihm direkte Zusammenhänge zwischen der Form st. gallischer Sequenzen und jener der nordfranzösischen Überlieferung, was auf den Einfluß aus Jumièges zurückzuführen sein könnte[59]. Und seine Prüfung des Notkerschen Widmungsbriefes[60], in welchem »einige Passagen musikalisch so präzise« sind und der »so ausführlich und anschaulich wird, daß wir oft geradezu eine mit fast modernen stilkritischen Methoden gearbeitete musikwissenschaftliche Darlegung vor uns zu haben glauben«, ergibt ihm nicht nur keine Argumente gegen die Echtheit, sondern vielmehr »ein geschlossenes Bild von großer Klarheit und Schönheit«.

Ein Einwand gegen die Authentizität des *Prooemium Notkeri* kann ernstlich auch nicht von jenem – heute nicht mehr vorhandenen – Antiphonarium her gefunden werden, welches der *prespiter de Gimedia* nach St. Gallen gebracht hat. Van Doren[61] schreibt auch diesbezüglich sehr ungenau: »Réfugié à Saint-Gall, le vieux moine de Jumièges y apporta un séquentiaire.« Doch Notker berichtet weder von einem »alten« Mönch noch von einem »Sequentiar« (das es damals noch gar nicht gab!), sondern von einem Antiphonar. Nun ist allerdings zu bedenken, daß sich in damaligen Antiphonarien noch keine eigentlichen Sequenzen fanden[62]. Doch Notker[63] spricht keineswegs von einer Sequenzen-Sammlung, sondern von *aliqui versus ad sequentias modulati,* die ihm übrigens als *nimium vitiati* erschienen. Es handelte sich also wohl um kleine Nachträge oder lose Einschübe, die dem Antiphonar in Jumièges zum praktischen Gebrauch beigefügt worden waren; ein Anhang von Sequenzen in großem Umfang wurde erst später, nicht zuletzt dank Notkers Kunst, üblich.

58 Wie Anm. 46.

59 Iustus ut palma, Alleluia und Sequenzen in St. Gallen und St. Martial, in: Revue Belge, 10. Bd., 1956, S. 111–128.

60 Husmann (wie Anm. 39); es handelt sich hier um die beste musikhistorische Klärung der strittigen Fragen. – Von H. Husmann seien, außer den in Anm. 33, 39, 59 zitierten Aufsätzen, noch angeführt: Sequenz und Prosa, in: Annales Musicologiques, 26. Bd., 1954, S. 61–91; Die Handschrift Rheinau 71 der Zentralbibliothek Zürich und die Frage nach Echtheit und Entstehung der St. Galler Sequenzen, in: Acta Musicologica, 38. Bd., 1967, S. 118–149; Tropen- und Sequenzenhandschriften (= Répertoire international des sources musicales B v[1]), München–Duisburg 1964.

61 R. von Doren (wie Anm. 51), S. 81.

62 Das stimmt sowohl für das von Dom René-Jean Hesbert untersuchte *Antiphonale missarum sextuplex* (Bruxelles 1935) als auch für den entsprechenden *Codex Sangallensis 339* (hg. in der Paléographie musicale, 1. Bd., Solesmes 1889).

63 Vgl. wieder W. von den Steinen, Darstellungsband (wie Anm. 4), S. 155 f., 507 f.

Jedenfalls läßt sich auch von seiten des Buches, das der Flüchtling aus der Normandie nach St. Gallen brachte, kein Einwand gegen die Echtheit des Notkerschen Berichtes finden; er hat im Gegenteil sowohl als Ganzes als auch in seinen Einzelheiten als authentisch zu gelten. Und er ist in seiner persönlich-naiven Ich-Form, die einzig für Bischof Liutward – nicht aber für Abschriften in Liturgiebüchern – berechnet war, in einer noch weitgehend »anonymen« Zeit geradezu singulär.

Möglichkeit und Wahrscheinlichkeit

Eine letzte Frage, die für die Echtheit des *Prooemium Notkeri* und damit für die darin geschilderte Anregung zur Sequenzendichtung bedeutungsvoll ist, wurde bisher weder von den Befürwortern noch von den Gegnern gestellt: Ist Notkers Aussage, daß ein Mönch aus Jumièges ausgerechnet nach St. Gallen geflohen sei, überhaupt möglich und darüber hinaus wahrscheinlich? Zwei Überlegungen gestatten eine durchaus positive Antwort.

Die erste kann in den Satz gefaßt werden: Der *prespiter de Gimedia* beschritt den Weg der Iren[64]. Dabei ist selbstverständlich nicht unmittelbar an die frühe Invasion irischer Mönche im 6./7. Jahrhundert zu denken, lag doch der Vorstoß Columbans und seines Begleiters Gallus in die Bodensee-Gegend rund 240 Jahre zurück. Wohl aber ist die spätere Invasion in Betracht zu ziehen; denn sie führte eben zu der Zeit, das heißt um die Mitte des 9. Jahrhunderts, als der Priester aus Jumièges in St. Gallen Zuflucht suchte, verhältnismäßig zahlreiche Iren aus der gleichen Richtung und auf dem gleichen Weg an das Grab ihres Landsmannes Gallus. Es waren schließlich so viele, daß der in Notkers Widmungsbrief erwähnte Karl III. dem Gallus-Kloster in den Jahren 882 und 885 Besitz im Rheintal schenkte, damit es auf dem dortigen Viktorsberg ein Hospiz für irische Pilger unterhalten könne[65]. Zweifellos hatten solche Iren auch das ihnen näher gelegene Jumièges besucht; sie wiesen jenem Flüchtling direkt oder indirekt den Weg nach St. Gallen.

Die Parallelen zwischen den irischen *peregrini* und dem festländischen *presbiter* sind auffallend: Beide wurden durch feindliche Einfälle aus ihren heimatlichen Klöstern vertrieben, und beide trugen ihre wichtigsten Bücher, vor allem die liturgischen Gebrauchsbücher mit sich. Die noch heute in St. Gallen aufbewahrten Handschriften irischen Stiles kamen größtenteils damals dorthin und erlebten bald

64 Über die Beziehungen zwischen Irland und St. Gallen vgl. Johannes Duft und Peter Meyer, Die irischen Miniaturen der Stiftsbibliothek St. Gallen, Olten/Bern/Lausanne 1953, S. 11–61.
65 Hierüber im vorliegenden Sammelband S. 119–126.

nach 850 ihre Aufnahme in den Katalog der *Libri scottice scripti*[66]; sie waren biblischen und liturgischen Inhalts, ähnlich wie das Handbuch des Mönches aus Jumièges.

Ein typisches Beispiel solcher Pilger aus Irland bot übrigens jener Marcellus[67], den Notker im Widmungsbrief als seinen Lehrer und Förderer erwähnt. Unter dem latinisierten Namen verbarg sich Moengal, der in Begleitung seines Onkels, des Bischofs Marcus, aus Irland über Rom den Weg nach St. Gallen gefunden hatte und dort verblieben war. Sie hatten ihre Bücher mitgebracht und nachweislich dem Kloster überlassen. Moengal, den man in Angleichung an den Namen seines Onkels schließlich Marcellus nannte, wurde in St. Gallen einer der einflußreichsten Lehrer, und Notker I. gehörte zu seinen bedeutendsten Schülern. Daß dieser dann sein Sequenzenbuch ausgerechnet einem Manne widmete, den er unter anderem als Abt des Columbans-Klosters in Bobbio[68] preisen konnte, ist ein zusätzlicher, wenn auch unbeabsichtigter Hinweis auf jene irischen Beziehungen, die für den *prespiter de Gimedia* und damit für die entscheidende Beeinflussung Notkers wegweisend gewesen waren.

Neben diesen ersten, eher allgemeinen Überlegung zeigt sich noch eine zweite und diesmal sehr bestimmte. Es ist die geistliche Verbrüderung, die zwar nicht zwischen Jumièges und St. Gallen, wohl aber zwischen Jumièges und der Reichenau bestand; wer aber mit der Reichenau in Beziehung war, geriet unwillkürlich auch in den Einflußbereich St. Gallens. Das war zweifellos der Fall für jene Mönche aus Jumièges, die mit den Ordensbrüdern der Reichenau die Konfraternitätslisten ausgetauscht hatten. Est ist denkbar, daß der von Notker erwähnte Priester allein oder mit anderen den Fluchtweg nach der befreundeten Reichenau fand und erst von dort her die Nachbarabtei St. Gallen vorübergehend oder für immer aufsuchte.

Unter den *Confraternitates Augienses*[69] steht an 42. Stelle[70] der Titel: NOMINA FR[ATRU]M DE COENOBIO QUOD GEMEDICO UOCATUR. Von den

66 Über die irischen Handschriften der Stiftsbibliothek J. Duft, Die Abtei St. Gallen, Ausgewählte Aufsätze, 1. Bd., Sigmaringen 1990, S. 33–55, dabei über den Katalog der *Libri scottice scripti* S. 39–43.

67 Siehe hier Anm. 44.

68 Liutward wird anscheinend nur in dieser Quelle als solcher erwähnt; die Bezeugung hat aber als sicher zu gelten, weil eine Erfindung dieses Titels durch Notker sinnlos gewesen wäre.

69 Das Reichenauer Verbrüderungsbuch gelangte im 18. Jahrhundert aus der Reichenau in die Abtei Rheinau und von dort anläßlich ihrer Säkularisation (1862) in die damalige Kantons- bzw. heutige Zentralbibliothek Zürich. Es ist dort *Ms. Rh. hist. 27.* Vgl. L. C. Mohlberg, Katalog der Handschriften der Zentralbibliothek Zürich, I, Mittelalterliche Handschriften, Zürich 1952, Nr. 565, S. 257 f., 396. – Editionen in MGH: (1.) *Libri Confraternitatum Sancti Galli, Augiensis, Fabariensis,* hg. v. Paul Piper, Berlin 1884. (2.) *Libri memoriales et necrologia, Nova Series, I*: Das Verbrüderungsbuch der Abtei Reichenau (Einleitung, Register, Faksimile), hg. v. Johanne Autenrieth, Dieter Geuenich und Karl Schmid, Hannover 1979.

70 S. LXX (nach der alten Paginierung) bzw. fol. 48v (nach der neuen Foliierung).

sieben Kolumnen, die anschließend die Mönche aus Jumièges aufführen, stammen von der Hand des ersten Schreibers, der dieses Verbrüderungsbuch um 826 anzulegen [71] begonnen hatte, die heutige 2. Kolumne, an deren Spitze *Drontegangus abbas* und an deren Ende *Amalricho* stehen, hernach die 3. Kolumne mit den Namen *Grimberto* bis *Gunthario,* sodann die 5. Kolumne von *Idono* bis *Felici,* schließlich noch der oberste Name *Adalgisi* der 7. Kolumne. Die übrigen Namen sind spätere Einträge, die nicht unbedingt aus Jumièges stammen mußten; so steht beispielsweise ein englischer König des 10. Jahrhunderts (*Aethelstaenum regem ... comendamus*), der auch im St. Galler Verbrüderungsbuch anzutreffen ist, in der letzten Kolumne[72]. Aus Jumièges stammen mit Sicherheit 114 Namen, geschrieben von der leicht erkennbaren Hand des ersten Schreibers. Dadurch werden die phantastischen Zahlen von 900 Religiosen und 1500 Dienern, wie sie in der hier genannten *Histoire de l'abbaye royale de Saint-Pierre de Jumièges* behauptet wurden, deutlich korrigiert. Zudem darf bei den 114 für Jumièges gesicherten Namen nicht übersehen werden, daß die Liste nicht den Stand von 826 wiedergibt, sondern vor die Lebenden offensichtlich noch manche bereits Verstorbene setzte.

Ob sich unter diesen *fratres de coenobio quod Gemedico*[73] *vocatur* auch der Name des von Notker anonym erwähnten *prespiter de Gimedia* befindet, bleibt ungewiß. Die Verbrüderungsliste beweist jedoch eindrücklich die Möglichkeit und darüber hinaus die Wahrscheinlichkeit der Aussage, daß sich ein Mönch aus dem von den Normannen zerstörten Kloster Jumièges nach St. Gallen geflüchtet und sein Antiphonarium mitgebracht habe; durch dieses Antiphonar aber kam Notker zu den Sequenzen.

Der Flüchtling aus der Normandie ist unbekannt geblieben; sein Buch und die *aliqui versus ad sequentias modulati* sind verschollen. Doch der Same war in St. Gallen auf fruchtbares Erdreich gefallen und trug schließlich in der Kunst des Notker Balbulus und seiner Nachahmer hundertfältige Frucht[74].

71 Ein genauer Zeitpunkt läßt sich noch nicht feststellen; »die Anlage des Verbrüderungsbuches« hat sich »über geraume Zeit erstreckt«, so K. Schmid (wie Anm. 69), S. LXV ff.

72 Vgl. Simon Keynes, King Athelstan's books, in: Learning and Literature in Anglo-Saxon England (= Studies presented to Peter Clemoes, ed. by Michael Lapidge and Helmut Gneuss), Cambridge 1985 (repr. 1987), S. 145–201, hier 198–201.

73 Daß damit Jumièges gemeint war, ist unbezweifelt, so auch in der neuen Edition (wie Anm. 69).

74 Vgl. Richard L. Crocker, The Early Medieval Sequence, Berkeley/Los Angeles/London 1977; Andreas Haug, Gesungene und schriftlich dargestellte Sequenz, Beobachtungen zum Schriftbild der ältesten ostfränkischen Sequenzenhandschriften (= Tübinger Beiträge zur Musikwissenschaft, Bd. 12), Neuhausen-Stuttgart 1987.

Notker Pfefferkorn in den Sankt-Galler Quellen

Erstveröffentlichung: Notker der Arzt, Klostermedizin und Mönchsarzt im frühmittelalterlichen St. Gallen (=112. Neujahrsblatt des Historischen Vereins des Kantons St. Gallen), St. Gallen 1972, S. 41–60; Buchausgabe ebd. 1972, 2. Auflage 1975. – Der Text ist hier revidiert, teils gekürzt und teils ergänzt, die Anmerkungen sind neugefaßt worden.

Der mittlere unter den drei Sankt-Galler Mönchen des 9. bis 11. Jahrhunderts, die in das Verfasserlexikon deutscher Literatur des Mittelalters[1] eingegangen sind, ist weniger berühmt als die beiden anderen, ist heutzutage aber nicht mehr unbekannt[2]. Es ist Notker der Arzt, in den Quellen *medicus* und (was dasselbe ist) *physicus* genannt, dazu mit dem Beinamen (wie ein solcher für die drei Notkere geradezu kennzeichnend geblieben ist) *piperisgranum*, was Pfefferkorn bedeutet.

Notkers Lebenszeit und Herkunft

Von Notker II. ist, wie von vielen anderen mittelalterlichen Menschen, als einziges Datum jenes seines Todes überliefert, dieses aber mit Jahr und Tag. Die beiden einwandfreien Zeugnisse lauten folgenderweise:

Die Größeren Sankt-Galler Annalen[3] berichten zum Jahr 975 als Ereignisse, die man eines Eintrags in den Jahrbüchern als würdig und wichtig erachtete: *Stella cometis tempore autumni visa est; mox secuta est mors abbatis Notkeri et eius quondam antecessoris Purchardi et Notkeri medici.* Das besagt mit kleinen

1 VL², 6. Bd., 1987: Sp. 1187–1210 Hans F. Haefele über Notker I. Balbulus, Sp. 1210–1212 Johannes Duft über Notker II. Piperisgranum, Sp. 1212–1236 Stefan Sonderegger über Notker III. Labeo.

2 Über ihn erstmals vollständig J. Duft, Notker der Arzt (wie in obiger Vorbemerkung, im folgenden jeweils zitiert nach der 2. Auflage 1975); dazu Ders., in VL² (wie Anm. 1).

3 *Annales Sangellenses maiores* in Codex 915 der StiBSG: Todeseintrag Notkers S. 216. Edition in MVG 19, 1884, S. 295; dort ist auch erwähnt, daß der Komet des Jahres 975 noch andernorts, nämlich in den *Annales Corbeienses,* aufnotiert worden ist.

Umschreibungen: »Ein Komet-Stern wurde im Herbst gesichtet; bald hernach erfolgte der Tod des Abtes Notker, der 971–975 dem Kloster vorgestanden war, sowie der Tod seines ehemaligen Vorgängers Purchart I., der nach seiner in den Jahren 958–971 ausgeübten Vorsteherschaft als Resignat gelebt hatte, und gleichfalls der Tod des Arztes Notker.«

Abb. 29 Das Sankt-Galler Totenbuch[4] nennt sodann den Tag, indem es zum 12. November verzeichnet: *Obitus Notkeri benignissimi doctoris et medici.* Das besagt: »Hinschied Notkers, des überaus gütigen Gelehrten und Arztes.« Das Epitheton *doctor* hatte hier selbstverständlich noch nicht den Beigeschmack des Doktortitels und noch keine direkte Beziehung zum *medicus;* es bezeichnete einfach den Gelehrten und den Lehrer, und es erscheint durch das in einem nüchternen Namensverzeichnis geradezu auffällige Beiwort *benignissimus* besonders liebevoll gefärbt.

Auf den vorhin zitierten Annalen-Eintrag zum Jahr 975 bezog sich offensichtlich – sowohl sachlich als teilweise auch wörtlich – der namenlose Fortsetzer der Ekkehart'schen *Casus sancti Galli*[5]. Nachdem Ekkehart IV. seine Geschichte mit dem Besuch des Kaisers Otto in St. Gallen im Jahr 972 abgebrochen hatte, nahm der Fortsetzer nach einer kurzen Einleitung den Faden so auf: »Abt Notker starb erbaulich und wurde vom ganzen Konvent nach vielen Tränen bestattet... Im gleichen Jahr verschied auch sein Vorgänger Purchart und wurde begraben. Auch Notker der Arzt, über dessen vielfache Tätigkeit im vorliegenden Buch berichtet worden ist, starb im Herrn und in gutem Ruf; vielbeklagt wurde er bestattet. Ein Komet-Stern, der im Herbst gesichtet worden war, hatte ihren Tod und die große Erschütterung des Reiches vorausbezeichnet.«

Notker II. starb also am 12. November 975. Wann er geboren worden war, läßt sich einigermaßen errechnen. Die durchschnittliche Lebenserwartung scheint nach Ausweis der *Annales necrologici* von Fulda, die von 779 bis 1065 kalenderartig rund 4300 Namen überliefern, fünfzig Jahre betragen zu haben[6]. Von Notker II. schreibt nun allerdings Ekkehart, er sei anläßlich des Besuches Ottos im Jahr 972 vor Alter schon blind gewesen und auf einem Stuhl gesessen *(senio caesus in sedili quodam sedens).* Er dürfte also drei Jahre später bei seinem Tod eher ein Siebziger als ein *Abb. 38, 39* Fünfziger gewesen sein, was beispielsweise für Notker III. verbürgt ist: dieser starb 1022 als *septuagenarius*[7].

4 *Necrologium sancti Galli* in Codex 915: Todeseintrag Notkers S. 346 (*II. Idus Nov.).* Edititon in MVG 11, 1869, S. 58, 105.

5 *Continuatio Casuum sancti Galli,* Kap. 1. Edition in MVG 17, 1879, S. 5f.

6 Edition in MGH Script. XIII, 1881, S. 161–218. Vgl. Karl Schmid, Die Mönchsgemeinschaft von Fulda als sozialgeschichtliches Problem, in: Frühmittelalterliche Studien, 4. Bd., 1970, S. 173–200; Ders., Personenforschung und Namenforschung am Beispiel der Klostergemeinschaft von Fulda, ebd. 5. Bd., 1971, S. 235–267.

7 So Ekkehart IV. als Augenzeuge in seinem Gedicht über den erbaulichen Tod Notkers III., in Codex 393, S. 155f.; in der Ausgabe von J. Egli, MVG 31, 1909, S. 230–234.

Herkunft und Familie dieses zweiten Notker sind in keiner Quelle genannt. Er war aber, wie aus den Kapiteln 122, 128 und 130 der Ekkehart'schen *Casus*[8] hervorgeht, ein Onkel mütterlicherseits des 971 gewählten und 975 verstorbenen Abtes Notker. Zweifellos stammte er, der wie die anderen führenden Mönche aus freiem Stand und vornehmer Familie war, nicht aus »Rhätien«[9], sondern aus Alemannien, wohl aus dem alten weiten Thurgau, vielleicht aus Jonschwil an der obern Thur, wo Notker I. (†912) seine Heimat gehabt hatte und wo Nachfahren dieser Familie auch noch zu Lebzeiten Notkers II. begütert waren[10].

Notkers Mönchtum

Notker II. spielte nicht nur als Onkel des Abtes Notker, sondern auch als Zeitgenosse und Mitbruder bedeutender Mönche seine Rolle im Kloster zu St. Gallen, das eben damals vieles zu erleiden hatte: 926 den Einfall der Ungarn, denen wenig später die Sarazenen folgten, 937 die verheerende Feuersbrunst, hernach die internen Streitigkeiten um die Disziplin, die in der Blendung des Mönches Victor und in der Vertreibung des Abtes Craloh bitterböse Tiefpunkte fanden. Daß »die innere Ordnung dennoch unerschüttert« blieb, war jenen überragenden Mönchen zu verdanken, die im Sinn St. Benedikts »eine maßvolle Mitte« innezuhalten vermochten[11]. Ekkehart IV. nennt sie im 74. Kapitel »einzigartige Säulen ihrer Stätte« *(singulares loci sui columnae):* Es waren Ekkehart I., der Dekan, neben ihm Geraldus, der Schulmeister, ebenso der nachmalige Abt Purchart I., schließlich jener Notker, den man wegen seiner Strenge in der klösterlichen Zucht Pfefferkorn genannt habe *(Notkerum, quem pro severitate disciplinarum Piperisgranum cognominabant);* er hieß auch Lehrer und Maler und Arzt *(doctor, pictor, medicus).* Diese vier »Säulen« hatten jetzt – anno 954 – zusammen mit Bischof Ulrich von Augsburg, dem früheren Klosterschüler, für Ordnung und inneren Frieden besorgt zu sein. *Abb. 36* *Abb. 37*

Wenn Notker soeben und erstmals Pfefferkorn genannt worden ist, muß dieser Beiname aus dem Zusammenhang verstanden werden. Man scheint ihn auf den ersten Blick kaum mit dem Epitheton »der Gütigste« *(benignissimus)* im Totenbuch vereinbaren zu können; man mag deshalb eher an die scharfen Heilmittel des Arztes

8 Neuausgabe und Übersetzung von Hans F. Haefele, Ekkehardi IV. *Casus sancti Galli* – St. Galler Klostergeschichten (= Ausgewählte Quellen zur deutschen Geschichte des Mittelalters, Freiherr vom Stein-Gedächtnisausgabe, Bd. X), Darmstadt 1980.

9 So Ildefons von Arx, Geschichten des Klosters St. Gallen, 1. Bd., St. Gallen 1810, S. 275, ohne Quellenangabe.

10 Vgl. Gerold Meyer von Knonau, Ein thurgauisches Schultheißengeschlecht des IX. und X. Jahrhunderts, in: Jahrbuch für Schweizerische Geschichte, 2. Bd., 1877, S. 103–139.

11 So H. F. Haefele, Zum Aufbau der Casus sancti Galli Ekkehards IV., in: Typologia Litterarum (= Festschrift f. Max Wehrli), Zürich und Freiburg i. Br. 1969, S. 155–166, hier 164f.

in der Apotheke zu denken geneigt sein[12]. Der Erzähler Ekkehart IV. stellt aber den Beinamen in die existenzgefährdenden Auseinandersetzungen um die innerklösterliche Disziplin und Regeltreue: diesbezüglich mußte gerade der gütigste auch der getreueste sein. So liebevoll also Notker nach der Bezeugung im Necrologium sowohl als Lehrer wie auch als Arzt sein konnte, so gestreng und getreu war er nach dem Bericht Ekkeharts IV. als Mönch.

Er wird deshalb in der Klostergeschichte desselben Ekkehart noch dreimal in solchem Zusammenhang gefeiert: vorerst in den Kapiteln 91 und 92, wo sich *Notker medicus Piperisgranum* – hier also nochmals dieser treffliche Übername – gegen den mißgünstigen und regelwidrigen Abt Ruodmann von der Reichenau heftig beschwert; sodann im Kapitel 104, wo Ekkehart der Dekan und Notker der Arzt einer visitierenden Kommission von Bischöfen – die beiden sollen den meisten derselben wohlbekannt gewesen sein – den klösterlichen Tageslauf von der Prim bis wieder zur Prim erfolgreich zu schildern haben; schließlich im Kapitel 134, wo auch an Abt Notker ausgerechnet die innerklösterliche Strenge – und zwar wiederum mit dem Begriff *severitas* – gerühmt wird, die ihm deshalb eingeboren gewesen sei, weil er väterlicherseits ein Neffe des Abtes Craloh und mütterlicherseits ein solcher des Arztes Notker war.

Diese zufällige Charakterisierung Notkers II., wie sie sich aus Nebensätzen in den *Casus sancti Galli* ablesen läßt, macht ihn als einen ernsten und pflichtbewußten, einen ausgeglichenen und ausgleichenden Mönch erkennbar. Unter diesem Eindruck müssen auch die Sätze, die in der gleichen Quelle über seine ärztliche Tätigkeit zu finden sind, verstanden werden. Notker der Arzt war jedenfalls alles andere als ein Scharlatan.

Deshalb konnte er auch die verantwortungsvollen Klosterämter verwalten, die in jenen beiden höchst passenden Titeln angedeutet sind, mit welchen er als Zeuge zwei bis heute erhaltene sankt-gallische Urkunden[13] unterschrieben hat: 956/957 als *cellararius,* 965 als *hospitarius.* Der Arzt stand damit sowohl den Mitbrüdern als auch den Gästen zur Verfügung. Das aber geschah im Sinn und sogar nach dem Wortlaut der für das Kloster verpflichtenden Benedictus-Regel (Kap. 36 und 53): Es sei eine Hauptsorge des Abtes, daß die kranken Brüder von dem Cellerar nicht vernachlässigt würden, und es sei die Pflicht aller, daß man die Gäste wie Christus aufnehme und die Gastwohnung einem gottesfürchtigen Bruder anvertraue[14].

Daß Notker auch die den Mönch auszeichnende Tätigkeit des Lehrers in der Klosterschule ausgeübt hat – als *doctor* ist er im Necrologium aufgeführt und wird er von Ekkehart genannt –, scheint sich aus der *Vita sancti Fridolini* des Balther von

12 So beispielsweise Wolfram von den Steinen, Notker der Dichter und seine geistige Welt, Darstellungsband, Bern 1948, S. 32.

13 UBSG III, Nr. 805 (S. 23) und Nr. 810 (S. 27).

14 Hierüber ausführlicher J. Duft, Notker der Arzt (wie Anm. 2), S. 13ff.

Säckingen zu ergeben. Balther, der wohl identisch mit dem späteren Bischof Balderich von Speyer (in den Jahren 970–986) war, widmete diese Vita seinem früheren Lehrer Notker in St. Gallen: Es war nicht Notker III., wie voreilig behauptet worden ist; es kann nur Notker II. gewesen sein[15].

Notkers künstlerische Tätigkeit

Ekkehart IV. hat im soeben angeführten 74. Kapitel seiner *Casus sancti Galli* Notker II. ausdrücklich »Lehrer – Maler – Arzt« *(doctor – pictor – medicus)* genannt. Die gleichen Titel in derselben Reihenfolge leiten sein 123. Kapitel ein, das nun ausschließlich jenem gewidmet ist, der mit dem folgenden Topos eingeführt wird: »Von Notker, dem Lehrer und Maler und Arzt, werden wir, obwohl wir Stoff für einen großen Band hätten, nur gerafft im Vorübergehen sprechen.« Ähnlich lautet der Schlußsatz, der deshalb gleich beigefügt sei, zumal er die Titel des Gefeierten mit der kleinen Variante *scriptor* anstatt *doctor* (also: *scriptor – pictor – medicus)* wiederholt: »Es möge genügen, dieses wenige vom vielen, das er als Schreiber und Maler und Arzt getan hat, hier berührt zu haben, da er uns in der Erzählung weiterhin begegnen wird.« *Abb. 37*

Trotz der Kürze – Ekkehart IV. schrieb über den zweiten Notker einzig dieses nicht umfangreiche 123. Kapitel, während er ihn in dreizehn anderen Kapiteln jeweils nur erwähnte – wird die Gestalt in zweifacher Hinsicht außerordentlich lebendig: vorerst als Künstler, worauf sich die Titel *pictor* und *scriptor* beziehen, sodann als Arzt, was der geradezu typisch gewordene Titel *medicus* besagt. Hier sei Notkers Kunstfertigkeit vorausgenommen; sie äußerte sich nach Ekkehart zweifach, nämlich als Maler und als Dichter.

Der Arzt als Maler, in der Schilderung Ekkeharts: »Er hat nach der Feuersbrunst mehrere Malereien für St. Gallus geschaffen, wie es an den Türmen und an den Deckenfeldern der Kirche sowie in gewissen Büchern zu sehen ist.« Ekkehart sah jedenfalls noch im 11. Jahrhundert im Münster zu St. Gallen Malereien, die Notker im Zug der Wiederherstellungsarbeiten nach dem Klosterbrand von 937 sowohl an den Pforten – entweder im Tympanon oder an den Türflügeln[16] – sowie an der hölzernen Decke ausgeführt hatte; sie sind mit den damaligen Gebäulichkeiten längst untergegangen. Er kannte aber auch in der Bibliothek bestimmte Bücher, die von Notker ausgemalt worden waren; sie können heute gleichfalls nicht mehr identifi-

15 Hierzu Walter Berschin, Sanktgallische Offiziendichtung aus ottonischer Zeit, in: Lateinische Dichtungen des X. und XI. Jahrhunderts (= Festgabe f. Walther Bulst), Heidelberg 1981, S. 47f. (mit weiterer Literatur).
16 So Erwin Poeschel, Kdm SG III, 1961, S. 42.

ziert werden[17]. Immerhin ist am Bericht, daß ihm sowohl Monumentalmalerei als auch Miniaturmalerei zu verdanken war, nicht zu zweifeln.

Der Arzt als Dichter, wiederum in Ekkeharts Schilderung: »Aber was sind diese Malereien im Vergleich zu den tausend anderen Dingen, die er dichtend und heilend *(dictans et medens)* erstrahlen ließ? Er hat nämlich folgendes geschaffen: für St. Otmar die zierlichen Antiphonen *(decoras antiphonas)* und den Hymnus *Rector aeterni metuende saecli,* für Königsempfänge bestimmte Begrüßungsgedichte *(quaedam susceptacula regum),* schließlich für das Commune *De una Virgine non Martyre* den Hymnus *Hymnum beatae virgini.* Als er dabei längere Zeit wegen eines zum Vermaß passenden bestimmten Wortes zögerte und den Dekan Ekkehart (I.) bat, ein solches aus seiner Kunstfertigkeit einzufügen, sagte ihm dieser schlagfertig: ›Das Schaf kommt zur Ziege, um Wolle zu erbitten!‹ Doch er riet ihm dann, das Wort *labilem* einzusetzen. Ich habe diese Anekdote, die zum Beispiel für die Demut und die Liebe unter unseren Vätern geworden ist, nicht übergehen können.«

Wahrhaftig, die kleine herzliche Geschichte über die Hilfsbereitschaft unter zwei Dichtern[18] in einer Zeit harter innerklösterlicher Auseinandersetzungen verdiente festgehalten zu werden. Sie mochte den Erzähler Ekkehart IV., der sich sprachlicher Probleme und stilistischer Feinheiten vollauf bewußt war, auch noch unter formalen Gesichtspunkten erfreut haben, berichtete er sie doch »fast mit Zärtlichkeit«[19]. Heute dient sie der Literaturgeschichte, um die Dichtungen Notkers II. festzustellen, wie es schon der sankt-gallische Historiograph P. Jodocus Metzler (1574–1639) getan hat[20], als er bezeugte, den sapphischen Otmar-Hymnus und den jambischen Jungfrau-Hymnus sowie Begrüßungsverse von Notker dem Arzt, allerdings nicht seine Antiphonen, wirklich zu kennen.

Aus heutiger Kenntnis[21] ist zu sagen, daß diese Andeutungen Ekkeharts trotz

17 Über das »Ausklingen« des Scriptoriums im 10. Jahrhundert vgl. ALBERT BRUCKNER, Scriptoria III, 1938, S. 43–46: »Nur eine geringfügige Zahl von Codices ist aus dem 10. Jahrhundert auf uns gekommen ... Das 10. Jahrhundert kennt in der Hauptsache nur Figürliches und Ornamentales in leichter, farbloser Federzeichnung ... freilich auch Initialen wie bisher in schönster Farbgebung.«

18 W. VON DEN STEINEN (wie Anm. 12) hat den Sequenzendichter Ekkehart I. gewürdigt: im Darstellungsband S. 629 (Register), im Editionsband S. 221 (Register).

19 So H. F. HAEFELE, Untersuchungen zu Ekkehards IV. Casus sancti Galli, in: DA, 18. Jg., 1962, S. 120–170, hier 169.

20 In seinem Beitrag *De viris illustribus monasterii, S. Galli* in dem von BERNHARD PEZ O. S. B. herausgegebenen *Thesaurus anecdotorum novissimus,* tom. I, pars III, Augsburg und Graz 1721, Sp. 577f. – Vgl. auch ANSELM SCHUBIGER O. S. B., Die Sängerschule St. Gallens vom achten bis zwölften Jahrhundert, Ein Beitrag zur Gesanggeschichte des Mittelalters, Einsiedeln und New York 1858, S. 76ff. und Exemplum Nr. 44.

21 Vgl. WALTHER BULST, Notkerus medicus, in: VL^1, 5. Bd., 1955, Sp. 790ff.; dazu jetzt auch J. DUFT: VL^2 (wie Anm. 1).

ihrer Kürze eine »literarische, wohl auch zugleich musikalische Fruchtbarkeit«[22] des Arztes Notker als gesichert erscheinen lassen. Seine beiden Hymnen sind jedenfalls bekannt geblieben und sollen im folgenden kurz gewürdigt werden. Seine St. Otmars-Antiphonen, bisher sozusagen verborgen in Hartkers Antiphonarium (Codex 391), sind erfreulicherweise auch wieder identifiziert worden[23]. Unbezweifelt ist ferner, daß er Grußlieder für Königsbesuche – sogenannte *susceptacula regum* – gedichtet hat; doch von den ihm später zugeschriebenen gilt das eine mit dem Beginn *Ave beati germinis* als schon von Notker I. gedichtet, während das andere mit dem Anfang *Inclite caesar ave* für keinen von beiden nachgewiesen werden kann. Gleichfalls unbeweisbar ist Notkers angebliche Autorschaft an Kalenderversen im Codex 915 (S. 296)[24].

Notkers für den Klosterpatron St. Otmar gedichteter und auch vertonter (zumindest musikalisch aus gregorianischen Melodien arrangierter) Hymnus[25] beginnt mit dem großen Gotteslob: *Abb. 24*

Rector aeterni metuende saecli,
Auctor et summae bonitatis ipse,
Quas tibi laudes ferimus canentes,
Accipe clemens!

Herr der Ewigkeit, Dir gebührt die Ehre.
Als der Quell der Güte bist Du uns Lehre.
Wenn wir Dir des Lobes Gesänge weihen,
Höre uns gnädig!

Er umfaßt acht Strophen im sapphischen Versmaß und spielt kunstvoll mit dem Binnenreim. In der Liturgie des Bistums St. Gallen, das diesbezüglich jene des ehemaligen Klosters einigermaßen fortsetzt, wird der Hymnus noch jetzt wenigstens

22 So W. Bulst, Susceptacula regum, Zur Kunde deutscher Reichsaltertümer, in: Corona Quernea, Festgabe f. Karl Strecker (= Schriften des Reichsinstituts für ältere deutsche Geschichtskunde, 6. Bd.), Leipzig 1941, S. 97–135, hier 97.

23 Von W. Berschin (wie Anm. 15), S. 28–35.

24 MGH Poetae V, S. 529, Anm. 1.

25 Ausgaben: H. Canisius, Antiquae lectionis tom. V, Ingolstadt 1604, S. 3757f. (2. Aufl. von I. Basnage, II/3, Amsterdam 1725, S. 210); Cantarium S. Galli, St. Gallen 1845, S. 171 ff. (mit Melodie und metrischer Übersetzung); J. P. Migne, Patrologia Latina, t. 87, Paris 1851, Sp. 49f.; F. J. Mone, Lateinische Hymnen des Mittelalters, 3. Bd., Freiburg i. Br. 1855, S. 470 (als Verfasser wird Walahfrid Strabo vermutet); dazu G. Morel, Lateinische Hymnen als Nachtrag, Einsiedeln 1866, S. 301; A. Schubiger (wie Anm. 20); C. Blume, Analecta hymnica medii aevi, 51. Bd., Leipzig 1908, S. 213 ff.; J. Duft, St. Otmar in Kult und Kunst, St. Gallen 1966, S. 104 ff. (mit Melodie und metrischer Übersetzung); unvollständige Angaben bei U. Chevalier, Repertorium hymnologicum, 2. Bd., Louvain 1897, S. 448 (Nr. 17054). – Handschriftliche Überlieferung bei C. Blume, Anal. hymn. 51, S. 214f.

mit vier Strophen lateinisch (oder wahlweise deutsch) am 16. November in der Vesper des Otmarsfestes verwendet.

Der andere Hymnus des Arztes Notker, der jeweils an den Festen heiliger Jungfrauen im *Commune Sanctorum* zur Verfügung stand, ist einfacheren Versmaßes. In seiner dritten Strophe findet sich wirklich das Wort *labilem,* das sich der Dichter vom Mitbruder Ekkehart I. hatte schenken lassen:

Quod nunc in alma virgine
Palam valemus cernere,
Sexum domans quae labilem
Vitam gerebat caelibem.

Die bisherigen Ausgaben[26] bezeugen nur vier Strophen. Doch das älteste der erhaltenen Manuskripte – Codex 414 (S. 40f.) aus dem 11. Jahrhundert – überliefert acht Strophen[27]. Damit paßt der Hymnus umfangmäßig zum Otmarslied; er ist allerdings im jambischen Versmaß und nach üblicher Art ambrosianischer Hymnen mit Endreimen abgefaßt.

Notkers ärztliche Wirksamkeit

Notker handhabte also die *ars poetica*[28] und die damit verbundene *ars musica*[29]; er beherrschte aber besonders die seltenere *ars medica,* die der irische Dichter-Gelehrte Dungal in Saint-Denis zur Zeit Karls des Großen geradezu als »achte Kunst« den »Sieben freien Künsten« beigesellt hatte.

Notkers ärztliche Tätigkeit wird von Ekkehart IV. in den *Casus sancti Galli*[30] mehrmals gestreift, wobei dem Erzähler trotz seiner Vorliebe für das Anekdotische

26 H. Canisius (wie Anm. 25), S. 755f., mit verwirrlichem Verfassernamen; I. Basnage (ebd.), S. 209; J. P. Migne (ebd.), Sp. 48; G. M. Dreves, Analecta hymnica medii aevi, 23. Bd., Leipzig 1896, S. 92, ohne Verfassernamen; unvollständige Angaben bei U. Chevalier, Repertorium hymnologicum, 1. Bd., Louvain 1892, S. 493 (Nr. 8230).

27 Dagegen vier Strophen in Codex 16, S. 449f. (mit Melodie), und Codex 415, S. 461. – Vollständige Ausgabe nach Codex 414 erstmals bei J. Duft, Notker der Arzt (wie Anm. 2), S. 45.

28 Über Ärzte als Dichter vgl. Wilhelm Theopold, Doktor und Poet dazu, Dichterärzte aus fünf Jahrhunderten, Mainz 1986; über Notker S. 13ff., 389.

29 Vgl. Werner Friedrich Kümmel, Musik und Medizin, Ihre Wechselbeziehungen in Theorie und Praxis von 800 bis 1800 (= Freiburger Beiträge zur Wissenschafts- und Universitätsgeschichte, 2. Bd.), Freiburg i. Br. 1977; ohne Bezugnahme auf St. Gallen.

30 Hinzuweisen ist sowohl auf die neue Ausgabe von H. F. Haefele (wie Anm. 8) als auch – wegen der ausführlicheren, oft allerdings überkritischen Kommentierung – auf jene von Gerold Meyer von Knonau: MVG 15/16, St. Gallen 1877. Über Ekkehart IV. jetzt H. F. Haefele: VL², 2. Bd., Sp. 455–466.

Glaubwürdigkeit[31] gebührt. Dafür spricht gleich schon die chronologische Konfrontierung der beiden: Notker starb 975; Ekkehart wurde nach allgemeiner Ansicht um/nach 980 geboren, kam wohl entsprechend dem damaligen Brauch als Kind in das Kloster St. Gallen und war dort nachweisbar der bevorzugte Schüler Notkers III., der seinerseits um 952 geboren worden und somit ein Schüler Notkers II. gewesen war. Nach dem Tode Notkers III. (1022) wirkte Ekkehart vorübergehend als Schulleiter in Mainz, war dann aber von 1032 an wieder Lehrer in St. Gallen, wo er gegen 1060 starb. Seine Klostergeschichte schrieb er zwischen 1030 und 1060.

Ekkehart schildert im 123. Kapitel Notker als den Arzt, der ein gutausgebildeter Theoretiker und ein scharfsinniger Diagnostiker gewesen sei. Dieses Thema wird so eingeleitet: »In der ärztlichen Praxis *(medendo)* vollbrachte er oft bewundernswerte und erstaunliche Taten, denn er war sowohl in den medizinischen Lehrsätzen *(in afforismis medicinalibus)* als auch in den Heilmitteln *(speciebus)* und in den Gegengiften *(antidotis)* sowie in den Hippokratischen Diagnosen *(prognosticis ypocraticis)* einzigartig unterrichtet.« Mit diesen Fachausdrücken sind anscheinend nicht einfach medizinische Kenntnisse, sondern ganz bestimmte grundlegende Fachbücher bezeichnet[32]. Jedenfalls finden sich solche Formulierungen oftmals in den Titeln und Zwischentiteln der mittelalterlichen Medizinhandschriften der Stiftsbibliothek[33].

Nun aber, in Ekkeharts weiterfahrender Schilderung, der Diagnostiker: »Das Gesagte zeigte sich bei der Harnschau des Herzogs Heinrich, der ihn schlau zu täuschen versuchte. Denn als er ihm den Urin eines gewissen Kammerfräuleins anstatt des seinigen zum Untersuch schickte, sagte Notker: ›Ein Wunder und Wahrzeichen wird Gott jetzt wirken, das noch nie gehört worden ist: nämlich daß ein Mann ein Kind gebären wird; denn dieser Herzog wird um den dreißigsten Tag von heute an einen Sohn aus seinem Schoß zur Welt bringen und an die Brüste legen.‹ Da errötete jener, ertappt wie er war, und sandte dem Gottesmann Geschenke, damit er ihm die ärztliche Behandlung nicht verweigere; denn dazu hatte er sich herführen lassen. Jene Frau aber, die man als Jungfrau gehalten hatte, führte der Sankt-Galler Arzt auf ihre Bitte zur Gnade zurück; denn sie gebar wirklich, wie jener Prognostiker es vorausgesagt hatte, ein Kind.«

Notker, von Ekkehart stolz *medicus Sanctigallensis* genannt, als Harnbeschauer! Die Medizingeschichte nahm und nimmt ihn in dieser köstlichen Episode ernst[34],

31 Hierüber ausführlicher J. Duft, Notker der Arzt (wie Anm. 2), S. 40f.

32 »Die Aphorismen und das Prognostikon des Hippokrates gehörten zu den gebräuchlichsten Schriften des frühen medizinischen Unterrichts im Mittelalter.« So Conrad Brunner, Über Medizin und Krankenpflege im Mittelalter in schweizerischen Landen (= Veröffentlichungen der schweizerischen Gesellschaft für Geschichte der Medizin und der Naturwissenschaften, 1. Heft), Zürich 1922, S. 30 Anm. 2.

33 Sie sind aufgeführt bei J. Duft, Notker der Arzt (wie Anm. 2), S. 30ff. Dazu jetzt auch unten Anm. 53.

34 So beispielsweise C. Brunner (wie Anm. 32), S. 29 und 55.

spielte doch die Uroskopie eine so allgemeine Rolle, daß der Arzt in alten Bildern gerade dadurch kenntlich gemacht worden ist, daß er ein Harngefäß – Urinal genannt – prüfend zum Licht emporhält. Selbst ein sehr kritischer Medizinhistoriker[35], der aus seiner Voreingenommenheit gegen Mittelalter und Mönchtum kein Hehl machte, führte schon 1823 diesen Notker unter den Mönchsärzten als einen »der berühmtesten« an, und er schloß seinen Bericht über die vorhin geschilderte Episode mit dem treffenden Satz: »Der schlaue Uroskop sagte aus: wer *den* Urin gelassen, werde die Welt vermehren.«

Die Frage mag sich noch stellen, um welchen Herzog es sich gehandelt habe, war er doch für Ekkehart einfach der *dux Henricus*. Gerade diese selbstverständliche Nennung weist auf Heinrich I. von Baiern[36] hin, Sohn des Königs Heinrich, Bruder des Kaisers Otto und Vater der bei Ekkehart mehrmals genannten Hadwig auf dem Hohentwiel. Er regierte 948–955 und wurde in seinem Todesjahr als ein Bekannter in die sankt-gallischen Annalen eingetragen. Zeit und Umstände passen also bestens, womit die Anekdote auch diesbezüglich keine Schwierigkeit bereitet.

Nach dem Herzog führt Ekkehart IV. im gleichen 123. Kapitel noch einen Bischof als Patienten des Diagnostikers Notker an; es geschieht mit den Sätzen: »Aber auch unserem Bischof Kaminoldus sagte er, nachdem er ihm einen langdauernden Nasenfluß raschestens gestillt hatte, aus dem Geruch des Blutes auf den dritten Tag die Blatternkrankheit *(variolam morbum)* voraus. Aber als er ihn bat, er möge doch die ihm am besagten Tag ausbrechenden Pusteln *(pustulas)* zurückhalten, sagte Notker: ›Wahrhaftig, ich könnte es tun; aber ich will es nicht, weil ich die schwere Buße für die Schuld an deinem Tod nicht zu ertragen vermöchte; denn wenn ich sie zurückhalten werde, liefere ich dich dem Tode aus‹. Er heilte dann aber die ausgebrochenen Pusteln in kurzer Zeit so gut, daß er auch nicht von einer einzigen gezeichnet blieb.«

Notker II. war also nicht nur feiner Diagnostiker, der aus dem Geruch des Blutes den Ausbruch der Blattern voraussah, sondern er war auch erfahrener Praktiker, welcher der Krankheit den richtigen Verlauf beließ und sie samt ihren Folgen bald zu heilen vermochte. Die Blattern oder Pocken gehörten zu den verheerenden Seuchen[37]; eine gewisse Todesangst scheint deshalb in Ekkeharts kurzer Erzählung nachzuschwingen.

Beim Patienten handelte es sich um Kaminold oder Gaminolf, der in den Jahren

35 Kurt Sprengel, Versuch einer pragmatischen Geschichte der Arzneykunde, 2. Teil, Halle ^{3}1823, S. 486.

36 Diese Annahme stützt sich auf den Kommentar von G. Meyer von Knonau (wie Anm. 30), S. 319 Anm. 1077 und S. 400 Anm. 1427. – Zu Heinrich I. vgl. Max Spindler, Handbuch der Bayerischen Geschichte, 1. Bd., München 1967, S. 602 (Register).

37 Vgl. wieder C. Brunner (wie Anm. 32), S. 55f. und 149f.

975–979 Bischof in Konstanz war[38]. Zu jener Diözese gehörte bekanntlich auch die Abtei St. Gallen, weshalb sie seinen Namen in ihr Totenbuch aufgenommen hat. Eine kleine chronologische Unstimmigkeit[39] scheint nun darin zu bestehen, daß der Arzt Notker einen Monat vor der Bischofsweihe seines Patienten starb. Wer aber den kurzen, anschaulichen Bericht unvoreingenommen liest, erkennt gleich, daß Gaminolf im Zeitpunkt seiner Krankheit nicht unbedingt schon Bischof gewesen sein muß; dem Notker wird einfach das Verdienst zuerkannt, ihn am Leben erhalten und ihm das unversehrte Aussehen zurückgegeben zu haben.

Ein dritter Patient Notkers war sein rebellischer Mitbruder Victor, ein junger stolzer Mann vornehmer Abstammung aus Rätien. Ekkehart IV. berichtet ausführlich von den hier schon gestreiften innerklösterlichen Auseinandersetzungen um die Disziplin nach dem Klosterbrand von 937. Sie gipfelten schließlich im Gegensatz zwischen dem Abt Craloh und dem Mönch Victor, damit überhaupt zwischen dem Älteren und dem Jüngeren, anscheinend auch zwischen dem Alemannen und dem Rätoromanen, jedenfalls zwischen den Abteien St. Gallen und Pfäfers. Ekkehart konnte sich in seinem 77. Kapitel auf die Berichte des ihm noch bekannt gewesenen Waning, der als langjähriger Kaplan des allzu strengen Abtes Augen- und Ohrenzeuge der Ereignisse gewesen war, berufen. Dadurch gewinnt jene grausame Geschichte, die sich um das Jahr 954 zugetragen haben muß und die dem Arzt Notker einen seiner schwersten Fälle bereitet haben dürfte, unmittelbare Wahrhaftigkeit. Sie lautet in kurzer Zusammenfassung so:

Der Mönch Victor[40] verließ das Kloster und seinen Abt in feindlicher Absicht. Der Abt jedoch ließ ihn auf dem Weg überraschen und zur Rückkehr drängen. Als er sich weigerte, versuchten die Knechte, ihn mit Speeren zurückzuschlagen. Er aber packte einen Knüttel und hieb ihn dem Anführer auf den Kopf, weshalb dieser halbtot vom Pferde fiel. Da stürzten sich die Verfolger gemeinsam auf Victor, warfen ihn seinerseits vom Pferd und rissen ihm vor Wut die Augen aus. Die Folgen waren selbst für jene harte Zeit, da man geistige Auseinandersetzungen handgreiflich zu entscheiden sich nicht scheute, schlimm, indem nun die Blutrache von seiten der adeligen Verwandten Victors einzusetzen begann. Er selber ging allerdings in sich und wurde schließlich ein vielverehrter Einsiedler. Zuvor aber hatte er, dem sogar der Klosterdekan Waldo die Pflege verweigerte, die Fürsorge des Arztes Notker erfahren.

Ekkehart faßt diese ärztliche Tätigkeit in den einen Satz, womit er nach dem

38 Vgl. Regesta Episcoporum Constantiensium, bearb. von PAUL LADEWIG und THEODOR MÜLLER, 1. Bd., Innsbruck 1895, S. 48 f.

39 Von G. MEYER VON KNONAU (wie Anm. 30), S. 400 Anm. 1429, mit einer gewissen Voreingenommenheit dramatisiert.

40 Hierüber ISO MÜLLER, Ekkehard IV. und die Rätoromanen, in: Stud. Mitt. OSB, 82. Bd., 1971, S. 271–288, hier 272–275.

bewegten Kapitel 77 das versöhnliche Kapitel 78 einleitet: »Victor wurde hierauf durch Notker den Arzt in kurzer Zeit an den Augenhöhlen geheilt, und er übte sich später in guten Werken.« Damit war der Arzt wirklich der *benignissimus*, wie der Eintrag im Totenbuch ihn in dankbarer Erinnerung feiert, hatte er doch den jungen, unglücklichen Mitbruder sowohl an den Augen als auch an der Seele geheilt. Die Heilung an den Augenhöhlen mußte sich allerdings auf Wundbehandlung beschränken; der Geblendete konnte nicht mehr sehend werden. Er starb schließlich in hohem Alter, also lange nach Notker II., als Eremit in den Vogesen, wo der Geschichtsschreiber Ekkehart IV. sein Grab besuchte.

Ein vierter Patient Notkers war Purchart, der – wie hier schon mitgeteilt – zu den geistigen »Säulen« der damaligen Mönchsgemeinschaft gehörte und 958–971 dem Kloster als Abt vorstand; er starb wie Notker im Jahr 975. Purchart erhielt von der ihm verwandten Schwabenherzogin Hadwig einen schönen, raschen Zelter geschenkt, ergötzte er sich doch an edlen Pferden. Man brachte ihn ihm, als er in Rickenbach bei Wil weilte; er hieß ihn sogleich satteln und bestieg ihn, worauf der Unfall geschah, den Ekkehart im 97. Kapitel seiner *Casus* schildert:

»Aber das Pferd bäumte sich auf und schlug ihn, der zwar ein Mann von Zartheit, aber doch auch von angeborener Begeisterungsfähigkeit und Raschheit war, an die Türpfosten des Hofes; es brach ihm den Oberschenkel entzwei und riß ihn aus dem Hüftgelenk. Obwohl er von diesem Stoß durch Notker nach Möglichkeit geheilt wurde, konnte er später doch nicht mehr ohne zwei Krücken einhergehen.« Der Bericht über die nicht vollständig geglückte Heilung zeugt für dessen Wahrhaftigkeit. Dazu ein moderner Arzt[41]: »Purchart trug eine nicht reponierte Hüftgelenksluxation davon.«

Wenn einer im Kloster zum Sterben kam, wünschte er sich den Beistand seines ärztlichen Mitbruders Notker. Von Geraldus, ebenfalls einer der damaligen »Säulen«, Lehrer in der Klosterschule, erzählt Ekkehart im 125. Kapitel: Hochbetagt habe er sich im Hinblick auf seinen Tod in das Krankenhaus zurückgezogen; auf die Frage, wo er Schmerz empfinde, habe er geantwortet: »auf der Brust und im Zwerchfell«; schließlich habe er ausgerufen: »O daß doch mein Notker *(Notkerus meus)* hier wäre!« Dieser nämlich habe damals wegen Heilmitteln *(pro remediis)* am Königshof geweilt. Seine ärztliche Wirksamkeit beschränkte sich also nicht nur auf das Kloster, sondern erstreckte sich weit darüber hinaus, ja bis zu Kaiser Otto dem Großen.

Abb. 6, 7 Von Notkers vielfachem Beistand ist eine Andeutung auch in der *Vita sanctae Wiboradae*[42] von Ekkehart I., dem Dekan, festzustellen. Im 38. Kapitel erzählt er von

41 C. Brunner (wie Anmn. 32), S. 51.

42 Neueste Ausgabe und Übersetzung von Walter Berschin, Vitae Sanctae Wiboradae, Die ältesten Lebensbeschreibungen der heiligen Wiborada (= MVG, 51. Bd.), St. Gallen 1983, hier S. 90–93.

der Reklusin Rachildis († 946), einer Jüngerin der 926 von den Ungarn erschlagenen Wiborada; sie lag schwer krank in ihrer Klause bei der St. Mangen-Kirche zu St. Gallen. Von Ekkehart IV., dem Chronisten, weiß man aus dem 83. Kapitel, daß Rachild »überall am Körper und besonders an den Brüsten von Geschwüren befallen war« und »gleich dem heiligen Hiob den Eiter mit der Scherbe« wegkratzte[43]. Dazu nun Ekkehart I.: Unter denen, die bei ihr wachten, »befand sich vor dem Fenster des Häuschens auch der ehrwürdige Lehrer und Mönch Notker der Arzt«; der Eintritt in ihre Klause war ihm verwehrt. Wie die Kranke nun zur heiligen Wiborada um »irgendeine Hilfe durch deine Arznei« betete, erschien ihr diese »in großer Lichthelle und in der Lieblichkeit des süßesten Wohlgeruchs«. Dazu nun ein heutiger Arzt[44]: »Heilender Wohlgeruch breitete sich aus, der die ekelhaften Dünste verscheuchte, die von ihrem Leiden aufstiegen. Das war wohl Notkers Tat: mit Räucherwerk verscheuchte er den Foetor, belebte die Zuversicht der Kranken und leitete ihre Genesung ein.«

Der hier verwendete Ausdruck *suavissimus odor* bedeutete eben nicht nur allgemein Wohlgeruch, sondern auch Räucherwerk, Balsam, Salbe, Gewürz. In medizinischen Kräutergärten, so auch im Herbularius des Sankt-Galler Klosterplanes[45], wuchsen entsprechende Pflanzen, und in den medizinischen Handschriften[46] sind zahlreiche derartige Rezepte nachzulesen.

Notkers Beziehungen zum Kaiser

Die reichs- und kirchenpolitischen Beziehungen des Klosters St. Gallen zum ottonischen Königs- und Kaisertum[47] erhalten dank Ekkeharts IV. *Casus sancti Galli* zweifach persönliches Profil: Ekkehart II. soll Erzieher des Kaisersohnes Otto II. gewesen sein, weshalb er als der *palatinus* – der Höfling, der Hofmann – von den anderen Namensvettern unterschieden wurde und wird († 990 als Dompropst in Mainz)[48]. Notker II. soll als Arzt bei Otto dem Großen gewirkt haben und von ihm und seinem Sohn Otto II. hochgeschätzt worden sein[49].

Wie die Klöster und die Bischofssitze, so benötigten auch die Höfe der kleinen

43 Quellen ausführlicher bei J. Duft, Notker der Arzt (wie Anm. 2), S. 50f.

44 W. Theopold (wie Anm. 28), S. 14.

45 Vgl. J. Duft, Die Apotheke und der Heilkräutergarten im Hospital des karolingischen Klosterplanes zu St. Gallen, in: Ernst Ziegler (Hg.), Apotheken und Apotheker im Bodenseeraum (= Festschrift f. Ulrich Leiner), Sigmaringen 1988, S. 13–24.

46 Beispielsweise in Codex 752 der Stiftsbibliothek, woraus die Seite 82 als Tafel V wiedergegeben ist bei J. Duft, Notker der Arzt (wie Anm. 2).

47 Vgl. J. Duft, Notker der Arzt (wie Anm. 2), S. 52–55.

48 Über ihn Peter Stotz in VL[2], 2. Bd., 1980, Sp. 453ff.

49 Hierüber ausführlich J. Duft, Notker der Arzt (wie Anm. 2), S. 55–58.

und der großen Herrscher der Ärzte. Am Hofe der Ottonen mag es ähnlich zugegangen sein wie schon bei Karl dem Großen, worüber Alkuin um 796 die Verse[50] gedichtet hat:

Accurunt medici mox, Hippocratica secta:
Hic venas fundit, herbas hic miscet in olla,
Ille coquit pultes, alter sed pocula praefert.

Schon auch kommt Hippokrates' Schar, es kommen die Ärzte:
Schlägt der eine die Ader, so mischt der andere Kräuter,
Und mit kräftigem Trank füllt Becher und Schalen ein dritter.

Wann und wo nun Notker II. bei König Otto dem Großen und seinem Sohn Otto II. geweilt und geheilt hat, läßt sich heute nicht mehr in Einzelheiten feststellen. Man hat allerdings von seiten der Urkundenforschung[51] nicht ohne Erfolg versucht, ihn zu identifizieren mit jenem Notker, der in der königlichen Kanzlei tätig war. Von einem solchen stammt neben andern die noch im Original erhaltene, gesiegelte, am 7. April 940 in Quedlinburg ausgestellte Urkunde, womit Otto I. dem Kloster St. Gallen die Immunität bestätigte[52]. Der Schreiber bekannte sich ausdrücklich auch als Rekognoszent anstelle des Erzkanzlers Poppo *(Notker notarius ad vicem Popponis archicancellarii scribendo recognofeci et subscripsi);* er war also eine nicht unbedeutende, vertrauenswürdige Persönlichkeit.

Aber selbst wenn von dieser Seite ein durchschlagender Beweis für Notkers Anwesenheit bei König Otto und damit indirekt für seine dortige medizinische Tätigkeit nicht mehr geleistet werden kann, darf doch auf die Wahrhaftigkeit der sankt-gallischen Tradition gebaut werden. In nicht weniger als fünf Kapiteln (125, 128, 130, 133, 147) kommt Ekkehart beiläufig auf Notker als den Arzt und damit den Vertrauten des Großen Otto zu sprechen. Es sind die Zufälligkeit und die Mehrmaligkeit, die für diese Erwähnungen zeugen.

Die erste derselben (Kap. 125) ist hier im Zusammenhang mit dem sterbenden Mönch Geraldus zitiert worden: Notker habe damals »wegen Heilmitteln« am Königshof geweilt. Die drei folgenden (Kap. 128, 130, 133) stehen im Zusammenhang mit der von den Sankt-Galler Mönchen bei Otto dem Großen erbetenen

50 Wiedergegeben in MGH Poetae aevi Karolini I, S. 245, deutsch bei Max Neuburger, Geschichte der Medizin, Bd. II/1, Stuttgart 1911, S. 267.

51 So Theodor Sickel, Programm und Instructionen der Diplomata-Abtheilung, in: Neues Archiv der Gesellschaft für ältere deutsche Geschichtskunde, 1. Bd., 1876, S. 425–482, hier 460 f.; Ders., Über Kaiserurkunden in der Schweiz, Ein Reisebericht, Zürich 1877, S. 10 f.; Gerold Meyer von Knonau in MVG 15/16, S. 398 Anm. 1417, und MVG 17, S. 6 Anm. 17; Paul Staerkle, Die Rückvermerke der ältern St. Galler Urkunden (= MVG 45), St. Gallen 1966, S. 46 und 80 f.

52 UBSG III, Nr. 794 (S. 14 f.).

Bestätigung ihres 971 neugewählten Abtes, der gleichfalls Notker hieß: Er sei doch – so habe der Lehrer Ekkehart (II.) zu Otto dem Sohn (II.) gesagt – »der Schwestersohn Notkers des Arztes, der um dich und deinen Vater stets wohlverdient und von euch geschätzt war«. Ebenfalls habe er dem alten und dem jungen Otto gesagt: »Erinnert euch, ihr Herren, Notkers des Arztes, welcher der Onkel des Erwählten ist!« Der Kaiser habe schließlich den jungen Abt ermahnt, ohne den Rat der beiden Gewährsmänner Ekkehart (II.) und Notker (II.) nichts Entscheidendes zu unternehmen.

Die fünfte Erwähnung Notkers in Beziehung zum Kaiser erfolgt in der anschaulichen Schilderung, die Ekkehart IV. (Kap. 146/147) dem Besuch widmet, den Otto I. mit Gemahlin Adelheid sowie Otto II. mit Gemahlin Theophanu im August des Jahres 972 dem Kloster St. Gallen abgestattet haben. Die entscheidenden Sätze zu Ehren Notkers lauten so:

»Nachdem die Lobgesänge beendet waren, verfügte der große König, daß niemand ohne den Willen des Abtes mit ihm in die Klausur eintrete. Als der Dekan und die anderen Würdenträger zur Begrüßung gerufen wurden, fragte er, wo denn sein Notker *(Notkerus suus)* sei. Jener war nämlich vor Alter blind, und so wurde er ihm gezeigt, wie er auf einem Stuhl saß. Da befahl er dem Sohn, ihn persönlich zu ihm zu führen. Dieser küßte ihn und geleitete ihn an der Hand zum Vater. Er nun zog ihn unter seinem Königsmantel an sich, küßte ihn ebenfalls und spendete ihm vielen Trost. Hierauf gab er ihm die Hand und führte ihn mit sich in die Klausur. ›O ich glücklichster der Blinden‹, sprach Notker, ›der ich heute so große Führer habe, wie keiner sie je verdient hat!‹ Als sich nun der König im Kloster niederließ, setzte er den Notker neben sich, und dort grüßten ihn Bischöfe, Äbte und Laien, denen er oft nützlich gewesen war.«

Wem, wo und wann Notker als Arzt »nützlich gewesen« war und wie er seine Patienten behandelt hat, wird von Ekkehart, der nicht Medizingeschichte, sondern lokale Klostergeschichte zu schreiben hatte, nicht berichtet. Seine Erzählung bricht übrigens beim Kaiserbesuch (972) unvermittelt ab und schildert deshalb auch nicht mehr das Ableben Notkers (975). Eines aber steht fest: Er erzählt über Notker als Hofarzt einerseits so zufällig und andrerseits so wiederholt, daß an seiner diesbezüglichen Kenntnis nicht gezweifelt zu werden braucht.

Ein Rückblick auf Persönlichkeit und Wirksamkeit Notkers läßt die schöne Charakterisierung des Arztes, die sich in einem Manuskript der Sankt-Galler Stiftsbibliothek[53] findet, auch auf ihn anwenden. Im Codex 44, der auf den Seiten 185–368 ein im 9. Jahrhundert (nicht in St. Gallen) geschriebenes Medizinkompendium ent-

53 Vgl. Johanne Autenrieth, Medicus – vir iustus et bonus, Zu einer lateinischen Version des hippokratischen Prognostikon im Codex Sangallensis 44, in: Otto P. Clavadetscher, Helmut Maurer, Stefan Sonderegger (Hg.), Florilegium Sangallense (= Festschrift f. J. Duft), St. Gallen und Sigmaringen 1980, S. 1–13.

hält und wohl schon Notker zur Verfügung gestanden hat, steht auf den Seiten 220–223 eine lateinische Version des hippokratischen Prognostikon; Notker aber war, wie hier aus Ekkehart (Kap. 123) mitgeteilt worden ist, in *prognosticis ypocraticis* bestens unterrichtet. Und darin steht vom Arzt allgemein, was auf Notker im besonderen zutrifft: er sei *iustus et bonus medicus.* Als der »rechtschaffene und der gütige« lebte er in der Erinnerung seiner Mitbrüder weiter und ging so in die Geschichte seines Klosters ein.

Notker der Deutsche in den Sankt-Galler Quellen

Erstveröffentlichung in größerem Zusammenhang: Wesenszüge der Persönlichkeit Notkers des Deutschen, in: Harald Burger, Alois Haas, Peter von Matt (Hg.), Verborum amor – Studien zur Geschichte und Kunst der deutschen Sprache (= Festschrift für Stefan Sonderegger), Berlin, im Druck. – Daraus wird hier nur der erste, faktische Teil, dort betitelt »Quellen zu Notkers Persönlichkeit«, wiedergegeben, nicht aber der zweite, der deduktive Teil über die »Deutung der Zeugnisse«. Die Wiedergabe ist revidiert und mit den anderen Aufsätzen dieses Sammelbandes koordiniert, die Anmerkungen sind neugefaßt worden.

Der sprachenmächtige Joachim von Watt, latinisiert Vadianus, mächtig der deutschen Muttersprache und der lateinischen Vatersprache, interpretierte in seiner Kleineren Äbte-Chronik *(Die äpt des closters zů S. Gallen)*[1] die Epitheta der drei großen Notkere – des Dichters († 912)[2], des Arztes († 975)[3] und des lateinisch-deutschen Sprachenmeisters († 1022)[4] –, die ein *altz mönchenverslin* in der *Lieberey zů S. Gallen*[5] überliefert habe, in trefflicher Übersetzung: Es nenne »den ersten *Balbum,* den lurggenden Notkern, ist der Poet gwesen; den andern *Piperis granum,* das ist der Pfefferkörnly, der ist der doctor und artzt gwesen; den dritten *Labeonem,* mit dem großen maul, dem schreybt man den teutschen Psalter zů.«[6] Dieser

1 Vadianische Bibliothek (in Kantonsbibliothek Vadiana St. Gallen) Codex 44, S. 35; danach unsere Wiedergabe.

2 Siehe S. 127–147 im vorliegenden Sammelband.

3 Siehe S. 149–164 im vorliegenden Sammelband.

4 Über ihn grundlegend Stefan Sonderegger in VL², 6. Bd., 1987, Sp. 1212–1236; hier die ausführlichen Literaturbelege. Über Notker I. Hans F. Haefele ebd., Sp. 1187–1210; über Notker II. Johannes Duft ebd., Sp. 1210–1212.

5 StiBSG Codex 393, S. 246, wahrscheinlich von Ekkehart IV.; siehe hier Anm. 9, 11, 12.

6 Edition: Joachim von Watt (Vadian), Deutsche historische Schriften, hg. von Ernst Götzinger, 1. Bd., St. Gallen 1875, S. 171 f. Dazu Bernhard Hertenstein, Joachim von Watt (Vadianus), Bartholomäus Schobinger, Melchior Goldast, Die Beschäftigung mit dem Althochdeutschen von St. Gallen in Humanismus und Frühbarock (= Das Althochdeutsche von St. Gallen, 3. Bd.), Berlin/ New York 1975, S. 71 ff., 267 f.; auch St. Sonderegger, Schatzkammer deutscher Sprachdenkmäler, Die Stiftsbibliothek St. Gallen als Quelle germanistischer Handschriftenerschließung vom Humanismus bis zur Gegenwart (= BS, 7. Bd.), St. Gallen und Sigmaringen 1982, S. 26 f.

»Großmaulige« ist in aussagekräftigen Quellen mit persönlichen Zügen, wie sie für seine noch weitgehend anonymen Zeitgenossen selten sind, bezeugt.

Zeugnisse der Zeit

Notker der Deutsche erhielt weder eine Vita noch Zeugnisse eines liturgischen Kultes. Er ist auch nicht in einer mittelalterlichen Miniatur »porträtiert«, wie es sie von Notker dem Stammler erstaunlicherweise zweimal[7] gibt. Ein moderner Versuch, ihn zu veranschaulichen, ist das von Bildhauer Josef Büsser 1935 geschnitzte Halbrelief an einer der damals neugestalteten Eingangstüren zur Kathedrale St. Gallen: Notker Labeo sitzt als Lehrer vor seinen Klosterschülern. Doch was an historischen Bezeugungen über ihn und von ihm verblieben ist, mutet unmittelbarer, ja persönlicher an, als eine mit Topoi durchsetzte Vita oder ein schematisiertes Autorbildnis in seinen Schriften es tun könnten.

Über seine Herkunft und seinen Klostereintritt – wohl als *puer oblatus* schon in kindlichem Alter, was seine außerordentliche Beherrschung der lateinischen Sprache und seine die *artes liberales* vollumspannende Ausbildung nahelegen – ist keine Nachricht erhalten. Es besteht aber kein Zweifel, daß er dem im toggenburgischen Jonschwil ansässigen und im weiteren Thurgau begüterten Grundherrengeschlecht der Notkere und der mit ihnen verwandten Sippe der Ekkeharte entstammte. Jedenfalls weiß der diesbezüglich bestens orientierte Ekkehart IV. in den *Casus sancti Galli* (Kap. 80) zu berichten, Ekkehart I. der Dekan († 973) habe »dem heiligen Gallus seine vier Neffen von Bruder- und Schwesterseite zum Mönchtum dargebracht: zwei ihm gleichnamige« (Ekkehart II. den Höfling † 990, Ekkehart III. genannt minor), »ferner Purchart den nachmaligen Abt« (Purchart II. † 1022) und »Notker unseren Lehrer« (Notker III. † 1022).

Notkers Geburtsjahr ist nicht überliefert. Wenn Ekkeharts (hier noch zu besprechender) Augenzeugenbericht über Notkers Sterben – er habe damals als *septuagenarius* seine öffentliche Beichte abgelegt – als genaue Zeitangabe aufzufassen wäre, hätte seine Geburt 952 stattgefunden. Richtiger ist, darin eine Rundzahl zu sehen und weiterhin »um 950« zu schreiben. Jahresangaben waren bekanntlich selbst in Heiligenviten unüblich, ja unwichtig; bei einem liturgisch zu verehrenden Heiligen war nur der Sterbetag als jährlicher Gedenktag zu notieren.

Der starke Eindruck Notkers auf seine Zeitgenossen spiegelt sich in den Memo-

7 Scriptorbild um 1025 in Codex theol. lat. quart. 11, fol. 144^r, aus Minden, dann in Berlin, heute in der Biblioteka Jagiellońska der Universität Krakau; Autorbild um 1070 aus dem Sankt-Galler Codex 376, heute als Einzelblatt 56 in AG 19 XXXV des Staatsarchivs Zürich; beide beschrieben und farbig wiedergegeben bei J. Duft, Die Abtei St. Gallen, Ausgewählte Aufsätze, 1. Bd., Sigmaringen 1990, S. 252 f., Abb. 16 und 17.

rialeinträgen[8] wider, die im allgemeinen zwar nur Namen mitteilen. Im Necrologium sind aber vier Träger dieses Namens durch kurze Epitheta voneinander unterschieden und trefflich charakterisiert. So steht zum Todestag Notkers III. am 29. Juni: *Et [obitus] Notkeri doctissimi atque benignissimi magistri.* *Abb. 29*

Sein Todesjahr (1022) wird in den *Annales Sangallenses maiores* mitgeteilt, und zwar in einem der ausführlichsten Einträge, der für die nachwirkende Betroffenheit zeugt: Es ist ein wohl auf Teilnehmer zurückgehender Bericht über den dritten Italien-Feldzug Kaiser Heinrichs II. und die auf der Rückkehr ausgebrochene Pest, die den größten Teil des Heeres hinweggerafft habe; *in ipsa expeditione* seien auch Abt Purchart, der als *elegantissimum sanctae ecclesiae speculum* gerühmt wird, und zwei Begleiter namens Ymmo und Purchart umgekommen; an der eingeschleppten Seuche – *morbo late saeviente* – seien dann auch Notker *nostrae memoriae hominum doctissimus et benignissimus* und fünf andere gestorben.

Wie ein Echo mutet es an, wenn die anonyme *Continuatio casuum sancti Galli* in wörtlicher Übereinstimmung mit der Weltchronik Hermanns des Lahmen († 1054) von der Reichenau berichtet: *Notkerus quoque magister et alii praestantes fratres apud sanctum Gallum decesserunt* (Kap. 18). Conradus de Fabaria (nach 1200) nennt ihn im Zusammenhang mit anderen Sankt-Galler Gelehrten *Nogkerum magistrum artis theoric[a]e non pigrum* (Kap. 3).

Als Zeugnis der Zeit hat auch das *Epithaphiu[m] quatuor scolarum magistris [a]eque tumulatis* zu gelten, das Ekkehart IV. eigenhändig dem Sammelband seiner Dichtungen[9] beigegeben, also wohl selber in dem für ihn geradezu typischen Versmaß des leoninischen Hexameters verfaßt hat. Der erste dieser vier Klosterlehrer ist *Ruodpertus facilis,* der zweite *Notker apertus, doctrin[a]e fomes,* der dritte *pater Anno comes,* der vierte *Erimpertus artus.* Vom zweitgenannten weiß er zu rühmen:

> *Notker amor Christo, sacra libans corpore casto,*
> *Symphona uirgineis gaudia lude choris.*

Notker war also der *magister apertus,* weil er seinen Schülern die lateinischen Schriften durch Kommentierung und Übersetzung offenlegte, und er war der in Keuschheit vorbildliche Mönch – es sind zwei die Wirksamkeit und die Persönlichkeit chrakterisierende Wesenszüge. Das Wort *apertus* spricht geradezu für Ekkeharts Verfasserschaft, verwendete er es doch auch in seiner (hier noch zu besprechenden) Würdigung des sterbenden Notker: Er habe *librum Iob* in das »vierte Sprachgefäß umgegossen« und es dadurch *apertum* gemacht.

8 StiBSG: Necrologiumseintrag in Codex 915 S. 326, Annalenvermerk ebd., S. 225 f.

9 Codex 393, S. 262. Edition von Johannes Egli, Der Liber Benedictionum Ekkeharts IV. nebst den kleinern Dichtungen aus dem Codex Sangallensis 393 (= MVG, 31. Bd.), St. Gallen 1909, S. 405 f. – Hierzu insgesamt Alfred Wolf, Ekkehard IV. und Notker Labeo, in: Studia Neophilologica, 33. Bd., 1961, S. 145–158; dort die Quellenbelege und die Literatur.

Gleichfalls wie ein – wiederum sehr persönlich empfundenes – Zeugnis der Zeit mutet bis heute die Glosse an, die derselbe Ekkehart der *Historia adversus paganos* des Orosius, einer von ihm durchkorrigierten Sankt-Galler Abschrift aus dem 9. Jahrhundert, interlinear beigefügt hat[10]. Sie steht über zwei sich deutlich abhebenden Textzeilen und besagt: *Has duas lineas amandas do[m]nus Notke/rus scripsit: Viuat anima eius in d[omi]no.*

Ob auch die acht verehrungsvollen Hexameter über Notker, die eine Hand des 15. Jahrhunderts der Ekkehart'schen Gedichtesammlung[11] beigefügt hat, als Zeugnisse der Zeit zu gelten haben, ist oft diskutiert, vom Klosterchronisten Jodocus Metzler († 1639) behauptet, von A. Wolf[12] sogar für Ekkehart wahrscheinlich gemacht worden, mag letztlich aber zweifelhaft bleiben. Ob schon aus dem 11. oder erst aus dem 15. Jahrhundert stammend, überliefern sie in der 4. und 5. Zeile die unterscheidenden Beinamen der drei großen Notkere (für die beiden ersteren sind sie bekanntlich auch in Ekkeharts *Casus sancti Galli* bezeugt):

4 Balbus erat Notker, Piperis granum fuit alter,
5 Tertius hic labio datus est agnomine lato
6 Pectore mandatum gestans labio quoque latum.
7 Lacior hinc labio puto nemo videbitur illo,
8 Ecce favos labio quales (?) stillat tibi lato.

Daran schließen sich sechs Hexamter, die als *Oratio,* ja als *Versus S. Notkeri* dessen eigene letzte Bitte wiederzugeben behaupten, schließlich das nun wohl sicher von Ekkehart verfaßte Distichon, das Notkers anderen Beinamen – nicht *Labeo,* sondern *Teutonicus* – anführt. Dieses Distichon steht auch schon in der ältesten erhaltenen Abschrift des lateinisch-althochdeutschen Psalters[13] Notkers, geschrieben im 12. Jahrhundert, als Schlußwunsch, und zwar in diesem Wortlaut:

NOTKER · TEVTONICVS · D[OMI]NO · FINITVR · AMICVS ·
GAVDEAT · ILLE · LOCIS · IN PARADYSIACIS ·

Für Ekkeharts Verfasserschaft des Distichons sprechen sowohl das geradezu

10 Codex 621, S. 321. Im Faksimile schon wiedergegeben von I. VON ARX in MGH Script. II, 1829, auf Tafel VI. Zu diesem und den anderen Codices der StiBSG vgl. stets SCHERRER, Handschriften, hier S. 202.

11 Codex 393, S. 246. Bei EGLI (wie Anm. 9) nicht im Zusammenhang, sondern in der Einleitung (S. V, als Fußnote) abgedruckt und deshalb oft übersehen. In unserer am Codex 393 nachgeprüften Wiedergabe werden die im 15. Jahrhundert üblichen Wortkürzungen aufgelöst.

12 Ekkehard IV. (wie Anm. 9), S. 146–155, hier auch eine deutsche Übersetzung im entsprechenden Versmaß.

13 Codex 21, S. 575, von der Schreiberhand eingetragen. Zum Manuskript, das aus Einsiedeln nach St. Gallen gekommen ist, ausführlich schon SCHERRER, Handschriften, S. 8–11. Zur älteren, verschollenen Psalter-Handschrift B. HERTENSTEIN (wie Anm. 6), S. 70–84, 161–164, 201–264.

typische Versmaß als auch seine mehrfache Verwendung dieses Binnenreims *(locis – paradysiacis)*. Auch das Epitheton *teutonicus* klingt bei ihm vertraut, schreibt er doch in der (hier noch anzuführenden) Totenklage, Notker habe *teutonice* »mehrere Bücher exponiert«, darunter *teutonice* »Gregors Moralia«. Die Benennung *teutonicus* hat somit als zeitgenössisch zu gelten. Und sie dürfte wirklich von Ekkehart geprägt und in dieser Form dem (heute nicht mehr vorhandenen) Psaltermanuskript seines verehrten Lehrers beigeschrieben worden sein, ist ihm doch höchst wahrscheinlich auch die zusätzliche »Glossierung zu Notkers Psalter«[14] zu verdanken. *Abb. 38*

Ob Notkers Beiname *Labeo* wirklich als zeitgenössisch zu gelten hat, bleibt – trotz der heutigen Opinio communis[15] – solange zweifelhaft, als die Herkunft obiger acht Hexameter nicht über das 15. Jahrhundert zurück festgestellt werden kann. Sie waren jedenfalls Vadian bekannt, ja anscheinend schon geläufig, als er sich in seiner (hier einleitend zitierten) Kleineren Äbte-Chronik, verfaßt vor 1545/46, darauf berief und den Beinamen *Labeonem* als »mit dem großen maul« übersetzte.

Angemerkt sei, daß zu den Zeugnissen der Zeit selbstverständlich die eigenhändigen Einträge der Mönchsnamen im Profeßbuch[16] gehören. Aber weil sie begreiflicherweise keine Beinamen und keine Daten tragen (und weil einzelne Blätter heute fehlen und andere unrichtig eingebunden sind), lassen sie sich den gleichlautenden Trägern der Namen kaum eindeutig zuweisen. Einer der drei gleichlautenden Einträge auf der vorletzten Seite[17] – einmal *Ego notker*, zweimal *ego NotKer* – dürfte vom Teutonicus/Labeo geschrieben worden sein.

Zeugnisse des Schülers Ekkehart

Ekkehart[18], der vierte dieses Namens im Kloster St. Gallen, geboren nach 980, gestorben um/nach 1057, setzte seinem geliebten Lehrer Notker ein vielfältiges literarisches Denkmal, wie es die hier soeben mitgeteilten Zeugnisse der Zeit bereits angedeutet haben. Zwar schildert er ihn nicht in seinen berühmt gewordenen *Casus sancti Galli* – sie brechen schon mit dem Besuch Kaiser Ottos im Jahre 972 ab. Aber er gedenkt seiner geradezu persönlich in der eigenhändig geschriebenen Sammlung

14 Wahrscheinlich gemacht von St. Sonderegger, Althochdeutsch in St. Gallen, Ergebnisse und Probleme der althochdeutschen Sprachüberlieferung in St. Gallen vom 8. bis ins 12. Jahrhundert (= BS, 6. Bd.), 1970, S. 113–123, 183. Dazu jetzt auch bestätigend und weiterführend Petrus W. Tax, Wer hat die Einleitung zu den Stufenpsalmen in Notkers Psalter verfaßt?, in: Althochdeutsch, 1. Bd., Heidelberg 1987, S. 872–881.

15 So beispielsweise St. Sonderegger in VL^2 (wie Anm. 4), Sp. 1213.

16 Cod. Class. 1.Cist.C.3.B.56 in StiASG. Phototypische Wiedergabe von Paul M. Krieg, Das Profeßbuch der Abtei St. Gallen, Augsburg 1931.

17 S. 20 (richtigerweise 22), bei Krieg Tafel XXII.

18 Über ihn grundlegend H. F. Haefele in VL^2, 2. Bd., 1980, Sp. 455–465.

seiner Dichtungen – heute unzutreffend *Liber benedictionum*[19] benannt, und dieses in zweifacher Weise:

Einerseits sind es die rund achtzig Gedichte, die der Schüler auf Geheiß dieses seines Lehrers sozusagen als Hausaufgaben von Tag zu Tag zu verfassen hatte; Ekkehart stellte sie in späteren Jahren für seine eigenen Schüler selbstbewußt als Musterbeispiele zusammen[20], oft mit Randbemerkungen wie *dictamen diei magistro,* also »dichterische Tagesarbeit für den Lehrer«[21]. Obwohl sie ausnahmslos in (gestelzter) lateinischer Sprache einhergehen, dürfte dieser Lehrer – neben anderen – Notker der Deutsche gewesen sein (sein Deutsch war ja nicht ein Dienst an der Muttersprache, sondern sollte den Schülern zur Erfassung des lateinischen Bildungsgutes verhelfen). Zweimal ist dabei Notker namentlich genannt; bei einem anderen *Dictamen debitum magistro* ist er zweifellos als der besondere Förderer des Schülers, ja als der stille Sammler seiner Verse gemeint, steht doch am Blattrand[22] die Notiz Ekkeharts: *Hoc et cetera, qu[a]e scripsi, ipse scribi iussit in cartis suis, in quibus ea post[ea] inveniens in hac sceda pro locis ascripsi, ut iuvenes nostros in id ipsum ad[h]ortarer.*

Abb. 38, 39 Andererseits – und das ist Ekkeharts herzlichstes Zeugnis – ist es der Nachruf, den er als eine Art Totenklage seinem Lehrer gewidmet hat. Er besteht aus 22 Versen (62–83)[23], die er seiner aus 87 leoninischen Hexametern bestehenden Dichtung *De aliis sincellitis amborum,* also »über die anderen Zellengenossen[24] der beiden« (der Gründer Gallus und Otmar), eingefügt hat. Eigenhändig hat er seine Verse nicht einfach nur niedergeschrieben, sondern er hat sie auch interlinear und marginal kommentiert. Insgesamt ergibt sich daraus ein Porträt des ob seiner Leistung bewunderten Meisters, des ob seiner Güte geliebten Lehrers, des ob seines Sterbens verehrten Mönches.

Die Leistung: (Vers 62) *Primus barbaricam scribens faciensque saporam,* dazu die Glosse *Teutonice plures libros exponens.* Von diesen »deutsch exponierten Büchern« nennt Ekkehart (in den Versen 64–67): *Iob* (in der Glosse: *librum Iob, opus mirandum,* vollendet am Tag des Hinschieds); *Gregorii pondus* (in der Glosse: *moralia teutonice ... ab eo); Dauidis dicta* (in der Glosse: *psalterium).*

19 So seit der Ausgabe des Codex 393 durch J. Egli (wie Anm. 9).

20 Dazu grundlegend Ernst Schulz, Über die Dichtungen Ekkeharts IV. von Sankt Gallen, in: Corona quernea (= Schriften des Reichsinstituts für ältere deutsche Geschichtskunde, 6. Bd., Festgabe f. Karl Strecker), Leipzig 1941, S. 199–235.

21 So Peter Stotz, Dichten als Schulfach – Aspekte mittelalterlicher Schuldichtung, in: Mittellateinisches Jahrbuch, 16. Bd., 1981, S. 1–16, hier 2–5.

22 Auf Seite 183, bei Egli S. 279. – Unsere Wiedergaben lösen die damals üblichen Wortkürzungen auf.

23 Auf den Seiten 155/156, bei Egli S. 230–234.

24 Ekkehart selber erklärt das Wort *sincellita* (von *syn-cellita*) in der Glosse zu Vers 85 als *concellaris cohabitatorque cellae.*

Das Motiv (in der Glosse zu Vers 62): *propter caritatem discipulorum,* was ein Doppeltes besagt: Liebe des Lehrers zu seinen Schülern und Liebe der Schüler zu ihrem Lehrer, – und dies in einer Zeit härtester Lernschule, die Memorieren weit höher bewertete als Kommentieren und Verstehen. Daß Notker mit dem Einsichtigmachen des Psalters – er war und blieb der Hauptbestandteil des klösterlichen Chorgebetes und war ein Hauptstück des Auswendiglernens in der Schule – besonderen Anklang fand, bezeugt Ekkeharts Glosse: *In quo [psalterio] omnes, qui barbaricam legere sciunt, multum delectantur.* Wie Notker deswegen sogar weit über die Klosterschule hinaus bewundert wurde, widerspiegelt sich in der zusätzlichen Notiz: *Kisila imperatrix, operum eius auidissima,* habe sich Psalter und Iob sorgfältig abschreiben lassen. Gisela, die Gemahlin Konrads II., besuchte 1027, also fünf Jahre nach Notkers Tod, zusammen mit ihrem Sohn Heinrich das Kloster St. Gallen[25]; Ekkehart war Augenzeuge.

Das erbauliche Sterben: Ekkehart hat die Todesstunden seines Lehrers offensichtlich miterlebt und im Gedächtnis bewahrt, war doch dieser dritte Notker seines Erachtens den beiden früheren geistesmächtig gleich (Vers 68); *Pneumate mactorum hic tertius [a]eq[ui]uocorum.* Er starb am Vorabend des auf den 29. Juni [1022] fallenden Jahrestages des Apostels Petrus (Vers 69: *Vespere natalis Petri petit astra priore*). Zuvor hatte er (laut Glossen) in der dem Heiligen geweihten Kirche – das heißt in der auf dem Klosterfriedhof gelegenen St. Peter-Kapelle[26] neben dem Münster – als Verehrer desselben (Vers 70) unter Tränen die Vesper gesungen, war dann aus eigener Kraft in das Kloster zurückgegangen, ohne daß »wir sein sogleich bevorstehendes Ende voraussehen konnten«, und bat (Vers 71) kniend die Brüder um ihr Gebet für eine fröhliche Komplet[27] (Vers 72): *Psallite, completam Petrus ut faciat mihi l[a]etam,* wozu es (laut Glosse) eben läutete.

Nach Versen (73–80) über Wesenzüge seiner Persönlichkeit, die sich im Sterben offenbarte, wird nochmals der unauslöschliche Eindruck seiner geisterfüllten Wirksamkeit hervorgehoben (Verse 81–82): *Hic finis hominis post[ea] imparis eruditoris / Pneumate quem fotum repleuit gratia totum.* Die Totenklage mündet in den Vers (83) aus, der geradezu als Zeugnis der Zeit zu gelten hat: *Hunc merito flebunt, simili qui deinde carebunt.*

25 Bezeugt auch in den *Annales Sangallenses maiores.*

26 Zur damaligen (heute nicht mehr bestehenden) St. Peter-Kapelle vgl. Kdm SG III, S. 6 und 76, wo Ekkeharts Glosse zwar nicht beachtet ist.

27 Die Komplet ist der Abschluß des täglichen Chor- bzw. Breviergebetes; sie symbolisiert damit das gottergebene Ende des Tages und des Lebens.

Selbstzeugnis des Lehrers Notker

Vom ersten und vom dritten Notker sind Selbstzeugnisse in Briefform – wenn auch nicht mehr in den originalen Niederschriften, so doch in zuverlässigen Abschriften – überliefert. Offenbarungen ihrer Persönlichkeit wollten sie selbstverständlich nicht sein, sondern nur Erläuterungen ihrer für die Adressaten bestimmten und für diese auch erstaunlichen Schriften: Von Notker dem Dichter ist es der Widmungsbrief[28] seiner gesammelten Sequenzen an Bischof Liutward von Vercelli, von Notker dem Deutschen ein seine Übersetzungen begleitender Brief[29] an Bischof Hugo von Sitten. Während der Adressat von Notker I. mit Namen und Bischofssitz genannt ist, wird er von Notker III. nur mit der Initiale H., jedoch mit dem Bischofssitz, angedeutet; es war, so steht heute einwandfrei fest, der in den Jahren 998/1017 oftmals bezeugte Bischof Hugo. Die Absender sind in beiden Briefen namentlich angeführt.

Notkers des Deutschen Brief ist in einer Handschrift in Brüssel aus der Mitte des 12. Jahrhunderts überliefert, orthographisch etwas verderbt, inhaltlich aber einsichtig. Der Sammelcodex enthält didaktisch-lateinische Texte, wie man sie für die Schule benötigte. Er mag durch sankt-gallische Vorlagen mitangeregt worden sein, wurde aber »für das Trierer Kloster St. Eucharius-Matthias angefertigt«[30]. Ob Ekkehart IV., Schulmeister in St. Gallen und in Mainz, einer der Vermittler solchen Bildungsstoffes und damit auch des (hier vereinsamt stehenden) Notker-Briefes gewesen war, ist bisher nicht erörtert worden. Die Möglichkeit besteht aber, war er doch befreundet mit jenem Diakon Johannes, der Abt zu St. Maximin in Trier wurde, – und ausgerechnet ihm hat er das umfangreiche Dichtwerk gewidmet, zu welchem als kleiner Bestandteil auch die Totenklage auf Notker gehört.

Notkers Brief, »das einzige Selbstzeugnis eines Autors der althochdeutschen Literatur« dieser Art, ist zu bekannt, als daß er hier wiedergegeben werden müßte. Er zählt sein ganzes Schrifttum – das lateinische und das althochdeutsche, das bis heute erhaltene und auch das untergegangene – auf. Indem er zugleich über dessen »unmittelbare Zweckbestimmung und über den Stellenwert, den er selbst seinen

28 Vgl. Wolfram von den Steinen, Notker der Dichter und seine geistige Welt, Bern 1948 (Nachdruck 1978), Darstellungsband S. 154–163, 504–508, Editionsband S. 8–11, 160. Hinzuweisen ist jetzt auch auf S. 136–139 im vorliegenden Sammelband.

29 Beste, die bisherigen Würdigungen zusammenfassende Wiedergabe und Beurteilung: Ernst Hellgardt, Notkers des Deutschen Brief an Bischof Hugo von Sitten, in: Befund und Deutung, Zum Verhältnis von Empirie und Interpretation in Sprach- und Literaturwissenschaft (= Festschrift f. Hans Fromm), Tübingen 1979, S. 169–192. – Zur Interpretation des Notker-Briefes jetzt auch Nikolaus Henkel, Deutsche Übersetzungen lateinischer Schultexte, Ihre Verbreitung und Funktion im Mittelalter und in der frühen Neuzeit (= Münchener Texte und Untersuchungen zur deutschen Literatur des Mittelalters, 90. Bd.), München/Zürich 1988, S. 73–86.

30 Die endgültigen Nachweise sind E. Hellgardt (wie Anm. 29) zu verdanken; zur Datierung des Briefes ebd., S. 182: recht nahe bei Notkers Todesjahr, »ich denke bis gegen 1019/20«.

Werken innerhalb seines Wirkens als Mönch und *magister scholae* des Klosters St. Gallen beimißt«[31], berichtet, legt er auch ungewollt Wesenszüge seiner Persönlichkeit offen: er »ist Ausdruck eines reifen, erfahrenen und selbstbewußten Meisters ... um 65 Jahre alt«[32].

Dieser Meister weiß sich seiner Kirche und seinen Schülern verpflichtet; er ist also zutiefst christlich, geradezu kerygmatisch gesinnt. Er sagt es in zwei kurzen, nüchternen Nebensätzen aus: In der Schule seien vor allem die kirchlichen Bücher zu lesen, und letztlich zu ihnen wolle er seine Schüler hinführen *(ecclesiastici libri ... ad quos dum accessum habere nostros vellem scolasticos),* und selber sei er *ad divina* zurückgekehrt. Die weltlichen Wissenschaften seien hierfür nur die Instrumente, allerdings die zu deren voller Erkenntnis notwendigen Hilfsmittel. Um den Zugang zu verschaffen, habe er das fast Unerhörte gewagt: lateinische Schriften in unsere Sprache zu übertragen *(latine scripta in nostram [linguam] vertere)* und durch Schriftsteller wie Aristoteles oder Cicero zu erhellen ... Daß das Ziel zu erreichen sei, werde der Leser, selbst nach anfänglichem Zurückschrecken, schließlich erfahren, da man durch die vaterländische Sprache *(per patriam linguam)* rascher verstehe, was in fremder Sprache *(in lingua non propria)* kaum oder nicht ganz zu erfassen sei.

Eine Bemerkung zur Terminologie: Notker verwendet in diesem Schlüsselbrief nach *latine* nicht auch das entsprechende Adverb *teutonice,* mit welchem Ekkeharts Totenklage sein Werk glossiert. Für Notker ist die einheimische Sprache die *patria lingua,* allerdings seien die *verba theutonica* nicht ohne Akzente zu schreiben; Latein ist die *lingua non propria.* Auf dem Hintergrund dieser Formulierung erscheinen moderne Ausdrucksweisen – beispielsweise »Vatersprache« für Latein zur Unterscheidung von »Muttersprache«[33] – als unhistorisch. Latein war für Notker nicht die »Vatersprache«; immerhin war und blieb es die »Vätersprache«, nämlich die Sprache der Kirchen- und der Mönchsväter. Er aber war Meister beider Sprachen, und er wird heute sowohl als *Notker latinus* wie auch als *Notker teutonicus* von neuem gewürdigt[34].

31 Zitate nach HELLGARDT.

32 So ST. SONDEREGGER, Althochdeutsch (wie Anm. 14), S. 86. Jetzt auch DERS., Notker III. von St. Gallen und die althochdeutsche Volkssprache, in: Geistesleben um den Bodensee im frühen Mittelalter, hg. von ACHIM MASSER und ALOIS WOLF (= Literatur und Geschichte am Oberrhein, 2. Bd.), Freiburg i. Br. 1989, S. 139–156.

33 So W. VON DEN STEINEN, Darstellungsband (wie Anm. 28), S. 16, 34.

34 Daß neben dem »deutschen« Notker auch der von der früheren Forschung vernachlässigte »lateinische« Notker, damit also die lateinischen Voraussetzungen und Vorlagen für Notkers Übersetzungen und Kommentierungen erkannt und herausgegeben werden, ist der vielbändigen neuen Ausgabe seiner Schriften durch JAMES C. KING und PETRUS W. TAX in der Reihe »Altdeutsche Textbibliothek«, Tübingen 1973 ff., zu verdanken.

Sankt Wiborada im Schrifttum eines Jahrtausends

Eine Veröffentlichung dieses Textes, der auf einen am 1. Dezember 1983 in der Sankt-Galler Stiftsbibliothek gehaltenen Vortrag zurückgeht, ist bisher nicht erfolgt. Die damalige Rede ist hier zur Schreibe umgeformt, bibliographisch vervollständigt und mit den notwendigsten Anmerkungen versehen worden.

Ferdinand Gehr, der einstmals befehdete, inzwischen hochangesehene ostschweizerische Kunstmaler, stellte 1931 an die Altarwand der Krypta zu St. Gallen-St. Georgen[1] – sie heißt St. Wiborada-Krypta – die drei hieratischen Gestalten, die zu den Anfängen St. Gallens zurückführen: den Iren Gallus, der hier 612 die Einsiedelei erbaut hat, den Alemannen Otmar, der 719 die Abtei gegründet hat, zwischen ihnen die Martyrin Wiborada, die 926 St. Gallen gerettet hat. Zwei Männer als Gründer, eine Frau als Bewahrerin: diese historische Trias ist singulär. Sie beschäftigte deshalb die Geschichtsforschung und inspirierte die Geschichtsschreibung. Es sei hier, nach einem einleitenden Blick auf Wiboradas Persönlichkeit, überblicksweise angedeutet.

Wiboradas Leben und Sterben

Wiberat – so ihr deutscher Name, der in St. Gallen als Taufname bei beiden Konfessionen bis in die Neuzeit gebräuchlich war – entstammte einer vornehmen Thurgauer Familie (in Altenklingen?). Ihr Vater war möglicherweise Ministeriale der Bischöfe von Konstanz oder der Äbte von St. Gallen. In ihrer entscheidenden Lebenszeit war Salomo III. sowohl Bischof als auch Abt[2]. Er führte die junge Frau, *Abb. 21* deren Sehnsucht die mystische Hingabe an Gott war, im Jahr 912 hinauf nach St. Georgen, wo neben der Kapelle des heiligen Georg die *Cella Salamonis* stand:

1 Vgl. 50 Jahre Katholische Kirche und Pfarrei St. Georgen 1932–1982, St. Gallen 1982; darin S. 12–18 J. DUFT, Die Patrone der Pfarrei St. Georgen.
2 Über ihn im vorliegenden Sammelband S. 68–72.

eine stille Zuflucht auf der Alpweide des nahen Klosters, durchflossen von der forellenreichen Steinach. Hier verbrachte Wiborada in einer noch offenen *mansiuncula* ihr Noviziat, das heißt eine vierjährige Zeit der Prüfung, bis sie 916 als reif befunden wurde, den Stand strengster Buße und höchster Vervollkommnung zu erwählen: das Inklusentum. Sie ließ sich bei der von Abt-Bischof Salomo gegründeten Kirche St. Mangen[3] in eine Zelle schließen, wobei sie vor Gott und den Menschen das Gelübde lebenslanger *Stabilitas loci* ablegte. Hier wurde sie, wie es ihr Name vorausgesagt hatte, der »Wiber-Rat«, das heißt die weibliche Ratgeberin für Klerus, Adel und Volk St. Gallens und Alemanniens. Dem Grafensohn Ulrich aus Dillingen, *Abb. 18* der in St. Gallen die Klosterschule besuchte, sagte sie das Bischofsamt in Augsburg voraus; er ging schließlich als der Heilige in die Geschichte ein[4]. Dem Herzog Burchard von Schwaben sagte sie als Strafe für Kirchenraub den gewaltsamen Tod voraus; er erlitt ihn wenig später in Oberitalien.

Abb. 28 Ihr wichtigster Rat ging an den Sankt-Galler Abt Engilbert II.[5], den Nachfolger Salomos, er solle seine Mönche und seine Leute mit ihrer Habe, insonderheit den *thesaurus sancti Galli,* also den Kirchenschatz und den Bibliotheksbestand, vor den eindringenden Horden der Ungarn – sie waren während Jahrzehnten die Geißel des Abendlandes – in Sicherheit bringen[6]. Man befolgte ihren Rat, und man rettete damit die Menschen und ihre Kultur, wie sie noch heute in den Manuskripten der Stiftsbibliothek einzigartig erhalten ist.

Wiborada jedoch ließ sich nicht zur Flucht bewegen, selbst nicht durch ihren getreuen Bruder Hitto, der Mönch in St. Gallen und Propst zu St. Mangen war. So wurde sie, die als einzige zurückgeblieben war, am 1. Mai 926 von den beutegierigen Ungarn in ihrer Zelle erschlagen. Diese Zelle war ohne Tür; sie hätte also die Schatzkammer des Klosters sein können. Die Krieger stiegen deshalb auf das Dach, schoben die Ziegel zur Seite, ließen sich hinunter und hieben in wutschnaubender Enttäuschung auf die Klausnerin ein. Ihr Leib war durch Entbehrung ausgemergelt, ihre Glieder waren durch Kälte und Feuchtigkeit gichtisch verkrüppelt. Als dann Abt und Mönche nach dem raschen Abzug des plündernden Haufens zurückkehr- *Abb. 35* ten, fanden sie die verblutete Martyrin und bestatteten sie – in offensichtlicher Wahrung ihres Inklusengelübdes – in der blutverschmierten Klause.

3 In diesem Zusammenhang sei nur hingewiesen auf Michael Borgolte, Salomo III. und St. Mangen, Zur Frage nach den Grabkirchen der Bischöfe von Konstanz, in: Helmut Maurer (Hg.), Churrätisches und st. gallisches Mittelalter (= Festschrift f. O. P. Clavadetscher), Sigmaringen 1984, S. 195–223.

4 Vgl. J. Duft, St. Ulrich in St. Gallen, in: Bischof Ulrich von Augsburg und seine Verehrung, Festgabe zur 1000. Wiederkehr des Todestages (= Jahrbuch des Vereins für Augsburger Bistumsgeschichte, 7. Jg.), Augsburg 1973, S. 49–60; wiedergegeben im vorliegenden Sammelband S. 189–200.

5 Über ihn HS III/1, S. 28, 113.

6 Vgl. J. Duft, Die Ungarn in Sankt Gallen, Mittelalterliche Quellen zur Geschichte des ungarischen Volkes in der Sankt-Galler Stiftsbibliothek (= BS, 1. Bd.), Zürich und Lindau/Konstanz 1957.

Nun aber setzte sogleich das Schrifttum ein. Die Mönche schrieben, ergriffen von der Gelübdetreue dieser Frau, in ihr eigenes Profeßbuch[7] – es ist das Memorialbuch ihrer klösterlichen Gelübde – die Zeile: *K[a]l[endis] Mai[is] Vviberat reclusa a paganis interempta* (»Am 1. Mai wurde die Reklusin Wiberat von den Heiden getötet«). Ein fast gleichlautender Eintrag, dem noch die Jahrzahl 926 beigeschrieben wurde, findet sich in ihrem täglich gebrauchten Kapiteloffiziumsbuch[8]. Darin stehen auch die geschichtsmächtigen Sankt-Galler Annalen mit den beiden Einträgen[9] der Rekludierung Wiboradas und der nach einem Jahrzehnt geschehenen Ermordung. Solches war der Anfang der tausendjährigen Wiborada-Literatur; er stand unter dem unmittelbaren Eindruck ihres Martyriums.

Daß ihr Tod noch sechshundert Jahre später dieselbe Erregung bewirkte, läßt sich beim Geschichtsschreiber Vadianus nachlesen. Joachim von Watt, Bürgermeister und Reformator der Stadt St. Gallen, schrieb vor/um 1545 in seiner Kleineren Äbte-Chronik[10] zu Abt Engilbert: *In ietzgemeldtem Jar fielend die grimen Vnger abermals die Tůnouw [Donau] auf, in Hochteutschland, vnd thatend allenthalb vm großen schaden, komend in das Tůrgöw, vnd brandtend vil fleken ab. S. Gallen closter ward geblöndert; doch was der beste haußradt sampt den büechern vnd dem kirchengeschier in das Pirg gflöcht, dahin ouch der abt selbs sampt andern brüedern floch vnd alles wol darvon brachtend ... Allein Weybradt die cloßnerin bey S. Mangen kirchen, die was eingesegnet anno Dom. 915 [916], dorst [durfte] nit auß irem gemach ... Darum sy der Vngern ouch warten můßt, vnd von denselben erschlagen ward im 925 Jar [926], vnd näbend ir vil biderben leuten in der landschafft harum.*

Die Viten und ihre Editionen

Nachdem so Wiboradas zeichenhafter Martertod gleich auch ihre Verehrung angeregt hatte, machte sich noch im selben 10. Jahrhundert das Bedürfnis nach einer eigentlichen Lebensbeschreibung und im 11. Jahrhundert nach einer zweiten Fassung derselben geltend. Die endgültige Klärung der Fragen um deren Entstehung und Überlieferung ist zwei Historikern der Gegenwart zu verdanken. Eva Irblich schrieb ihre Innsbrucker Dissertation über die beiden Wiborada-Viten und brachte sie 1970

7 Cod. Class. 1.Cist.C.3.B.56 in StiASG, S. 14 (recte S. 16). Phototypische Wiedergabe von Paul M. Krieg, Das Profeßbuch der Abtei St. Gallen, Augsburg 1931, Tafel XVI.
8 Cod. 915 in StiBSG, S. 8. Wiedergabe bei E. Irblich, Die Vitae (wie Anm. 11), Abb. 11; vgl. W. Berschin, Vitae (wie Anm. 12), S. 2ff.
9 Cod. 915, S. 208 und 209. Wiedergaben bei E. Irblich, Abb. 9 und 10; vgl. W. Berschin, S. 2ff.
10 Codex 44 der Vadianischen Bibliothek (in Kantonsbibliothek Vadiana St. Gallen), S. 52; danach unsere Wiedergabe. Edition: Joachim von Watt (Vadian), Deutsche historische Schriften, hg. von Ernst Götzinger, 1. Bd., St. Gallen 1875, S. 184.

zur Veröffentlichung[11]. Walter Berschin überprüfte das zweifache Verfasserproblem, klärte und vervollständigte die Kenntnis der Quellen und besorgte 1983 deren kritische Edition und zugleich die deutsche Übersetzung[12].

Daß schon um 960/970, also wenige Jahrzehnte nach Wiboradas Tod, die erste Vita verfaßt wurde, geschah auf Drängen eines der größten Kirchenmänner jener Zeit: des Bischofs Ulrich von Augsburg. Er war beteiligt am entscheidenden Sieg, den Kaiser Otto der Große am Laurentiustag des Jahres 955 auf dem Lechfeld vor Augsburg über das Heer der Ungarn zu erringen vermochte. Auf jenen denkwürdigen Tag dürfte das Patrozinium der St. Laurenzen-Kirche auch in St. Gallen wie andernorts zurückgehen[13]. Bischof Ulrich war hier Klosterschüler und Schützling Wiboradas gewesen; er regte deshalb ihre Verehrung an. Als er nämlich, wie es der Epilog der ersten Wiborada-Vita (Kap. 45) liebevoll schildert, anläßlich eines Sankt-Galler Besuches an ihrem Grabe stand, fragte er den Klosterdekan Ekkehart I.: »Mein Teuerster, hat wirklich noch keiner von euch gelehrten Brüdern das Leben und Sterben dieser heiligen Jungfrau niedergeschrieben?« Ekkehart mußte die Frage verneinen. Er tat es schuldbewußt, denn in einer schmerzlichen Krankheit war er durch das Bußgewand der Heiligen geheilt worden. Er habe damals, so bekannte er, das Versprechen abgelegt, im Fall der Heilung ihre Lebensgeschichte zu verfassen; er sei aber durch viele andere Verpflichtungen bisher abgehalten worden. Da tadelte ihn der heilige Bischof und mahnte ihn, nicht untreu zu sein. Und so entstand nun die erste, die wahrhaftige, die noch durch Aussagen von Wiboradas Bruder Hitto bereicherte Lebensbeschreibung, verfaßt eben von Ekkehart I., hernach um 1047 überarbeitet von Ekkehart IV., dem heute hochgefeierten Erzähler der *Casus sancti*

11 EVA IRBLICH, Die Vitae Sanctae Wiboradae, Ein Heiligen-Leben des 10. Jahrhunderts als Zeitbild, in: Schriften des Vereins für Geschichte des Bodensees und seiner Umgebung, 88. Heft, Friedrichshafen 1970, S. 1–208; Sonderdruck St. Gallen 1970. Vgl. DIES., Heilige im Bodenseeraum: Sankt Ulrich und Sankt Wiborada, Korrektur an der Datierung ihrer Begegnung an Hand der Vitae S. Wiboradae, in: Montfort, 20. Jg., 1968, S. 663–681.

12 WALTER BERSCHIN, Vitae Sanctae Wiboradae, Die ältesten Lebensbeschreibungen der heiligen Wiborada. Einleitung, kritische Edition und Übersetzung (= MVG, 51. Bd.), St. Gallen 1983. – Dazu DERS., Das Verfasserproblem der Vita S. Wiboradae, in: ZSKG, 66. Jg., 1972, S. 250–277; Drei Wiborada-Handschriften, in: Alemannisches Jahrbuch 1973/1975 (= Alemannica, Landeskundliche Beiträge, Festschrift f. Bruno Boesch), Bühl/Baden 1976, S. 326–334; Verena und Wiborada, Mythos, Geschichte und Kult im X. Jahrhundert, in: Freiburger Diözesan-Archiv, 102. Bd., 1982, S. 5–15; Frauengestalten der deutschen Frühe: Lioba, Wiborada, Mathilde, Hrotsvit, Theophanu, in: Philologische Untersuchungen (= Philologica Germanica 7, Festschrift f. Elfriede Stutz), Wien 1984, S. 30–40; Sprachliches in den Vitae S. Wiboradae von Ekkehart I. (ca. 960/970) und Herimannus (ca. 1075) von St. Gallen, in: Archivum Latinitatis Medii Aevi, t. XLIII, Bruxelles 1984, S. 5–26. Über letztern Aufsatz OTTO PRINZ, Zur lexikalischen Auswertung der beiden ältesten Vitae sanctae Wiboradae (Eine Ergänzung), in: DA, 42. Jg., 1986, S. 206–212.

13 Vgl. J. DUFT, Von St. Laurentius zu St. Laurenzen, in: Die Kirche St. Laurenzen in St. Gallen, hg. von der Evangelisch-reformierten Kirchgemeinde, St. Gallen 1979, S. 33–46.

Galli[14]. In diesen seinen Klostergeschichten hat er die farbigste – um nicht zu sagen: die fabulierfreudigste – Schilderung der weinseligen Ungarn im Gallus-Kloster hinterlassen[15]. Daß alle diese Zusammenhänge um die Wiborada-Vita erkannt sind und daß ihr angeblicher Verfasser Hartmannus endgültig auszuschließen ist, ist Berschin zu verdanken.

Bedauerlich ist allerdings, daß in St. Gallen kein Exemplar dieser ersten Fassung mehr erhalten ist. Es gibt sie aber noch in zwei Manuskripten ehemaliger schwäbischer Klöster, so im sogenannten Stuttgarter Passionale (Württ. Landesbibliothek Cod. Bibl.fol.58), das um 1150 in Hirsau oder aber in Zwiefalten geschrieben worden ist, und in einer Augsburger Handschrift (Univ. Biblothek Cod.2.°.203), die 1464 in der dortigen Abtei St. Ulrich und Afra entstanden ist[16].

In St. Gallen liegen aber Handschriften der späteren, also der zweiten Wiborada-Vita, die der hiesige Mönch Herimannus um 1075, hundert Jahre nach der ersten, im Stil der neuen Zeit verfaßt und damit legendär-rhetorisch erweitert hat. Inzwischen war nämlich Wiborada als erste aller Frauen in Rom heiliggesprochen worden, nachdem 993 die Kanonisation Bischof Ulrichs vorausgegangen war[17]. Es geschah 1047 durch Papst Clemens II., den früheren Bischof von Bamberg, in Anwesenheit des Kaisers Heinrich III. und seiner Gemahlin Agnes, sowie des Bischofs Theoderich von Konstanz und des Abtes Nortpert von St. Gallen. Damit wurde die Zeichenhaftigkeit ihres Todes für das christliche Abendland bestätigt.

Von dieser zweiten Vita-Fassung hütet die Stiftsbibliothek das kostbare Exemplar Codex 560, das Herimann selber bestens kalligraphiert hat; er nennt seinen Namen in einem Schreibervers (Seite 6). Der Band enthält bezeichnenderweise die Trias der einheimischen Heiligenleben: Gallus, Otmar, Wiborada. Damit zeigt er die Gleichstellung der Bewahrerin mit den beiden Gründern, die Gleichberechtigung der mittelalterlichen Frau mit den Männern. Die drei Biographien sind mit feierlichen, goldunterlegten Initialseiten ausgestattet, so auf Seite 374 der leuchtende *Prologus Herimanni caenobitae sancti Galli de vita sanctae Vviboradae virginis atque martyris Christi,* hernach auf Seite 395 mit kunstvoller Initiale *Beata Dei virgo Vviborada.* Als Eigenheit des Schreibers beziehungsweise Verfassers sei vermerkt, daß *Herimannus* seinen Namen mit griechischen Lettern spielerisch verschlüsselt *Abb. 6, 7*

14 Über Ekkehart I. und IV.: VL², 2. Bd., 1980, Sp. 447–453, 455–465.

15 Vgl. J. DUFT, Die Ungarn (wie Anm. 6), S. 14–25, 61 f., Tafel III aus Codex 615. Neuausgabe und Übersetzung von HANS F. HAEFELE, Ekkehardi IV. Casus sancti Galli – St. Galler Klostergeschichten (= Ausgewählte Quellen zur deutschen Geschichte des Mittelalters, Freiherr vom Stein-Gedächtnisausgabe, Bd. X), Darmstadt 1980, Register S. 296.

16 Zu diesen und den untergegangenen Handschriften und deren Ausgaben W. BERSCHIN, Vitae (wie Anm. 12), S. 7–19.

17 Über Wiboradas Kanonisation vgl. E. IRBLICH, Die Vitae (wie Anm. 11), S. 156–165.

hat, weshalb man ihn stets als *Hepixannus* mißverstanden hat, so auch schon in der im 12. Jahrhundert gleichenorts geschriebenen Kopie in Codex 564[18].

Einen neuen Ton ließ das 15. Jahrhundert in der Wiborada-Literatur aufklingen: die Muttersprache. Um 1430/1436 verdeutschte P. Friedrich Colner[19], einer der Hersfelder Reformmönche im Kloster St. Gallen, die Herimann'sche Vita für die frommen Frauen, die sich nach Wiboradas Beispiel auf St. Georgen angesiedelt hatten. Zugleich gab er ihnen erstmals ein Bildchen der Heiligen: Sie trägt in ihrer
Abb. 14 Rechten ein Buch, in ihrer Linken eine Hellebarde als Marterwerkzeug (Codex 586, S. 230). Zwanzig Jahre später (1451) schrieb der Sankt-Galler Stadtbürger Cůnrat Sailer dasselbe in die lokale Sprachfärbung um (Codex 602) und ließ die Geschichte
Abb. 18 mit nicht weniger als 53 kolorierten Federzeichnungen illustrieren[20]. Dieser Bilderzyklus, bestimmt für die des Lesens Unkundigen, bereichert die Wiborada-Literatur in einzigartiger Weise. Soviel zu den mittelalterlichen Manuskripten!

Weil die lateinischen Fassungen der Wiborada-Vita als Geschichtsquellen für das alemannische Mittelalter erkannt wurden, erfuhren sie ihre Edition[21] in vier großen Quellenwerken, allerdings stets auf ungenügenden Textvorlagen:

- Melchior Goldast, der Raptor und Editor sankt-gallischer Manuskripte, gab die Vita II heraus in seinen *Alamannicarum rerum Scriptores* (I/2 S. 323–352), Frankfurt 1606[22].
- Gottfried Henschen, Jesuit und Mitarbeiter der Bollandisten, edierte beide Viten im ersten Mai-Band (S. 284–308) der monumentalen *Acta Sanctorum,* Antwerpen 1680.

18 Über diese und die anderen Handschriften (Cod. Sal. IX 21 in Universitätsbibliothek Heidelberg, Cod. 70 in Kantonsbibliothek Vadiana St. Gallen, Sammelband D.I.18 in Universitätsbibliothek Basel) sowie über die Editionen vgl. W. Berschin, Vitae (wie Anm. 12), S. 20–29. – Wiedergaben aus Codex 560 (S. 395) bei J. Duft, Die Ungarn (wie Anm. 6), Tafel IV, dazu S. 62; aus Codices 560 (S. 374 und 405), 564 (S. 231) und 610 (S. 113) bei E. Irblich, Die Vitae (wie Anm. 11), Abb. 3–6.

19 Über ihn E. Irblich in VL^2, 5. Bd., 1985, Sp. 46 f. – Wiedergaben aus Codex 586 (S. 230 und 241) bei E. Irblich, Die Vitae (wie Anm. 11), Abb. 7–8; die Wiborada-Miniatur (S. 230) auch bei J. Duft, Die Ungarn (wie Anm. 6), Tafel V, dazu S. 62 f.

20 Ausgewählte Wiedergaben bei J. Duft, Die Ungarn (wie Anm. 6), Tafeln VI–XII, dazu S. 63 f. Zu Codex 602 auch Ders., Der Bodensee in Sankt-Galler Handschriften, Texte und Miniaturen aus der Stiftsbibliothek St. Gallen (= BS, 3. Bd.), St. Gallen und Sigmaringen ^{4}1982, S. 59–64, 126, Tafeln III–VI. Zu den Codices 586 und 602 in größerem Zusammenhang Heinrich Jerchel, Spätmittelalterliche Buchmalereien am Oberlauf des Rheins, in: Oberrheinische Kunst (= Jahrbuch der Oberrheinischen Museen, 5. Jg.), Freiburg i. Br. 1934, S. 17–82, hier bes. S. 66, 76.

21 Hierüber ausführlicher E. Irblich, Die Vitae (wie Anm. 11), S. 28–32, sowie mit Nachweis der jeweiligen Vorlagen W. Berschin (wie Anm. 12), S. 17 f., 28 f.

22 Auf Goldast, der in seinen Zuschreibungen ebenso eigenwillig wie unbekümmert war, geht die Behauptung zurück, ein Hartmannus sei der Verfasser der Vita I gewesen; vgl. W. Berschin, Vitae (wie Anm. 12), S. 7.

- Jean Mabillon, Benediktiner und führender Mitarbeiter der Mauriner, gab in den *Acta Sanctorum Ordinis S. Benedicti* (Saeculum V S. 42–66) die ältere Vita vollständig und die jüngere in Auszügen heraus, Paris 1685.
- Georg Waitz, der deutsche Historiker, edierte die Viten auszugsweise in den *Scriptores* (IV S. 452–460) der *Monumenta Germaniae Historica,* Hannover 1841.

Alle bisherigen Ausgaben sind nun aber gänzlich antiquiert und ersetzt durch die hier mehrfach zitierte gültige Neuedition der beiden Viten von Walter Berschin (51. Band der Mitteilungen zur vaterländischen Geschichte des Historischen Vereins), St. Gallen 1983.

Das neuzeitliche Schrifttum

Wiborada ging begreiflicherweise in die Sammlungen schweizerischer Heiligenleben ein, so 1648 und 1750 in die *Helvetia Sancta*[23] von Heinrich Murer und 1860 in das gleichnamige Werk[24] von Laurenz Burgener. Darstellungen ihres Martyriums, von den Kupferstechern Peter Wuilleret aus Freiburg/Schweiz und Wolfgang Kilian in Augsburg, entstanden schon im 17. Jahrhundert[25]. In der umfassenden römischen *Bibliotheca Sanctorum*[26] erscheint Wiborada 1969, ebenso im Lexikon der christlichen Ikonographie[27] 1976. Eine erstaunliche Würdigung wurde ihr schon 1897 in der Allgemeinen Deutschen Biographie[28] zuteil.

Im Schrifttum über die beiden Kirchen[29] – St. Georgen und St. Mangen – in St. Gallen, mit deren Frühgeschichte Wiborada verbunden war, fehlt sie nicht. Besondere Erwähnung verdient das Büchlein von P. Justus Landolt von 1868 über das damals noch bescheidene Kirchlein zu St. Georgen[30]; es wurde 1930/32 durch einen modernen Neubau ersetzt, bedauerlicherweise ohne archäologische Sichtung und Sicherung der großen geschichtlichen Vergangenheit.

23 1. Auflage, Luzern 1646, S. 213–225; 2. Auflage, St. Gallen 1750, S. 191–204.

24 2. Band, Einsiedeln/New York 1860, S. 350–356.

25 Vgl. Peter Ochsenbein und Karl Schmuki, Sankt Galler Heilige, Handschriften und Drucke aus dem 8. bis 18. Jahrhundert (Ausstellungsführer), St. Gallen 1988, S. 32–35.

26 12. Band, 1969, Sp. 1072f. (von E. Irblich).

27 8. Band, 1976, Sp. 601 (von J. Duft).

28 42. Band, 1897, S. 304–306 (von F. Lauchert).

29 Vgl. Erwin Poeschel, Die Kunstdenkmäler des Kantons St. Gallen, 2. Bd. (Die Stadt, 1. Teil), Basel 1957, S. 123–134 (St. Mangen), S. 172–177 (St. Georgen). Dazu jetzt auch: Die Kirche St. Mangen in St. Gallen, hg. von der Evangelisch-reformierten Kirchgemeinde, St. Gallen 1983.

30 Die heilige Wiborada und die Filiale Sankt-Georgen bei Sankt-Gallen, eine Festschrift bei Anlaß der Kirche-Erneuerung daselbst im Sommer 1868, St. Gallen 1868; darin auch die Geschichte des dortigen benediktinischen Frauenklosters, das sich aus Reklusenzellen entwickelt hatte; dazu E. Irblich, Die Vitae (wie Anm. 11), S. 166ff.

Eine eigentliche Wiederbelebung erfuhr das Schrifttum um Wiborada 1926 anläßlich des Millenariums ihres Todes. Stiftsbibliothekar Adolf Fäh, der zuständige Geschichtsschreiber, veröffentlichte zwei Bändchen[31]: das eine über Wiboradas Leben, illustriert mit 25 Wiedergaben aus dem spätmittelalterlichen Codex 602, das andere über Wiboradas Verehrung, begleitet von 28 entsprechenden Abbildungen. Darauf bezog sich Stiftsarchivar Joseph Müller in seinem Festbeitrag[32]. Zum Millenarium verfaßte und veröffentlichte Anna Sartory ein auf geschichtlicher Grundlage fußendes Gedenkspiel[33]. Kleinschriften historisch-erbaulichen Stils erschienen vorher und nachher[34].

Ein scharfsinniger Wiborada-Hagiograph – angeregt vom Millenarium – war Reallehrer Emil Schlumpf in St. Gallen, dem nicht weniger als zwölf einschlägige Veröffentlichungen aus den Jahren 1925–1953 zu verdanken sind[35]. Zur Berichtigung des verzerrten Bildes des Klausnerin im »Ekkehard«-Roman Joseph Viktor von Scheffels, der seit 1855 bis heute weiteste Beachtung fand und noch immer Verwirrung[36] stiftet, schrieb er in zwei Zeitschriften[37] über »Wiborada Vindicata oder Viktor v. Scheffels ›Wiborada Reklusa‹ im Lichte der Quellen«. In Beiträgen zur Zeitschrift für Schweizerische Kirchengeschichte klärte er kontroverse Fragen über die Persönlichkeit Wiboradas und ihrer Biographen. Schließlich gab er die Quellen

31 Die hl. Wiborada, Jungfrau und Martyrin, St. Fiden–St. Gallen 1926. Im 2. Band S. 83–97 PAUL STAERKLE über die Handschriften des ehemaligen Wiborada-Klosters zu St. Georgen, die heute in der Stiftsbibliothek liegen.

32 Das Millenarium einer Schweizer Heiligen, S. Wiborada, in: Schweizer Rundschau, 26. Jg., 1926/27, S. 107–115.

33 Wiborada, Gedenkspiel in fünf Bildern zur Tausendjahrfeier ihres Todes, St. Gallen 1926. – In diesem Zusammenhang sei sozusagen als Pendant erwähnt: PETER DÖRFLER, St. Ulrichsspiel, Der Klosterschüler von St. Gallen, Augsburg 1955.

34 Beispielsweise: LUDWIG ZOEPF, Lioba, Hathumot, Wiborada, Drei Heilige des deutschen Mittelalters, München 1915; ADOLF FÄH, Die hl. Wiborada, Jungfrau und Märtyrin (= Kleine Lebensbilder, 11. Bdchen.), Freiburg/Schweiz 1928; GABRIELE DOLEZICH, Einsamkeit und heiliges Schweigen, Wiborat von St. Gallen (= Frauen, die aus dem Glauben leben, Vorbilder christlicher Verwirklichung, 8. Bdchen.), Einsiedeln 1941; OTMAR SCHEIWILLER, Die hl. Wiborada, Ein Frauenbild aus dem 9./10. Jahrhundert (= Frauen aus dem Volke, 2. Bdchen.), Einsiedeln um 1956; BERTHE WIDMER, Wiborada, die Klausnerin mit Hellebarde und Buch, St. Gallen 1967.

35 Sie sind aufgeführt bei E. IRBLICH, Die Vitae (wie Anm. 11), S. 202.

36 Dazu ein Beispiel, das die Mörder Wiboradas betrifft, bei ERNST LEISI, Garantiert wahr und garantiert erfunden? Zum Verhältnis von Literatur und Faktenwelt, in: Literatur und Kunst (Neue Zürcher Zeitung), 1989, Nr. 293: »Im Jahre 926 wurde das Kloster St. Gallen von einem östlichen Volk überfallen… Die Historiker wissen heute, daß es Ungarn waren. In der Schweiz und in Deutschland redet aber die große Mehrheit immer noch von einem Einfall der Hunnen. Wie ein St. Galler Historiker ausgeführt hat, geht diese falsche Annahme auf den einmal sehr verbreiteten Roman »Ekkehard« von Scheffel (1855) zurück, der als romancierte Historie geschrieben, aber von vielen auch als Geschichtsquelle gelesen wurde.« Die Berichtigung Scheffels findet sich bei J. DUFT, Die Ungarn in Sankt Gallen (wie Anm. 6), S. 57 ff., 77 f. (Hunnen oder Ungarn?).

37 Monat-Rosen, 71. Jg., 1926/27, S. 6–15; Frauenland, Rorschach 1927 (Separatabdruck).

zur Geschichte der Inklusen[38], die in St. Gallen das Beispiel Wiboradas bei den Kirchen St. Georgen, St. Mangen, St. Johannes, St. Jakob und St. Leonhard bis zur Reformation nachahmten, heraus.

Einen neuen Impuls erfuhr die Wiborada-Literatur durch den Aufstand Ungarns im Jahre 1956. Davon wurde der vom damaligen Stiftsbibliothekar verfaßte Band »Die Ungarn in Sankt Gallen«[39], der die hier überlieferten »mittelalterlichen Quellen zur Geschichte des ungarischen Volkes« kommentierte, angeregt, veranlaßt durch Flüchtlinge, welche die Zeugnisse zu sehen wünschten, die sie aus ihren Schulbüchern einigermaßen kannten. Die hauptsächlichen Quellen sind die Annalen, die Klostergeschichten Ekkeharts und die Wiborada-Viten.

Diese erneute Beschäftigung mit Wiborada führte schließlich zu den Forschungen von Eva Irblich über die Viten, die sie umfassend zu kommentieren verstand[40]. Die endgültige Klärung der Verfasserfrage ist Walter Berschin zu verdanken, der auch die Edition und deren Übersetzung vorgenommen hat[41]. Das tausendjährige Schrifttum um Wiborada kam so zu seiner verdienten Vollendung.

38 Quellen zur Geschichte der Inklusen in der Stadt St. Gallen (= MVG, Bd. XLI/2), St. Gallen 1953.

39 Siehe hier Anm. 6.

40 Siehe hier Anm. 11. Hingewiesen sei auch auf die Sitzungsprotokolle des Konstanzer Arbeitskreises Nr. 154 vom 14. 6. 1969 und des Alemannischen Instituts Freiburg i. Br. Nr. 12 vom 12.2. 1969.

41 Siehe hier Anm. 12. Wie erfreulich sich diese Viten auswerten lassen, zeigt neuestens MICHAEL BORGOLTE, Conversatio Cottidiana, Zeugnisse vom Alltag in frühmittelalterlicher Überlieferung, in: Archäologie und Geschichte des ersten Jahrtausends in Südwestdeutschland, Bd. I, Sigmaringen 1990, darin S. 315–320 (Der Alltag einer heiligen Frau: Wiboradas Lebenswandel in der Darstellung Ekkehards I. und Herimanns). – Hinzuweisen ist jetzt auch auf die folgenden Veröffentlichungen, welche die in unseren Anmerkungen 19 und 20 zitierte Literatur ergänzen: BÄRBEL STOCKER, »Das leben sant wibrad« – Die deutsche Übersetzung der Wiboradavita und ihre Handschriften (Cod. 586 und 602 der Stiftsbibliothek St. Gallen), Magisterarbeit Universität Freiburg i. Br. 1990; PETER OCHSENBEIN, Spuren der Devotio moderna im spätmittelalterlichen Kloster St. Gallen, in: Stud. Mitt. OSB, 101. Bd., 1990, S. 475–496.

Retterin der Klosterbibliothek

Erstveröffentlichung: Die Ungarn in Sankt Gallen, Mittelalterliche Quellen zur Geschichte des ungarischen Volkes in der Sankt-Galler Stiftsbibliothek (= Bibliotheca Sangallensis, 1. Band), Zürich und Lindau/Konstanz 1957, S. 43–47, 75. – Der Text ist hier größernteils neugefaßt, die Anmerkungen sind neu beigegeben worden.

Johannes Mabillon, der Kenner der benediktinischen Bibliotheken im Barockzeitalter, auch in den Abteien der Schweiz[42], prägte in Anlehnung an das geflügelte Wort des Terentianus Maurus – *(pro captu lectoris) habent sua fata libelli* – die hundertfach gewonnene Erkenntnis: *Sunt sua fata etiam bibliothecis*[43]. Daß diese Feststellung auch für die Sankt-Galler Stiftsbibliothek, trotz ihrer außerordentlich guten Erhaltung, zutraf, ja im positiven Sinn bis heute zutrifft, erweist die Erinnerung an ihre erstmals nachweisbare Verlagerung und dadurch erfolgte Bewahrung zur Zeit des Einfalls der Ungarn im Frühjahr 926. Diese Rettung ist dem Rat Wiboradas, der Inklusin bei der dem Kloster benachbarten Kirche St. Mangen, zu verdanken. Wiborada ist deshalb vor einigen Jahrzehnten zur Patronin der Bibliotheken und der Bibliophilen erwählt worden[44].

Wiborada wird in den Viten dreimal in Beziehung zu Büchern gebracht. Erstmals

42 Hierüber Gall Heer O. S. B., Johannes Mabillon und die Schweizer Benediktiner, Ein Beitrag zur Geschichte der historischen Quellenforschung im 17. und 18. Jahrhundert, St. Gallen 1938.

43 In der *Praefatio zu Museum Italicum seu collectio veterum scriptorum ex bibliothecis Italicis,* eruta a D. Johanne Mabillon et D. Michaele Germain, Paris 1724.

44 Vgl. Sankt Wiborada, Bibliophiles Jahrbuch für katholisches Geistesleben, hg. von Hans Rost, 1. Jg., Westheim bei Augsburg 1933; hernach: Sankt Wiborada, ein Jahrbuch für Bücherfreunde, 2.–7. Jg., 1934–1940. Was dort in der Einführung zum 1. Jahrgang (S. 6 f.) und im Nachwort zum 3. Jahrgang (S. 216) über Wiborada geschrieben wurde, ist nicht durchweg richtig: Der Einfall der Ungarn, die hier unzutreffend Hunnen genannt werden, geschah nicht 925, sondern 926, und der angebliche Ausspruch Wiboradas »Zuerst rette die Bücher und dann die heiligen Gefäße und die übrige Habe des Klosters!« findet sich in keiner Quelle. – Im 2. Jahrgang, 1934, S. 1–11: Alfons Zimmermann O. S. B., Die heilige Wiborada in der Kunst; Ders., Kalendarium Benedictinum, Die Heiligen und Seligen des Benediktinerordens und seiner Zweige, 2. Bd., Metten 1934, S. 135–138.

schon in ihren Jugendjahren: Als ihr Bruder Hitto als Kleriker in St. Gallen zur Schule ging, »pflegte sie gewissen ehrwürdigen Vätern in diesem Kloster mit eigenen Händen schöne Umschläge zum Einbinden der heiligen Bücher zu weben« *(ad obvolvenda sacrorum librorum volumina decora contexere linteamina,* Vita I Kap. 6)[45]. Sodann anläßlich der Vision ihres bevorstehenden Martyriums in der Zelle zu St. Mangen: Als sie am frühen Nachmittag wie gewohnt beim Psalmodieren saß, »faltete sich der vor ihr liegende Psalter plötzlich von selbst zusammen« *(iacens ante eam patens psalterium subito se ultro complicuit,* Vita I Kap. 24, Vita II Kap. 31)[46]. Schließlich bei ihrer letzten dringlichen Mahnung an Abt Engilbert, er solle die Menschen und ihre Habe, dabei den »Schatz des heiligen Gallus« *(thesaurum sancti Galli)* und alles zum Lebensunterhalt Notwendige eilends in Sicherheit bringen, worauf der Abt »den ganzen noch verbliebenen Schatz an Büchern, Gold und Silber« *(omnem, qui relictus est, thesaurum sancti Galli in libris, in auro, in argento)* in die Fluchtburg schaffen ließ (Vita I Kap. 26)[47].

Dadurch wurde Wiborada zumindest indirekt die Retterin der Klosterbibliothek, selbst wenn sie das ihr heutzutage[48] in den Mund gelegte Wort »Zuerst rette die Bücher!« so nicht gesprochen hat.

Von der Verlagerung dieser Bücher ist, außer der soeben zitierten Erwähnung in der Wiborada-Vita, auch in den *Casus sancti Galli* (Kap. 51) Ekkeharts IV. kurz die Rede, allerdings ohne den ausdrücklichen Hinweis auf Wiboradas Rat, immerhin mit der Anspielung an diese Vita, die ja derselbe Ekkehart überarbeitet hatte (er wolle, so notierte er in diesem *Casus*-Hinweis, kurz nachtragen, was dort über jene Verlagerung übergangen worden sei). Hier nun erwähnt er zwei Bücherbestände: sie hatten verschiedene Standorte, weshalb ihre Flüchtung nicht zur gleichen Zeit und nicht an das gleiche Ziel erfolgte. Er nennt die *libri repositorii:* Es waren die in den Fächern oder Gestellen, also in der eigentlichen Bibliothek aufbewahrten Bücher; sie wurden anscheinend als erste in Sicherheit gebracht. Die Kreuze und die Behältnisse mit den Toten- und Verbrüderungsverzeichnissen – *cruces et cum diptitiis capsae* –, sowie fast der ganze Kirchenschatz bildeten den zweiten verlagerten Bestand; dazu gehörten wohl die kirchlichen Gebrauchsbücher, die vermutlich in der Sakristei lagen. Begreiflicherweise konnte man auf die Bibliotheksbücher eher und früher verzichten als auf die Kirchenbücher.

In Ekkeharts Bericht (Kap. 51) lassen sich drei Zufluchtsorte für die sanktgallischen Bücherschätze feststellen:

45 W. Berschin, Vitae (wie Anm. 12), S. 38ff.; vgl. E. Irblich, Die Vitae (wie Anm. 11), S. 44.
46 W. Berschin, S. 74f., 190f.; vgl. E. Irblich, S. 80.
47 W. Berschin, S. 80f.; vgl. E. Irblich, S. 84f.
48 Siehe Anm. 44.

Die Greise und die Klosterschüler fanden in Wasserburg[49], dem damals noch auf einer Insel gelegenen, bewachten und befestigten Klosterbesitz am jenseitigen Bodenseeufer, Unterkunft. Zweifellos nahmen sie außer den Lebensmitteln die notwendigsten Gebrauchsbücher mit sich. Noch heute erinnert in Wasserburg der Hochaltar mit den Rokoko-Statuen der heiligen Gallus und Otmar an die einstige Zugehörigkeit, und das Wappen der Gemeinde enthält den Gallus-Bären.

Der andere, näher gelegene Zufluchtsort war die durch die Sitter gebildete, durch Wald und Fels geschützte, in aller Eile noch verstärkte Halbinsel, vermutlich in der Gegend von Bernhardzell. Diese Waldfeste nahm den Hauptharst der Sankt-Galler samt dem Kirchenschatz und den Kirchenbüchern auf. Hier blieben sie verschont, weil sich die Ungarn nicht auf eine Belagerung einlassen wollten.

Die dritte, ebenfalls sichere Zuflucht bot das durch den See geschützte Inselkloster Reichenau. Dorthin wurden die Bücher aus der Bibliothek – also der größte und eigentliche Bestand – verlagert. Sie blieben unbeschädigt, weil die Ungarn den See scheuten. Trotzdem berichtet Ekkehart, die Bücher seien der Reichenau nicht genügend sorgfältig – *non satis tuto* – anvertraut worden: *nam cum reportarentur, ut aiunt, numerus conveniebat, non ipsi:* denn als sie nach Abzug der Gefahr in ihre angestammte Bibliotheksheimat zurückgeführt worden seien, hätten sie, wie man sage, wohl der Zahl nach, nicht aber dem Inhalt nach gestimmt.

Die Tücken der kriegsbedingten Verlagerung machten sich also schon vor einem Jahrtausend unliebsam bemerkbar. Wohl blieb der Bücherbestand vor dem Untergang bewahrt. Trotzdem erlitt die Sankt-Galler Stiftsbibliothek damals ihren ersten nachweisbaren, vielleicht nicht unbedeutenden Verlust. Die Tatsache, daß in St. Gallen noch heute einige reichenauische Handschriften und unter den weithin zerstreuten Reichenauer Beständen auch sankt-gallische Bände liegen, beweist die Richtigkeit der Überlieferung.

Wer die Schuld an jener bedauerlichen Verwechslung trug, läßt sich heute nicht mehr nachweisen. Manche Geschichtsschreiber erhoben unberechtigte Vorwürfe gegen die Reichenauer. Die Absicht, sie jeden Verdachtes zu entheben, scheint noch im achtzehnten Jahrhundert den Benediktiner Historiographen Magnoald Ziegelbauer[50] zur Behauptung veranlaßt zu haben, Abt Engilbert habe die Bücher in die helvetischen Alpen verbringen lassen. Jedenfalls vermutete Stiftsbibliothekar Pius Kolb[51] in Ziegelbauers Ausführungen diese Tendenz, obwohl gerechterweise auch

49 Über die Beziehungen St. Gallen–Wasserburg, die erstmals in einer Urkunde von 784 bezeugt sind, vgl. J. Duft, Klosterbruder Gabriel Loser [aus Wasserburg], Sein Anteil an den Barockbauten des Stiftes Sankt Gallen (=BS, 8. Bd.), St. Gallen und Sigmaringen 1985, S. 11–14, 74f.

50 In seiner *Historia rei literariae ordinis S. Benedicti,* Augsburg und Würzburg 1754ff., Pars I, S. 580f.

51 In der Einleitung zu seinem handschriftlichen Bibliothekskatalog von 1759: StiBSG Codices 1400/1401. Über P. Pius Kolb vgl. J. Duft, Die Handschriften-Katalogisierung in der Stiftsbiblio-

angenommen werden könnte, jener hätte die kurze Erwähnung der Reichenau bei Ekkehart übersehen und dächte deshalb nur an die ausführlicher geschilderte Waldfestung. Einer der Nachfolger Kolbs in der Stiftsbibliothek, Franz Weidmann[52], wies noch im neunzehnten Jahrhundert jene Verschweigung der Reichenau zurück, setzte sich aber für die gute Treue der Reichenauer Mönche ein. Seine Erklärung erscheint uns heute, nach ähnlichen Erfahrungen aus der jüngsten Vergangenheit, glaubwürdig:

»... Als Sankt Gallen seine Bücher abforderte, so gab ihm Reichenau, wie man sagt, der Anzahl nach ebenso viele, aber nicht die nämlichen Bücher zurück; ob durch Zufall oder absichtlich, wer kann dieses aus dem Dunkel einer so langen Reihe von Jahrhunderten mit Gewißheit entscheiden? Wahrscheinlich sind im panischen Schrecken vor dem Überfall des furchtbaren Feindes die sankt-gallischen Bücher in eiliger Hast und ohne Ordnung unter jene des Kloster-Eilandes geworfen worden, daß man sie nur den Bänden nach zählte, um den Inhalt nicht bekümmert. Wie leicht konnte nachhin ohne Schuld von Reichenau eine Verwechslung der Bücher stattfinden, da man, wenigstens von einigen, nicht mehr so genau wußte, wem sie angehörten. Ohnehin beruht diese Verwechslung nach Ekkehart IV. auf einer bloßen Sage *(ut aiunt)*, und an eine vorsätzliche List oder Betrug von Seite frommer Ordensmänner, welche mehrfach mit den Sankt-Gallern verbrüdert waren, ist kaum zu denken.«

thek vom 9. bis zum 19. Jahrhundert, in: Die Handschriften der Stiftsbibliothek St. Gallen, Beschreibendes Verzeichnis Codices 1726–1984, bearbeitet von Beat Matthias von Scarpatetti, St. Gallen 1983, S. 55*–65*.

52 In seiner Geschichte der Bibliothek von St. Gallen seit ihrer Gründung um das Jahr 830 bis auf 1841, St. Gallen 1841 (1846), S. 17f. Über F. Weidmann vgl. J. Duft, Die Handschriften-Katalogisierung (wie Anm. 51), S. 83*–90*.

Bischof Ulrich und St. Gallen

Erstveröffentlichung: St. Ulrich in St. Gallen, in: Bischof Ulrich von Augsburg und seine Verehrung, Festgabe zur 1000. Wiederkehr des Todestages (=Jahrbuch des Vereins für Augsburger Bistumsgeschichte, 7. Jahrgang), Augsburg 1973, S. 49–60. – Der Text ist hier auf den jetzigen Forschungsstand weitergeführt, die Anmerkungen sind dementsprechend neugefaßt worden.

Ulrich, der große Bischof von Augsburg in den Jahren 923–973, sodann in erstmaliger römischer Kanonisation 993 heiliggesprochen, besaß in und für St. Gallen keine bischöfliche Jurisdiktion. Aber er war hier, wie es die schriftliche Überlieferung bezeugt, Klosterschüler; er hätte hier Mönch und Abt werden sollen; er befolgte aber den Rat Wiboradas, wonach er für eine andere, größere Aufgabe bestimmt sei, und er blieb lebenslang der treue Freund und Wohltäter seines Studienklosters. Davon erzählen zwei sankt-gallische Quellen, deren Geschichtlichkeit in neuester Zeit wesentlich rehabilitiert worden ist: die *Vitae sanctae Wiboradae* sowie Ekkeharts *Casus sancti Galli.* Beide bereichern das Lebensbild Ulrichs mit persönlichen Zügen[1]. Über deren Aussagen soll hier im Licht der heutigen Forschung berichtet werden.

Daß durch Bischof Ulrich persönliche und kulturelle Beziehungen zwischen St. Gallen und Augsburg hergestellt wurden, sei mit dem Hinweis auf die Kultgeschichte angedeutet: die Augsburger Heilige Afra in St. Gallen (Ekkehart I. und II. priesen sie in liturgischen Dichtungen), St. Gallus-Gedenken in Augsburg (das Gallus-Kirchlein am Stephansplatz geht auf die mit Ulrich blutsverwandte Ellinsind zurück). Wie ein später Nachklang mutet der barocke Kirchenschatz in St. Gallen an: Er bewahrt Glanzwerke der Augsburger Gold- und Silberschmiede. Und in der Kathedrale steht neben anderen qualitätvollen Freiplastiken der überlebensgroße Bischof Ulrich.

1 »Manches Glaubwürdige über Udalrich sagen uns die St. Gallener Geschichtsschreiber Hartmann in seiner *Vita s. Wiboradae* (Ende 10. Jahrhundert) und Ekkehard IV. in seinen *Casus s. Galli* (Mitte 11. Jahrhundert).« So Friedrich Zoepfl, Das Bistum Augsburg und seine Bischöfe im Mittelalter, München/Augsburg 1955, S. 62; Ders. über Ulrich in LThK[2], 10. Bd., 1965, Sp. 454 ff.

Ulrich in den Wiborada-Viten

Die Lebensgeschichte der heiligen Wiborada[2], der Inklusin zu St. Mangen beim Kloster St. Gallen, die 926 als Martyrin ihres Inklusengelübdes unter den Beilen der bis hieher vorgestoßenen Ungarn[3] den Tod fand, liegt in zwei Fassungen[4] vor: Die ältere, die später willkürlich einem Hartmann zugeschrieben wurde, entstand schon um 960/970, verfaßt vom Klosterdekan Ekkehart I., hernach um 1047 überarbeitet vom Casus-Erzähler Ekkehart IV. Die jüngere wurde um 1075 vom Sankt-Galler Mönch Herimannus, früher auch Hepixannus genannt, im rhetorischen Stil seiner Zeit verfaßt, veranlaßt durch die 1047 in Rom vollzogene Kanonisation Wiboradas, die damit gewissermaßen »ihrem« großen Ulrich nachgefolgt war[5]. Bemerkenswert ist nun gleich schon die Versicherung, es sei Ulrich von Augsburg gewesen, der bei einem seiner öfteren Besuche in St. Gallen die Anregung zu dieser Biographie gegeben habe. Die schöne Episode[6], die in der ersten Fassung den Schluß bildet, in *Abb. 7* der zweiten aber in den Prolog vorverschoben ist, lautet in gekürzter Nacherzählung[7] so:

Als Craloh († 958) Abt des Gallus-Klosters war, kam einstmals der heilige Ulrich nach St. Gallen. Hier besuchte er nach seiner Gewohnheit alle heiligen Stätten und begab sich auch zum Grab seiner ehemaligen Amme – *nutricis suae* – Wiborada. Nach vollendetem Gebet erblickte er unter seinen Begleitern einen hochgebildeten Mönch des Klosters; es war der Dekan Ekkehart I. († 973). Ihn fragte er: »Mein Teuerster, hat wirklich noch keiner von euch gelehrten Brüdern das Leben und Leiden dieser heiligen Jungfrau niedergeschrieben?« Ekkehart mußte die Frage verneinen, fügte aber schuldbewußt bei, er wisse wohl, daß er selber diese Aufgabe erfüllen sollte. Denn in einer schweren, schmerzlichen Krankheit, als alle ärztliche Kunst versagte, habe er das Gelübde abgelegt, im Fall der Heilung die Lebensgeschichte Wiboradas zu verfassen. Wirklich sei er gesundet, nachdem man ihm mehrmals ihr Bußgewand aufgelegt habe. Vielfache Hindernisse hätten ihn aber

2 Vgl. Eva Irblich, Die Vitae Sanctae Wiboradae, Ein Heiligen-Leben des 10. Jahrhunderts als Zeitbild, in: Schriften des Vereins für Geschichte des Bodensees und seiner Umgebung, 88. Heft, Friedrichshafen 1970, S. 1–208; Sonderdruck St. Gallen 1970.

3 Vgl. Johannes Duft, Die Ungarn in Sankt Gallen, Mittelalterliche Quellen zur Geschichte des ungarischen Volkes in der Sankt-Galler Stiftsbibliothek (= BS, 1. Bd.), Zürich und Lindau/Konstanz 1957; darin S. 36–42 und 74 über Ulrich und Wiborada.

4 Vgl. Walter Berschin, Vitae Sanctae Wiboradae, Die ältesten Lebensbeschreibungen der heiligen Wiborada. Einleitung, kritische Edition und Übersetzung (= MVG, 51. Bd.), St. Gallen 1983.

5 Über Sankt Wiborada im Schrifttum eines Jahrtausends S. 175–183 im vorliegenden Sammelband.

6 Vgl. E. Irblich, Die Vitae (wie Anm. 2), S. 35–38, 104–106.

7 Vollständig bei W. Berschin, Vitae (wie Anm. 4), S. 102–107, 114–117.

bisher von der Erfüllung seines Versprechens abgehalten. Da tadelte ihn der heilige Bischof und mahnte ihn, nicht untreu zu sein...

Während Eva Irblich vermutete, es handle sich bei dieser Zuschreibung der Wiborada-Vita an Ekkehart I. – also an eine bedeutende und frühe Persönlichkeit – um einen Topos, betonte Walter Berschin[8] aus überzeugenden Gründen deren Wahrscheinlichkeit, womit auch der durch Ulrich erfolgte Anstoß glaubwürdig ist. Darüber hinaus bestehen mehrfache Beziehungen zwischen der *Vita I sanctae Wiboradae* des Klosterdekans Ekkehart I. in Sankt Gallen und der *Vita sancti Oudalrici* des Dompropstes Gerhard in Augsburg. Während aber Irblich[9] diesbezüglich die Ulrichs-Vita als das Vorbild der Wiborada-Vita betrachtete, erschloß Berschin[10] aus dem Vergleich der Weissagung Wiboradas an den jungen Ulrich, die sich in beiden Quellen findet, das Gegenteil, nämlich daß die Wiborada-Vita als Muster für die Ulrichs-Vita gedient habe.

In beiden Biographien ist nämlich eine sehr direkte Beziehung zwischen Ulrich und Wiborada geschildert. Sie betrifft Wiboradas angebliche Prophezeiung gegenüber Ulrich, als er Klosterschüler in St. Gallen gewesen sei. Zur Zeit des Abtes Salomo III. (890–920) hätten die Mönche auf dessen Wink hin den bereits herangereiften und von Wiborada häufig zur Tugend ermahnten Ulrich vertraulich gebeten, in das Kloster einzutreten, um schließlich ihr Abt zu werden. Er habe sich darüber gefreut, habe jedoch bei der Inklusin Rat geholt, die ihm nach drei Tagen am Fenster *Abb. 18* ihrer Zelle folgendes eröffnet habe:

»Wende deinen Sinn anderswohin! Du kannst hier weder Mönch noch Abt werden. Doch sei darob nicht sehr betrübt und fürchte nicht, der Herr habe deinen Eifer, womit du dich im Gottesdienst geübt hast, vergessen. In einer östlichen Gegend mußt du Bischof werden. Während langer Zeit wirst du glücklich leben. Doch wisse, daß du schließlich auch große Mühsal und manche Anfeindungen von Heiden und Christen erleiden wirst. Gar viele deiner Gläubigen werden getötet, Ortschaften werden verwüstet werden. Diese Drangsal und Verwirrung wird viele Gegenden bedrohen. Wenn dann aber jener Sturm zur Ruhe gekommen sein wird, dann wisse, daß du deine dir noch verbleibende Lebenszeit in großer Friedensruhe zubringen kannst.« – Beigefügt sei, wie Ulrichs Biograph Gerhard diese *in orientali parte* gelegene Gegend näher beschrieb: Ein Fluß scheide dort zwei Regionen; er bezeichnete damit den Lech als die Grenze zwischen Bayern und Schwaben.

Diese ganze Schilderung ist früher aus chronologischen Überlegungen als un-

8 Erstmals kurz in DA, 26. Jg., 1970, S. 588f., dann ausführlich: Das Verfasserproblem der Vita S. Wiboradae, in: ZSKG, 66. Jg., 1972, S. 250–277.

9 Die Vitae (wie Anm. 2), S. 190, 206 (Register: Gebhard), 208 (Register: Ulrich).

10 Das Verfasserproblem (wie Anm. 8), S. 261–265.

historisch verworfen worden. Alfred Schröder (1901)[11], Emil Schlumpf (1927)[12] und schließlich Eva Irblich (1970) – neben anderen und gegen andere[13] – boten dann aber Klärung und Erklärung, so daß heute die folgende *opinio communis* zu Recht besteht: Trotz der zeitlichen Unstimmigkeit – Wiborada weilte 912 bis 926 in St. Gallen, Ulrich aber hatte die dortige Schule wohl schon 908, vielleicht beim damaligen Besuch des Augsburger Bischofs Adalbero[14], verlassen – hat der Bericht der beidseitigen Viten insofern als glaubwürdig zu gelten, als die entscheidende Begegnung anläßlich einer späteren Reise Ulrichs nach St. Gallen stattgefunden haben dürfte; am wahrscheinlichsten ist das durch die zweite Fassung der Wiborada-Vita angedeutete Jahr 920, als Abt-Bischof Salomo gestorben war[15] und die Einsetzung eines klosterfremden Abtes drohte, vielleicht auch das nächste oder übernächste Jahr. Die Tatsache, daß die Sedisvakanz in St. Gallen bis 922 dauerte, läßt jedenfalls Schwierigkeiten und Behinderungen vermuten. Ein Jahr nach der Besetzung des sankt-gallischen Abtsstuhles durch Hartmann, der sich in der Folge als ungeeigneter Wirtschafter erwies, bestieg Ulrich die Cathedra zu Augsburg.

Es erscheint angebracht, an dieser Stelle die Verse über Ulrich und Wiborada wiederzugeben, die sich im gereimten deutschsprachigen Ulrichs-Leben finden, wie es Albert von Augsburg anscheinend gegen Ende des 12. Jahrhunderts aufgrund der Ulrichs-Vita in der Fassung Bernos gedichtet hat[16]:

In den selben ziten da bi in
was beslozzen ein klosenerin
Wibrat was sie genant
von gůten wercken wol bekant …
Sente V̊lrich der ivngelinc
kundet der urowen siniv dinc.
Sie sprach: »man sol got dar vmbe vragen
drier tage la dich niht betragen.«
Do div vrist ein ende nam

11 Der hl. Ulrich und die Reklusin Wiborada, in: Historisches Jahrbuch, 22. Bd., 1901, S. 276–284.

12 Die hl. Wiborada und der hl. Ulrich in St. Gallen, Ein Beitrag zur Wiborada-Kontroverse, in: ZSKG, 21. Jg., 1927, S. 145–151.

13 Die Vitae (wie Anm. 2), S. 127–134; dazu Dies., Heilige im Bodenseeraum, Sankt Ulrich und Sankt Wiborada, Korrektur an der Datierung ihrer Begegnung an Hand der Vitae S. Wiboradae, in: Montfort, 20. Jg., 1968, S. 663–681.

14 Seine freundschaftlichen Beziehungen zu St. Gallen sind kurz und gut zusammengestellt bei F. Zoepfl, Das Bistum Augsburg (wie Anm. 1), S. 58.

15 Vgl. HS III/1, S. 27f., 110–113; dazu jetzt auch S. 68–72 im vorliegenden Sammelband.

16 Entnommen der von Karl-Ernst Geith besorgten Neuauflage: Albert von Augsburg, Das Leben des Heiligen Ulrich (= Quellen und Forschungen zur Sprach- und Kulturgeschichte der germanischen Völker, 163 bzw. N.F. 39), Berlin/New York 1971, S. 27f. (Verse 169–172 und 185–206).

der iungelinc aber zů ir quam.
Sie antwůrte ime von deme geiste san:
»Gotes wille ist niht ewirdiger man
daz du din zit hie virtribest.
Ich sage dir wa du belibest.
Gegen ostern landen ein stat ist
da flůzet ein wazzer so saget dir Krist.
Daz selbe wasser teilt zwei lant;
da wirdes du bisschof des wis gemant.
Von heiden und ouch der kristenheit
lides du da vil widermuticheit.
Darumbe virzwivil du doch niht
wander selbe alsus giht:
Getruwent mir ich han gesiget
der werlte. Din strit obegeliget.
Sprich: tůn wir tugent in got
unser vient virswachet sin gebot.

St. Ulrich und St. Wiborada sind seit ihrer persönlichen Begegnung, an der nicht zu zweifeln ist, für die Zeitgenossen und für die Nachfahren sozusagen unzertrennlich geworden. Denn Wiboradas schmerzlicher Tod und Ulrichs lebenslange Prüfungen waren durch die Einfälle der Ungarn verursacht worden. Allein schon diese Koinzidenz läßt eine Verehrung der Martyrin durch den Augsburger Bischof als verständlich erscheinen. Wie dann Kaiser Otto der Große mit Beteiligung Ulrichs auf dem Lechfeld vor Augsburg am Laurentiustag 955 den entscheidenden Sieg über diese Landplage errang, mag man die beiden Helden in St. Gallen als die Rächer des Mordes an Wiborada empfunden haben, wodurch die Bewunderung Ulrichs durch die Sankt-Galler, auch noch durch Ekkehart IV. im 11. Jahrhundert, verständlich ist. Möglicherweise geht das Patrozinium der St. Laurenzen-Kirche in St. Gallen[17], der Leutkirche neben dem Münster, gleich wie bei vielen anderen derartigen Gotteshäusern auf jenen als providentiell empfundenen Tag zurück. Und in die klösterlichen Annalen[18] – die *Annales Sangallenses maiores* – wurden sowohl der Ungarn-Einfall mit dem Martertod Wiboradas 926 als auch Ottos Sieg 955, schließlich die Todesfälle Kaiser Ottos, Bischof Ulrichs und Dekan Ekkeharts im Jahre 973 eingetragen.

Eine Folge der jahrzehntelangen Bedrohung des Reiches durch die Ungarn war

17 Vgl. J. DUFT, Von St. Laurentius zu St. Laurenzen, in: Die Kirche St. Laurenzen in St. Gallen, hg. von der Evangelisch-reformierten Kirchgemeinde, St. Gallen 1979, S. 33–46.

18 Codex 915, S. 209 und 215; Abschrift in Codex 453 (12. Jahrhundert). Vgl. J. DUFT, Die Ungarn (wie Anm. 3), S. 9–13, 41 f., 60 f., 70, Wiedergaben Tafeln I und II.

die von König Heinrich I. 926 erlassene Verordnung zum Burgenbau. Bischof Ulrich umbaute seine Stadt Augsburg mit einer Mauer aus Stein. Gleicherweise begann Abt Anno in St. Gallen 953/954 den Mauerbau, den Abt Notker nach 971 vollendete[19].

Ulrich in Ekkeharts Klostergeschichten

Die zweite sankt-gallische Quelle, die zur Kenntnis der Persönlichkeit Ulrichs geradezu freigebig beiträgt, fließt in den literarisch berühmten, historisch aber gelegentlich berüchtigten, jedenfalls allzu lange mißverstandenen *Casus sancti Galli* Ekkeharts IV., des Mönches, Dichters, Schulvorstehers und Erzählers. Ihr Herausgeber Gerold Meyer von Knonau[20] hat sie in der Art des 19. Jahrhunderts geradezu grimmig nach rein historischen Kriterien beurteilt und damit verurteilt. Inzwischen sind sie durch Hans F. Haefele[21], der ihre Neuausgabe und Übersetzung[22] besorgt hat, grundlegend rehabilitiert worden, was auch den darin erzählten Geschichten um Ulrich zugute kommt.

Ekkehart IV. kannte zwar weder Ulrich noch Wiboradas Biographen Ekkehart I., die beide 973 starben, persönlich. Er wurde nach 980 geboren und kam in jungen Jahren nach St. Gallen, wo er gegen 1060 starb; seine Geschichten schrieb er in den letzten Lebensjahrzehnten, wohl zwischen 1030 und 1060, nieder. Aber neben schriftlichen Quellen, die ihm sowohl über Wiborada als auch über Ulrich zur Verfügung standen (er überarbeitete um 1047 die Wiborada-Vita Ekkeharts I.), besaß und benutzte er in reichstem Maße die mündliche Tradition. Sie ist in klösterlichen Gemeinschaften noch heute stark; sie war in einer Zeit, als das menschliche Gedächtnis infolge geringeren Schrifttums weit ausgeprägter war als später, noch unvergleichlich lebhafter. Damit bot die ununterbrochene Zeugenschaft in der Mönchsfamilie während der wenigen Jahrzehnte zwischen Ulrichs Leben und Ekkeharts Schreiben Gewähr für Zuverlässigkeit. Jedenfalls wollte er nicht, was man ihm gelegentlich vorwarf, eine Streitschrift gegen seinen Abt Nortpert und dessen Reformen liefern; sondern er gestaltete im rhetorischen Pathos seiner Zeit die »Schul- und Literaturgeschichte« seines geliebten Klosters, wobei »die einzelnen

19 Vgl. J. Duft, Die Ungarn (wie Anm. 3), S. 48–52, 75 f.; Ders. und Ernst Ziegler, St. Gallen, Kloster und Stadt (= Schweizer Heimatbücher, 187. Bd.), Bern 1984, S. 31 ff. (Der Mauerbau als Stadtwerdung).

20 Ekkeharti (IV.) Casus sancti Galli (= MVG XV/XVI, N. F. 5./6. Heft), St. Gallen 1877.

21 Die Veröffentlichungen von Hans F. Haefele über Ekkehart IV. sind im vorliegenden Sammelband S. 213 f. aufgeführt. Vgl. auch VL^2, 2. Bd., 1980: Sp. 447–453 Peter Stotz über Ekkehart I., Sp. 455–465 H. F. Haefele über Ekkehart IV.

22 Ekkehardi IV. Casus sancti Galli – St. Galler Klostergeschichten (= Ausgewählte Quellen zur deutschen Geschichte des Mittelalters, Freiherr vom Stein-Gedächtnisausgabe, Bd. X), Darmstadt 1980.

Persönlichkeiten ihr je besonderes, individuell gezeichnetes Charakterbild«[23] erhielten, so auch Ulrich von Augsburg.

Man hat die von Ekkehart solcherweise über Ulrich berichteten Charakterzüge bisher nur zögernd zur Kenntnis genommen. Nachdem nun aber des Erzählers Zuständigkeit – wenn auch im Rahmen seiner zeitbedingten literarischen Rhetorik – feststeht, dürften die Hemmungen weichen. Mit der gebotenen Behutsamkeit sei deshalb angedeutet, in welchen Kapiteln[24] und in welchen Zusammenhängen er den in St. Gallen stets verehrten Ulrich geschildert hat.

Die Veranlassung war zweifach: Vorerst war es der Einfall der Ungarn in St. Gallen im Frühjahr 926, der den Erzähler unmittelbar auf Wiborada als das damalige Opfer und auf Ulrich als den späteren Erretter hinweisen ließ, – wie tröstlich war es für ihn, daß er bei dieser Gelegenheit seine vielen Episoden über Ulrich ausplaudern durfte! Sodann waren es bittere innerklösterliche Auseinandersetzungen, wie sie in den Fünfziger-Jahren desselben 10. Jahrhunderts das Kloster aufwühlten, – wie erfreulich war es für ihn, daß er eine Persönlichkeit wie Ulrich als den Vermittler schildern konnte! Der erste Ereigniskreis offenbart sich in den Kapiteln 51 und 57–61, der zweite in den Kapiteln 71 und 73–76.

Erstmals kommt Ekkehart in Kapitel 51 auf Bischof Ulrich zu sprechen. Wie er die kriegstüchtigen Vorkehrungen des Sankt-Galler Abtes Engilbert[25] gegen den im Frühjahr 926 drohenden Ansturm der Ungarn zu schildern beginnt, erwähnt er deren damaligen Einfall in Bayern, wobei sie auch Augsburg belagerten, jedoch »durch die Gebete des Bischofs Uodalrich, des heiligsten unter allen Menschen jener Zeit, vertrieben« wurden, hernach allerdings hordenweise Alemannien heimsuchten.

Nachdem er dann in den Kapiteln 52–56 mit großartiger Dramatik das wilde Treiben der eingedrungenen Ungarn im Kloster St. Gallen, wo allein der einfältige Bruder Heribald zurückgeblieben war[26], sowie ihren baldigen Wegzug geschildert hat, streift er die Erschlagung Wiboradas, verweist aber auf die über sie berichtende Vita.

Das mag der Anlaß gewesen sein, um nun einigermaßen unvermittelt die vier Kapitel 57–61 *de sancto Oudalrico* einzuschieben. Es geschah ausdrücklich aus dem Grund, weil der Erzähler bestimmte Überlieferungen der Väter – *dicta patrum quaedam* – vernommen habe, denen er in Ulrichs schon dreimal geschriebener

23 So H. F. Haefele, Zum Aufbau der Casus sancti Galli Ekkehards IV., in: Typologia Litterarum (= Festschrift f. Max Wehrli), Zürich und Freiburg i. Br. 1969, S. 155–166, hier S. 157.

24 Die Einteilung in 147 Kapitel geht auf G. Meyer von Knonau (siehe Anm. 20) zurück. Sie ist trotz einiger unlogischer Eigenwilligkeiten in die Literatur eingegangen und wird deshalb beibehalten.

25 Vgl. HS III/1, S. 28, 113.

26 Joseph Victor von Scheffel ließ sich davon für seinen »Ekkehard«-Roman inspirieren, verlegte das Geschehen jedoch eigenwillig auf die Klosterinsel Reichenau, die in Wirklichkeit von den Ungarn nicht überfallen wurde.

Lebensgeschichte – *in vita eius vel tercio iam scripta* – nicht begegnet sei. Der Hinweis auf die drei Ulrichs-Viten, also auf jene des Dompropstes Gerhard, des Bischofs Gebehard und des Abtes Berno, die Ekkehart somit vollauf kannte, ist bemerkenswert; heute liegt nur noch die Fassung Bernos in der Stiftsbibliothek zu St. Gallen, diese aber mit eigenhändigen Korrekturen Ekkeharts versehen[27].

Es bedeutete dem Erzähler inmitten des Unglücks, das er wegen der Ungarn zu berichten hatte, offensichtlich Trost und Genugtuung, den späteren Überwinder der Ungarn nun im 57. Kapitel als ehemaligen Klosterschüler für St. Gallen in Anspruch nehmen zu dürfen[28]: »Hier bei den Unsern lernte er den Weg, den er zum Himmel geflogen ist, hinanzufliegen; hier holte er zu den Wundertaten aus, die er jetzt vollbringt.« Während Gerhard als Ulrichs Lehrer den Waninc anführt, preist Ekkehart den jüngeren Hartmann in dieser Rolle; beide sind in St. Gallen bezeugt. Er rühmt ferner von Ulrich, der doch *canonicus* und nicht Mönch gewesen sei, das tadellose Vorlesen im Refektorium, aber auch seine häufigen und verstohlenen Besuche bei Wiborada, die ihm einen Keuschheitsgürtel – *castitatis cingulum* – gegeben und ihm natürliche und übernatürliche Hilfsmittel gegen das Feuer des Fleisches anempfohlen habe.

Noch vieles andere, so wird dann im 58. Kapitel ausgeführt, habe Ulrich den Vätern über die Unterweisung von seiten seiner geistlichen Amme – *de doctrina nutricis suae* – erzählt. Sie habe ihm von ihrem rauhen Bußkleid ein kleines Kopfpolster genäht, das er an Abstinenztagen auf einen Stein gelegt und als sein Kissen benutzt habe[29]. Daß das schon in Ulrichs Schulzeit geschehen sei, was aus chronologischen Gründen bekanntlich unmöglich gewesen wäre, sagt Ekkehart nicht ausdrücklich, wie er auch die Prophezeiung Wiboradas wegen seines Episkopates nicht anführt. Allerdings betont er weiterfahrend, Ulrichs Gespielen hätten ihn spaßhaft den kleinen Heiligen – *sanctulum* – genannt. Es werden dann liebenswürdige Anekdoten beigefügt: wie ein Mitschüler ihm einen Griffel stahl und sich dabei verletzte; wie er bei einem stolzen Mitschüler, der sich simonistisch ein Diakonat in Konstanz erkauft hatte, die Stola mit einem Schildgehänge

27 Codex 565, S. 367–420. Dazu Scherrer, Handschriften, S. 180; ebd., S. 624 f. weitere Hinweise auf Erwähnungen St. Ulrichs in Manuskripten der StiBSG. Zu Codex 565 auch Bruckner, Scriptoria 2, S. 110. Vgl. Werner Wolf, Von der Ulrichsvita zur Ulrichslegende, Untersuchungen zur Überlieferung und Wandlung der Vita Udalrici als Beitrag zu einer Gattungsbestimmung der Legende, München 1967, S. 36.

28 So nach H. F. Haefele, Zum Aufbau der Casus (wie Anm. 23), S. 162.

29 Hierzu beispielsweise A. Schröder (wie Anm. 11), S. 284: »Ein Gürtel als Symbol der Reinheit, von solchen Händen gespendet, oder ein Kissen aus dem Bußhemd einer weltentsagenden Frau mochten auch einem ernst gerichteten jungen Mann wertvolle Gaben sein.« Gegen die Vermutung, daß Ekkeharts Schilderungen trotzdem teilweise »reine Erfindung der Phantasie« oder »Entlehnung aus anderen Heiligenleben« seien, wandte sich mit richtigen Überlegungen E. Schlumpf (wie Anm. 12), S. 149 f. Die neugewonnene Einsicht in Ekkeharts Zuständigkeit fällt zusätzlich zu seinen Gunsten aus.

verglich; wie er selbst als *frater conscriptus* mit schönster Stimme das Evangelium vorgetragen habe.

In Kapitel 59 wird hierauf mit Dankbarkeit an Ulrichs häufige Besuche und Wohltaten erinnert; von den Gastmählern erzählten die Väter, die teilgenommen hätten, noch immer. Ekkehart will in diesem Zusammenhang ein *miraculum* festhalten, das er in geradezu spannender Weise zu schildern versteht: den verunglückten und doch geretteten Transport des von Ulrich geschenkten Weines; es war Bozener *(Bozanarius)*[30]. Das Verdienst am glücklichen Ausgang schrieben sich der Schenker und die Beschenkten gegenseitig zu.

Das weckt in Ekkehart die Erinnerung an eine andere wunderbare Geschichte, die sich in St. Gallen am Festtag des hl. Magnus, also an einem 6. September, ereignet hatte. Die St. Mangen-Kirche[31] zum Gedächtnis des seinerzeit aus St. Gallen weggezogenen Apostels des Allgäus hatte der nachmalige Abt-Bischof Salomo vor 890 erbaut, und der Augsburger Bischof Adalbero hatte dorthin eine Armreliquie des Heiligen aus Füssen geschenkt; die Kirche war Ulrich bestens bekannt, hatte er doch dort die Inklusin Wiborada zu Lebzeiten und nach ihrem Tod häufig besucht. Wie er nun also in der Prozession die St. Magnus-Reliquie trug, warf sich ihm, der selber – wie öfters nach Ekkeharts Aussage – leidend war, ein Gelähmter in den Weg, wobei Ulrich ihn anfuhr: »Steh auf, denn auch ich bin krank an den Füßen und kann nicht über dich hinwegschreiten!« Jener stand auf, war geheilt und folgte der Prozession; Ulrich aber wies das Wunder entschieden von sich und schrieb es dem hl. Magnus zu.

Noch ist Ekkeharts Schatz klösterlicher Erinnerungen nicht ausgeschöpft, weshalb er im 60. Kapitel[32] den Vorwurf gegenüber den drei Biographen Ulrichs wiederholt; sie hätten sogar manches von dem verschwiegen, was über ihn – also schon damals! – im Volk gesagt und gesungen werde *(quae de eo concinnantur vulgo et canuntur)*. Drei sich steigernde Episoden werden stilisiert: ein Scherz vor Abt Ymmo, der sich darob schämte; ein Ruf an den Kämmerer Hetti, der dadurch den Fluten des Lech entrissen wurde; schließlich die Rettung Augsburgs vor den Ungarn, als er sich mit den Kleinkindern der Stadt betend auf die Erde warf. Die ergreifende Szene, die sich 926 abgespielt haben soll, ist folgenderweise geschildert:

»Wir wundern uns, daß auch mit keinem Wort erwähnt wurde, wie er bei der

30 Im Codex 615 der StiBSG, der als älteste Abschrift die Ekkehart'schen *Casus* überliefert, hat S. 162f. eine zierliche Hand zu *Bozanarium* die erklärende Glosse beigeschrieben: *vinum a loco sic dictum;* es ist die früheste Bezeugung des Südtiroler Weines in St. Gallen.

31 Über diese Kirche, an welcher Wiborada inkludiert war, siehe im vorliegenden Sammelband S. 176 Anm. 3 und S. 181 Anm. 29.

32 Über den sich steigernden Aufbau dieses Kapitels, das eine rhetorische »Gesamtkomposition« verrät, vgl. H. F. Haefele, Untersuchungen zu Ekkehards IV. Casus Sancti Galli, in: DA, 18. Jg., 1962, S. 135f.

Ungarninvasion unter König Heinrich – wir haben schon davon berichtet, es war gerade vor dem Einfall, den sie bei uns verübten – seine eigene Stadt Augsburg durch seine Verdienste von der dichten Belagerung befreite. Denn als schon ein müheloser Einbruch drohte, ließ er alle Kleinkinder der Stadt von den Brüsten der Mütter wegholen und um sich vor den Altären auf den blossen Boden legen; mit ihrem Wimmern vermischten sich die Tränen und die Klagerufe, und so vertrieb er als ein zweiter Ezechias die herandrängenden Feinde. Dieses Gebet war die einzige Ursache dafür, daß jene Wilden die Stadt aufgaben und sich in andere Gegenden zerstreuten.«

An dieser Stelle erinnert sich Ekkehart noch einer weiteren Geschichte aus jener gleichen Zeit: Sie betraf eine sonst nicht bekannte Schwester Ulrichs, worüber das 61. Kapitel berichtet. Ein Vornehmer namens Hugo – *quidam regii generis homo primarius* – habe sie verführt; jener Hugo sei übrigens stets Ulrichs Feind gewesen und habe sich trotz eines schmerzhaften Leidens – es habe *lumbos, in quibus peccaverat,* betroffen – nicht mit ihm ausgesöhnt. Seine Schwester aber sei in das Kloster Buchau eingetreten. Als sich nun die Ungarn dorthin gewandt hätten, habe Ulrich sowohl für sie, als auch für eine andere Nonne – nämlich für Wiborada in St. Gallen – gebetet: Gott möge die eine vor dem Schwert bewahren, die andere aber für das Schwert stark machen. – Damit war der Übergang zu weiteren Erzählungen hergestellt: Ekkehart konnte sich von Ulrich abwenden und neuerdings die herumschwärmenden Ungarn auf seine Feder spießen.

Ulrich war aber noch nicht endgültig entlassen. In einem anderen, späteren Zusammenhang – er betraf nicht Anfeindungen von außen, sondern innerklösterliche Meinungsverschiedenheiten – pries Ekkehart ihn als den Freund St. Gallens und den Friedensstifter. Nach Krieg (926) und Feuersbrunst (937) verstand der unerbittliche Abt Craloh[33] (942–958) bedauerlicherweise nicht, in den Streitigkeiten um die Disziplin Maß zu halten und Versöhnung zu bewirken. Dazu gesellten sich Parteiungen wegen der politischen Kämpfe zwischen König Otto I. und seinem Sohn, dem Schwabenherzog Liudolf, vor welchem der Abt 953 an den Hof flüchtete[34]. Hier nun weiß Ekkehart im 71. Kapitel glaubwürdig zu berichten: »Obwohl der König nicht gut von ihm dachte, wurde er doch um der Treue willen, die ihn zum Flüchtling gemacht hatte, sowie auf die Fürsprache des heiligen Ulrich, seines ehemaligen Mitschülers, der damals am Hof weilte, gnädig aufgenommen.«

Wie dann der Abt, vermutlich gegen Ende des Jahres 954, nach St. Gallen zurückzukehren wagte, wurde er von Bischof Ulrich begleitet. Was dabei vorerst am Hof und hernach im Kloster an Dramatischem – teils erbaulich und teils ärgerlich – geschah, wie Ulrich als Mann voller Temperament und als Bischof voller Selbstbe-

33 Vgl. HS III/1, S. 28f., 114f.

34 Über die Beziehungen der Abtei St. Gallen zu den Ottonen und besonders zu Otto I. und II. vgl. J. Duft, Notker der Arzt, Klostermedizin und Mönchsarzt im frühmittelalterlichen St. Gallen (112. Njbl. 1972 und Buchausgabe St. Gallen [2]1975), S. 52–60.

herrschung auftrat, wie er als Diplomat zu vermitteln und als Priester zu versöhnen wußte, wie er zu befehlen und zu dienen, zu tadeln und zu raten verstand, wird von Ekkehart in den Kapiteln 73–76 menschlich und mitreißend geschildert. Die Lichter, die daraus auf Ulrich fallen, dürfen in dessen Charakterbild nicht verschwiegen werden[35].

Erwähnt sei aus dem 74. Kapitel die Rückkehr Abt Cralohs in Begleitung Bischof Ulrichs, mit dem er seit den Studienjahren befreundet gewesen sei. Beim Empfang hatte ausgerechnet der starrsinnige Mönch Victor, ein vornehmer Rätoromane, den Ankommenden das Evangelienbuch zum Kusse darzureichen. Er tat es nur gegenüber dem fremden Bischof, nicht aber dem eigenen Abt. Wie Ulrich ihn deshalb zurückhalten wollte, warf ihm Victor das Evangelium wutentbrannt zu und eilte hinweg. Der Bischof hob es eigenhändig auf und bot es dem Abte zum Kusse dar, worauf dieser es zum Altare trug. Daß das Evangelienbuch – es war zweifellos das *Evangelium longum*[36], das für solche Zeremonien geschaffen worden war – durch diesen sakrilegischen Akt an seiner empfindlichen Vorderseite Schaden nahm und eine Wiederherstellung nötig hatte, ist zwar von Ekkehart nicht ausdrücklich vermerkt worden. Doch der Befund anläßlich seiner neuesten Untersuchung[37], wonach die Edelmetallverkleidung der Vorderseite im 10. Jahrhundert ersetzt worden ist, weist den Kenner der Klostergeschichte auf diese Episode hin.

Noch einmal kommt Ekkehart IV. auf Bischof Ulrich zu sprechen: diesmal nicht mehr in seinen Klostergeschichten, sondern in seinem großen Lobgedicht *De aliis sincellitis amborum* (das heißt: über die anderen »Zellengenossen« der beiden Ortspatrone Gallus und Otmar). Er hat es der eigenhändig zusammengestellten Sammlung seiner Dichtungen[38] eingefügt, ja hat es mit zahlreichen Interlinearglossen für seine damaligen Schüler (und seine heutigen Leser) zu verdeutlichen versucht. Hier die fünf als leoninische Hexameter einhergehenden Verse über den in St. Gallen erzogenen Ulrich: *Abb. 38, 39*

35 Vgl. JOSEPH BERNHART, Bischof Uldalrich von Augsburg, in: Augusta 955–1955, Augsburg 1955, S. 19–52, hier S. 28: »Ulrichs Empfindungsleben ist aus keiner Schrift von seiner Hand zu erschließen, aber die Sätze, die ihn sein Lebensbeschreiber sprechen läßt, kommen aus der warmen Fühlung eines allerwärts teilnehmenden Herzens. Es wäre damit nicht unverträglich, wenn eine Szene in den Casus S. Galli, die auf den ersten Blick nicht wenig überrascht, ein wirkliches Vorkommnis erzählte. Im Jahr vor der großen Ungarnschlacht fiel Ulrich die Aufgabe zu, innere Zerwürfnisse des Klosters zu schlichten.«

36 Heute Codex 53 in StiBSG. Hierzu jetzt J. DUFT und RUDOLF SCHNYDER, Die Elfenbein-Einbände der Stiftsbibliothek St. Gallen (= Kult und Kunst, 7. Bd.), Beuron 1984, S. 55–93, 157–160.

37 Ebd., S. 60f.

38 Heute als Codex 393 in StiBSG, Verse über St. Ulrich S. 153. Hg. von JOHANNES EGLI, Der Liber Benedictionum Ekkeharts IV. nebst den kleinern Dichtungen aus dem Codex Sangallensis 393 (= MVG, 31. Bd.), St. Gallen 1909, Verse über St. Ulrich S. 222f.

Gallus Uodalricum ducat[39] *atque Otmarus amicum.*
Amborum in cella puer et spes creverat[40] *illa.*
Hac[41] *homo virtutes didicit, hac ferre salutes*[42]
Et lateri tutum semper nostro fore scutum[43],
A primo flore Wiboradae mactus ab ore.

Nicht verschwiegen sei in diesem Zusammenhang, daß Codex 898 der Stiftsbibliothek St. Gallen als anscheinend älteste Quelle das Ulrichs-Officium[44] überliefert, das Abt Berno (†1048) von Reichenau verfaßt hat. In derselben Handschrift findet sich die Ulrichs-Sequenz[45] von Berno, die mit den Worten anhebt: *Laetare tanta mater prole suavis suevia.* Sie preist Augsburg als Grabstätte Ulrichs: *Hinc urbs Augusta praesulis corpore Vuodalrici valde decora.*

39 Von Ekkehart verdeutlicht mit darübergeschriebenem *nutrit.*
40 Darüber als Variante: *vel floruit.*
41 Glosse: *in hac cella.*
42 Glosse: *per miracula.*
43 Dieser Vers ist von Ekkehart später eingeschoben worden.
44 Dazu THEODOR WOHNHAAS, Zur Frühgeschichte der Ulrichsliturgie, in: Jahrbuch des Vereins für Augsburger Bistumsgeschichte, 7. Jg., 1973, S. 75–81 mit Abb. 6.
45 Wiedergegeben von CLEMENS BLUME in Analecta hymnica medii aevi, 34. Bd., Leipzig 1900, S. 283 f.

DER BISCHOF SANKT KONRAD (†975)

Bischof Konrad und St. Gallen

Erstveröffentlichung: Bischof Konrad und St. Gallen, in: Der heilige Konrad, Bischof von Konstanz, Studien aus Anlaß der tausendsten Wiederkehr seines Todesjahres, hg. von Helmut Maurer, Wolfgang Müller, Hugo Ott (= Freiburger Diözesan-Archiv, 95. Band), Freiburg/Basel/Wien 1975, S. 56–66. – Der Text ist hier auf den jetzigen Forschungsstand weitergeführt, die Anmerkungen sind dementsprechend neugefaßt worden.

Konrad, Bischof von Konstanz in den Jahren 934–975, als Heiliger auf dem Laterankonzil 1123 kanonisiert, war Zeitgenosse und Freund des Bischofs Ulrich von Augsburg und war wie jener ein Wohltäter der Abtei St. Gallen[1], für welche er als Diözesanbischof zuständig war. Aber er war, im Unterschied zu Ulrich, nicht in St. Gallen erzogen worden. *Abb. 19*

Zwei oft wiederholte Behauptungen können nämlich weder in einer sanktgallischen Quelle noch in den Lebensbeschreibungen Konrads nachgewiesen werden: Konrad sei – mindestens für kurze Zeit – Schüler im Kloster St. Gallen gewesen, und Noting, sein Vorgänger im Konstanzer Bischofsamt, sei zuvor Mönch in St. Gallen und als solcher schon dort der Lehrer Konrads gewesen[2]. Hätten diese beiden Behauptungen auch nur einen geringen Anschein von Wahrhaftigkeit an sich, sie wären von Ekkehart IV., dem auf das Lob seines Klosters und seiner Schule eifersüchtig bedachten Erzähler der *Casus sancti Galli,* der sich bezüglich Konrads mit Recht auf zeitgenössische Zeugen berief, wortreich geschildert worden, zumal er

1 Über Bischof Ulrich und St. Gallen siehe S. 189–200 im vorliegenden Sammelband.

2 So schon GABRIEL BUCELIN, Constantia Rhenana, Frankfurt a. M. 1667, S. 165, ohne Quellenangabe; ähnlich JODOCUS METZLER, De viris illustribus monasterii S. Galli, bei BERNHARD PETZ, Thesaurus anecdotorum novissimus, Bd. I/3, Augsburg/Graz 1721, Sp. 588; übernommen beispielsweise von JULIUS MAYER, Der heilige Konrad, Freiburg i. Br. 1898, S. 3 ff.; ähnlich WOLFGANG MÜLLER in LThK², 6. Bd., 1961, Sp. 467. – Zu den Bischöfen Noting und Konrad vgl. Regesta Episcoporum Constantiensium, bearb. v. PAUL LADEWIG, und THEODOR MÜLLER, 1. Bd., Innsbruck 1895, S. 42–48. Der dortige Hinweis (S. 44, Nr. 352) auf das Martyrologium Notkers I. (†1912), worin die Teilnahme Bischof Ulrichs an der Bischofswahl Konrads (934) erwähnt sei, betrifft in Wirklichkeit das Martyrologium des Hermannus Contractus.

Bischof Noting in seinem 63. Kapitel[3] und Bischof Konrad sogar in neun – hier noch mitzuteilenden – Kapiteln erwähnt. Wäre Konrad Klosterschüler in St. Gallen gewesen, was Ekkehart von Bischof Ulrich anekdotenreich zu berichten wußte, es wäre ebensowenig verschwiegen worden wie der Aufstieg eines Sankt-Galler Mönches und seines Schülers zur Bischofswürde in Kostanz.

Nach dieser Flurbereinigung im negativen Sinn sei nun das Positive dargestellt. Es findet sich in drei typischen Sankt-Galler Quellen: kurz in chronikalischen Aufzeichnungen; ausführlicher in einem Konfraternitätsbericht; sodann vielfältig in Ekkeharts Klostergeschichten.

Konrad in der Memoria

Erstmals scheint der Name Konrads in den *Annales Sangallenses maiores* auf, wo zum Jahr 935 eingetragen steht: *Chuonradus ep[iscopu]s efficitur*[4]. Zum vorausgegangenen Jahr 934, in welchem in Wirklichkeit auch schon Konrads Erwählung stattgefunden hatte[4], ist der Tod seines Vorgängers vermerkt: *Notingus ep[iscopu]s et Engilbertus abba et Moyses decanus obierunt.*

Abb. 29 Der andere ähnliche Eintrag findet sich im *Necrologium Sangallense* zum 26. November[5]. In der Handschrift des 10./11. Jahrhunderts steht: *Obitus Chuonradi uenerabilis ep[iscop]i.* In der Handschrift des 12. Jahrhunderts: *Depositio s[an]c[t]i Cŏnradi ep[iscop]i;* dazu eine der im 13. Jahrhundert zahlreich beigefügten Randnotizen: *In festo Chvnradi dant cel[er]ari[us] et pleban[us] s[an]c[t]i Laur[entii] pisces et mi[norem] leib[um].*

In diesem letzteren Zusammenhang sei auf eine nicht mehr original erhaltene, anscheinend beim Antritt des Abtes Georg von Wildenstein um 1360 verfertigte Liste der *redditus camerarii* aufmerksam gemacht[6]. Sie enthält, was dem Brotkämmerer *(camerario panis)* im Verlauf des Jahres geliefert werden mußte, dabei *in festo Cuonradi 20 leib.* Das Fest des Heiligen am 26. November war also auch in St. Gallen dermaßen selbstverständlich, daß es wie ein Lostag zur Datierung diente. Das ist nicht verwunderlich, findet es sich doch seit Konrads Heiligsprechung während allen Jahrhunderten

3 Bischof Noting habe nach dem 926 erfolgten Einfall der Ungarn das Gallus-Kloster mit geweihtem Wasser besprengt, um jegliche Gewalt der Dämonen zu vertreiben.

4 Codex 915, S. 209; Abschrift (12. Jh.) Codex 453, S. 220. Editionen: MGH Script. I, 1826, S. 78; MVG XIX, 1884, S. 282.

5 Codex 915, S. 349; Codex 453, S. 197. Editionen: MGH Necr. Germ. I, 1888, S. 485; MVG XI, 1869, S. 59, und XIX, 1884, S. 422.

6 So nach »Traditiones monasterii s. Galli« (undatierter, fortgesetzter Stiftsdruck aus dem 17./18. Jahrhundert der Abtei), S. 628 f.; abgedruckt in UBSG III, 1882, S. 799 f.

in den liturgischen Büchern der Abtei[7], dann auch ihres nachreformatorischen Seelsorge-Offizialates und schließlich des 1823 errichteten Doppelbistums Chur-St. Gallen beziehungsweise des 1847 errichteten selbständigen Bistums St. Gallen. Damit blieb die Memoria an seine bischöfliche Wirksamkeit[8], die vom Dreiklang Kirchenbauten–Pilgerfahrten–Armenfürsorge gekennzeichnet war, über ein Jahrtausend lebendig.

Konrad in der Confraternitas

Wesentlich aufschlußreicher als die angeführten kurzen Aufzeichnungen, die weder zum Leben Konrads noch zur Geschichte St. Gallens beizutragen vermögen, ist der Bericht über einen Besuch des Bischofs in St. Gallen und die damals erneuerte geistliche Verbrüderung mit den Mönchen. Er steht nicht, wie man meistens liest, im sankt-gallischen Verbrüderungsbuch, das im Stiftsarchiv[9] erhalten geblieben ist, sondern im Codex 915 der Stiftsbibliothek, der ein bewußt zusammengefügter Sammelband wichtiger monastischer und historischer Bestandteile (Mönchregeln, *Abb. 28, 29* Annalen, Martyrologium und Necrologium) aus dem 9. bis 11. Jahrhundert ist: anscheinend ein typisches Kapiteloffiziumsbuch[10].

Seine ersten 26 Seiten enthalten Berichte über Verbrüderungen, die von mehreren Händen zu verschiedenen Zeiten im 10./11. Jahrhundert geschrieben oder abgeschrieben worden sind[11]. Eine zeitgenössische Überschrift fehlt[12]; vielleicht stand sie

7 Vgl. Emmanuel Munding, Die Kalendarien von St. Gallen aus XXI Handschriften 9.–11. Jahrhundert (= Texte und Arbeiten, 1. Abt., Hefte 36 und 37), Beuron 1948 und 1951: in Heft 36 S. 87, in Heft 37 S. 20, 136.

8 Hingewiesen sei beispielsweise auf Helmut Maurer, Konstanz als ottonischer Bischofssitz, Zum Selbstverständnis geistlichen Fürstentums im 10. Jahrhundert (= Veröffentlichungen des Max-Planck-Instituts für Geschichte 39, Studien zur Germania Sacra 12), Göttingen 1973, S. 97 (Register).

9 Codex Class.I.Cist.C.3.B.55. Es ist ein Torso; dazu jetzt Michael Borgolte, Dieter Geuenich und Karl Schmid, Subsidia Sangallensia I, Materialien und Untersuchungen zu den Verbrüderungsbüchern und zu den älteren Urkunden des Stiftsarchivs St. Gallen (= St. Galler Kultur und Geschichte, 16. Bd.), St. Gallen 1986, S. 13–283.

10 Als solches identifiziert und beschrieben von Johanne Autenrieth, Der Codex Sangallensis 915, Ein Beitrag zur Erforschung der Kapiteloffiziumsbücher, in: Landesgeschichte und Geistesgeschichte (= Festschrift für Otto Herding), hg. von Kaspar Elm, Eberhard Gönner und Eugen Hillenbrand (= Veröffentlichungen der Kommission für geschichtl. Landeskunde in Baden-Württemberg, Reihe B, Forschungen 92. Bd.), Stuttgart 1977, S. 42–55.

11 Editionen: von F. J. Mone, Quellensammlung zur badischen Landesgeschichte, 1. Bd., Karlsruhe 1848, S. 216 (hier der Bericht über Konrad); von E. Dümmler und H. Wartmann in MVG XI, 1869, S. 13–24 (Bericht über Konrad S. 17f.); von Paul Piper in MGH Libri confraternitatum, 1884, S. 136–142 (Bericht über Konrad S. 138).

12 Die Herausgeber schreiben in MVG *Historiae de fratribus conscriptis*, in MGH *Confraternitatum syngraphae*.

auf Blättern, die untergegangen sind. Es handelt sich nicht um eigentliche »Confraternitätsurkunden«[13], aber auch nicht um kurze Namenlisten, sondern um mehr oder weniger ausführliche, erzählende Berichte, die datiert, jedoch nicht chronologisch geordnet sind: sei es über den Tod verbrüderter Persönlichkeiten (des Alemannenherzogs Purchard 926, der Reklusin Wiborada 926, des Bischofs Liutward von Como undatiert), sei es über den Besuch und die dann vorgenommene Verbrüderung hochgestellter Wohltäter (des Bischofs Ratpold von Trier 885, der Bischöfe Adalbero von Augsburg und Meginbert von Säben 908, des Bischofs Keonowald von Worchester 929, des Bischofs Konrad von Konstanz 968, des Bischofs Eginolf von Lausanne 982, des Markgrafen Gero von Sachsen 950), sei es über die Verbrüderung mit Klöstern (Reichenau 800 und 945, Bobbio/Disentis/Schienen 846, Kempten um 865, Rheinau 885, Murbach 886).

Der Bericht über Bischof Konrad[14] lautet wörtlich wie folgt:

Anno post incarnatione[m] uerbi diuini DCCCCLXVIII., indict[ione] XII., imperante serenissimo cęsare Ottone anno IIII.[15], *expectabilis excellentię uir domn[us] Chuonradus, pontifex Constantiensis eccl[esi]ę uenerandus, uenit ad monasteriu[m] s[an]c[t]i Galli, cui tunc abba probatę s[an]ctitatis Purghardus pręfuit, causa orationis et redintegranda conditione diuinę ac fraternę dilectionis, quam iam pride[m] cu[m] abbate eiusde[m] cenobii Thietone et postmondu[m] cum religioso successore eius Cralone fecit, fratribus uniformi conspiratione concordantibus, ut ob amorem eius ac multimoda munificentię suę beneficia, tum priuatis specialiter, tum in commune bonum uniuersaliter collata, tam singulari*[16] *qua[m] generali oratione semper eius memoria ab omnibus frequentet[ur]. Annonam quoq[ue] fr[atr]ibus constituta[m] p[ro] salute corporis atq[ue] animę eius pauperibus cottidie eroganda[m], quousque uitę huius consummauerit cursum, et postqua[m] d[e]o uocante exutus terra celo sp[iritu]s reddatur, ad anniuersariu[m] et insup[er] trigisimu[m] depositionis eiusde[m] firma ratione deuouerunt. Q[uo]d usq[ue] hodie d[e]o gra[tia]s expletu[m] et indefetigabili deuotione obseruandu[m] tenetur. Tempore uero pręnotato, id e[st] sabbato ante dominica[m] indulgentię, ide[m] eximius pręsul eunde[m] s[an]c[tu]m locu[m] ingrediens honorifice susceptus, ut dignu[m] erat, crastinum diem cruce[m] cum ramis palmarum tollendo, d[omi]n[u]m sequendo, missas spi[ri]taliter celebrando, quam plures de monachis et de clero diuersis gradibus salubrit[er] ordinando,*

13 So SCHERRER, Handschriften, S. 336.

14 Codex 915, S. 11 f. In unserer wörtlichen Wiedergabe werden nur die Interpunktion und die Großschreibung modernisiert und vereinheitlicht. – Eine Abschrift dieses Berichtes aus dem späten 12. Jahrhundert steht in Codex 453, S. 8 f.; sie unterscheidet sich, ausgenommen die Zahl III anstatt IV für das Regierungsjahr Kaiser Ottos, von ihrer Vorlage nur durch zeitbedingte Schreibergewohnheiten und einige Flüchtigkeiten.

15 Eine neuere Hand schrieb darüber die Zahl VI.

16 *singulati* ist von erster Hand in *singulari* verbessert worden.

via[m] mandatoru[m] d[e]i cunctis generalit[er] mira ac paterna doctrina prędicatione ostendendo, innumeros etia[m] utriusq[ue] sexus unctione chrismatis s[an]c[t]ę fidei aggregando, in diuinis laudib[us] letus exegit. Die aut[em] tercia, congregatis ad collationem fratrib[us], ipse eô inuitatus stetit in medio fr[atru]m, memorans licet bene recolentib[us], qualia et antea pollicita s[unt], et ut denuo frat[er]nitas co[m]unio renouetur petiit, ut in oratione, quę omni die fit in basilica s[an]c[t]i Petri ab omnibus p[ro] imp[eratore] et p[ro] cęteris benefactorib[us] et tutorib[us] n[ost]ris, et specialit[er] p[ro] uinculo caritatis psalm[us] CXLII canatur et in eadem missa, quę ibi fit p[ro] defunctis, III missales orationes illo tam uiuo, quasi esset defuctus [sic!], agantur.

Aus diesem Bericht ergeben sich bemerkenswerte Einzelheiten persönlicher und liturgischer Art. Bischof Konrad weilte demnach am 11., 12. und 13. April 968 im Kloster St. Gallen[17]. Sein Besuch hatte sowohl privaten als auch amtlichen Charakter, diente er doch einerseits der persönlichen Frömmigkeit, die ihren Ausdruck in der Gebetsverbrüderung fand, andererseits aber der Vornahme bischöflich-sakramentaler Handlungen.

Seine geistliche Verbrüderung mit den Sankt-Galler Mönchen war, wie ausdrücklich festgehalten wird, schon unter den Äbten Thieto (933–942) und Craloh *Abb. 28* (942–958) geschlossen und erneuert worden; sie sollte nun unter ihrem Nachfolger Purchart I. (958–971) bewußt gefestigt und erweitert werden. Dieser Absicht dienten anscheinend der erste und insbesondere der dritte Tag seines Besuches: also der Samstag, an dem er ehrenvoll empfangen wurde, worauf er Einkünfte zur Feier seines Anniversariums aussetzte und den Mönchen dank seiner Freigebigkeit die Möglichkeit bot, täglich bis zu seinem Tod die Armen zu versorgen; sodann der Montag, an dem die Konfraternität gemeinsam erneuert wurde, wobei er sich den folgenden Liebesdienst auserbat: Man möge im Gebet, das täglich von allen in der auf dem Friedhof gelegenen St.-Peters-Kapelle für den Kaiser und die anderen Wohltäter und Schützer verrichtet wurde, den 142. Psalm[18] für ihn singen und in die dort für die Verstorbenen darzubringende Messe drei Orationen für ihn, sogar zu Lebzeiten, jedoch wie für einen Toten einfügen.

Die bischöflichen Handlungen nahm Konrad am mittleren dieser drei Tage vor; es war der Palmsonntag, der auch *dominica indulgentiae* hieß, weil im Sinn der Osterbeichte die Indulgenz, der Nachlaß der Sünden, gespendet wurde. Schon einmal hatte an diesem Tag ein Konstanzer Bischof – Salomo III., der 890–919/920 *Abb. 21*

17 Kurz zusammengefaßt in Regesta Ep. Const. (wie Anm. 2), Nr. 368–370, dazu Nr. 355 und 362.

18 Es ist der letzte der sieben Bußpsalmen; sein Initium *Domine exaudi* ist bei dieser Stelle im Codex 453 S. 9 an den Rand geschrieben worden.

auch Abt von St. Gallen gewesen war – dort den feierlichen Gottesdienst gehalten[19]. Konrad trug nun das mit Palmzweigen geschmückte Kreuz in der Prozession; er feierte die Messe, erteilte mehreren Mönchen und Klerikern die Weihen verschiedener Stufen, hielt eine öffentliche Predigt und spendete Ungezählten beiderlei Geschlechts die Firmung.

Konrad in Ekkeharts Klostergeschichten

In nicht weniger als neun Kapiteln[20] seiner *Casus sancti Galli*[21], die der erzählfreudige Ekkehart IV. († gegen 1060) als Fortsetzung der von Ratpert begonnenen sanktgallischen Geschichtsschreibung verfaßt hat, ist Bischof Konrad erwähnt. Wenn sich dabei auch Ekkeharts bekannte Vorliebe für Rhetorik im Stil und für Dramatik in der Gestaltung zeigt, ist doch an den berichteten Fakten nicht zu zweifeln. Ekkeharts Leistung wird heute jedenfalls nicht nur literarisch, sondern auch historisch neu verstanden und geschätzt, nachdem die übertriebene Kritik des 19. Jahrhunderts weitgehend als Mißverständnis nachgewiesen werden konnte[22].

In bezug auf Konrad von Konstanz – gleich wie auf Ulrich von Augsburg[23] – ist zu berücksichtigen, daß der Erzähler den beiden Bischöfen zeitlich nahestand. Ekkehart kannte jedenfalls Zeitgenossen Konrads und berief sich auf Zeugen seiner Besuche in St. Gallen. Er konnte also aus der unmittelbaren klösterlichen Tradition, die in den Zeiten geringeren Schrifttums ausgeprägter war als später, schöpfen; umgekehrt wirkte diese lebendige Tradition als Kontrolle und Korrektiv für seine Erzählungen.

Die persönlichen Beziehungen Bischof Konrads zu St. Gallen waren nach Ekkehart dreifach: Sie bestanden in der wohlwollenden Sorge für Abt Purchart I., mit dem er – wie hier bereits mitgeteilt – in Gebetsverbrüderung stand; sie zeigten sich sodann in der Abwehr des reformerischen Reichenauer Abtes Ruodmann und in der Beteiligung an einer durch den Kaiser verordneten Visitation; sie bewährten sich überdies durch seine oft bekundete Freigebigkeit.

Die erste und auch die letzte Erwähnung Konrads durch Ekkehart geschah im

19 Hierüber Ekkehart IV. im 24. Kapitel seiner *Casus sancti Galli;* vgl. J. Duft, Hochfeste im Gallus-Kloster, Die Miniaturen im Sacramentarium Codex 341 (11. Jh.) mit Texten aus der Stiftsbibliothek St. Gallen (= Kult und Kunst, 1. Bd.), Beuron ²1974, S. 47f.

20 Kap. 87, 93. 96, 101, 102, 109, 113, 121, 122.

21 Älteste Abschrift in Codex 615, S. 51–307. Neuedition und Übersetzung von Hans F. Haefele, Ekkehardi IV. Casus sancti Galli – St. Galler Klostergeschichten (= Ausgewählte Quellen zur deutschen Geschichte des Mittelalters, Freiherr vom Stein-Gedächtnisausgabe, Bd. X), Darmstadt 1980.

22 Literatur in VL², 2. Bd., 1980, Sp. 455–465.

23 Siehe S. 189–200 im vorliegenden Sammelband.

Zusammenhang mit Purchart, dem Sohn des Grafen Ulrich V. in Buchhorn und der Wendilgart, der als erster dieses Namens in den Jahren 958–971 die Abtei St. Gallen geleitet hat[24]. Weil er durch Kaiserschnitt aus seiner toten Mutter zum Licht der Welt gebracht worden war, nannte man ihn den Ungeborenen. Er blieb zeitlebens körperlich geschwächt, war sogar für Fliegenstiche empfindlich, bewährte sich aber als frommer, gütiger, geradezu spendenfreudiger Abt. Ihm nun gestattete der zuständige Bischof aus Rücksicht auf seine gefährdete Gesundheit den sonst durch die Regel untersagten Fleischgenuß[25], schreibt doch Ekkehart im 87. Kapitel: »Weil er zart war, wie wir gesagt haben, aß er auf Geheiß des Bischofs, damals also Konrads, Fleisch.« *Abb. 28*

War das bei Purcharts Amtsantritt geschehen, so offenbarte sich eine ähnliche Fürsorge auch nach seiner 971 erfolgten, krankheits- und altersbedingten Resignation sowie bei seinem 975 eingetretenen Tod. Im 122. Kapitel berichtet Ekkehart, der Abt habe an der Stelle, wo Gallus seinerzeit mit den Psalmworten *Haec requies mea* in die Dornen gefallen sei, nach Konsultierung des Bischofs *(consulto episcopo)* eine Kapelle[26] erbaut; sie sei durch Konrad *(per Chuonradum nostrum)* zu Ehren des heiligen Kreuzes und des heiligen Gallus geweiht worden. Als sich aber der Abt nach seinem Rücktritt dort habe inkludieren lassen wollen, sei er durch Konrad im Hinblick auf seine Schwächlichkeit daran gehindert worden *(episcopo Chuonrado obstante)*. Der Bischof, der stets sein Vertrauter gewesen sei *(episcopus semper intimus eius)*, habe ihn schließlich vor dem Sterben mit dem heiligen Öl gesalbt und nach dem Tod vor seiner Kapelle feierlich beigesetzt.

Schwieriger war des Bischofs Einsatz für St. Gallen, als es galt, die Abtei in den reformerischen Auseinandersetzungen jener Zeit zu schützen und zu visitieren. Ekkehart berichtet über solche Bestrebungen mit einer Ausführlichkeit, die ihn in den Verdacht gebracht hat, er habe damit eine Tendenzschrift gegen jegliche Klosterreform verfassen wollen. Diese Ansicht ist heute sowohl von monastischer[27] als auch von literarischer[28] Seite als Fehlinterpretation nachgewiesen worden: St. Gallen nahm ausgerechnet in den Jahren des Abtes Purchart I. die Gorzer Reform

24 Vgl. HS III/1, S. 115f. Dazu J. DUFT, Notker der Arzt, Klostermedizin und Mönchsarzt im frühmittelalterlichen St. Gallen (= 112. Njbl. 1972, Buchausgabe St. Gallen ²1975), S. 66 (Register).

25 Die *Regula sancti Benedicti* bestimmt immerhin in ihrem 36. Kapitel *De infirmis fratribus:* »Den Genuß von Fleischspeisen erlaube man den ganz schwachen Kranken zur Kräftigung; sobald es ihnen aber besser geht, sollen sich alle in gewohnter Weise des Fleisches enthalten.«

26 Hierüber jetzt ausführlich J. DUFT, Die Gallus-Kapelle zu St. Gallen und ihr Bilderzyklus (= 117. Njbl. 1977, Buchausgabe Gossau SG 1977, Nachdruck ebd. 1987), S. 19ff., 55 (Register).

27 Vgl. KASSIUS HALLINGER, Gorze-Kluny, Studien zu den monastischen Lebensformen und Gegensätzen im Hochmittelalter (= Studia Anselmiana, Fasc. XXII/XXIII und XXIV/XXV), Rom 1950 und 1951, Register S. 1001 (Ekkehard IV.), 1037 (Ruodmann), 1041 (St. Gallen).

28 Vgl. HANS F. HAEFELE, Zum Aufbau der Casus sancti Galli Ekkehards IV., in: Typologia Litterarum (= Festschrift für Max Wehrli), Zürich und Freiburg i. Br. 1969, S. 155–166.

getreulich an, wehrte sich aber gegen mißtrauische Überwachungen[29], wie sie anscheinend von Ruodmann, vorerst Propst und hernach (972–985) Abt der benachbarten Reichenau, ausgegangen waren. In diesem bewegten Zusammenhang ist nun auch Bischof Konrad sechsmal erwähnt:

Im 93. Kapitel berichtet Ekkehart, daß sich Abt Purchart beim Bischof über Ruodmanns regelwidriges Eindringen in das Kloster St. Gallen beklagt habe. Im 96. Kapitel schildert er sodann, wie Ruodmann sich diesbezüglich mit dem Bischof ausgesöhnt und wie der gütige Bischof ihn bei der gestrengen Herzogin Hadwig wegen der Verletzung der sankt-gallischen Immunität entschuldigt habe[30]. Wenn Ekkehart oder sein Abschreiber in diesem letzteren Kapitel den Bischof irrtümlich *Kaminoldum*[31] nennen, handelt es sich um einen offensichtlichen Verschrieb für *Chuonradum.*

Die Auseinandersetzungen führten schließlich zu einer von Kaiser Otto I. angeordneten Visitation der Abtei durch mehrere Bischöfe und Äbte. Sie fand in den sechziger Jahren jenes 10. Jahrhunderts, wahrscheinlich zwischen 964 und 966, statt[32]. Als Abt Purchart auf Verpflegungsschwierigkeiten für so viele ungebetene Gäste hinwies, soll Ruodmann, wie Ekkehart im 101. Kapitel dramatisch erzählt, vor dem Kaiser den gleichfalls anwesenden Bischof *(Chuonradum episcopum nostrum)* für finanzielle Mithilfe vorgeschlagen haben. Dieser aber habe mit der ihm eigenen rauhen Stimme *(raucosa voce, ut erat)*[33] aufbegehrt: »Keineswegs! du allein hast es eingebrockt, du allein sollst es ausfressen! *(tu solus intrivisti, tibi soli edendum est!)«*[34] Als die Umstehenden in Gelächter ausbrachen, habe er beigefügt, er wolle mit dem Ankläger von Brüdern[35] nichts gemein haben. Daß er an der Visitation aber wirklich teilnahm, erwähnt Ekkehart im anschließenden 102. Kapitel, und daß er sich dabei für die Mönche in St. Gallen mit einem guten Wort eingesetzt habe, ist im 109. Kapitel überliefert.

Als die Visitation zu Ende ging, soll Konrad laut Ekkeharts 113. Kapitel beim

29 Vgl. K. HALLINGER (wie Anm. 27), S. 608–612.

30 Mit den hier angedeuteten Rechtsfragen setzte sich GEROLD MEYER VON KNONAU in seiner Casus-Edition (in MGV XV/XVI, 1877, S. 349–352) auseinander.

31 Es war 975–979 Konrads Nachfolger im Konstanzer Bischofsamt, hierzu Regesta Ep. Const. (wie Anm. 2), S. 48f.

32 Hierüber jetzt K. HALLINGER (wie Anm. 27), S. 187–199, wodurch die früheren Interpretationen und Datierungen als überholt zu gelten haben.

33 Die rauhe Stimme Konrads wird von Ekkehart nicht nur in diesem 101. Kapitel, sondern auch im 113. Kapitel erwähnt; dazu G. MEYER VON KNONAU (wie Anm. 30), in seiner Anm. 1238: »Hier scheint eine bestimmte Tradition über diese individuelle Eigenthümlichkeit vorzuliegen.«

34 Auf die klassische Herkunft dieses Sprichwortes (beispielsweise bei Terenz, *Phormio,* 2, 2, 4) wies schon der Herausgeber G. MEYER in Anm. 1239 hin. Vgl. u. a. SAMUEL SINGER, Sprichwörter des Mittelalters, 1. Bd., Bern 1944, S. 35f.

35 Dieses Zitat aus der Apokalypse (12, 10: *accusator fratrum)* identifiziert den Ruodmann geradezu mit dem Satan.

feierlichen Abschied ein besonderes Versprechen abgelegt haben: »Weil ich, meine Söhne, euch örtlich näher bin als diese anderen Verbrüderten, verspreche ich: Zum Andenken an sie und mich werde ich euch an drei Tagen jährlich, so lange ich leben werde, im Refectorium Liebesdienste (*caritates* – Liebesmähler) erweisen.«

Daß an diesem Bericht nicht zu zweifeln ist, ja daß sich Bischof Konrad durch besondere Freigebigkeit und Liebenswürdigkeit gegenüber den Mönchen in St. Gallen ausgezeichnet hat, wird nun von Ekkehart zweimal – sowohl im gleichen 113. Kapitel als auch im 121. Kapitel – geschildert. Dabei mögen selbst die erzählten Einzelheiten historisch sein, wird doch ausdrücklich auf die beteiligt gewesenen Zeugen verwiesen. Weil die beiden Schilderungen ernstzunehmende Charakterisierungen Konrads sind und somit seine späte und dürftige Vita[36] willkommenerweise ergänzen, verdienen sie die Wiedergabe in möglichst vollständiger Übersetzung:

Ekkehart fährt im 113. Kapitel fort: »Später hat Konrad sein Versprechen heiter erfüllt und an den Liebesmählern, so oft er frei war, auch teilgenommen, wie jene es bezeugen, die dabei waren *(ut qui intererant, testantur)*. Dem Abt setzte er nach königlicher Weise[37] die Speisen vor; er umschritt die Tische; er mischte die Gespräche nach des Abtes Zustimmung mit Ernst und Scherz. Einmal schalt er sogar mit seiner von Natur aus rauhen Stimme *(rauca sua naturali voce)* fröhlich den Vorleser: ›Verstummst du eigentlich nie?‹, und er sagte: ›Tu autem …‹[38] Sodann trat er mit einem Glas reinen Trankes in die Mitte, bat vorerst den Abt und hernach die übrigen in heiliger Liebe zu trinken, entbot ihm und den ersten an den Tischen den Friedenskuß und sandte ihn durch sie allen anderen zu. Solcherart war des heiligen Konrad Liebe zu uns *(talis erat sancti Chuonradi in nos caritas)*.«

Diese Liebe zu den Mönchen in St. Gallen bewährte sich auch in einer Zeit wirtschaftlicher Not, berichtet doch Ekkehart zu Beginn seines 121. Kapitels: »Bischof Konrad besuchte sie häufig, wie wir gesagt haben. Als er sie nach Verlauf einiger Jahre von dauerndem Mangel bedrängt sah, trug er in der ihm gewohnten Treue *(pietate sibi solita)* Sorge für die Greise und die Schwachen, und er bat den Abt, die Kemenaten der Klausur zu öffnen. Aus Konstanz und aus Arbon übersandte er ihnen persönliche Hilfsmittel *(solatia privata)*, so viel ihm möglich war.«

36 Verfaßt von Udalschalk um 1120; mit den Überarbeitungen hg. in MGH Script IV, 1841, S. 429–445. Vgl. Walter Berschin, Uodalscalc-Studien: I. Uodalscalcs Vita S. Kuonradi im hagiographischen Hausbuch der Abtei St. Ulrich und Afra, in: Freiburger Diözesan-Archiv, 95. Bd., 1975, S. 82–106; II. Historia S. Kuonradi, ebd., S. 107–128; III. Historia S. Uodalrici, in: Tradition und Wertung (= Festschrift für Franz Brunhölzl), hg. von Günter Bernt, Fidel Rädle, Gabriel Silagi, Sigmaringen 1989, S. 155–164.

37 Ekkehart scheint hier an sein 7. Kapitel anzuspielen, wo er daran erinnert, daß König Karl III. 883 die Mönche anläßlich seines schon von Ratpert berichteten dreitätigen Besuches gespeist und sogar persönlich bedient hatte.

38 Mit dem Vers *Tu autem, Domine, miserere nobis* und der Antwort *Deo gratias* wurde und wird die lateinische Lesung im Officium und im Refectorium offiziell beendet.

Die Dankbarkeit des sankt-gallischen Geschichtsschreibers schwingt in diesen Zeilen nach.

Dazu konstatiert ein moderner Historiker[39]: »Ekkehard IV. bezeugt für das 11. Jahrhundert eine *Memoria Conradi* in St. Gallen, die das übliche Maß weit überragte. Er nimmt den Konstanzer Bischof gewissermaßen für St. Gallen in Anspruch. Nicht als *episcopus Constantiensis* betitelt er ihn, sondern nur als *episcopus noster* oder *Conradus noster.* Die rituelle Speisegemeinschaft wurde zum sinnfälligen Zeichen der engen Zugehörigkeit Konrads zur brüderlichen Gemeinschaft in St. Gallen.« Brüderliches Convivium als Symbol der eucharistischen Mahlgemeinschaft – die Erinnerung wirkt über die jahrhundertelangen Spannungen zwischen Abtei und Bistum hinweg bis heute versöhnlich[40].

39 Eugen Hillenbrand, Das literarische Bild des hl. Konrad von Konstanz im Mittelalter, in: Kirche am Oberrhein (= Festschrift für Wolfgang Müller), hg. von Remigius Bäumer, Karl Suso Frank, Hugo Ott (= Freiburger Diözesan-Archiv, 100. Bd.), Freiburg i. Br. 1980, S. 79–108, Zitat S. 82.

40 Über eine andere gleichfalls freundliche Beziehung orientierte erstmals Helmut Maurer, St. Gallens Präsenz am Bischofssitz, Zur Rezeption st. gallischer Traditionen im Konstanz der Karolingerzeit, in: Florilegium Sangallense (= Festschrift für Johannes Duft), hg. von Otto P. Clavadetscher, Helmut Maurer, Stefan Sonderegger, St. Gallen und Sigmaringen 1980, S. 199–211.

Ekkehardus – Ekkehart

Erstveröffentlichung: Ekkehardus – Ekkehart. Wie Ekkehart IV. seinen Namen geschrieben hat, in: Adolf Reinle, Ludwig Schmugge und Peter Stotz (Hg.), VARIORVM MVNERA FLORVM, Latinität als prägende Kraft mittelalterlicher Kultur (= Festschrift für Hans F. Haefele), Sigmaringen 1985, S. 83–90. – Text und Anmerkungen sind hier erweitert und dem vorliegenden Sammelband angepaßt worden.

Wer immer über die Persönlichkeiten der Gallus-Abtei aus dem 9. bis 11. Jahrhundert schreibt, zitiert als seinen – mehr oder minder zuverlässigen – Gewährsmann Ekkehart IV. Wie es im damaligen St. Gallen die drei hervorragenden Mönche des einheimischen Namens Notker[1] gegeben hat, so sind hier neben und nach ihnen die vier Träger des traditionsreichen Namens Ekkehart[2] bezeugt, auch sie mit persönlichen Zügen. Dagegen ist ein fünfter Ekkehart, angeblich der Kompilator einer Vita Notkers des Stammlers, eine Fiktion des 17. Jahrhunderts[3].

Die vier Ekkeharte

Ekkehart I. war der Decanus, also der Stellvertreter des Abtes, der Onkel von vier Neffen in ebendemselben Kloster St. Gallen (es waren Ekkehart II. und III., Notker III. sowie Abt Purchart II.), liturgischer Dichter, gestorben am 14. Januar 973. Im Necrologium (Codex 915 der Stiftsbibliothek, S. 300) steht: *Obitus Ekkehardi magistri.* *Abb. 36*

Ekkehart II. wurde Palatinus (der Höfling, das heißt der Hofmann) genannt, war Lehrer bei Herzogin Hadwig auf dem Hohentwiel und am Hof des Kaisers Otto des

1 Hierüber im vorliegenden Sammelband S. 127–173.

2 Vgl. VL², 2. Bd., 1980: Sp. 447–453 Peter Stotz über Ekkehart I., Sp. 453–455; Ders. über Ekkehart II., Sp. 455–465 Hans F. Haefele über Ekkehart IV. – Hingewiesen sei auf den noch heute lesenswerten Vortrag von Gerold Meyer von Knonau, Die Ekkeharte von St. Gallen, in: Öffentliche Vorträge, gehalten in der Schweiz, 3. Bd., 10. Heft, Basel 1876.

3 Vgl. VL², 6. Bd., 1987, Sp. 1185f. Dazu im vorliegenden Sammelband S. 130f.

Großen, hernach Dompropst in Mainz, gestorben am 23. April 990. Im Necrologium (Codex 915, S. 316) steht: *Obitus Ekkehardi magistri et presbyteri.*

Ekkehart III., genannt Minor (der Jüngere), war Klosterdekan wie sein Onkel, gestorben am 21. März eines ungenannten Jahres. Im Necrologium (Codex 915, S. 311) steht *Obitus ... et piae memoriae Ekkehardi decani.*

Ekkehart IV., der vielseitige, heute der Chronist genannt, war vermutlich verwandt mit seinen gleichnamigen Vorgängern und damit auch mit den Notkeren[4]. Seine Lebensjahre sind nur annähernd zu eruieren: Geburt um oder eher nach 980; Tod nach 1057, wohl um 1060[5], jedenfalls an einem 21. Oktober. Im Necrologium *Abb. 29* (Codex 915, S. 343) steht: *Obitus Ekkehardi magistri monachi atque presbyteri.*

Wohlbekannt blieb er als der Lieblingsschüler Notkers des Deutschen, dessen althochdeutschen Psalter er vervollständigte[6] (wiewohl er gleichzeitig das althochdeutsche Gallus-Lied Ratperts in das Lateinische übertrug[7], damit »eine so süße Melodie nicht untergehe« – sie ging trotzdem unter, gleich wie Ratperts Originaldichtung). Wohlbekannt blieb er auch als Lehrer und lateinischer Dichter[8] in St. Gallen und am erzbischöflichen Hof in Mainz, ferner als Corrector und Glossator seines klösterlichen Bibliotheksbestandes.

Insbesondere bekannt – einstmals befehdet, jetzt neugepriesen – blieb Ekke- *Abb. 32, 33* hart IV. als Verfasser der *Casus sancti Galli*[9], die Ratpert mit dem Rückblick auf Gallus begonnen und in den Jahren 883/884 vorläufig geschlossen hatte. Ekkehart *Abb. 34–37* schrieb bewußt deren *Continuatio* über den Zeitraum von 850 bis 972, wobei er allerdings »aus den Erzählungen der Väter« schöpfen mußte, damit aber aus einer lebendig gebliebenen Klostertradition.

Ekkehart war nicht der Geschichtsschreiber im modernen Sinn, was ihm Gerold Meyer von Knonau geradezu ingrimmig verübelt hat. In seiner überkritisch kommentierten Edition[10] bewertete er die Berichte Ekkeharts nach den Kriterien des 19. Jahrhunderts: er habe eine Tendenzschrift gegen Abt Nortpert und die von

4 Die Ekkeharte stammten nach G. Meyer von Knonau (wie Anm. 2) S. 10 »wohl aus der Gegend von Gossau oder vielleicht auch von dem mit Gossau im engen Zusammenhang stehenden Herisau«; die Notkere waren im toggenburgischen Jonschwil begütert.

5 Ebd., S. 16: »mit ziemlicher Sicherheit um das Jahr 1060.«

6 Hierzu im vorliegenden Sammelband S. 169 Anm. 14.

7 Hierüber Peter Osterwalder, Das althochdeutsche Galluslied Ratperts und seine lateinischen Übersetzungen von Ekkehart IV. (= Das Althochdeutsche von St. Gallen, 6. Bd.), Berlin/New York 1982.

8 Edition seines ganzen poetischen Nachlasses: Johannes Egli, Der Liber Benedictionum Ekkeharts IV. nebst den kleinern Dichtungen aus dem Codex Sangallensis 393 (= MVG 31. Bd.), St. Gallen 1909.

9 Überblick mit Anführung der Handschriften, Ausgaben und Übersetzungen bei Eberhard Url, Das mittelalterliche Geschichtswerk »Casus sancti Galli«, eine Bestandesaufnahme (= 109. Njbl.), St. Gallen 1969.

10 MVG XV/XVI bzw. N.F. 5./6. Heft, St. Gallen 1877.

diesem eingeführte Klosterreform geliefert. Neben »gewöhnlichstem Klosterklatsch« und »einfältigstem Witz«[11] fänden sich darin allerdings auch Erzählungen, die »zu dem Anmuthigsten, was in mittelalterlichen Geschichtsquellen überhaupt enthalten ist«, gehörten. Daraus habe »einer der feinsten Kenner und geschmackvollsten Darsteller des deutschen Mittelalters, Gustav Freytag, in seine ›Bilder aus der deutschen Vergangenheit‹ längere Stücke« aufgenommen und Ekkehart als den »Verfasser der besten Memoiren aus der ersten Hälfte des Mittelalters« empfunden. Wenn man Memoiren als »Wahrheit und Dichtung« bezeichne, sei das Urteil zutreffend. Denn Ekkeharts *Casus* seien »nicht Geschichte des Klosters, sondern Geschichten von den berühmtesten Klosterbrüdern«, und darin hat der Kritiker Recht behalten.

Rehabilitierung des vierten Ekkehart

Ekkehart IV. erlebte nach der ihm im 19. Jahrhundert zuteilgewordenen Abwertung im 20. Jahrhundert seine dreifache Rehabilitierung: monastisch, literarisch, historisch. Es sei hier kurz angedeutet:

Zum Monastischen: Kassius Hallinger[12], selber Benediktiner, wies nach, daß sich das Kloster St. Gallen – schon vor Ekkeharts Lebenszeit – selbstverständlich der Lothringischen beziehungsweise Gorzer Reform, die als die Ottonische bekannt geblieben ist, angeschlossen hatte. Otto der Große sandte deshalb um 964/966 die dann von Ekkehart breit geschilderte Visitationskommission nach St. Gallen, und Abt Kerbodo von Lorsch überwachte die Durchführung der Beschlüsse und erließ entsprechende Instituta. An die damals angenommene Reform hielt man sich in St. Gallen zur Zeit Ekkeharts, weshalb man weitere Neuerungen abwies. Die These von der angeblichen Wirkungslosigkeit der Ottonischen Reform[13], entstanden aus falscher Interpretation der Ekkehart'schen Ausführungen, hat jedenfalls als überholt zu gelten.

Zum Literarischen: Hans F. Haefele widmete sich in fünf eindringlichen Studien dem Schrifttum und der Persönlichkeit Ekkeharts. In seinen grundlegenden »Untersuchungen zu Ekkehards IV. *Casus sancti Galli*« erfaßte er in einem 1. Teil[14] erstmals

11 Alle diese Zitate aus dem in Anm. 2 angeführten Vortrag.

12 Gorze-Kluny, Studien zu den monastischen Lebensformen und Gegensätzen im Hochmittelalter (= Studia Anselmiana, 22/23 und 24/25), Rom 1950 und 1951, S. 1001 (Register: Ekkehard), S. 1041 (Register: St. Gallen), bes. S. 187–199, 241 f., 304, 452, 608 ff.

13 So wieder G. Meyer von Knonau, Über die Anstrengungen Kaiser Otto's I. für die Reform des Klosters St. Gallen, in: MVG XV/XVI, 1877, S. 474–480. Dagegen beispielsweise Hans Erich Feine, Klosterreform im 10. und 11. Jahrhundert, in: Aus Verfassungs- und Landesgeschichte (= Festschrift f. Theodor Mayer), 2. Bd., Lindau/Konstanz 1955, S. 77–91.

14 In: DA, 17. Jg., 1961, S. 145–190.

die ganze handschriftliche Überlieferung und prüfte danach kritisch die bisherigen Editionen und Übersetzungen, worauf er in einem 2. Teil[15], gleichfalls erstmals, »Ekkehards Stil und Stilhaltung« beleuchtete. Dabei gelangte er, wiederum im Unterschied zu den bisherigen Editoren und Übersetzern, zum Ergebnis, daß »die Geschichten Ekkehards von einem bewußten Stilwillen getragen« und von der damals modernen Stilrichtung der Rhetorik, ja geradezu von »seiner rhetorischen Kunst« beschwingt seien. – Hierauf äußerte sich Haefele »Zum Aufbau des *Casus sancti Galli* Ekkehards IV.«[16] Sie als eine Tendenzschrift gegen Abt Nortpert zu deuten, sei eine auf Ernst Dümmler und Gerold Meyer von Knonau zurückgehende Fehlinterpretation. Es gehe dem Geschichtsschreiber vielmehr um die *casus varii,* nämlich um »die Wechselfälle des Schicksals, das Auf und Ab zwischen Höhen und Tiefen der Geschichte«, ja um »Glück und Unglück seines Klosters«, also wörtlich um die *fortunia et infortunia,* was für die Gesamtdisposition wegleitend geworden sei. In Ekkeharts konsequenter Durchführung »verrät sich ein bewußt gestaltender Wille, der die Dinge weniger geschichtlich als literarisch zusammenordnet«. – In den drei folgenden Studien bezog Haefele mit umfassender Kenntnis Stellung zu einzelnen Besonderheiten in den *Casus sancti Galli*: Die von Ekkehart IV. nach eigenem Zeugnis verbesserte *Vita Waltharii manufortis* Ekkeharts I. war nicht das große Epos, sondern war eine Schulpoesie, vielleicht nur ein Epigramm[17]; die Studie *Wolo cecidit* deutet das Schicksal eines Klosterschülers und die Liebe seines Lehrers Notker Balbulus[18]; die Studie *Tu dixisti* offenbart aus Ekkeharts Zitaten und Reminiszenzen seine theologische und literarische Belesenheit[19]. – Reife Früchte der jahrzehntelangen Beschäftigung desselben Autors mit dieser Persönlichkeit sind schließlich sein umfassender Artikel »Ekkehard IV. von St. Gallen« im Verfasserlexikon[20] sowie seine Ausgabe und Übersetzung der *Casus sancti Galli*[21]. – Neuestens folgte seine Zusammenschau »Aus der Welt der Ekkeharde«[22].

Zum Historischen: In der Beurteilung Ekkeharts hat Wolfram von den Steinen[23] eine Brücke von der Ansicht des 19. Jahrhunderts zu jener der Gegenwart geschlagen: »Bei seinen [Ekkeharts] vielen persönlichen Schilderungen muß man, genau wie

15 In: DA, 18. Jg., 1962, S. 120–170; Zitate S. 120, 130, 162.

16 In: Typologia Litterarum (= Festschrift f. Max Wehrli), Zürich/Freiburg i. Br. 1969, S. 155–166; Zitate S. 158, 166.

17 In: Festschrift f. Bernhard Bischoff, Stuttgart 1971, S. 260–276.

18 In: DA, 35. Jg., 1979, S. 17–32.

19 In: Florilegium Sangallense (= Festschrift f. Johannes Duft), St. Gallen und Sigmaringen 1980, S. 181–198.

20 Siehe hier Anm. 2.

21 Ausgewählte Quellen zur deutschen Geschichte des Mittelalters (Freiherr vom Stein-Gedächtnisausgabe), Bd. X, Darmstadt 1980.

22 In: Schriften des Vereins für Geschichte des Bodensees und seiner Umgebung, 108. Heft, 1990, S. 1–11.

23 Notker der Dichter und seine geistige Welt, Darstellungsband, Bern 1948, S. 519.

in der Neuzeit auch, Bedacht darauf nehmen, daß zu jedem Bildnis eben auch die Persönlichkeit des Zeichners selber und der besondere Stil seiner Generation gehört: dies vorausgesetzt zeigen die Bilder Ekkeharts volle Treue. Alles Sachliche aber muß man von Fall zu Fall nachprüfen; und hier bleibt nach der gründlichen und immer grundlegenden, etwas derben Arbeit des vorigen Jahrhunderts noch manches zu tun«. H.F. Haefele hat dieses »manche getan«, und er stellte dabei zu den *Casus sancti Galli*[24] fest: »Die historische Perspektive ist ersetzt durch die dramtische; von daher die vielgerügte sachliche Ungenauigkeit Ekkehards, von daher aber auch die überaus lebendige Spannung, die seiner Erzählung unleugbar innewohnt«.

Namenschreibung des vierten Ekkehart

Der Leser der bisherigen Ausführungen mag sich ob der verschiedenartigen Schreibweise des Namens gewundert haben: in älteren Zitaten *Ekkehart,* in jüngeren meistens *Ekkehard.* Deshalb stellt sich die Frage, wie er sich in seinen eigenen Schriften benannt habe.

Zum vornherein sei festgestellt, daß Ekkeharts Name in Urkunden aus seiner Zeit nicht nachzuweisen ist[25]. Für Urkunden scheint er, im Unterschied zu Ratpert, überhaupt kein Interesse besessen zu haben[26]. So sehr er sich um das Literarische in seiner Klosterbibliothek gekümmert hat, so wenig beschäftigte er sich mit der doch ebenso reichen archivalischen Überlieferung[27].

Ob sich Ekkeharts Namenszug im Profeßbuch, das als Originalquelle im Stiftsarchiv[28] erhalten ist, nachweisen läßt, ist ungewiß. Der Eintrag auf Seite XVI *Ego Ekkihart* aus dem 10. Jahrhundert läßt sich nicht näher bestimmen, kommt aber für

24 Zum Aufbau (wie Anm. 16), S. 166. – Zur Beurteilung Ekkeharts vgl. auch Johannes Duft, Notker der Arzt, Klostermedizin und Mönchsarzt im frühmittelalterlichen St. Gallen, St. Gallen ²1975, S. 39ff., 65; Ders. und Rudolf Schnyder, Die Elfenbein-Einbände der Stiftsbibliothek St. Gallen (= Kult und Kunst, 7. Bd.), Beuron 1984, S. 13–16, 167.

25 Man sucht ihn deshalb vergeblich in den einschlägigen Bänden des UBSG und des Chartularium Sangallense.

26 Ein Beispiel unter vielen: Ekkehart berichtet in Kap. 30/31 seiner *Casus s. Galli* ausführlich über die Eltern des Mönches Iso (+ 871); er hat aber weder die von Iso 868 persönlich geschriebene Urkunde noch die zugehörigen Urkunden, in welchen er die Namen der Eltern und der Brüder Isos sowie seine thurgauische Heimat hätte feststellen können, konsultiert. Zu den Quellen über Iso vgl. im vorliegenden Sammelband S. 87–90.

27 Hierüber schon Ernst Dümmler (siehe hier Anm. 37), S. 9f.: »Ekkehart benutzte eben fast gar keine schriftlichen Quellen ... sondern er schöpfte seinen stoff beinahe ausschließlich aus den erzählungen und mündlichen überlieferungen der älteren brüder.«

28 Cod.Class.1.Cist.C.3.B.56. Frühere Ausgaben: Das St. Gallische Verbrüderungsbuch und das St. Gallische Buch der Gelübde, hg. von Emil Arbenz (= MVG XIX bzw. N.F. 9. Heft, 1884, S. 140–162); Libri confraternitatum Sancti Galli, Augiensis, Fabariensis, hg. von Paulus Piper (= MGH 1884, S. 111–131). Neuere Ausgabe: Paul M. Krieg, Das Profeßbuch der Abtei St. Gallen,

den vierten Ekkehart noch nicht in Betracht. Die Einträge auf den Seiten XX und XXI – jedesmal *Ego Ekkeh* – bezeichnen nach Auffassung der Herausgeber[29] sicher Ekkehart I. den Decanus († 973) und wahrscheinlich Ekkehart II. den Palatinus († 990). Ein weiterer Eintrag dieses Namens steht auf der letzten (XXIII.) Seite: *Ek Ego Ekkart,* worin P. Piper[30] den Namenszug Ekkeharts IV. sehen wollte. Bei den 35 Namen dieser Seite handelt es sich jedenfalls um Eintragungen, die »vermutlich der zweiten Häfte des 10. Jahrhunderts entstammen«[31]. Weil aber der Name *Ekkart* im obersten Viertel der Seite steht, möchte man in ihm – trotz der ungewöhnlichen Schreibweise – eher den älteren, nämlich den dritten Ekkehart sehen, dessen genauere Lebensdaten unbekannt sind, da der vierte doch erst gegen Ende des Jahrhunderts, wenn nicht noch später, Profeß abgelegt haben kann. Ein Schriftvergleich dieses jungen Schreibers mit dem gereiften Ekkehart IV. (etwa im autographen Codex 393) ist unergiebig und weckt mehr Zweifel als Zustimmung.

Als nächste Quelle drängt sich Ekkeharts Geschichtswerk, das heute als seine Hauptleistung bewertet wird, auf: *Continuatio casuum sancti Galli.* Allerdings ist Ekkeharts Autograph untergegangen; aber in der ältesten, wohl direkten Abschrift –
Abb. 34–37 Codex Sangallensis 615 vom Ende des 12. Jahrunderts – »spiegeln sich die Intentionen Ekkehards sicher am reinsten«[32]. Hier ist also auch mit einiger Sicherheit festzustellen, wie er seinen Namen geschrieben hat. Von sich selber spricht er hier zwar nie namentlich; aber er führt häufig seine ihm vorausgegangenen drei Namensvettern auf[33]. Dabei verwendet er als selbstverständlich die Form *Ekkehardus* (in den entsprechenden Deklinationen) und auch die Kurzformel *Ekk* (mit Varianten *Ek* oder *Ekkeh,* mit und ohne Punkt)[34]. Diese Reduzierung des Namens ist auf den Verfasser persönlich zurückzuführen, was sich gleich zeigen wird. Kleine Abweichungen von der Hauptform *Ekkehardus,* die vielleicht den Abschreibern unterlaufen sind, lauten: in Kap. 83 *ekkeharth,* in Kap. 92 *ekehardi,* in Kap. 128 *ekkehart,* in Kap. 147 *ekhardo*[35].

Die dritte Quelle ist ein Autograph Ekkeharts IV.: der sogenannte *Liber benedictionum,* das heißt richtiger die von ihm angelegte und immer wieder überarbeitete

Phototypische Wiedergabe mit Einführung und einem Anhang (= Codices liturgici, vol. II), Augsburg 1931.

29 P. Piper, S. 130 und 131, P. M. Krieg, S. 27.

30 S. 133, allerdings mit Fragezeichen, wobei aber nicht sicher ist, ob dieses sich auf die Identifizierung des Namens oder nur auf das ungewisse Todesjahr 1060 bezieht.

31 So Dieter Geuenich, in: Die Altarplatte von Reichenau-Niederzell, hg. von D. Geuenich, Renate Neumüllers-Klauser und Karl Schmid (= MGH Libri memoriales N. S. 1, Supplementum, 1983), S. 23.

32 So H. F. Haefele (wie Anm. 14), S. 173.

33 Vgl. Register in der Ausgabe von H. F. Haefele (wie Anm. 21), S. 289.

34 In der Ausgabe (wie Anm. 21) stets als Vollform *Ekkehardus* wiedergegeben.

35 In Codex 615: S. 203, 221, 270, 307.

Sammlung »seiner poetischen Schöpfungen, die er in einer Art Ausgabe letzter Hand«[36] zusammengestellt hat; sie ist als Codex 393 in der Stiftsbibliothek erhalten geblieben[37]. In der feierlichen Widmung[38] an Abt Johannes von St. Maximin bei Trier († 1035) nennt sich der Verfasser: EKK PRESPITER · INDIGNUS · ET ULTIMUS SANCTI GALLI MONACHUS. Ein zweites Mal nennt sich Ekkehart persönlich im Zusammenhang mit seiner tiefempfundenen Schilderung des Hinschieds seines Lehrers Notker Labeo († 1022). *Abb. 38, 39* Weil dieser am Vorabend des Festes des Apostels Petrus im Sterben liegt, erinnert sich Ekkehart, daß Notker ihn oft zur Petrus-Verehrung ermahnt habe, indem er ihm zu sagen pflegte: *Roga Ekh clauigeru[m] cęli ut tibi aperiat*[39]. Also selbst hier die Verkürzung seines Namens! So ist es auch noch bei seiner dritten eigenen Nennung in diesem Buch, nämlich in den kunstvoll alliterierenden Schülerversen an den St. Galler Abt Purchart II. († 1022): *Pagina Purchardo Placeat Prępostulat* · EKK ·[40].

Im gleichen *Liber benedictionum* kommt Ekkehart IV. auch auf die früheren Träger dieses Namens im Kloster St. Gallen zu sprechen: *Quis canat Ekkehardos Notkeris n[on] mage tardos?*[41] Dabei schrieb er über *Ekkehardos* die Glosse *tres,* über *Notkeris* gleicherweise *tribus.* Diesselbe lateinische Schreibweise des Namens – *Ekkehardu[m]* – verwendet er bei der Totenklage auf Ekkehart III.[42]. Jedem seiner drei ihm vorausgegangenen Namensvettern widmet er schließlich ein ausführliches *Epitaphium*[43]; dabei verwendet er in den Überschriften stets nur die abgekürzte Schreibweise *Ekk,* zweimal dieselbe auch in den zugehörigen Versen, dort einmal allerdings auch *Ekkehart*[44].

In den *Carmina varia,* die Ekkehart mit seiner unverwechselbaren Schrift[45] in

36 So H. F. Haefele in VL (wie Anm. 2), Sp. 457.

37 Edition durch Johannes Egli (wie Anm. 8); dort auch die Hinweise auf frühere Teilausgaben, vor allem durch Ernst Dümmler, Ekkehart IV. von St. Gallen, in: Zeitschrift für deutsches Altertum, 14. Bd., 1869, S. 1–73; ebd., S. 31 zur Namenschreibweise durch Ekkehart. – Hinzuweisen ist jetzt auch, allerdings ohne Bezug auf die Namenschreibweise, auf Peter Osterwalder, Ekkehardus glossator, Zu den Glossierungen Ekkeharts IV. im »Liber Benedictionum«, in: VARIORVM MVNERA FLORVM (= Festschrift H. F. Haefele), Sigmaringen 1985, S. 73–82.

38 Codex 393, S. 2; Egli S. I f. und 3, wo aber der Name *Ekkehart* ausgeschrieben ist.

39 Codex 393, S. 155; Egli, S. 232, wo aber der Name *Ekkehart* wiederum ausgeschrieben ist. Zu dieser Totenklage siehe auch im vorliegenden Sammelband S. 170 f.

40 Codex 393, S. 256; Egli S. 393, wo der Name wegen des Versmaßes als *Ekkart* wiedergegeben ist.

41 Codex 393, S. 153; Egli, S. 225.

42 Codex 393, S. 155; Egli, S. 230.

43 Codex 393, S. 260, 261; Egli, S. 401, 402, 403, hier wieder mit dem ausgeschriebenen Namen.

44 So für Ekkehart I.

45 Scherrer, Handschriften, führt im Schreiberregister (S. 630) die Manuskripte auf, die Ekkeharts Schriftzüge enthalten. Vgl. auch Paul Lehmann, Autographe und Originale namhafter lateinischer Schriftsteller des Mittelalters, in: Zeitschrift des Deutschen Vereins für Buchwesen und

fünf Codices seiner (und unserer) Klosterbibliothek[46] eingetragen hat, findet sich mindestens zweimal sein eigenhändig geschriebener Name. In die *Historia adversus paganos* von Orosius (Codex 621), die Ekkehart auf Geheiß seines Lehrers Notker des Deutschen durchkorrigierte, trug er auf die leergebliebene Seite 352 sein Lehrgedicht *De lege dictamen ornandi*[47] ein und widmete es seinem Bruder, dem Abt von Münster im Gregoriental, mit der Überschrift: *Ymmoni fratri P[ostea] abbati* EKK. – An das Ende der lateinischen Bearbeitung des *Bellum Iudaicum* von Hegesippus (Codex 626) schrieb Ekkehart gekünstelte alliterierende Verse ein, dabei auf Seite 313 das hier bereits vermerkte, auch im *Liber benedictionum* enthaltene Schülergedicht an Abt Purchart II.[48]. Während er aber dort seinen Namen nur mit den drei ersten Buchstaben bekanntgibt, schreibt er ihn hier beinahe aus: *Pagina Purchardo Placeat Prę Postulat Ekkbrt*. Dem Versmaß zulieb durfte er hier weder Ekkehardus noch Ekkehart, sondern mußte er Ekkhart heißen. Dabei dürfte ungewollt aus *h* ein *b* geworden und das *a* ausgefallen sein.

Das köstlichste Selbstzeugnis der Namensschreibung des vierten Ekkehart ist im Zusammenhang mit einem kleinen *Spottgedicht* überliefert. Er hat es nach Art von Federproben auf das untere Drittel des pergamentenen Rückspiegelblattes des Codex *Abb. 31* Sangallensis 176 eingeschrieben. Dieses Manuskript[49] ist identisch mit dem schon im Bibliothekskatalog[50] des 9. Jahrhunderts aufgeführten *Liber Eugippii volumen I magnum* und trägt noch heute seinen ursprünglichen Einband: zwei hölzerne, von braunem Leder überzogene Platten, auf welche im Innern die Spiegelblätter geklebt sind. Das Manuskript weist Korrekturen und Glossen von Ekkehart und anderen auf. Die Spottverse, im Versmaß des für Ekkehart geradezu typischen leoninischen Hexameters abgefaßt, stehen allerdings in keiner Beziehung zum patristischen Inhalt des Bandes, ja nicht einmal zu den anderen (oberen) Zufallseinträgen am inneren Rückdeckel, von denen sie durch eine Wellenlinie abgetrennt sind. Sondern sie stehen offensichtlich in Beziehung zur Flasche oder Karaffe, die Ekkehart mit der Feder auf die anfänglich leere Fläche gezeichnet hat. Seine vier ersten Schriftzeilen durchqueren die ominöse Flasche; die beiden folgenden stehen darunter; »das Ganze

Schrifttum, 3. Jg., 1920, S. 6–16; Wiederabdruck bei P. LEHMANN, Erforschung des Mittelalters, 1. Bd., Stuttgart 1959, S. 359–381, hier S. 369 f.

46 Codices 146 (S. 1), 168 (S. 405 f.), 621 (S. 352), 626 (S. 312 f.), 830 (S. 488); vgl. H. F. HAEFELE in VL (wie Anm. 2), Sp. 458.

47 Ebd., Sp. 458 f.

48 Bei EGLI, S. 393.

49 Vgl. SCHERRER, Handschriften, S. 63; BRUCKNER, Scriptoria 3, S. 79.

50 Heute in Codex 728, Eintrag S. 8; hg. von PAUL LEHMANN, Mittelalterliche Bibliothekskataloge Deutschlands und der Schweiz, 1. Bd., München 1918, S. 71–82, Eintrag S. 74. Dazu allgemein J. DUFT, Die Handschriften-Katalogisierung in der Stiftsbibliothek St. Gallen vom 9. bis zum 19. Jahrhundert, in: Die Handschriften der Stiftsbibliothek St. Gallen, Beschreibendes Verzeichnis Codices 1726–1984, bearb. von BEAT M. VON SCARPATETTI, St. Gallen 1983, S. 9*–99*, Katalog des 9. Jahrhunderts S. 11*–18*.

besteht aus drei Scherzen gegenüber einem Mitbruder, vor dem offenbar kein voller Krug sicher war«[51]. Dazu gehört auch wesentlich die verschlüsselte Unterschrift[52] des witzigen Verfassers, die eine Art Widmung an den Verspotteten sein will: *Crimolto*[53] *fr[atr]um facetiori* – hierauf in einer langen horizontalen Reihe acht untereinander abgeteilte Gruppen von Punkten, deren Anzahl jeweils einem Buchstaben des lateinischen Alphabets entspricht, wobei diese Anzahl gleich auch durch übergeschriebene römische Zahlen verdeutlicht wird (siehe unsere Abbildung): Die erste Gruppe hat fünf Punkte, darüber die Zahl V, was den Buchstaben E ergibt; die zweite und die dritte Gruppe haben je zehn Punkte, darüber die Zahl X, was zweimal den Buchstaben K ergibt; die vierte Gruppe hat wieder fünf Punkte, darüber die Zahl V, was den Buchstaben E ergibt; die fünfte Gruppe hat acht Punkte, darüber die Zahl VIII, was den Buchstaben H ergibt; die sechste »Gruppe« hat einen einzigen Punkt, darüber die Zahl I, was den Buchstaben A ergibt; die siebte Gruppe hat siebzehn Punkte, darüber die Zahl XVII, was den Buchstaben R ergibt; die achte Gruppe, diesmal in zwei Reihen, hatte ursprünglich neunzehn Punkte, wovon die beiden letzten inzwischen verblaßt sind, darüber die Zahl XVIIII, was den Buchstaben T ergibt; zusammen also EKKEHART. *Abb. 31*

Über die drei ersten Punktegruppen schrieb Ekkehart, gewissermaßen als Schlüssel: *chloph runa,* das heißt Klopfrune[54]. Der Begriff »Rune« ist hier allerdings nur noch eine Reminiszenz, handelte es sich doch längst nicht mehr um Runen, sondern um das lateinische Alphabet. Aber das im Substantiv *chloph* erkennbare Verb ›klopfen‹ erinnerte Ekkehart zweifellos an die Definitionen fünf verschiedener Runensysteme, die er in einem Manuskript seiner Bibliothek – im heutigen Codex 270 auf Seite 52 – gefunden hatte, dabei: *Clofruna d[icitu]r quę pulsu efficitur distinctis p[er]sonis & litteris*[55]. Auf solche Weise, durch solches »Morsen«, mochte

51 So Ernst Schulz, Über die Dichtungen Ekkeharts IV. von St. Gallen in: Corona quernea, Festgabe für K. Strecker (= Schriften des Reichsinstituts für ältere deutsche Geschichtskunde, 6. Bd., 1941), S. 199–235, hier S. 226.

52 Die Spottverse und ihre verschlüsselte Unterschrift sind anscheinend erstmals im Druck wiedergegeben (allerdings nicht faksimiliert) bei Heinrich Hattemer, Denkmahle des Mittelalters, St. Gallen's altteutsche Sprachschätze, 1. Bd., St. Gallen 1884 (Nachdruck 1970), S. 412.

53 Verändert in *Crimalto*. Der Träger dieses Namens ist nicht bekannt; bemerkenswert ist auch hier die Schreibweise mit *t*.

54 Hierzu ausführlich René Derolez, Runica manuscripta, The English tradition, Gent/Brugge 1954, S. 34, 135, 162f. Dazu Ders., Die »Hrabanischen« Runen, in: Zeitschrift für deutsche Philologie, 78. Bd., 1959, S. 1–19, hier S. 17; Ders., Anglo-Saxon runes in Switzerland, in: English Studies, 43, 1962, S. 297–306, hier S. 304. Ekkeharts »Klopfrune« ist auch erwähnt bei Bernhard Bischoff, Übersicht über die nichtdiplomatischen Geheimschriften des Mittelalters; in: Mitteilungen des Instituts für österreichische Geschichtsforschung, 62. Bd., 1954, S. 1–27; hernach erweitert in B. Bischoff, Mittelalterliche Studien, 3. Bd., Stuttgart 1981, S. 120–148, hier S. 139.

55 Zu Codex 270 vgl. R. Derolez, Runica manuscripta (wie Anm. 54), S. 452 (Register). Wiedergabe der Seite 52 des Codex 270 bei Franz Steffens, Lateinische Paläographie, [2]1909, Tafel 53 b. Daraus bei E. Raucq, Die Runen des Brüsseler Codex No. 9565–9566, in: Mededeelingen van de

man sich im Scriptorium, in der Schule, überhaupt im Kloster mit seinem strengen Silentium verständigt haben. Kryptographie und Kryptocheironomie trafen sich also in der Unterschrift Ekkeharts.

Wie hat Ekkehart IV. seinen Namen geschrieben? Wenn er über die drei ihm vorausgegangenen Träger seines Namens im Gallus-Kloster zu berichten hatte – sowohl in der mittellateinischen Prosa der *Casus sancti Galli* als auch in der gleichsprachigen Poesie des *Liber benedictionum* –, schrieb er entweder feierlich *Ekkehardus* oder aber eilig in abgekürzter Form *Ekk* (mit Varianten), in beiden Quellen allerdings je einmal auch *Ekkehart.* Wenn er von sich selber berichten und dabei nicht nur anonym mit *nos,* sondern unter seinem Namen auftreten zu müssen glaubte, – so dreimal im *Liber benedictionum* und zweimal in den *Carmina varia* –, tat er es in Bescheidenheit als *Ekk,* beim zweiten Mal in den *Carmina varia* in der verstümmelten, wohl verschriebenen Form *Ekkbrt.* Einmal jedoch – in den Spottversen – wagte er, weil er seinen Namen als »Klopfrune« verschlüsseln konnte, sich *Ekkehart* zu nennen. Das war die heimische Namensform, die mit jener des verspotteten Crimolt/Crimalt übereinstimmte, und darauf dürften auch die Nameneinträge im Profeßbuch zurückgehen. Er hielt sich also im allgemeinen an die Regel[56], seinen Namen in der lateinisch gehobenen Schreibweise als *Ekkehardus,* dagegen in der muttersprachlichen Umgangsform als *Ekkehart* wiederzugeben.

Vom St. Galler Erzähler und Dichter sind jedenfalls zahlreichere direkte, teilweise sogar eigenhändige Bezeugungen des Namens, den auch er getragen hat, überliefert, als das bei vielen anderen, bedeutenderen Zeitgenossen der Fall ist. Selbst darin tritt der vierte Ekkehart uns Heutigen mit einer gewissen persönlichen Attitüde gegenüber.

K. V. A. van België, Kl. d. Letteren III/4, 1941, Tafel 2; auch bei Wolfgang Jungandreas, Die Runen des Codex Seminarii Trevirensis R. III.61, in: Trierer Zeitschrift für Geschichte und Kunst des Trierer Landes und seiner Nachbargebiete, 30. Jg., 1967, S. 161–169, Tafel 16.

56 Eine schöne Bestätigung findet sich bei Smaragdus, der innerhalb seiner Ausführungen über die Behandlung germanischer Eigennamen folgende Transkriptionsregel bietet: ... *Ainart ..., Richart ..., Stainhart ..., Fulrath ..., Et ista omnia, cum latinas acceperunt syllabas, in linguam convertuntur latinam hoc modo ... Ainardus, Richardus, Stainhardus ..., Fulradus ...* Edition (nach Cod. lat. 13'029 der Bibl. nat. Paris, 9. Jahrhundert): Aldo Marsili, De Smaragdi opere, quod ›Liber in partibus Donati‹ vulgo inscribitur, in: Studi mediolatini e volgari, vol. II, Bologna 1954, S. 71–96, hier S. 81. – Hingewiesen sei auf den grundlegenden Vortrag von Stefan Sonderegger, Personennamen des Mittelalters, Vom Sinn ihrer Erforschung, in: Memoria – Der geschichtliche Zeugniswert des liturgischen Gedenkens im Mittelalter (= Münstersche Mittelalterschriften, 48. Bd.), München 1985, S. 255–284.

Die Meister der Künste (9.–12. Jahrhundert)

Sankt-Galler Künstler-Mönche im frühen Mittelalter

Ansatzweise Erstveröffentlichung in Vortragsform: Männer der Kunst im frühmittelalterlichen St. Gallen, in: Unsere Kunstdenkmäler (Mitteilungsblatt der Gesellschaft für Schweizerische Kunstgeschichte), 19. Jg., 1968, S. 105–115. – Text und Anmerkungen sind hier gänzlich neugefaßt worden.

Die Formulierung »Künstler-Mönche« ist in Anwendung auf das Mittelalter anachronistisch. »Kunst« (*ars*, Τέχνη) bedeutete zunächst einfach die Geschicklichkeit – also das »Können« – im Umgang mit irgendeiner »Technik« und beschränkte sich im mittelalterlichen Gebrauch keineswegs auf den späteren Wortinhalt »schöne Künste« (er wird erst seit der italienischen Renaissance dominierend). Sondern »Kunst« im mittelalterlichen Wortgebrauch erfaßte wesentlich – wenn nicht gar ausschließlich – das geistige Bildungssystem der *artes liberales* in ihrem doppelten Lehrgang von Trivium und Quadrivium[1]. Wenn hier trotzdem über mittelalterliche »Künstler« nach heutigem Wortgebrauch berichtet wird, geschieht es, weil nun nicht einfach die im Gallus-Kloster zur Anwendung gelangten Kunstfertigkeiten, sondern einige der mit ihren Namen bekanntgebliebenen Handhaber dieser Fertigkeiten herausgehoben werden sollen. Nicht über die »Künste«, sondern über die »Künstler« sei hier berichtet. Die Berechtigung wird aus einer Formulierung Ekkeharts[2] geschöpft: Tuotilo, der als Gelehrter selbstverständlich die *artes liberales* beherrschte, war für ihn auch der erstaunlich vielseitige *artifex* im künstlerisch-handwerklichen Sinn, nach heutigem Wortgebrauch also der »Künstler-Mönch«. Er war unter seinen Mitbrüdern der universalste, er war aber nicht der einzige.

1 Vgl. hierzu Gabriel Meier, Geschichte der Schule von St. Gallen im Mittelalter, in: Jahrbuch für Schweizerische Geschichte, 10. Bd., 1884, S. 33–127; L. M. De Rijk, On the Curriculum of the Arts of the Trivium at St. Gall from c. 800–c. 1000, in: Vivarium, vol. 1, 1963, S. 35–86; Johannes Duft, Die sieben freien Künste in den frühmittelalterlichen Abteien St. Gallen und Reichenau, in: Protokoll Nr. 207 des Konstanzer Arbeitskreises für mittelalterliche Geschichte, 1976; Peter Ochsenbein, St. Galler Klosterschule, Handschriften aus dem 8. bis 18. Jahrhundert (Ausstellungsführer), St. Gallen 1983.

2 *Casus sancti Galli*, Kap. 34. Edition und Übersetzung: Hans F. Haefele, Ekkehardi IV. Casus sancti Galli – St. Galler Klostergeschichten (= Ausgewählte Quellen zur deutschen Geschichte des Mittelalters, Freiherr vom Stein-Gedächtnisausgabe, Bd. X), Darmstadt 1980.

Bauherren und Baumeister

Die ersten, die auf der Anhöhe des Arboner Forstes christlich-monastische Bet- und Wohnstätten erbauten, waren der Eremit Gallus und der Zönobit Otmar[3]. Gallus errichtete um/nach 612 Zelle und Kapelle, wofür ihm laut Vita der Tribunus Arbonensis auf Anordnung des Herzogs Cunzo behilflich war. Es handelte sich, nach neuen archäologischen Erkenntnissen, nicht nur um Holzbauten, sondern auch schon um mitverwendetes Steinwerk. Am Ort der verfallenden Siedlung baute Otmar um/nach 719 laut Vita ein eigentliches Coenobium, nämlich »nach allen (vier?) Seiten Wohnstätten für Mönche«, dazu eine steinerne Kirche, die vierzig Fuß hoch war und eine Krypta enthielt. Die Viten, die über die beiden Gründer und über Wunder an ihren Grabstätten erzählen, sind ungewollt die ersten Bauberichte, die
Abb. 4, 5 den Anfang der lokalen Architekturgeschichte[4] repräsentieren. Ihre Verfasser im
Abb. 8, 9 9. Jahrhundert verdienen deshalb auch hier genannt zu werden: Wetti und Walahfrid
Abb. 25 Strabo auf Reichenau, Gozbert junior und Iso in St. Gallen.

Als erster eigentlicher Bauherr kann sodann Abt Gozbert[5], der in den Jahren
Abb. 28 816–837 die karolingische Blüte seines Klosters inauguriert hat, bezeichnet werden. Sein Name steht gleich schon auf dem baugeschichtlich einzigartigen Dokument, das als »Sankt-Galler Klosterplan« in die abendländische Kirchen- und Kulturgeschichte eingegangen ist (Handschrift Nr. 1092 der Stiftsbibliothek)[6]. Der Bauplan, gezeichnet und beschriftet um/nach 820 in der Abtei Reichenau, anscheinend nach einem für Reformklöster vorbildlichen Idealplan im Sinn der Aachener Synode von 816, ist laut Widmung[7] dem Abte Gozbert überreicht worden: *Haec tibi dulcissime fili cozb[er]te de posicione officinarm paucis exemplate direxi*... Der Absender war dem Empfänger so wohlbekannt, daß er sich nicht zu nennen brauchte. Es war nach allgemeiner Ansicht Abt-Bischof Heito[8] († 836), selber Münsterbauherr in Basel und auf Reichenau; ausführend war der dortige Schreiber und Bibliothekar Reginbert († 846).

3 Hierüber im vorliegenden Sammelband: Quellen zu Gallus S. 11–27, Quellen zu Otmar S. 39–49.
4 Vgl. insgesamt Kdm SG III, von ERWIN POESCHEL sowohl aus den Geschichtsquellen als auch aus dem Baubestand erarbeitet. Unter historischen Gesichtspunkten ist noch heute einzusehen: AUGUST HARDEGGER, SALOMON SCHLATTER, TRAUGOTT SCHIESS, Die Baudenkmäler der Stadt St. Gallen, St. Gallen 1922. Neuester Überblick: JOSEF GRÜNENFELDER und ALBERT KNOEPFLI, Kathedrale St. Gallen (Kunstführer), Basel [7] 1983.
5 Über ihn ausführlicher im vorliegenden Sammelband S. 61 ff.
6 Zusammenfassend WALTER HORN and ERNEST BORN, The Plan of St. Gall, A Study of the Architecture and Economy of, and Life in a Paradigmatic Carolingian Monastery, 3 vols., Berkeley 1979; KONRAD HECHT, Der St. Galler Klosterplan, Sigmaringen 1983.
7 Darüber BERNHARD BISCHOFF, Die Entstehung des Klosterplanes in paläographischer Sicht, in: J. DUFT (Hg.), Studien zum St. Galler Klosterplan (= MVG 42. Bd.), St. Gallen 1962, S. 67–78; nachgedruckt bei B. BISCHOFF, Mittelalterliche Studien, 1. Bd., Stuttgart 1966, S. 41–49. Zur Widmung vgl. WALTER BERSCHIN, Karolingische Gartenkonzepte, in: Freiburger Diözesan-Archiv, 104. Bd., 1984, S. 5–18.
8 Über ihn HUBERT HOUVEN in VL^2, 3. Bd., 1981, Sp. 939–942.

Der Plan gab dem Bauherrn wesentliche Impulse, zumindest für den Ostchor seines dreischiffigen Münsters, dessen Fundamente sich in den Ausgrabungen von 1964/65 erfassen ließen[9]. Die zutage geförderten, heute im Lapidarium[10] (unter der Stiftsbibliothek) konservierten Werkstücke – Kapitelle, Kämpfer, Basen – lassen eine erstaunlich große, ja großartige Säulenbasilika ermitteln. Sie muß zu Recht die Bewunderung der Zeitgenossen gefunden haben.

Abb. 29
Abb. 32, 33

Jedenfalls berichtet Ratpert[11], der in jenem 9. Jahrhundert die Geschichtsschreibung der *Casus sancti Galli*[12] eröffnet hat, in seinem 16. Kapitel mit einer gewissen Feierlichkeit[13]: »Abt Gozberts Sinnen und Trachten war ganz auf die Wohlfahrt des unter seiner Leitung stehenden Klosters gerichtet. Zur Verschönerung desselben fing er an, im Jahre 830, in Kaiser Ludwigs 17. Regierungsjahr, dem heiligen Gallus eine neue Kirche aufzuführen, welche gegenwärtig als ein schönes, ansehnliches Gebäude besteht. Das Werk wurde im siebenten Jahr vollendet, im neunten fand die Einweihung statt, die durch Wolfleoz, Bischof von Konstanz, zu dessen Diözese St. Gallen gehörte, in Anwesenheit Bischof Udalrichs von Basel, des Abtes Erlebald und vieler Mönche von Reichenau und einer Menge alemannischer Fürsten vorgenommen wurde.« Derselbe Abt habe sich hernach auch den Bedürfnissen seines Klosters gewidmet und die Bibliothek wesentlich bereichert.

Bemerkenswert ist in der ganzen sankt-gallischen Klostergeschichte, daß die Äbte, die das Gotteshaus pflegten, stets auch das Bücherhaus förderten[14]. Erwähnt sei, daß der karolingische Klosterplan bereits den Grundriß einer derartigen Bibliothek aufweist: im Untergeschoß das Scriptorium *(infra sedes scribentium),* im Obergeschoß den Bücherspeicher *(supra bibliotheca).*

Abb. 28

Dem unter Abt Gozbert erbauten Münster fügte Abt Grimalt[15] das zweigeschos-

9 Grabungsplan bei W. Horn/E. Born (wie Anm. 6), 2. Bd., S. 358 f. Die Ergebnisse der Grabungen anläßlich der Restaurierung der Barockkathedrale in den Jahren 1961–1967 sind bedauerlicherweise noch nicht publiziert worden; vorläufige Hinweise bei Hans Rudolf Sennhauser, Das Münster des Abtes Gozbert (816–837) und seine Ausmalung unter Hartmut, St. Gallen 1988 (erw. Sonderdruck aus: Unsere Kunstdenkmäler, 34. Jg., 1983, S. 152–167).

10 Vgl. Bernhard Anderes, Der Stiftsbezirk St. Gallen, St. Gallen 1987, S. 15, 120–128.

11 *De origine et diversis casibus monsterii sancti Galli, editus a Ratperto,* hg. von Gerold Meyer von Knonau: MVG XIII, St. Gallen 1872.

12 Vgl. Eberhard Url, Das mittelalterliche Geschichtswerk »Casus sancti Galli«, Eine Bestandesaufnahme (= 109. Njbl.), St. Gallen 1969.

13 Unsere treffliche Übersetzung ist entnommen dem noch heute schätzenswerten Buch von Otto Zardetti, »Requies S. Galli« oder Geschichtliche Beleuchtung der Kathedrale des hl. Gallus im Lichte ihrer eigenen Vergangenheit, Einsiedeln/New York 1881, S. 61.

14 Vgl. Franz Weidmann, Geschichte der Bibliothek von St. Gallen seit ihrer Gründung um das Jahr 830 bis auf 1841. St. Gallen 1841 und 1847; J. Duft, Die Stiftsbibliothek St. Gallen, Der Barocksaal und seine Putten (= BS, 5. Bd.), St. Gallen und Sigmaringen [4]1990; Ders., Die Stiftsbibliothek St. Gallen – Ein Überblick, in: Ders., Die Abtei St. Gallen, 1. Bd., Sigmaringen 1990, S. 13–32 (S. 15 Wiedergabe des karolingischen Plan-Ausschnittes).

15 Über ihn und über Hartmut ausführlicher im vorliegenden Sammelband S. 63–68.

sige Helmhaus (in seinem Obergeschoß die Kapelle des Erzengels Michael) und die Grabkirche des heiligen Otmar[16] an; beide wurden 867 geweiht. Er vollendete die Klostergebäude und ließ sich seine Pfalz von Meistern vom Königshof *(magistri palatini)* erbauen und durch Reichenauer Maler (*pictores*, herübergeschickt von der *insula Augia*) ausschmücken[17]. Davon zeugen die köstlichen Verse, die in seinem persönlichen »Vademecum« (Codex 397 der Stiftsbibliothek, S. 50) überliefert sind[18]. Sie beeindruckten noch im 16. Jahrhundert den Geschichtsschreiber Vadianus, der sie in deutscher Sprache nachdichtete und so in seine Äbte-Chronik aufnahm[19].

Abb. 28 Grimalts Stellvertreter und Nachfolger, Abt Hartmut, sorgte für die Ausstattung des Münsters mit Wandmalereien, deren erstaunlich umfangreiche Tituli, heute unter den *Carmina Sangallensia* gefeiert, in einer zeitgenössischen Sankt-Galler-Handschrift (jetzt als MS. C 78 in der Zentralbibliothek Zürich, Verse auf fol. 48v–50v) überliefert sind[20]. Wie weit sie wirklich zur Ausführung kamen, erscheint im kritischen Vergleich mit anderen ähnlichen Bilderprogrammen als eher ungewiß[21]. Jedenfalls waren die überaus zahlreichen *Versus ad picturas* für den Dom in Mainz und für das Claustrum in St. Gallen, die Ekkehart IV. im 11. Jahrhundert verfaßt und eigenhändig seinem *Liber benedictionum*[22] eingeschrieben hat, weit eher poetische Übung als praktische Anweisungen.

Was solcherweise gebaut und geschmückt wurde, erlitt im Klosterbrand von 937
Abb. 28 Schaden, weshalb die Äbte des 10. Jahrhunderts von neuem als Bauherren aufzutreten hatten. Abt Anno begann, veranlaßt durch Ungarn-Einfälle im Reich (926 auch in St. Gallen), 953/954 die Ummauerung[23] des Klosters und der Siedlung; Abt

16 J. Duft, Sankt Otmar in Kult und Kunst, St. Gallen 1966 (= Buchausgabe der Njbl. 106 und 107, St. Gallen 1965 und 1966), S. 15–18.

17 Vgl. Josef und Konrad Hecht, Die frühmittelalterliche Wandmalerei des Bodenseegebietes, Sigmaringen 1979, Textband S. 14–18, 24.

18 Ed.: MGH Poetae Latini aevi Carolini IV, S. 1108 f.

19 Joachim von Watt (Vadian), Deutsche historische Schriften, hg. von Ernst Götzinger, 1. Bd., St. Gallen 1875, S. 164 f.

20 Ed.: MGH Poetae Latini aevi Carolini II, S. 480 ff. Vgl. J. und K. Hecht (wie Anm. 17), S. 18 ff., 24 f. Neueste Ausgabe und Übersetzung mit Quellen- und Literaturhinweisen: H. R. Sennhauser (wie Anm. 9), S. 7–11, 12 (Anm. 9), 14–19; dort S. 20–24 photographische Wiedergabe des Originaltextes.

21 Die hier angeführten Autoren nehmen zwar Verwirklichung an. Autopsie ist allerdings unmöglich, weil alle mittelalterlichen Bauten längst untergegangen sind.

22 Codex 393, S. 197–238 *Versus ad picturas domus domini Moguntinae*, S. 239–246 *ad picturas claustri S. Galli*, hg. von Johannes Egli, Der Liber Benedictionum Ekkeharts IV. nebst den kleinern Dichtungen aus dem Codex Sangallensis 393 (= MVG 31. Bd.), St. Gallen 1909, S. 316–368, 369–381. Zu letztern auch J. und K. Hecht (wie Anm. 17), S. 22 f. Dazu aber kritisch im vorliegenden Sammelband S. 24 f., 216 f.

23 Vgl. J. Duft, Die Ungarn in St. Gallen, Mittelalterliche Quellen zur Geschichte des ungarischen Volkes in der Sankt-Galler Stiftsbibliothek (= BS, 1. Bd.), Zürich und Lindau/Konstanz 1957, S. 48–52, 75 f.; Ernst Ehrenzeller, Geschichte der Stadt St. Gallen, St. Gallen 1988, S. 17 f.

Notker vollendete sie 971/975. Erwähnt sei sodann die (heute wieder reaktivierte) St. Otmars-Krypta von 980, die Abt Ymmo[24] zu verdanken ist; er sorgte auch für neue Fresken, überdies für Kapellen und für den Kirchenschatz. Seinen Namen schrieb man deshalb in Versform an die Triumphbögen der Gallus- und der Otmars-Kirchen. Ekkehart II. Palatinus († 990) schnitt diese Buchstaben nach Art der Sgrafitto-Malerei ein. Als einer der gleichfalls namentlich bekannten Monumentalmaler ist auch Notker II. († 975) durch Ekkehart IV.[25] bezeugt: Er sei nicht nur *medicus*, sondern auch *pictor* und *scriptor* gewesen, ja er habe »nach der Feuersbrunst mehrere Malereien für Sankt Gallus geschaffen, wie es an den Türen und an den Deckenfeldern der Kirche sowie in gewissen Büchern zu sehen ist«. Auch Chunibertus, der 962/963 als Dekan bezeugt ist, sei *scriptor directissimus, doctor summe planus, pictor decorus* gewesen; noch ersehe man es an der von ihm ausgeführten Bemalung des Kreisrundes der Diele im Kirchenschiff. *Abb. 37*

Daß nicht nur Namen äbtlicher Bauherren, sondern auch Namen ausführender Baumeister bekanntgeblieben sind, ist einer wiederum sehr persönlich gehaltenen Quelle zu entnehmen: Es ist die literarische *Epistola ad Grimoldum*, die der hochgebildete Ermenrich von Ellwangen[26] um 850/855 an seinen Gönner Grimalt, Abt in St. Gallen und Kanzler Ludwigs des Deutschen, gerichtet hat. Der umfängliche und umfassende »Brief«[27], der abschriftlich im Codex 265 (S. 3–70) aus dem späteren 9. Jahrhundert überliefert ist, führt (S. 65) die baukundigen Sankt-Galler Mönche jener Zeit namentlich an[28]: *Abb. 26*

»Es würde zu weit führen, wenn ich die vielen Diener Gottes einzeln mit Namen anführen wollte, die ich in St. Gallen in allen Kunstfertigkeiten und Tugenden glänzen sah. Solch hohes Geschick in der Baukunst jeder Art findet sich kaum anderswo, und man kann hier in Wahrheit aus dem Neste auf die Vögel schließen, die darin wohnen. Wer seinen Blick auf den Tempel und die Klostergebäude richtet, wird mein Lob nicht übertrieben finden. Einzelne Künstler aber darf ich doch nicht mit Stillschweigen übergehen. Ist nicht Winitharius ein wahrer Dädalus? Und ist nicht Isenricus ein zweiter Beseleel? Er handhabt allezeit sein Richtscheit, außer wenn er im heiligen Dienste des Altares steht. Von so großer Demut sind diese Männer beseelt, daß sie sich trotz ihrer ausgezeichneten Bildung dieser harten Arbeit

24 Über ihn HS III/1, S. 116 f. Zu seinen Bauten besonders die anonyme *Continuatio casuum sancti Galli*, Kap. 2 f., hg. MVG XVII, St. Gallen 1879, S. 9–12. Zu den Malereien in der ottonischen Epoche J. und K. Hecht (wie Anm. 17), S. 21 ff.

25 *Casus sancti Galli*, Kap. 74 (Notker II.), Kap. 89 (Ekkehart II.), Kap. 127 (Chunibertus). Über Notker II. im vorliegenden Sammelband S. 149–164.

26 Über ihn und seine Schriften mit Quellen und Literatur Franz Joseph Worstbrock in VL^2, 2. Bd., 1980, Sp. 606–611.

27 Ed.: MGH Epistolae Karolini aevi III (= Epp. V), S. 534–579; unser Zitat S. 565 f.

28 Die hier wiedergegebene, beschwingte Übersetzung ist wiederum O. Zardetti (siehe hier Anm. 13), S. 64, zu verdanken.

nicht schämen. Was soll ich sagen von Amalgerus, gleich ausgezeichnet durch die Gabe des Rates und den Glanz seiner Tugend? Wie fromm er im heiligen Dienste ist, davon zeugt der goldene Altar, vor welchem er im Gebete so oft versunken ist. Ich schweige von dem bescheidenen Ratgerus und will nur erzählen, was einst geschehen, als die Werkleute den ganzen Tag an einer jener Säulen gemeißelt, die ringsum das Innere des Tempels zieren; als alle Übrigen ermüdet zu arbeiten aufhörten, wollte er allein von dem begonnenen Werke nicht lassen. Umsonst mühte er sich ab, bis er endlich ermattet in den Wunsch ausbrach: ›Nun, heiliger Gallus, meißle du!‹ Und wunderbarerweise stand nach diesen Worten die große Säule gemeißelt da, damit offenkundig werde, was die Anrufung des heiligen Gallus vermöge. Daraus erhellt aber auch, daß dieser fromme Steinmetz eine geistige Säule des Tempels war.«

Buchschreiber und Buchmaler

Die 814 Urkunden, die im Sankt-Galler Stiftsarchiv aus den ersten klösterlichen Jahrhunderten (vor dem Jahre 1000) original überlifert sind, enthalten über 22000 *Abb. 30* Pesonennamen[29], dabei selbstverständlich auch die Schreibernamen: *Ego N scripsi et subscripsi.* Viele dieser frühen Urkunden sind in Buchschrift kalligraphiert, und viele dieser Urkundenschreiber waren zugleich die Skriptoren der Codices. Damit ermöglichen sie der heutigen Forschung vielfach die Datierung der Manuskripte und die Nominierung ihrer Schreiber.

Wenn hier nun aber von »Künstler-Mönchen« berichtet werden soll, seien nicht die Namen ausschließlicher Urkundenschreiber aufgezählt, sondern es seien einige erfaßbare Namen eigentlicher Bücherschreiber angeführt. Selbstverständlich setzte auch die Herstellung von Urkunden ein mehrfaches Können voraus. Aber das Kalligraphieren der Codices und das Ausstatten derselben mit Initialen, wenn nicht gar mit Miniaturen, verlangte dazu noch besondere Kunstfertigkeit.

Albert Bruckner hat in seinem erstmaligen Versuch, das Sankt-Galler Scriptorium[30] des 8.–12. Jahrhunderts überblicksweise darzustellen, solche Schreibernamen – allerdings mehr zufällig als systematisch – zitiert, beispielsweise aus den Anfängen zwischen 750 und 830 als die führenden Winithar und Waldo (von diesem hatte

29 Ein Register dieser Namen, erarbeitet von MICHAEL BORGOLTE und DIETER GEUENICH, findet sich in: Subsidia Sangallensia I, Materialien und Untersuchungen zu den Verbrüderungsbüchern und zu den älteren Urkunden des Stiftsarchivs St. Gallen, hg. von M. BORGOLTE, D. GEUENICH und KARL SCHMID, St. Gallen 1986, S. 477–734.

30 In den Einleitungen seiner beiden Bände über St. Gallen: Scriptoria medii aevi helvetica, Denkmäler schweizerischer Schreibkunst des Mittelalters, 2. und 3. Band, Genf 1936 und 1938. – In Vorbereitung steht derzeit der die Sankt-Galler Codices erfassende (3.) Band des Katalogs der datierten Handschriften der Schweiz von BEAT MATTHIAS VON SCARPATETTI.

schon Ratpert[31] bemerkt, er sei *scriptor eximius* gewesen). Ihnen folgten Wolfcoz, Rifine, Cuno, Gozpreht, Rihpreht. In der Hochblüte des mittleren 9. Jahrhunderts beispielsweise: Waningus, Gisalbertus, Adalgerus, Hiltine, Abraham, Anemot, Dietmar, Vuolfmar, Hulzilo, Wichram. Unter dem Schreibmeister Hartmut traten hervor der Ire Moengal-Marcellus[32] und der Alemanne Folchart[33]. Es folgten die drei Freunde Ratpert, Notker Balbulus und Tuotilo, die sich nächtlicherweile im Scriptorium für *collationes de scripturis* zusammensetzten[34], ferner Werinbertus, Uto, Gandulfus, Nitcarius, Hartpertus. Aus jenem 9. Jahrhundert sind auch die Namen der Bibliothekare Liuthart, Uto, Notker (I.) und Waldram urkundlich bezeugt. Die überragenden Kalligraphen am *Evangelium longum* um 900 waren *Abb. 2, 3* Abt-Bischof Salomo und Sintram. Im 10. Jahrhundert wurden die hier schon als Monumentalmaler angeführten Ekkehart II. und Notker II. auch als Schreiber und Maler von Büchern gefeiert. Aus dem 11. Jahrhundert sind als Schreiber Ekkehart IV., Udalrich, Uto, Otpert, Anno, Cotescalc, Hartker, Eberhart, Herimann bekannt geblieben, der letztere als Verfasser und Schreiber der Wiborada-Vita[35], *Abb. 6, 7* aus dem 12. Jahrhundert Luitherus ... und neben ihnen nicht wenige andere und viele anonyme.

Von manchen sind persönlich gehaltene Schreiberverse und Diebsverwünschungen überliefert[36], von einigen sogar Dedikationsbilder: Hartker widmete um das Jahr 1000 sein Antiphonarium (Codex 390) mit einer Miniatur dem heiligen Gallus[37], Eberhart tat dasselbe um 1100 in seinem Hymnarium (Codex 292 der Vadiana)[38], Luitherus ahmte die beiden um 1135 in seinem Antiphonarium (Codex 375) kunstvoll nach[39]. Cotescalc offenbarte seinen Namen in einem frommen Widmungsvers, den er um 1050 über den Messe-Canon seines Sacramentariums (Codex 338) malte[40].

Außerordentlich kunstreich ist die Selbstbezeugung des Kalligraphen und Schreibmeisters Folchart in seinem zwischen 864 und 872/883 geschaffenen Prachtpsalterium (Codex 23)[41]. Über die beiden auf Purpurgrund gemalten Initialseiten (S. 26/27) zur üblichen Psalter-Einleitung des Hieronymus setzte er das Schriftband:

31 Kap. 9; in der Edition (wie Anm. 11), S. 16.
32 Über ihn J. Duft, Die Abtei St. Gallen, 1. Bd., Sigmaringen 1990, S. 34–39, 272.
33 Siehe hier Anm. 41.
34 So nach Ekkehart IV., Kap. 36.
35 Siehe im vorliegenden Sammelband S. 179f.
36 Beispiele bei J. Duft, Mittelalterliche Schreiber. Bilder, Anekdoten und Sprüche aus der Stiftsbibliothek St. Gallen, St. Gallen ²1964.
37 Wiedergegeben bei J. Duft, Die Abtei St. Gallen (wie Anm. 32), Abb. 12, dazu S. 249f., 271.
38 Ebd., Abb. 14, dazu S. 250f., 270.
39 Ebd., Abb. 15, dazu S. 251f., 271.
40 Ebd., Abb. 20/21, dazu S. 255f., 270.
41 Vgl. Adolf Merton, Die Buchmalerei in St. Gallen vom neunten bis zum elften Jahrhundert, Leipzig ²1923, S. 33–37; Franz Landsberger, Der St. Galler Folchart-Psalter, Eine Initialenstudie, St. Gallen 1912; Peter Ochsenbein und Beat von Scarpatetti, Beschreibung und Kommentar

HUNC PRAECEPTORIS HARTMOTI IUSSA SECUTUS FOLCHARDUS STUDUIT RITE PATRARE LIBRUM

Davon nahm schon Martin Gerbert (1720–1793), der nachmalige Fürstabt von St. Blasien, anläßlich seines Besuches in St. Gallen bewundernd Notiz, was die Wiedergabe dieses Distichons in seinem gedruckten *Iter Alemannicum* (1765) und dessen Übersetzung in der deutschen Ausgabe (1767)[42] beweist; sie lautet:

Des Lehrers Hartmots Sinn getreulich auszuführen,
Hat Folchard sich bemüht, diß Buch recht schön zu zieren.

Daß das Schönschreiben der Bücher mit körperlicher Anstrengung verbunden war, offenbart neben zahlreichen Stoßseufzern, die den Codices beigeschrieben sind, eine kleine Erzählung Ekkeharts IV. (Kap. 46): Notker Balbulus († 912) habe unter vielen Schweißtropfen *(multis sudoribus)* ein von Bischof Liutward zur Verfügung gestelltes griechisches Exemplar der kanonischen Briefe abgeschrieben. Da aber habe der mißgünstige Sindolf jenen sorgfältig geschriebenen Codex *(codicem illum delicate scriptum)* heimlich entwendet und die einzelnen Lagen mit dem Messer herausgeschnitten und entstellt ... Von Ekkehart Palatinus (+ 990) weiß er zu erzählen (Kap. 89): Er sei für seine Schüler ein erfolgreicher und strenger Lehrer *(doctor prosper et asper)* gewesen; wen er für literarische Studien als schwerfällig erachtet habe, den habe er zum Schönschreiben und zum Zeichnen der Initialbuchstaben *(ad scribendum et lineandum)* angeleitet, sei er doch selber in beidem ein Meister gewesen ... Und anläßlich der von Kaiser Otto um 964/966 verordneten Klostervisitation (Kap. 112) hätten die gestrengen Visitatoren auch den Bibliotheksraum *(armarium)* und die Schatzkammer *(thesaurarium)* inspiziert, wobei die Schreibkünste – wörtlich: die Finger der Schreiber *(scriptorum digiti)* – weit mehr als alles andere gerühmt worden seien.

(Nachwort) in: Der Folchart-Psalter aus der Stiftsbibliothek St. Gallen, Freiburg i. Br./Basel/Wien 1987, S. 207–240.

42 Iter Alemannicum, accedit Italicum et Gallicum, St. Blasien 1765, ²1773. – Des Hochwürdigsten Herrn Martin Gerberts ... Reisen durch Alemannien, Welschland und Frankreich, welche in den Jahren 1759, 1760, 1761 und 1762 angestellet worden ... aus dem Lateinischen in das Deutsche übersetzt ... von J. L. K., Ulm, Frankfurt und Leipzig 1767, S. 84.

Künstler am Evangelium longum

Zu den in St. Gallen verbliebenen Glanzwerken der spätkarolingischen Buchkunst gehört nach dem *Psalterium Folchardi*[43] (Codex 23) und dem anonymen *Psalterium aureum*[44] (Codex 22) das mit mehreren Personennamen verbundene *Evangelium longum*[45] (Codex 53), ein für die Lesung der Evangelien-Perikopen im Hochamt geschaffenes hochfeierliches Evangelistarium.

Der Kalligraph dieses seit seiner Entstehung um 895 bis heute bewunderten Liturgiebuches blieb dank der Schilderung Ekkeharts IV.[46] namentlich bekannt: Sintram, der 885 als Subdiakon eine noch erhaltene Traditionsurkunde geschrieben hat und 895 als Diakon unter den Zeugen einer gleichfalls überlieferten Konfirmationsurkunde erwähnt ist. Von seiner Schreibkunst rühmt Ekkehart (Kap. 22): »Es ist dies heute ein Evangelium und eine Schrift, dergleichen es unseres Erachtens nicht mehr geben wird. Denn in diesem einen Werk erlebt die Kunst Sintrams, dessen Finger ja alle Welt diesseits der Alpen bewundert, bekanntlich ihren höchsten Triumph. Erstaunlich bleibt jedoch, daß ein einziger Mensch so vieles geschrieben hat, besitzt man doch an den meisten bedeutenden Orten in diesem Teil des Reiches Bücher in Sintrams Schrift als Bürgen des heiligen Gallus. Doch auch das war an ihm bewunderungswürdig und einzigartig: indes seine elegante Schrift durch ihre Stetigkeit besticht, findest du auf einer Seite kaum je ein einziges falsches Häkchen radiert.« Ekkehart, der selber eilig und flüchtig geschrieben hat, war davon zu Recht beeindruckt.

Der Auftraggeber Sintrams war Abt-Bischof Salomo III.[47] persönlich, er war *Abb. 21* sogar in einem gewissen Sinn der Mitwirkende. Ekkehart berichtet nämlich (Kap. 28): »Im Schreiben war er [Salomo] mit Zunge und Hand [das heißt lehrend und ausübend] ein Könner. Vor allem verstand er, Handschriften auszustatten und Kapitalbuchstaben kunstgerecht zu gestalten, wie man es in den Initialen L und C des *Evangelium longum* sehen kann. Diese Buchstaben hat er, wie man erzählt, als Bischof gemalt und vergoldet, um zu prüfen, was er in derlei Künsten noch zu leisten vermöge.« Er vermochte wahrlich noch Bestes: Die Initialen auf den Seiten 7 und 11 *Abb. 2, 3*

43 Siehe hier Anm. 41.

44 Vgl. Christoph Eggenberger, Psalterium aureum Sancti Galli, Mittelalterliche Psalterillustration im Kloster St. Gallen, Sigmaringen 1987; dazu J. Duft, Die Abtei St. Gallen, 1. Bd., Sigmaringen 1990, S. 66–76, 248 f.

45 Hierüber ausführlich, mit allen Quellen und Literaturhinweisen, Johannes Duft und Rudolf Schnyder, Die Elfenbein-Einbände der Stiftsbibliothek St. Gallen (= Kult und Kunst, 7. Bd.), Beuron 1984, S. 7–11, 13–38, 55–93, 151–155, 157–160, Tafeln V–XVI.

46 Unsere am lateinischen Original nachgeprüften Wiedergaben aus Ekkeharts *Casus sancti Galli* sind mit einigen Varianten der Ausgabe und Übersetzung von H. F. Haefele (siehe hier Anm. 2) entnommen.

47 Über ihn im vorliegenden Sammelband S. 68–72.

dieses Evangelienbuches – *L[iber generationis]* und *C[um esset desponsata]* – blieben bis heute Zeugen feinster Schreibkunst der Zeit. Sie sind zum Bild gewordene Buchstaben, die nicht einfach »gelesen«, sondern in erster Linie »geschaut« werden sollen[48].

Mit dem *Evangelium longum* ist noch ein anderes Kunstwerk – damit auch ein *Abb. 1* weiterer Künstler – verbunden: Es sind die beiden Elfenbeintafeln, die in seine hölzerne Einbandtheke eingefügt und mit Goldblech eingefaßt sind. Die Elfenbeine, die nach heute bestätigter Wahrscheinlichkeit dem Besitz Karls des Großen entstammten, die dann aber Abt-Bischof Salomo um 893/894 seinem Freund, dem Erzbischof Hatto von Mainz, abzulisten vermocht hat, sind in Salomos Auftrag von Tuotilo für dieses Buch beschnitzt und geziert worden.

Ekkeharts Bericht (Kap. 22) lautet, hier gekürzt und in der neuen Interpretierung[49] wiedergegeben: »Salomo überließ dem [Kloster des] heiligen Gallus aus den Schätzen [Hattos] *duas tabulas eburneas* [das wurde bisher übersetzt: zwei elfenbeinerne Tafeln; es muß aber, was sich aus Parallelstellen ergibt, heißen: zwei elfenbeinerne Diptychen, also zwei Tafelpaare], denen an Größe andere nur selten gleichkommen. Der Elefant, der mit solchen Zähnen bewaffnet gewesen war, hatte wohl als Riese unter seinesgleichen gegolten. Es waren aber ehemalige Wachstafeln zum Schreiben [also Diptychen], welche Kaiser Karl, wie der Verfasser seiner Biographie [Einhart] überliefert hat, beim Schlafengehen neben sein Bett zu legen pflegte. Das eine Tafelpaar war mit Bildwerk herrlich ausgeziert [heute am Codex 60]; das andere war von feinster Glätte [also noch unbeschnitzt], und eben dieses übergab Salomo dem Tuotilo zum Beschnitzen. Dazu hieß er unseren Sintram ein Evangelium im entsprechenden Längen- und Breitenmaß schreiben. Schließlich schmückte er [Tuotilo] den mit solchen Tafeln prunkenden Einband mit Hattos Gold und Edelsteinen.«

Tuotilo[50] also, urkundlich mehrfach als Sankt-Galler Mönch bezeugt, gestorben um 913, war der Elfenbeinschnitzer und Goldschmied. Im Necrologium (Codex 915, S. 316) ist zu seinem Namen notiert: *doctor iste nobilis c[a]elator fuit.* Letzteres bedeutet: Ziselierer, Reliefbildner, Bildschnitzer, der sich für das Kunsthandwerk *Abb. 34* der Toreutik des Grabstichels *(caelium)* bediente. Gleicherweise nennt ihn Ekkehart (Kap. 34) *c[a]elaturae elegans* (gewandt in der Relieftechnik) und *picturae artifex* (Künstler in der Malerei).

Noch dreimal (Kap. 22, 40, 45) erwähnt er, zweifellos aus Autopsie, kunsthandwerkliche Leistungen Tuotilos: In Konstanz habe er im Auftrag Salomos für die

48 So nach F. Landsberger, Der St. Galler Folchart-Psalter (wie Anm. 41), S. 24.

49 Alle Nachweise bei J. Duft und R. Schnyder (wie Anm. 45). Kurz auch J. Duft, Die Abtei St. Gallen (wie Anm. 44), S. 62–65, 247 f., Abb. 8 und 9.

50 Über ihn bei J. Duft und R. Schnyder (wie Anm. 45), bes. S. 16–19, 154, 169 (Register); vgl. Ernst Gerhard Rüsch, Tuotilo Mönch und Künstler (= MVG Bd. 41/1), St. Gallen 1953.

Marien-Kathedrale ein aus Gold hergestelltes, mit Edelsteinen besetztes Kreuz reliefiert sowie den Altar der Kirchenpatronin und das Pult für die Evangelienlesung an den passenden Stellen vergoldet. In Mainz (Ekkehart selber weilte später dort als Lehrer), wo er im Auftrag seines Klosters Wollstoffe einkaufte, habe er den »Thron Gottes« (also wohl eine Majestas Dei) in eine goldene Altarplatte ziseliert und rund herum den Vers eingeschrieben: *Ecce polo potior solio terraque scabello* (Siehe, ich habe den Himmel zum Thron, die Erde zum Schemel). In Metz habe er ein Marienbild in eine goldene Platte ziseliert, wozu von anderer Hand der Vers eingraviert worden sei: *Hoc panthema pia caelaverat ipsa Maria* (Dieses Geschenk hat die heilige Maria selber gemeißelt).

Damit noch nicht genug der Namen am *Evangelium longum!* Zu den hier angeführten gesellte sich eine Frau, die Amata hieß[51]. Auf dem längsseitigen Goldblechstreifen des Hinterdeckels stehen nämlich die Worte eingeritzt: *Ad istam paraturam Amata dedit duodecim denarios* (An diese Ausstattung gab Amata zwölf Denare). Mit *paratura* war offensichtlich nicht nur die Herstellung des Einbandes gemeint; denn über der Seite 199 des Evangelistariums steht der Name *Amata* in Goldschrift und über den Seiten 200–233 der Buchstabe *A* gleichfalls in Gold. Die Donatorin dürfte also auch für die Beschaffung von Pergament, Tinte und Gold beteiligt gewesen sein. Ihr Name begegnet wenige Jahre später (903) in einer original erhaltenen Urkunde, worin Amata ihren Gutsbesitz im sankt-gallischen Lenggenwil auf ihr Ableben hin dem unter Abt Salomo stehenden Kloster vermachte, und zwar an das klösterliche Hospital. Auffällig ist in diesem Zusammenhang, daß ausgerechnet Tuotilo in den Jahren 904–912 urkundlich als *hospitarius* bezeugt ist.

An einem anderen ähnlichen, etwas früher entstandenen Evangelistarium (Codex 54 der Stiftsbibliothek), das ebenfalls »eines der bedeutendsten Werke der sankt-gallischen Initialornamentik« ist und geradezu »Gundis-Codex« genannt wird, war in irgendeiner Weise auch eine Frau beteiligt, namens Gundis (wohl Kunigundis). »Der mit roter Seide überzogene Einband trug ursprünglich ein gesticktes [Brokat-]Band mit dem Namen GVNDIS, der wohl auf eine frühere Besitzerin hinweist; jetzt ist das Band innen in den [Vorder-]Deckel geklebt.«[52] Ob sie Besitzerin oder doch eher Donatorin wie Amata war, ist nicht mehr festzustellen.

Das weckt die Erinnerung an zwei andere kunstsinnige Frauen im 10. Jahrhundert. Die edle Wiborada († 926), die nachmals als Inklusin zu St. Mangen die Rettung *Abb. 14* der Klosterbibliothek veranlaßte, pflegte laut Vita I (Kap. 6) schon in ihrer Jugend für dieses Kloster »mit eigenen Händen schöne Umschläge zum Einbinden der heiligen

51 Hierzu J. Duft und R. Schnyder (wie Anm. 45), S. 60, dort auch die Nachzeichnung der Inschrift; zum Betrag ebd., S. 82: Zwölf Denare entsprachen einem Äquivalent von etwa 18 g Silber.
52 Zitate aus A. Merton, Die Buchmalerei (wie Anm. 41), S. 52. Vgl. Scherrer, Handschriften, S. 25, und Bruckner 3, S. 61 (Datierung: 2. Hälfte des 9. Jahrhunderts).

Bücher zu weben«[53]. Die Herzogin Hadwig († 994) auf Hohentwiel schenkte ihrem Lateinlehrer Ekkehart II. und seinem Kloster laut Ekkehart IV. (Kap. 90) »neben seidenen Meßgewändern, Mänteln und Stolen jene Albe, in die mit Gold die Hochzeit der Philologie eingewirkt war, sowie eine Dalmatik und Tunizella fast ganz aus Gold«.

Wenn von Kunsthandwerk die Rede ist, seien noch zwei Sankt-Galler Namen erwähnt, die sich sozusagen zufällig in den *Gesta Karoli magni imperatoris*[54] (I Kap. 29 und II Kap. 21) von Notker I. († 912) finden: der Glockengießer Tancho und der Glaser Stracholf. Weitere Namen sind in den Nekrologien (Codices 453 und 915) anzutreffen, so am 27. März ein Laie Adalgoz, der ein tüchtiger Maler war, am 1. Juli ein Schreiber Nycolaus, am 27. Juli ein Maler Udalrich.

Dichter und Sänger

Das Gallus-Kloster zeichnete sich in den Jahrhunderten seiner karolingischen und ottonischen Blüte vor vergleichbaren Pflegestätten des benediktinischen Gottesdienstes durch dichterisch-musikalische Eigenleistungen aus, die weithin und nachhaltig wirksam geworden sind. Daß ihre Dichter und Sänger mit Namen und persönlichen *Abb. 34–37* Leistungen bekannt bleiben konnten, haben sie insbesondere den *Casus sancti Galli* Ekkeharts IV. zu verdanken. Einzigartig für jene Zeit sind seine Schilderungen der drei Freunde Ratpert (+ um 890), Notker Balbulus († 912) und Tuotilo († um 913), die es laut 33. Kapitel in der Kunst der Musik zu solcher Meisterschaft gebracht hätten, wie es in den Werken eines jeden deutlich sichtbar geblieben sei. Heutige Erkenntnisse der Mediävistik in lateinisch-literaturgeschichtlicher sowie liturgiemusikgeschichtlicher Hinsicht[55] bestätigen dieses Lob.

Notker Balbulus, der Dichter und Sänger liturgischer Sequenzen für die Messefeier, ist im vorliegenden Band[56] ausführlich zur Darstellung gelangt. Als seine

53 Siehe im vorliegenden Sammelband S. 184 f.

54 Neueste Edition von HANS F. HAEFELE: MGH Script. rer. Germ. N. S. XII, ²1980; in St. Gallen ist bekanntlich kein Manuskript derselben überliefert.

55 Melodie-Beispiele bei ANSELM SCHUBIGER, Die Sängerschule St. Gallens vom achten bis zwölften Jahrhundert, Ein Beitrag zur Gesanggeschichte des Mittelalters, Einsiedeln/New York 1858 (unvollständiger Nachdruck Hildesheim 1966). – Überblick, unter Anführung der früheren Literatur: J. DUFT, Gesangskunst-Buchkunst, Handschriften aus dem 8. bis 18. Jahrhundert in der Stiftsbibliothek St. Gallen, in: Katholische Kirchenmusik, 96. Jg. des »Chorwächter«, St. Gallen 1971, S. 161–179; DERS., Gesangbücher vom 9. bis zum 18. Jahrhundert, in: Die Abtei St. Gallen, 1. Bd., Sigmaringen 1990, S. 114–129, Abb. 12–17; DERS., Der Beitrag des Klosters St. Gallen zum kirchlichen Gesang, in: WERNER VOGLER (Hg.), Die Kultur der Abtei St. Gallen, Zürich/Stuttgart 1990, S. 57–67.

56 Siehe hier S. 127–147.

Höchstleistungen galten und gelten die Sequenzen[57] *Natus ante saecula* (zu Weihnachten), *Festa Christi* (zu Epiphanie), *Laudes Salvatori* (zu Ostern), *Sancti Spiritus assit nobis gratia* (zu Pfingsten), *Sancti baptistae Christi* (zu St. Johannes Baptista), *Laurenti David magni* (zu St. Laurentius), *Congaudent angelorum chori* (zu Mariae Himmelsaufnahme), *Dilecte Deo Galle* (zu St. Gallus). Sie finden sich in hunderten mittelalterlicher Handschriften und frühen Missaliendrucken über das ganze abendländische Europa hinweg. *Abb. 12, 13*

Ratperts dichterisch-musikalische Leistungen[58] sind Hymnen für das in der klösterlichen Gemeinschaft besonders wichtige *Opus Dei* des Chorgebets. Seine Autorschaft hat für vier als gesichert zu gelten: *Ardua spes mundi* (eine Allerheiligenlitanei), *Laudes omnipotens ferimus* (Lied zur Kommunion), *Aurea lux terrae* (Lied zum Empfang einer Königin), *Annua sancte Dei celebramus festa diei* (zum Gallusfest). Für denselben Feiertag dichtete und vertonte Ratpert als erster ein Loblied in althochdeutscher Sprache[59]; es ist nur noch in der lateinischen Umdichtung überliefert, die Ekkehart IV. vorgenommen hat, »damit die süße Melodie nicht der Erinnerung entfalle« (sie ist ihr dann doch entfallen, weil ihre Strich- und Punktneumen nicht in das allmählich aufkommende Notenliniensystem transponiert worden sind). Die dem Ratpert früher zugeschriebene Folge von sechs liturgischen Dichtungen um St. Magnus sowie die Verse zur Weihe des Fraumünsters in Zürich werden ihm heute abgesprochen. Seine gesicherten und umstrittenen Hymnen sind in sankt-gallischen Codices (16, 338, 360, 376, 380, 381, 382) und teilweise in Handschriften im Umkreis Rom–Wien–Utrecht überliefert. *Abb. 29*

Tuotilo, der dritte im kunstbegabten Triumvirat, war nach Ekkeharts Schilderung (Kap. 34) erstaunlich vielseitig: »in Relieftechnik und Malkunst ein Meister, ein Musiker wie seine Gefährten, aber allen überlegen in jeglicher Art von Saiten- und Blasinstrumenten, unterwies er doch die Söhne des Adels in einem vom Abt hierzu bestimmten Raum im Saitenspiel ... des Dichtens kundig in beiden Sprachen [lateinisch und deutsch] ... eifrig im Chordienst, im Verborgenen voller Tränen, meisterlicher Schöpfer von Versen und Melodien.« Davon zeugen seine Tropusgesänge: es sind syllabisch-musikalische Einleitungen und Interpolationen zu bestehenden Meßtexten, sei es im *Ordinarium*, sei es im *Proprium missae*.

Musikgeschichtlich bedeutsam ist, was Ekkehart (Kap. 46)[60] als Kenner fest-

57 Herausgegeben und übersetzt von Wolfram von den Steinen, Notker der Dichter und seine geistige Welt, Editionsband, Bern 1948.

58 Grundlegend jetzt Peter Stotz, Ardua spes mundi, Studien zu lateinischen Gedichten aus St. Gallen (= Geist und Werk der Zeiten, No. 32), Bern/Frankfurt M. 1972.

59 Vgl. Peter Osterwalder, Das althochdeutsche Galluslied Ratperts und seine lateinischen Übersetzungen durch Ekkehart IV. (= Das Althochdeutsche von St. Gallen, 6. Bd.), Berlin/New York 1982.

60 Unsere Übersetzung des nicht leicht verständlichen Originaltextes unterscheidet sich von bisherigen: sie orientiert sich an jener von E. G. Rüsch, Tuotilo (wie Anm. 50), S. 34, dessen Kapitel

stellte: »Was Tuotilo geschaffen hat, ist von einzigartiger und unverkennbarer Melodie; denn die Neumen, die durch Psalterium oder Rotha [Saiteninstrumente], deren er selber besonders mächtig war, gefunden werden, sind gar süß, wie es sich erweist in *Hodie cantandus* und *Omnium virtutum gemmis*. Diese Tropen brachte er dem König Karl [anläßlich seines Besuches in St. Gallen 883] zu dem Lobgesang, den dieser selber angeordnet hatte, singend dar. Dieser König auferlegte ihm auch, nachdem er den Lobgesang *Viri Galilei* geschaffen hatte, Verse beizufügen, wie gesagt wird: *Quoniam Dominus Ihesus Christus* mit den weiteren, *Omnipotens fons genitor et origo* mit den folgenden, *Gaudete et cantate* und noch andere. Diese aber haben wir hervorgehoben, damit du, wenn du ein Musicus bist, erkennest, wie sehr sich seine Melodie von den anderen unterscheidet.«

Jedenfalls steht Tuotilos Autorschaft an sechs großen guten Tropen fest: *Hodie cantandus est nobis puer* zum Introitus von Weihnachten, *Omnium virtutum gemmis* zum Offertorium von St. Stephanus, *Quoniam Dominus Jesus* zum Introitus von St. Johannes Evangelista, *Omnipotens genitor* zum Introitus von Mariae Lichtmeß, *Gaudete et cantate* zum Offertorium von Ostern, *Viri Galilei* zum Offertorium von Christi Himmelfahrt. Ob er mehr als diese geschaffen habe, ist nicht bekannt; unkritisch ist die Zuweisung von über zwanzig in der sankt-gallischen Sammelhandschrift Codex 546, die Cantor Joachim Cuontz in den Jahren 1507/1514 geschrieben hat[61].

Tuotilo war sowenig der Erfinder des Tropus wie Notker der Erfinder der Sequenz; auch ihm dürfte die Anregung von Frankreich her zugekommen sein, wie Notker es ausdrücklich bezeugt. Aber er war wie Notker einer der namentlich bekannten frühmittelalterlichen Meister. Zweifellos sind seine Tropen, zusammen mit zahllosen anderen[62] späteren, in vielen mittelalterlichen Liturgiehandschriften weit über St. Gallen hinaus enthalten. Aber weil die Tropen – im Unterschied zum Hymnus, der metrisch gebaut ist, und zur Sequenz, die freirhythmisch gestaltet ist – Prosatexte und keineswegs selbständige Liturgiestücke wie jene sind, blieben sie stets namenlos. Selbst im Sankt-Galler Codex 376 (nach Mitte des 11. Jahrhunderts),

über Tuotilos Tropen (S. 30–46) grundlegend geblieben ist. Jetzt auch Ders., Gaudete et cantate – Seid fröhlich und singet, Tropen aus den Handschriften der Stiftsbibliothek St. Gallen, St. Gallen 1990.

61 Hierzu Otto Marxer, Zur spätmittelalterlichen Choralgeschichte St. Gallens: Der Cod. 546 der St. Galler Stiftsbibliothek (= Veröffentlichungen der Gregorianischen Akademie zu Freiburg/ Schweiz, III. Heft), St. Gallen 1908; Frank Labhardt, Das Sequentiar Cod. 546 der Stiftsbibliothek von St. Gallen und seine Quellen, Textband und Notenband (= Publikationen der Schweizerischen Musikforschenden Gesellschaft, Serie II, Vol. 8 I und II), Bern 1959 und 1963.

62 Umfassende Edition im Corpus Troporum, hg. von der Universität Stockholm in der Reihe: Studia Latina Stockholmiensia, Bde. 21 ff., 1975 ff. Darin (Bd. I, S. 294–297) Tuotilos Tropus *Hodie cantandus est* in moderner Notation, aufgrund des Sankt-Galler Codex 484 (10. Jh.) und der Pariser Codices 9449 und 1235 (11./12. Jh.) aus Nevers. Zu diesem Weihnachts-Tropus von Tuotilo siehe auch J. Duft, Weihnacht im Gallus-Kloster, Bilder und Texte aus der Stiftsbibliothek St. Gallen (= BS, 2. Bd.), St. Gallen und Sigmaringen [3]1986, S. 28 ff., 124 f.

einem prachtvollen und umfassenden *Antiphonale missarum* mit Troparium und Sequentiarium, letzteres sogar mit dem kalligraphisch gestalteten *Prooemium Notkeri* eingeleitet, fehlt sein Name, wiewohl seine und andere Tropen (S. 39) mit Neumen unter der Überschrift gesammelt sind: *Incipiunt tropi carminum in diversis festis canendi.* *Abb. 10, 11*

Notker Balbulus, Ratpert und Tuotilo – sie waren die bedeutendsten, aber sie waren nicht die einzigen im Gallus-Kloster des 9. und 10. Jahrhunderts, die als liturgische Dichter und Sänger in die Geschichte eingegangen sind. So berichtet Ekkehart IV. (Kap. 80) von Ekkehart I., dem Dekan (+ 973): »Der gelehrte Mann schrieb die Sequenzen *Prompta mente canamus, Summum praeconem Christi, Qui benedici cupitis, A solis occasu.* Über die heilige Afra dichtete er für Bischof Luitbold eine Sequenz, den Hymnus *O martyr aeterni patris* sowie die Antiphonen *Ambulans Hiesus* und *Adoremus gloriosissimum.*« *Abb. 36*

Damit noch nicht genug der Namen! In Kapitel 46 weiß er aus eigener liturgischer Praxis zu berichten: »Was für Laudes der Dekan Waltram [um 900] und der nachmalige Abt Hartmann [† 925] schufen, übergehen wir, weil ihre Namen in den Gesangbüchern vorangestellt sind, ausgenommen Waltrams Sequenz *Sollempnitatem huius devoti filii ecclesie,* die ohne seinen Namen verzeichnet ist. Auch der junge Hartmann [† vor 895] machte einiges, wobei zwar die Namengleichheit Zweifel über die Zuweisung schafft. Es gab aber auch andere unter den Unsrigen, die Sequenzen und Tropen und viele weitere Werke verfaßten, ein jeder nach seinem Eifer...« Jedenfalls stammt (laut Kap. 108) von Ekkehart II., dem Höfling († 990), die Sequenz auf den heiligen Desiderius *Summis conatibus*[63]. Besondere Beachtung fand und findet auch das liturgische Schaffen Notkers II. († 975), des Arztes, zu Ehren des heiligen Otmar, das hier bereits gewürdigt worden ist[64]. *Abb. 24, 37*

Musikalische Praxis setzte Theorie voraus. Unter diesem Gesichtspunkt seien hier zwei Autoren aus der frühen Gallus-Abtei hervorgehoben. Notker I., der Dichter, schrieb in Form eines Briefes, der an einen Frater Lantpert gerichtet ist, über die Funktion der den Neumen beigegebenen Tonarbuchstaben *(quid singulae litterae in superscriptione significent cantilenae)*[65]. Er ist abschriftlich in Codex 381 (S. 5–9) der Stiftsbibliothek und in einigen auswärtigen Manuskripten überliefert. – Notker III., der Deutsche, verfaßte als erster einen Musiktraktat in althochdeutscher

63 Solche und andere Sequenzen aus der Nachfolge Notkers I. sind im Anschluß an dessen eigene Sequenzen herausgegeben bei W. von den Steinen im Editionsband (wie Anm. 57). Insgesamt sei hingewiesen auf das vielbändige Editionswerk: Analecta hymnica medii aevi.

64 Im vorliegenden Sammelband S. 153–156.

65 Vgl. W. von den Steinen, Notker der Dichter, Darstellungsband, Bern 1948, S. 121, 495. Schon früher A. Schubiger, Sängerschule (wie Anm. 55), S. 10–15; ausführlich Ephrem Omlin, Die sankt-gallischen Tonarbuchstaben, Ein Beitrag zur Entwicklungsgeschichte der Offiziumsantiphonen in Bezug auf ihre Tonarten und Psalmkadenzen (= Veröffentlichungen der Gregorianischen Akademie zu Freiburg/Schweiz, 1. Reihe, 18. Heft), Regensburg 1934.

Sprache mit fünf Abschnitten *(De monochordo, De octo tonis, De tetrachordis, De octo modis, De mensura fistularum organicarum)*, anscheinend »als Hand- bzw. Lehrbüchlein beim Orgelbau«[66]. Er ist abschriftlich, teilweise unvollständig, in Codex 242 (S. 10–16) der Stiftsbibliothek und in einigen auswärtigen Manuskripten enthalten.

Über die friedenstiftende Wirkung der heiligen Gesänge selbst außerhalb der Liturgie ist – wiederum beim Erzähler Ekkehart IV. (Kap. 76) – eine schöne Episode geschildert. Sie ereignete sich, als Bischof Ulrich von Augsburg 954 in St. Gallen weilte, um den unbeliebten Abt Craloh mit seinen Mönchen zu versöhnen[67]. Nachdem die Eintracht wiederhergestellt war, »begann Amalunch, ein Mann von Fröhlichkeit und mit begnadet süßer Stimme, glückwünschend die Sequenz *Laus tibi sit, o fidelis Deus* [von Notker I. für den dritten Sonntag nach Ostern geschaffen] zu singen und vollendete sie zusammen mit dem Bischof, dem Abt und den übrigen. Der Tag ward in Freude hingebracht, die Liebe brach den alten Groll.« Dichter und Sänger, die mit ihren Namen bis heute bekannt geblieben sind, wirkten so im Einklang über die Zeiten hinweg.

Prolog 1858 als Epilog 1991

Der Epilog auf unser Kapitel »Sankt-Galler Künstler-Mönche«, dabei insbesondere auf die »Dichter und Sänger« unter ihnen, ja das Nachwort auf den ganzen hier vorliegenden Band – damit auf ein Stück Lebensarbeit des Verfassers – wird der Vorrede entnommen, mit welcher P. Anselm Schubiger († 1888), der edle Kirchenmusiker im Benediktinerstift Einsiedeln, 1858 seine »Sängerschule St. Gallens vom achten bis zwölften Jahrhundert«[68] eröffnet hat.

Er empfand sie zu Recht als eine Pionierleistung, beginnt er doch folgenderweise: »Man hat in neuerer Zeit die Kunst des Mittelalters, besonders die kirchliche, in allen ihren Zweigen wieder zu würdigen und historisch zu beleuchten begonnen; ohne Mühe und Opfer zu scheuen, strebt man die herrlichen Bauwerke der Alten in ihrem

66 So JAMES C. KING, Notker der Deutsche zur Mensurberechnung der Orgelpfeifen, in: American Journal of Germanic Linguistics and Literatures, vol. 2, 1990, S. 53–66; hier die Handschriften, Literaturhinweise, kritische Edition.

67 Siehe im vorliegenden Sammelband S. 198f.

68 Siehe hier Anm. 55. A. SCHUBIGER hat als einer der ersten die frühmittelalterlichen Neumen interpretiert, in einer Tabella in moderne Notenschrift zu transponieren versucht und damit diese »Tonzeichen in möglichster Kürze insoweit erklärt, als die alten Dokumente zu reichen vermögen«. Er hat als erster überhaupt 60 Exempla in heutiger Notation aus den Handschriften wiedergegeben; es sind »alle Notkerischen Sequenzen« sowie »verschiedene andere Gesangstücke von Tonsetzern, die entweder aus der sankt-gallischen Schule hervorgegangen, oder doch ihre Werke nach deren Mustern bildeten«.

ursprünglichen erhabenen Style wieder herzustellen; man sucht die Erzeugnisse der ältern religiösen Poesie wieder aus den staubigen Handschriften der Bibliotheken hervor und veröffentlicht sie in größeren Sammlungen; mit Sorgfalt forscht man den frühen Kunstwerken der Malerei nach und bewahrt sie, in treuen Copien durch den Druck vervielfältigt, den Kunstfreunden der Gegenwart und Zukunft auf; die Formen der alten, mit tiefem Kunstsinn gearbeiteten und für den Kirchengebrauch bestimmten Gefäße, Gewande, Stickereien u. dergl. werden in neuester Zeit wieder aufgesucht, nachgeahmt und eingeführt. Selbst die Forschungen auf dem Gebiete der alten Tonkunst hat man dermalen nicht überall eingestellt: während man in Deutschland seit einigen Jahrzehnden es kaum mehr wagte, sie weiter, als in's sechszehnte Jahrhundert zurück, auszudehnen, hat sich die musikalische Archäologie in Frankreich und Belgien beinahe zu einer Wissenschaft erhoben ...«

Zu seinem damals neuartigen Thema schreibt er: »Wenn nun auch hier dem Freunde der mittelalterlichen Kunst und Wissenschaft ein Werk von bescheidenem Umfange dargeboten wird, das ihn um ein Jahrtausend zurückführt, ihn mit der alten, im ganzen Abendlande üblichen Tonschrift bekannt macht, ihre Tonzeichen in möglichster Kürze insoweit erklärt, als die alten Dokumente zu reichen vermögen; ein Werk, das ihm ferner so viele ehrwürdige Tonstücke vorlegt, die Jahrhunderte hindurch in den Tempeln Deutschlands und anderer Länder widerhallten, das ihn mit manchen kunstgebildeten Männern der Vorzeit vertraut macht, deren Leben, Wirken und Namen er hier vielleicht zum ersten Male vernimmt; das endlich so manche unserer Zeit fremdartige, den Kirchengesang betreffende Sitten und Gebräuche schildert – so glaubt der Verfasser desselben ein Unternehmen damit ausgeführt zu haben, welches der Richtung unserer Zeit vollkommen entspreche.«

Warum aber galt jene Darstellung und gelten die im hier vorliegenden Band gesammelten Studien der Abtei St. Gallen? Anselm Schubiger gibt die Begründung: »Nicht ohne Absicht wählte er die alte sankt-gallische Sängerschule zum Stoffe vorliegender Arbeit; denn wohl vermag Deutschland, ja vielleicht selbst Europa kaum eine ähnliche Anstalt aus jener Zeit aufzuweisen, die, wie sie, die alten Urgesänge der Kirche so lange in ihrer Reinheit erhalten, die in wenigen Jahrhunderten so viele in diesem Kunstfache erfahrene Männer hervorgebracht, so viele und so berühmt gewordene Tonwerke geliefert, und endlich so reichhaltige und interessante Dokumente aus jener Zeit uns aufbewahrt hat.« Das Lob mag übertrieben sein; es stimmt aber im dankerfüllten Blick auf die in der Stiftsbibliothek und im Stiftsarchiv überlieferten Dokumente.

Die Schlußsätze von 1858 sprechen den Wunsch aus, der 1991 bewußt wiederholt sei: »Mögen nun Andere zum Vortheile der Kunstgeschichte ähnliche Forschungen auf diesem Felde unternehmen und fortsetzen; dieß wünscht der Verfasser um so eher, da er künftighin kaum mehr Anlaß und Muße zu einer Arbeit dieser Gattung finden dürfte.«

1 Elfenbein-Tafel I von Tuotilo am Evangelium longum, um 900: Majestas Christi (Cod. 53) – Beschreibung S. 279 ff.

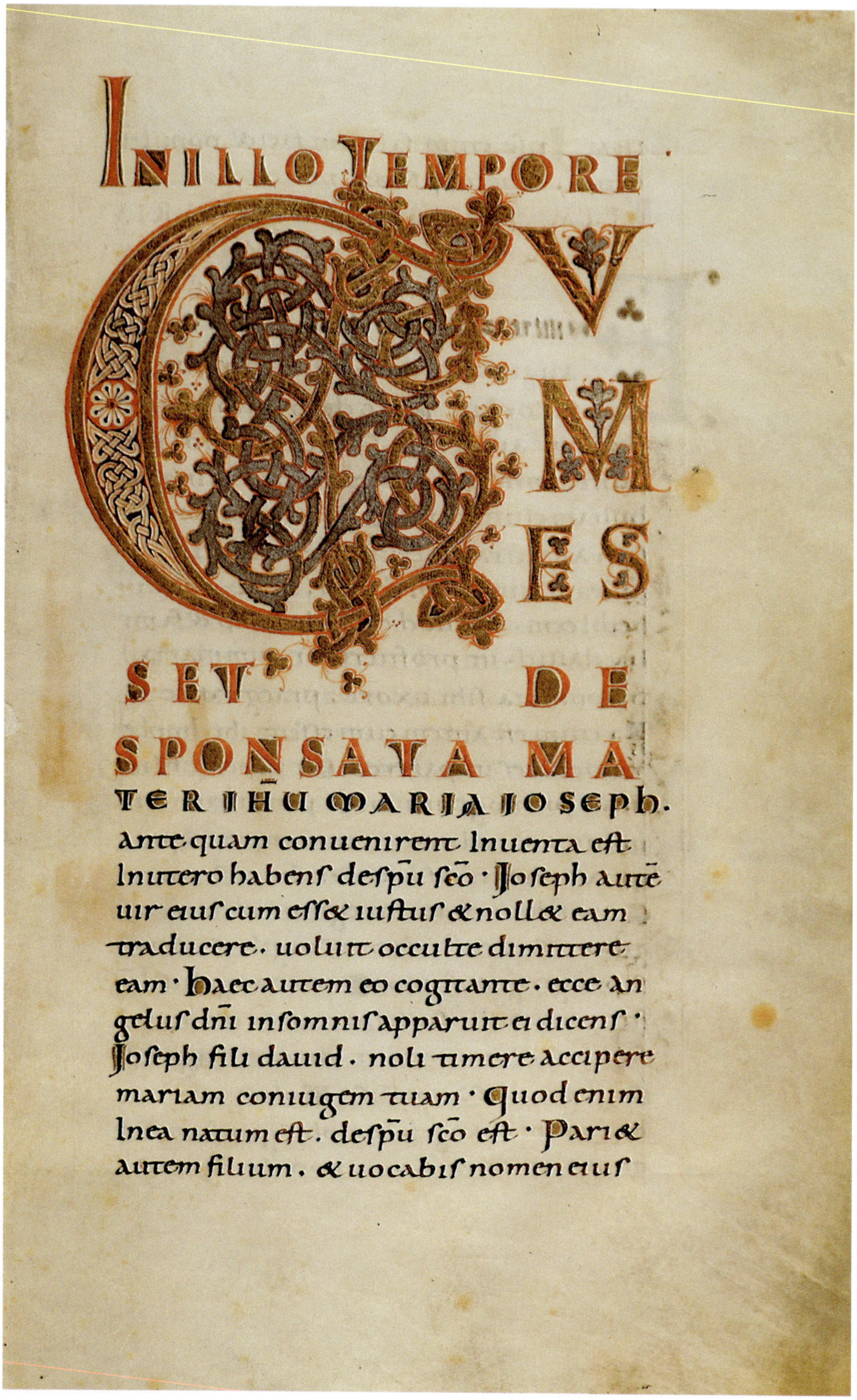
IN ILLO TEMPORE
CVM ES
SET DE
SPONSATA MA
TER IHŪ MARIA IOSEPH.
ante quam conuenirent inuenta est
in utero habens de spū scō · Ioseph autē
uir eius cum esset iustus et nollet eam
traducere. uoluit occulte dimittere
eam · Haec autem eo cogitante. ecce an
gelus dnī in somnis apparuit ei dicens ·
Ioseph fili dauid. noli timere accipere
mariam coniugem tuam · Quod enim
in ea natum est. de spū scō est · Pariet
autem filium. et uocabis nomen eius

2 Evangelium longum, vor 900: Perikope zu Mariae Geburt
(Cod. 53, S. 7) – Beschreibung S. 281

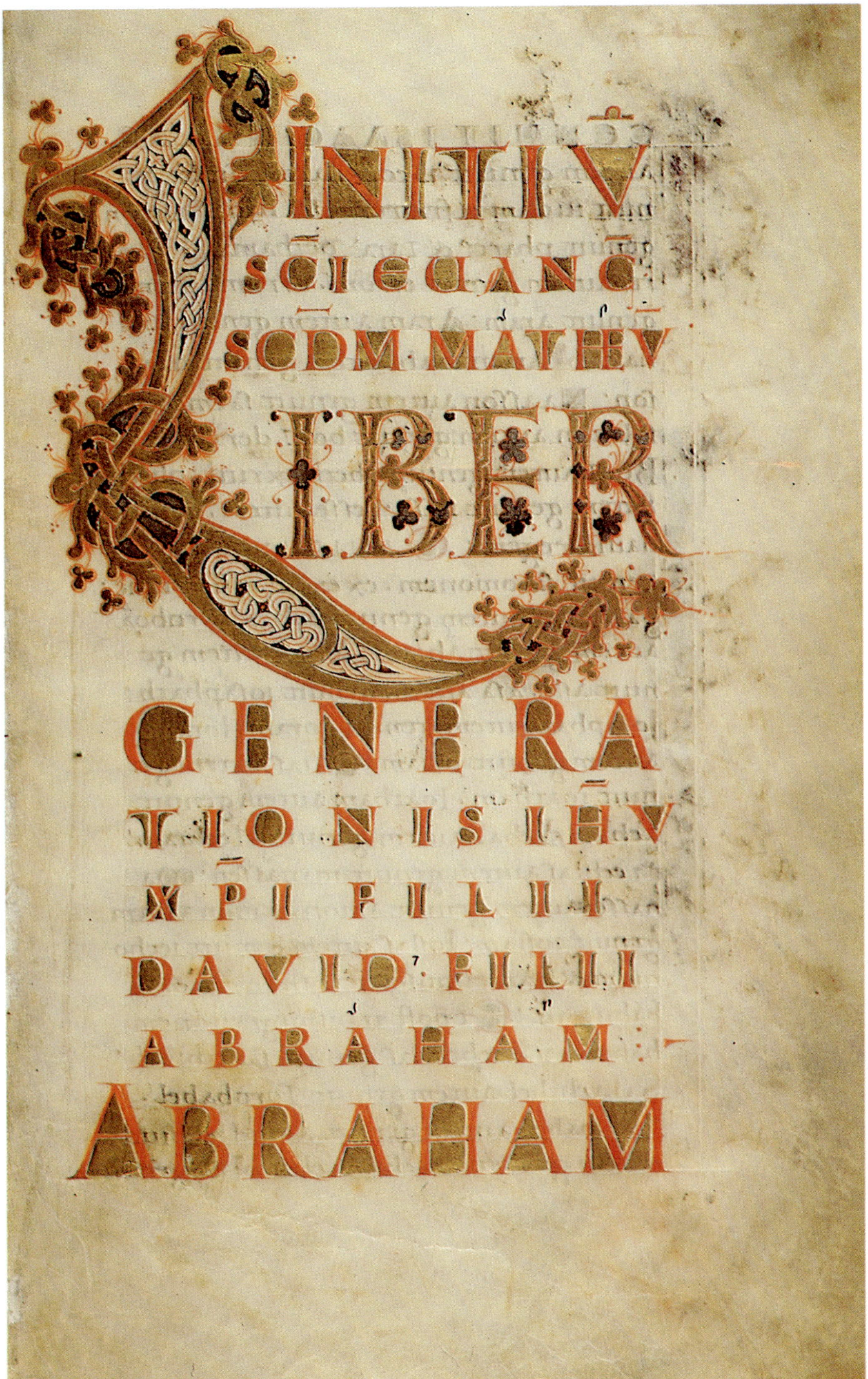

3 Evangelium longum, vor 900: Perikope zur Weihnachtsvigil
(Cod. 53, S. 11) – Beschreibung S. 281

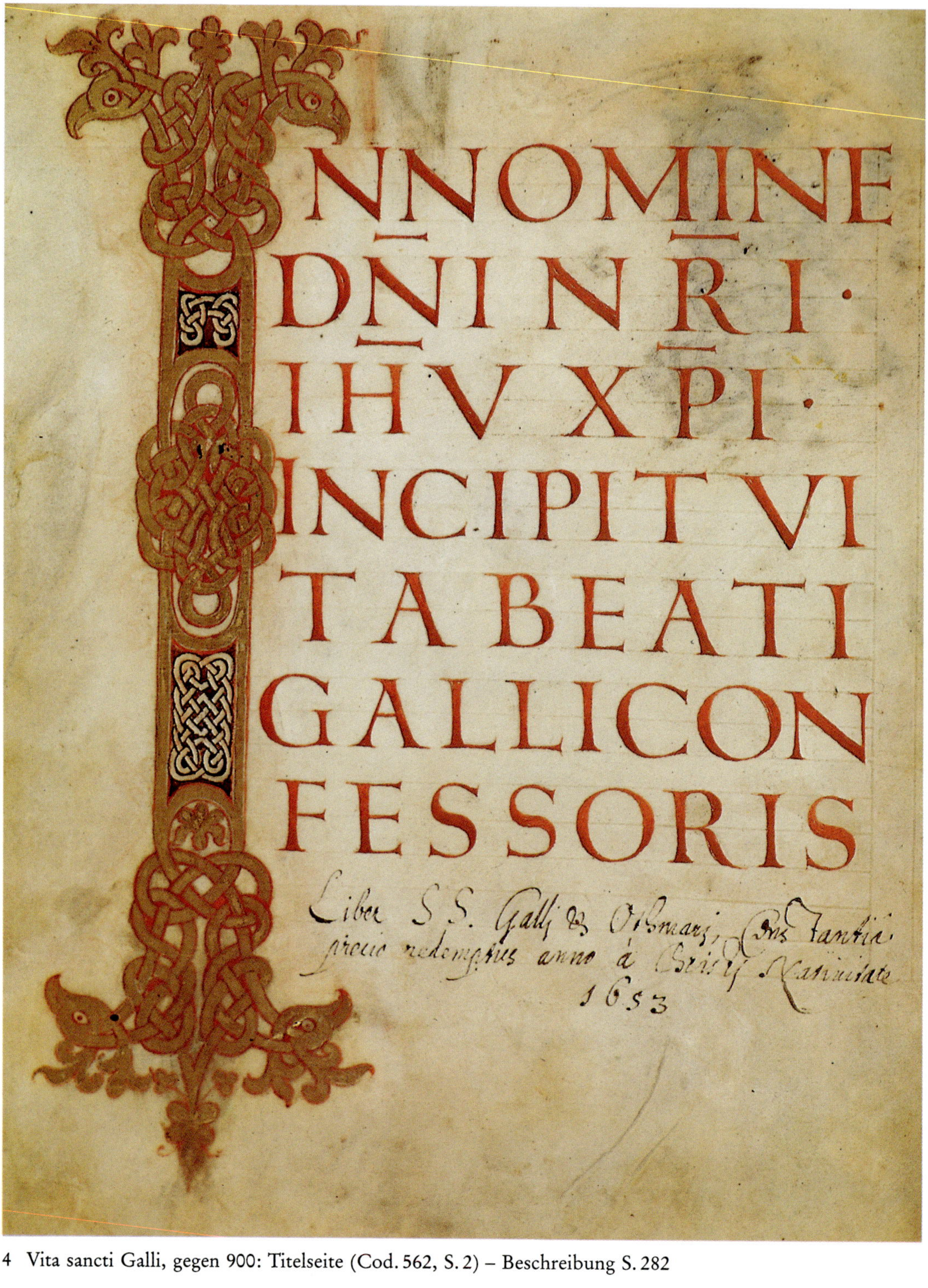

4 Vita sancti Galli, gegen 900: Titelseite (Cod. 562, S. 2) – Beschreibung S. 282

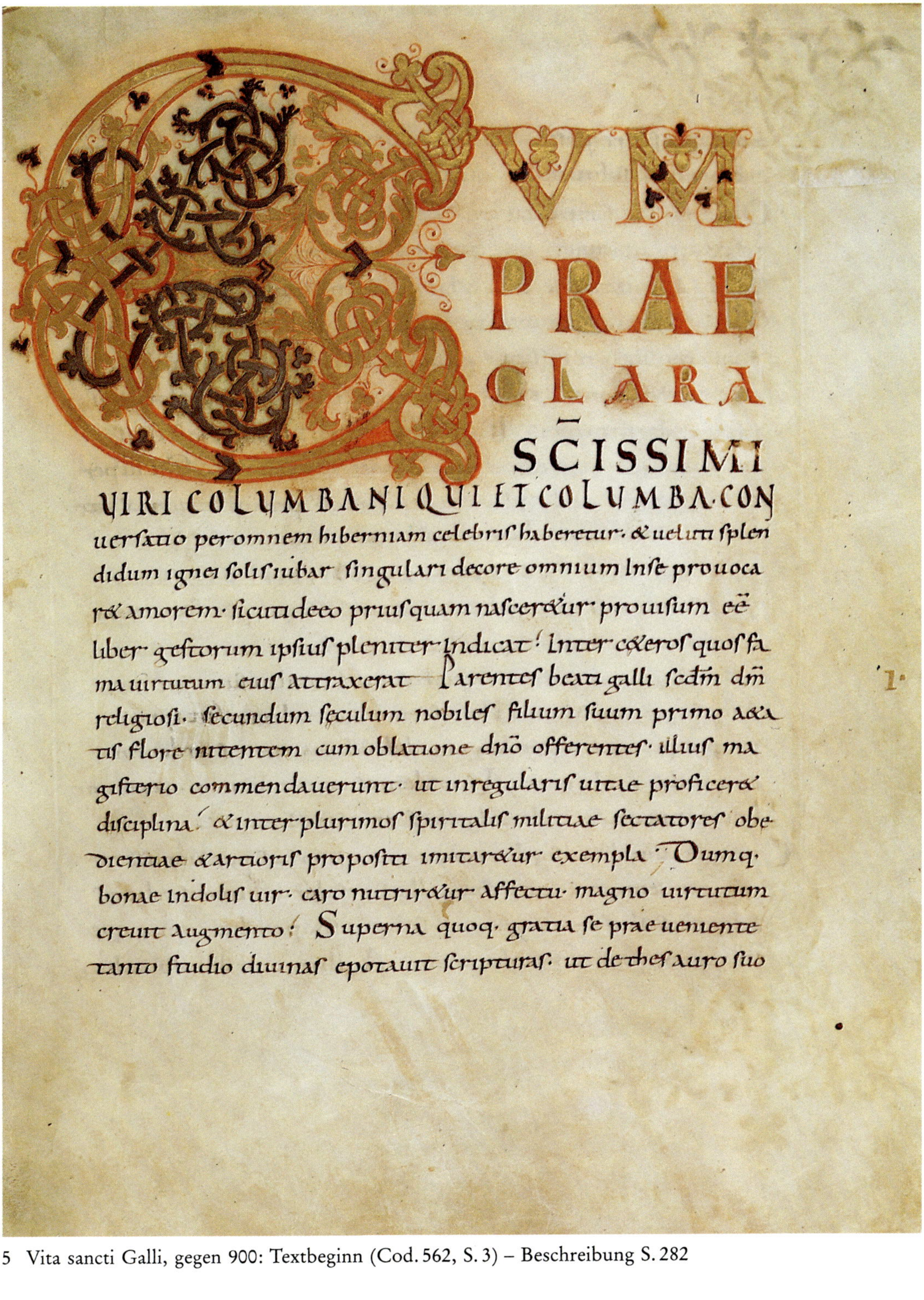
CUM PRAECLARA SC̄ISSIMI
VIRI COLUMBANI QUI ET COLUMBA CON
uersatio per omnem hiberniam celebris haberetur. & uelutti splen
didum ignei solis iubar singulari decore omnium in se prouoca
ret amorem. sicuti de eo priusquam nasceretur prouisum ēē
liber gestorum ipsius pleniter indicat! Inter ceteros quos fa
ma uirtutum eius attraxerat Parentes beati galli scdm dm̄ 1·
religiosi. secundum seculum nobiles filium suum primo aeta
tis flore nitentem cum oblatione dnō offerentes. illius ma
gisterio commendauerunt. ut in regularis uitae proficeret
disciplina. & inter plurimos spiritalis militiae sectatores obe
dientiae & artioris propositi imitaretur exempla. Dumq.
bonae indolis uir. caro nutriretur affectu. magno uirtutum
creuit augmento! Superna quoq. gratia se praeueniente
tanto studio diuinas epotauit scripturas. ut de thesauro suo

5 Vita sancti Galli, gegen 900: Textbeginn (Cod. 562, S. 3) – Beschreibung S. 282

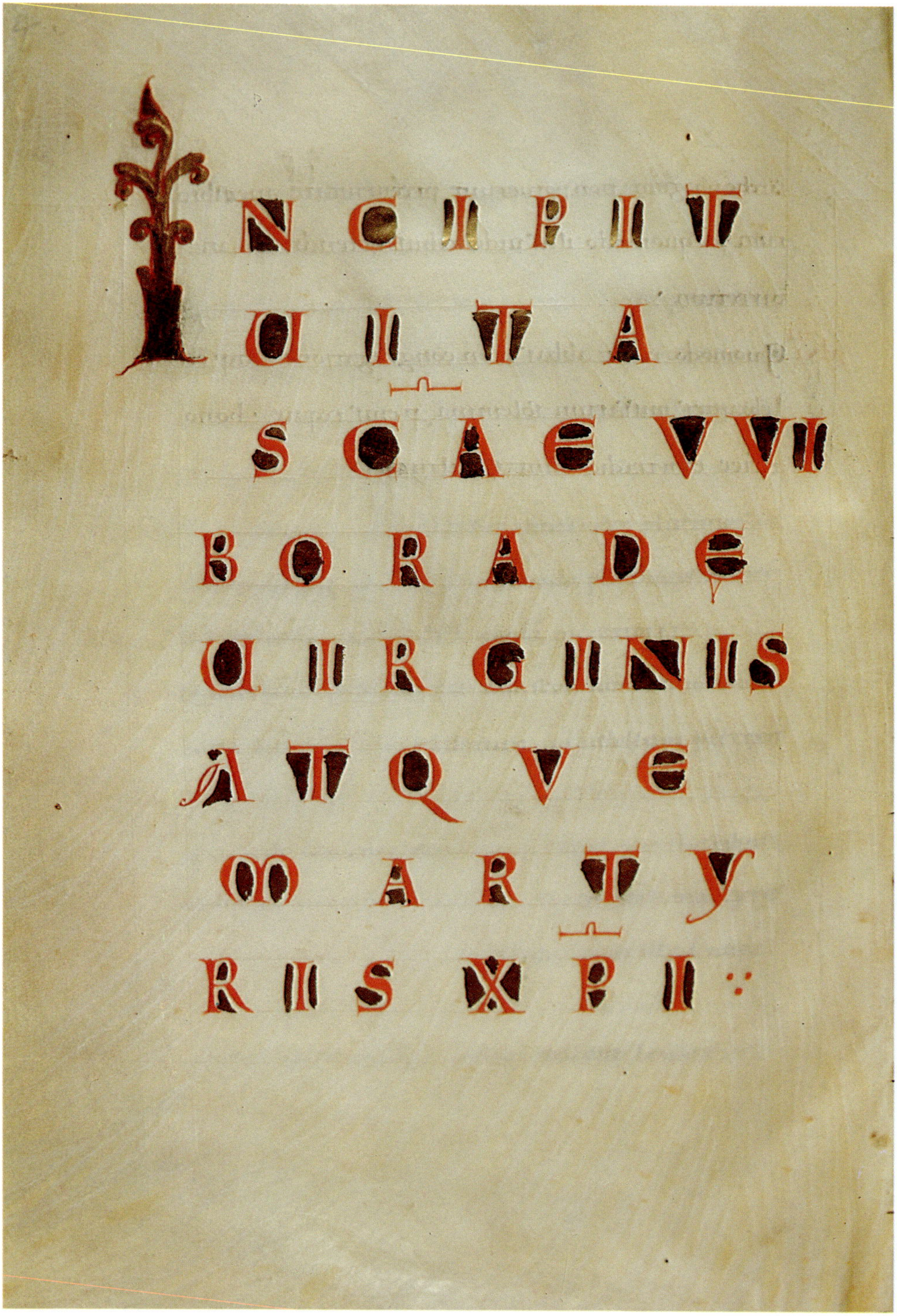

6 Vita sanctae Wiboradae, gegen 1100: Titelseite (Cod. 560, S. 394) – Beschreibung S. 283

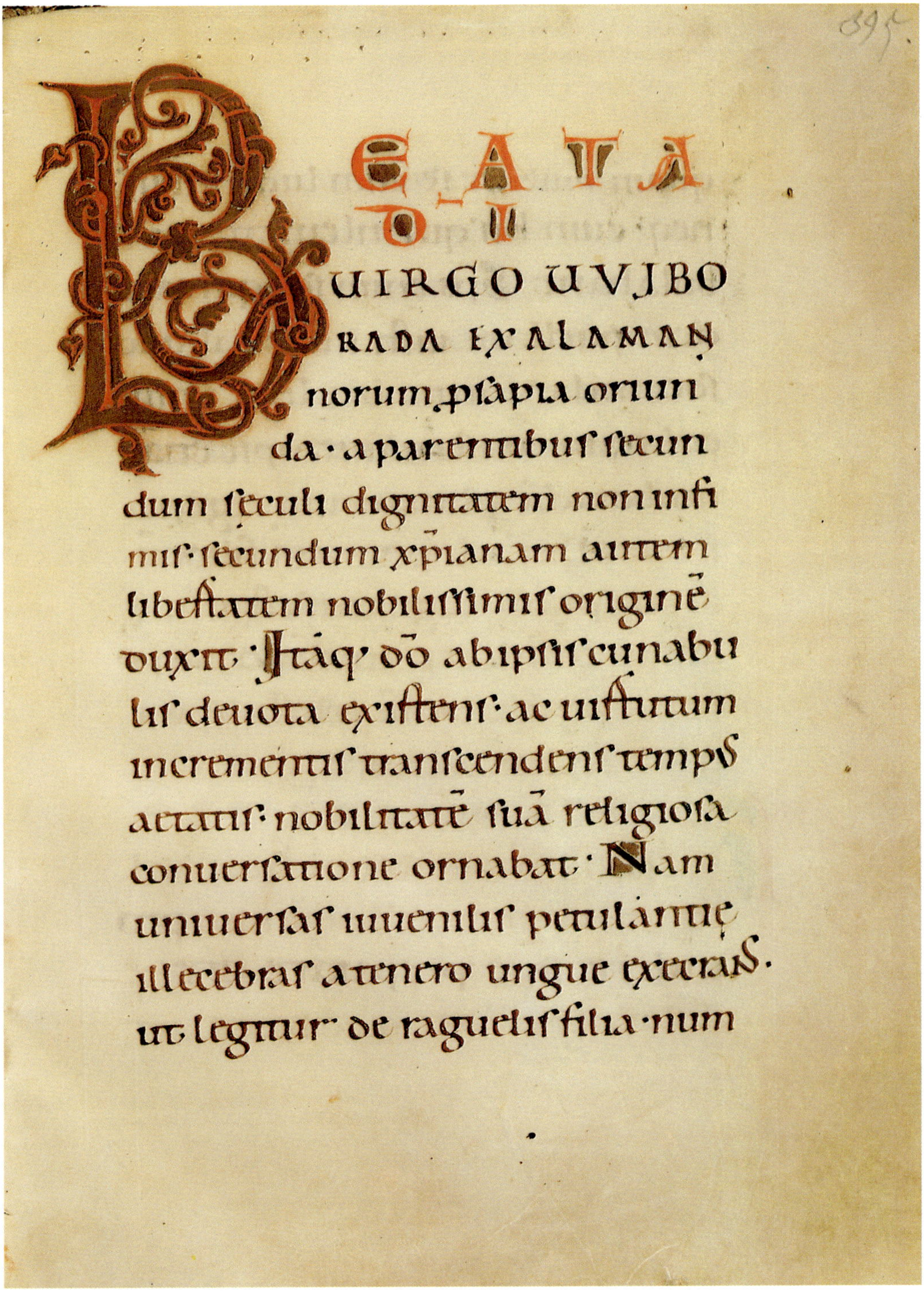
395

BEATA
UIRGO UUIBO
RADA EX ALAMAN
norum prosapia oriun
da · a parentibus secun
dum seculi dignitatem non infi
mis · secundum xpianam autem
libertatem nobilissimis originē
duxit · Itaq; dō ab ipsis cunabu
lis deuota existens · ac uirtutum
incrementis transcendens tempus
aetatis · nobilitatē suā religiosa
conuersatione ornabat · Nam
uniuersas iuuenilis petulantię
illecebras a tenero ungue execrans ·
ut legitur · de raguelis filia · num

7 Vita sanctae Wiboradae, gegen 1100: Textbeginn (Cod. 560, S. 395) – Beschreibung S. 283

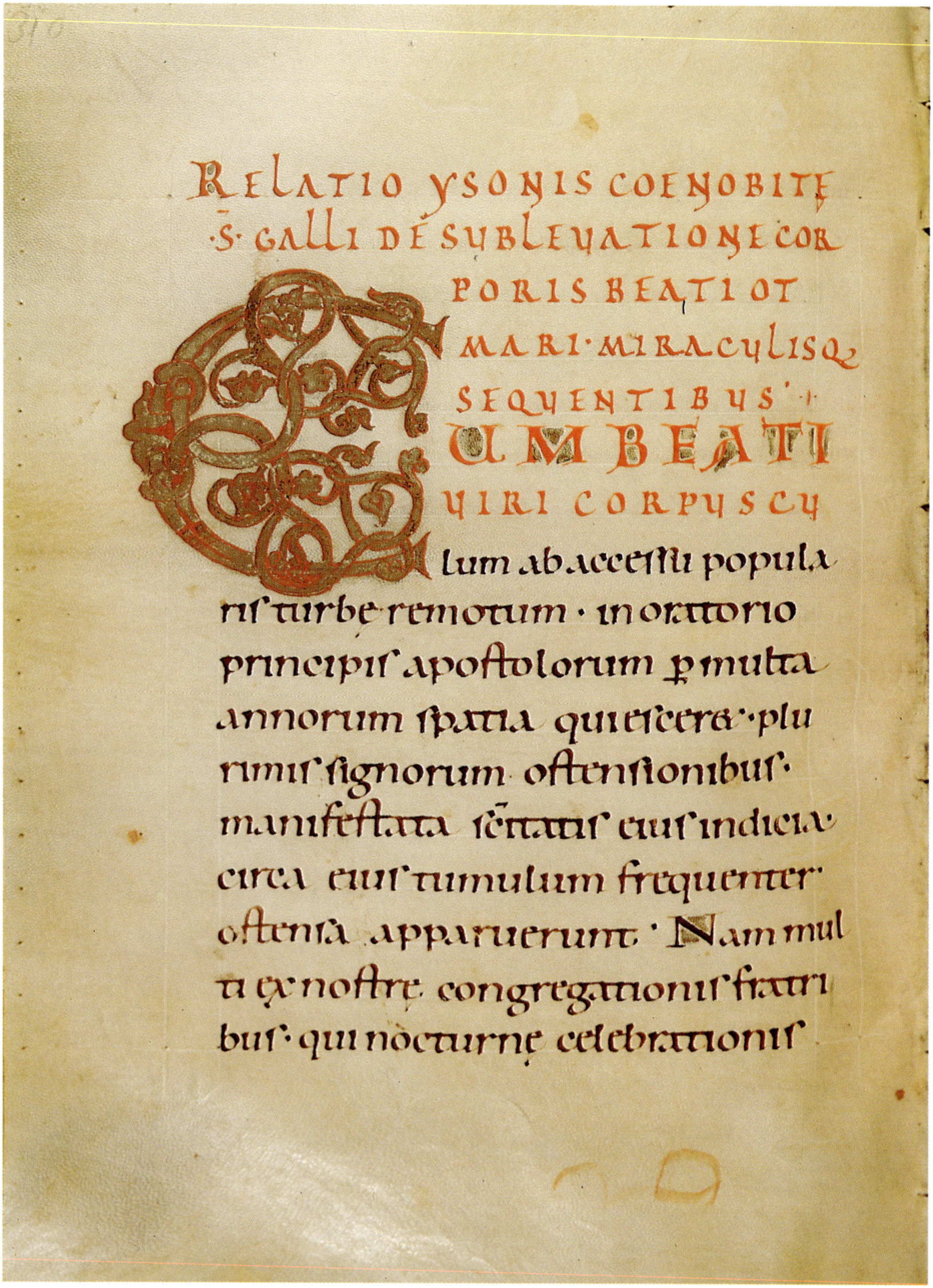
Relatio ysonis coenobite
S. galli de sublevatione cor
poris beati ot
mari miraculisq
sequentibus.
Cum beati
viri corpuscu
lum ab accessu popula
ris turbe remotum in oratorio
principis apostolorum per multa
annorum spatia quiesceret plu
rimis signorum ostensionibus
manifestata sanctitatis eius indicia
circa eius tumulum frequenter
ostensa apparuerunt. Nam mul
ti ex nostre congregationis fratri
bus qui nocturne celebrationis

8 Relatio Isonis zur Otmars-Vita, gegen 1100: Textbeginn (Cod. 560, S. 310) – Beschreibung S. 283 f.

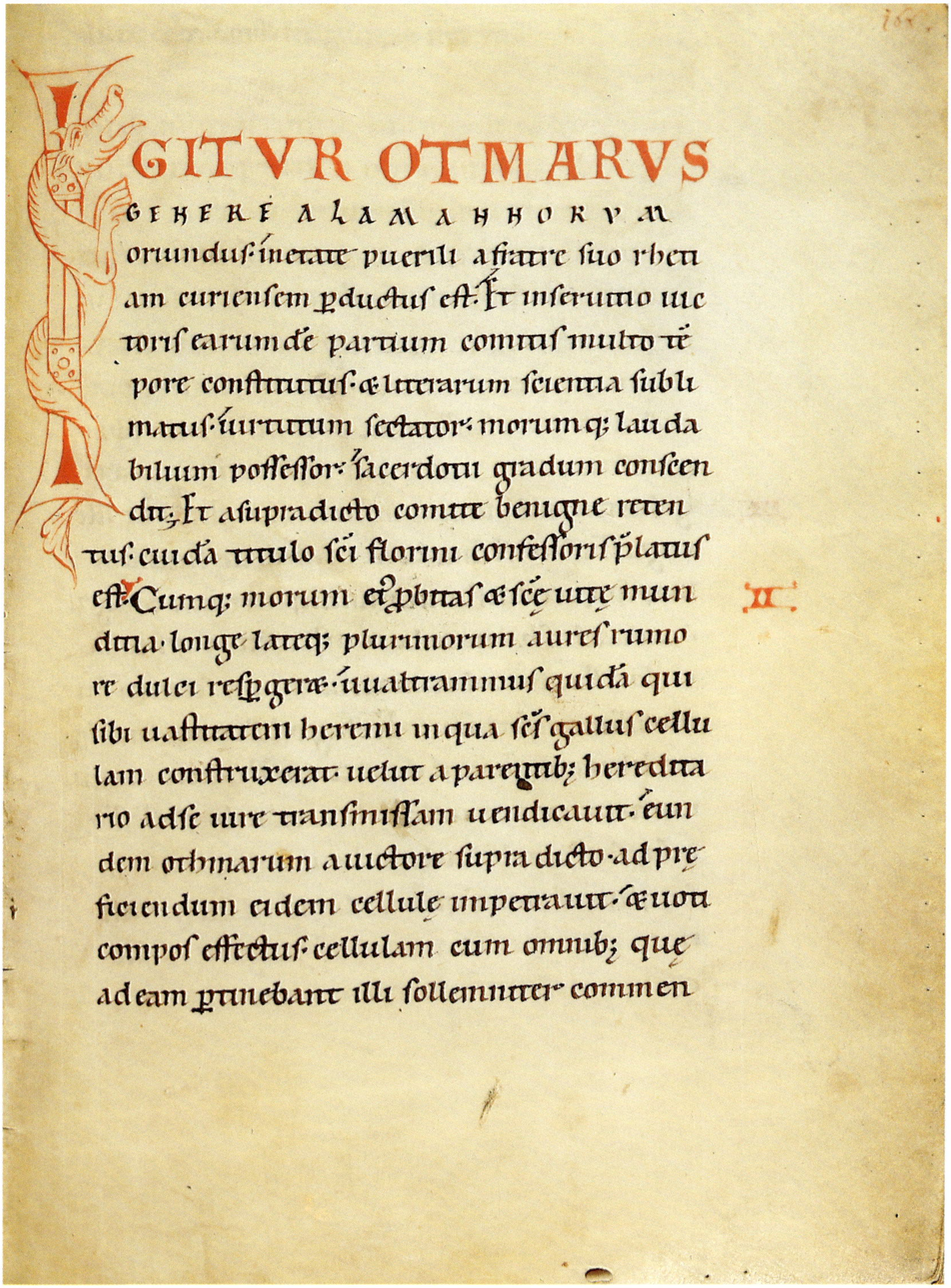
166

IGITUR OTMARUS
GENERE ALAMANNORUM
oriundus in etate puerili a fratre suo rheti
am curiensem perductus est. Et in servitio vic
toris earundem partium comitis multo tem
pore constitutus. et litterarum scientia subli
matus. virtutum sectator. morumque lauda
bilium possessor. sacerdotii gradum conscen
dit. Et a supradicto comite benigne reten
tus. cuidam titulo sancti florini confessoris prelatus
est. Cumque morum eius probitas et sancte vite mun II
ditia. longe lateque plurimorum aures rumo
re dulci respergeret. uualtrammus quidam qui
sibi vastitatem heremi in qua sanctus gallus cellu
lam construxerat. velut a parentibus hereditta
rio ad se iure transmissam vendicavit. eun
dem othmarum a victore supra dicto ad pre
ficiendum eidem cellule impetravit. et voti
compos effectus. cellulam cum omnibus que
ad eam pertinebant illi sollemniter commen

9 Vita sancti Otmari, 12. Jahrhundert: Textbeginn (Cod. 564, S. 166) – Beschreibung S. 284

10 Sequentiarium von Notker Balbulus, um/nach 1065: Titelblatt (Cod. 376, S. 312) – Beschreibung S. 285 f.

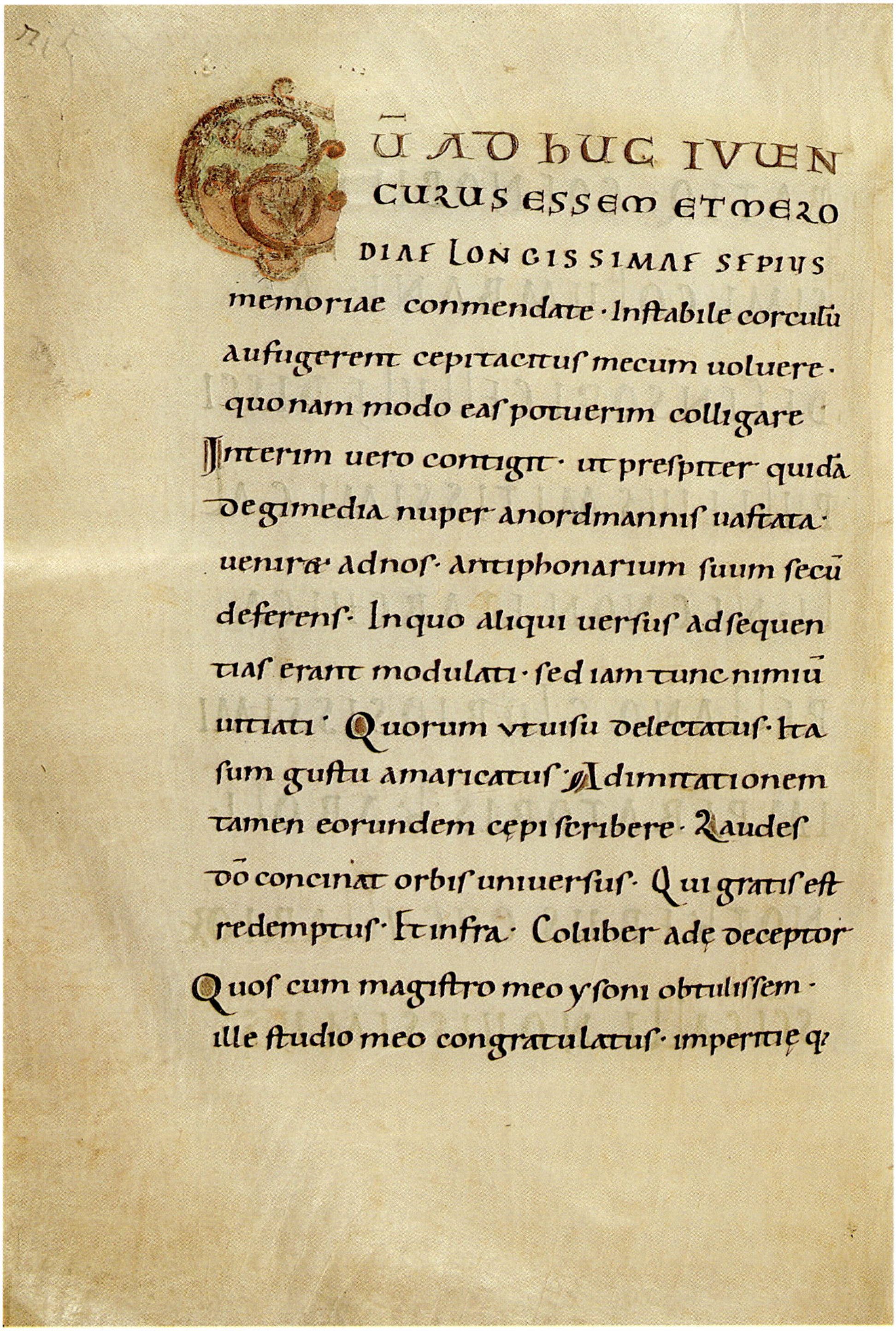
CU AD HUC IUUEN
CULUS ESSEM ET MELO
DIAS LONGISSIMAS SEPIUS
memoriae commendatę · Instabile corculū
aufugerent · cepi tacitus mecum uoluere ·
quonam modo eas potuerim colligare
Interim uero contigit · ut prespiter quidā
de gimedia nuper a nordmannis uastata ·
ueniret ad nos · antiphonarium suum secū
deferens · In quo aliqui uersus ad sequen
tias erant modulati · sed iam tunc nimiū
uitiati · Quorum ut uisu delectatus · Ita
sum gustu amaricatus · Ad imitationem
tamen eorundem cepi scribere · Laudes
dō concinat orbis uniuersus · Qui gratis est
redemptus · Et infra · Coluber adę deceptor
Quos cum magistro meo ysoni obtulissem ·
ille studio meo congratulatus · imperitię q;

11 Sequentiarium von Notker Balbulus, um/nach 1065: Prooemium (Cod. 376, S. 315) – Beschreibung S. 286

12 Sequentiarium, um/nach 1065: Miniatur zur Weihnacht (Cod. 376, S. 319) – Beschreibung S. 287

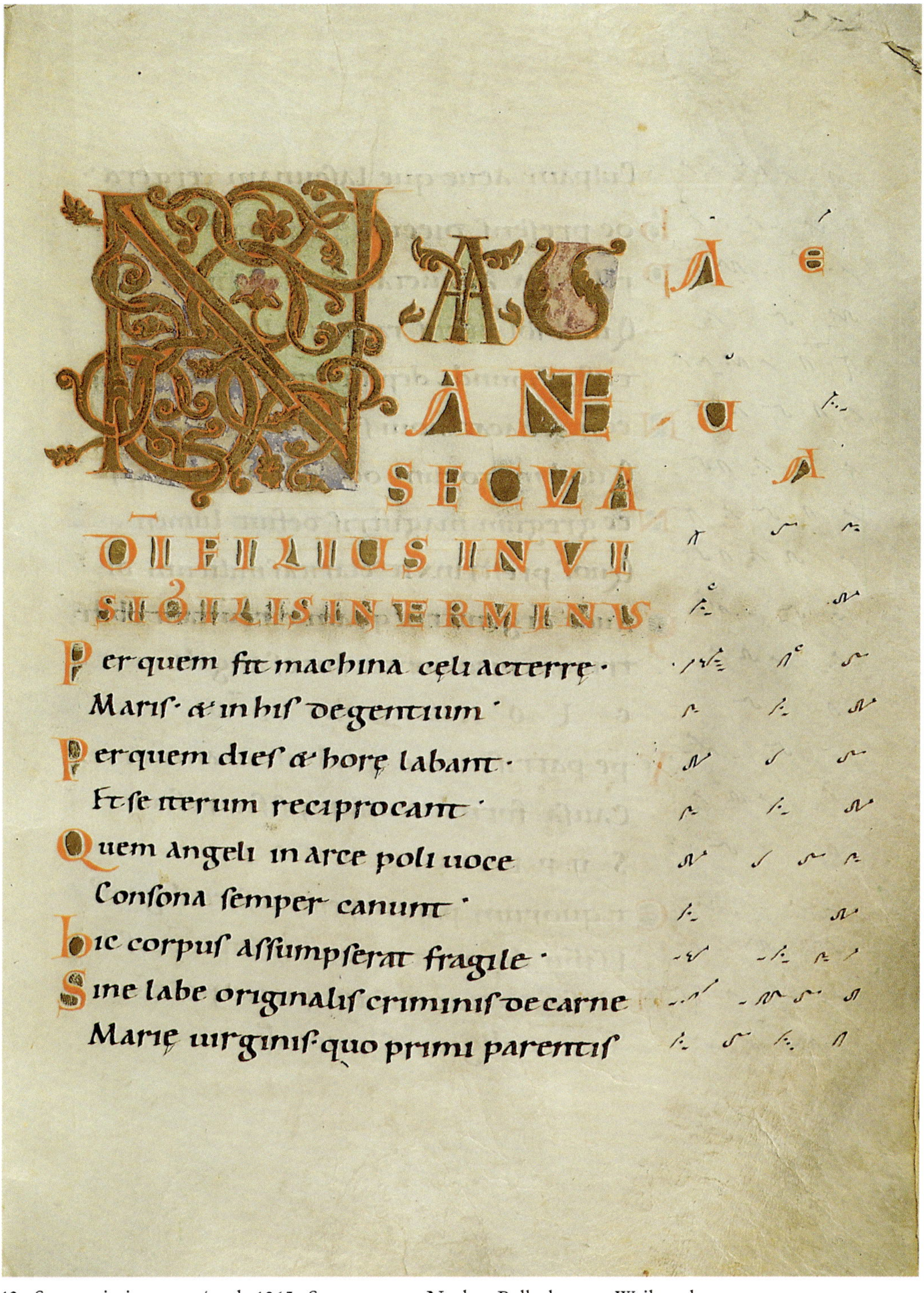
Natus ante secula Dei filius invisibilis interminus
Per quem fit machina celi ac terre ·
Maris · et in his degentium ·
Per quem dies et hore labant ·
Et se iterum reciprocant ·
Quem angeli in arce poli voce
Consona semper canunt ·
Hic corpus assumpserat fragile ·
Sine labe originalis criminis de carne
Marie virginis · quo primi parentis

13 Sequentiarium, um/nach 1065: Sequenz von Notker Balbulus zur Weihnacht
(Cod. 376, S. 320) – Beschreibung S. 287

14 Deutsche Heiligenleben von Friedrich Colner, um 1430/1436: St. Wiborada (Cod. 586, S. 230) – Beschreibung S. 287 f.

15 Deutsche Heiligenleben von Friedrich Colner, um 1430/1436: St. Otmar (Cod. 586, S. 323) – Beschreibung S. 287f.

16 Deutsche Heiligenlegende von Konrad Sailer, 1451/1452: Ueberfahrt der hl. Columban und Gallus (Cod. 602, S. 33) – Beschreibung S. 288f.

17 Deutsche Heiligenlegende von Konrad Sailer, 1451/1452: Translation des hl. Otmar (Cod. 602, S. 229) – Beschreibung S. 288 f.

320.

Er wol wiste dz man all ding
mit rät solt tün Do gieng
er zü der selgen wiboradan
als er pflag ze tün in allen
dingen die er tün solt vnd off-
nete ir der brüder begird vn
dz er wölt wer es gotes will
in allen dingen sien begirden

gehorsam sin Aber sy batt frist
dryer tag Nach der volbring
ung Do sprach sy zü im
wissagende Du wirst hie
mit weder münch noch apt
Von der almechtikeit gott hät
dich für sehen zü aine bischoff
in der gegne gegen der sunen

14

18 Deutsche Heiligenlegende von Konrad Sailer, 1451/1452: Begegnung Ulrichs mit Wiborada (Cod. 602, S. 320) – Beschreibung S. 289f.

19 Konstanzer Chronik von Gebhard Dacher, vor 1471: Insignien des Bischofs St. Konrad (Cod. 646, S. 54) – Beschreibung S. 290 f.

20 Codex Gaisbergianus, 1526: Kurzbiographie des Abtes St. Gallus (Cod. 613, S. 7) – Beschreibung S. 291 f.

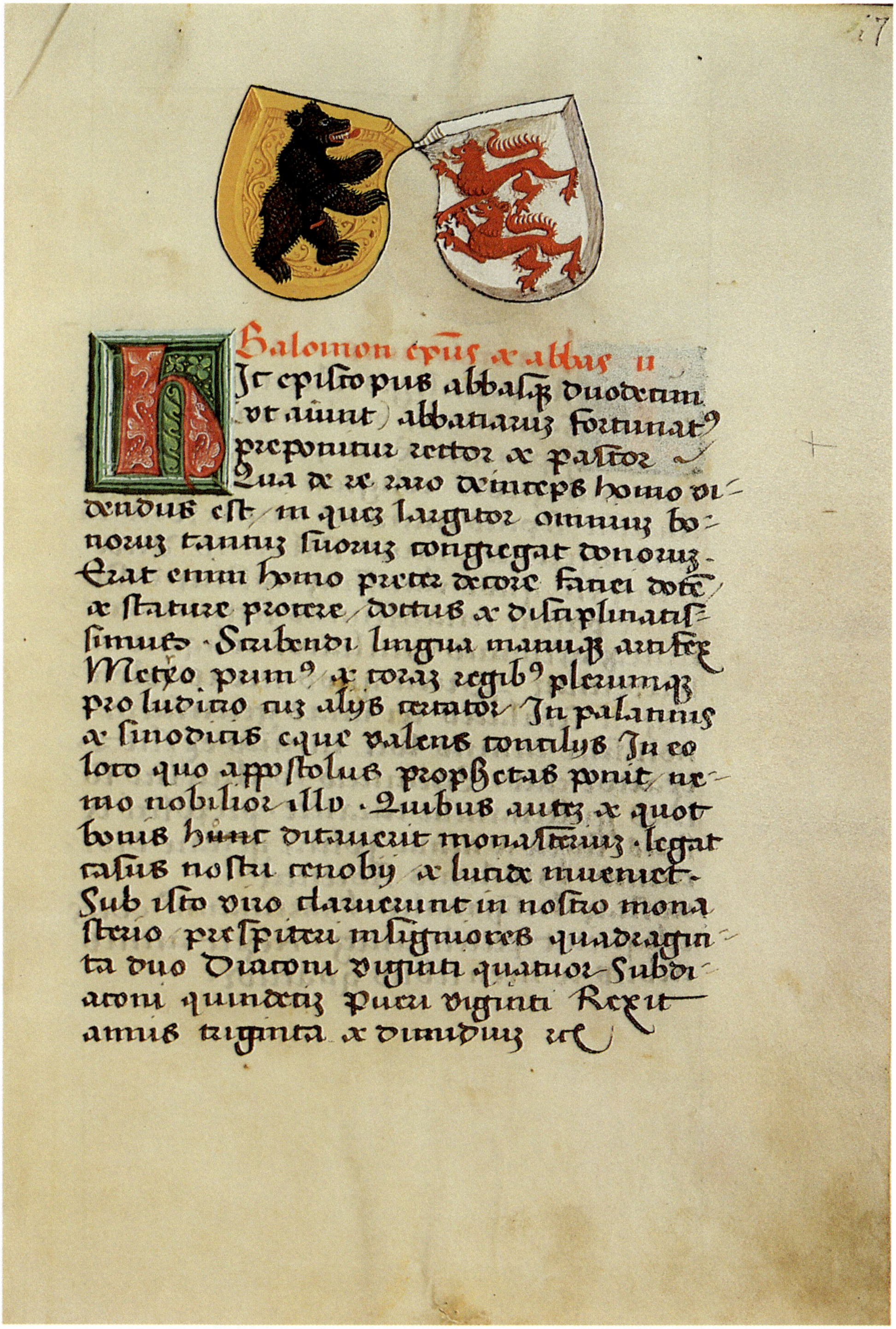

Salomon epus et abbas II
Hic episcopus abbas[que] duodecim
vt aiunt abbatiarum fortunat[us]
preponitur rector et pastor
Qua de re raro deinceps homo vi-
dendus est in quem largitor omnium bo-
norum tantum suorum congregat donorum.
Erat enim homo preter decore faciei docte
et stature procere doctus et disciplinatis-
simus. Scribendi lingua manu[que] artifex
Metro prim[us] et toram regib[us] plerum[que]
pro iudicio cum alijs certator In palatijs
et sinodis eque valens concilijs In eo
loco quo appostolus prophetas ponit ne-
mo nobilior illo. Quibus autem et quot
bonis hunc ditaverit monasterium. legat
casus nostri cenobij et lucide inveniet.
Sub isto viro claruerunt in nostro mona
sterio presbiteri insigniores quadragin
ta duo Diaconi viginti quatuor Subdi
aconi quindecim Pueri viginti Rexit
annis triginta et dimidium etc

21 Codex Gaisbergianus, 1526: Kurzbiographie des Abtbischofs Salomo III. (Cod. 613, S. 17) – Beschreibung S. 291 f.

22 Pontifikalmissale des Abtes Diethelm Blarer, 1555: Messe zum St. Gallus-Fest (Cod. 357, S. 321) – Beschreibung S. 292 f.

In virtute tua
dñe letabitur
iustus; et super
salutare tuū exultabit
vehementer desiderium
aīe ei9 tribuisti ei. R.
Magna est glia ei9 in
salutari tuo; gliā et
magnū decorē īpones
sup eū. Oratio.
Sancti oth-
mari confessoris
tui dñe nos ora-
tio sancta scilicet;
que sacris vtutib9
veneranda reful-
get. P. do. Lectio lib.
Sapiētie.
Iustū deduxit dñs
p vias rectas et o-
stendit illi regnū
dei; et dedit illi sciē-
tiam sctōr: hone-
stavit illū in labo-
rib9; et cōpleuit
labores illi9. In frau-
de circūuenientiū
illum affuit; et ho-

De s martino orō. Deus q cspicis qa ex nulla nra
virtute subsistim9: ccede ppici9: vt itercessioe bti mar-
tini cfessoris tui atq pontificis cta oia aduersa
muniamur. Per dnm nrm.

SIG. MONAST. SANC. GALLI

23 Pontifikalmissale des Abtes Diethelm Blarer, 1555: Messe zum St. Otmars-Fest (Cod. 357, S. 337) – Beschreibung S. 292 f.

24 Barock-Antiphonarium, um 1757: St. Otmars-Hymnus von Notker Medicus (Cod. 1795, S. 206) – Beschreibung S. 293 f.

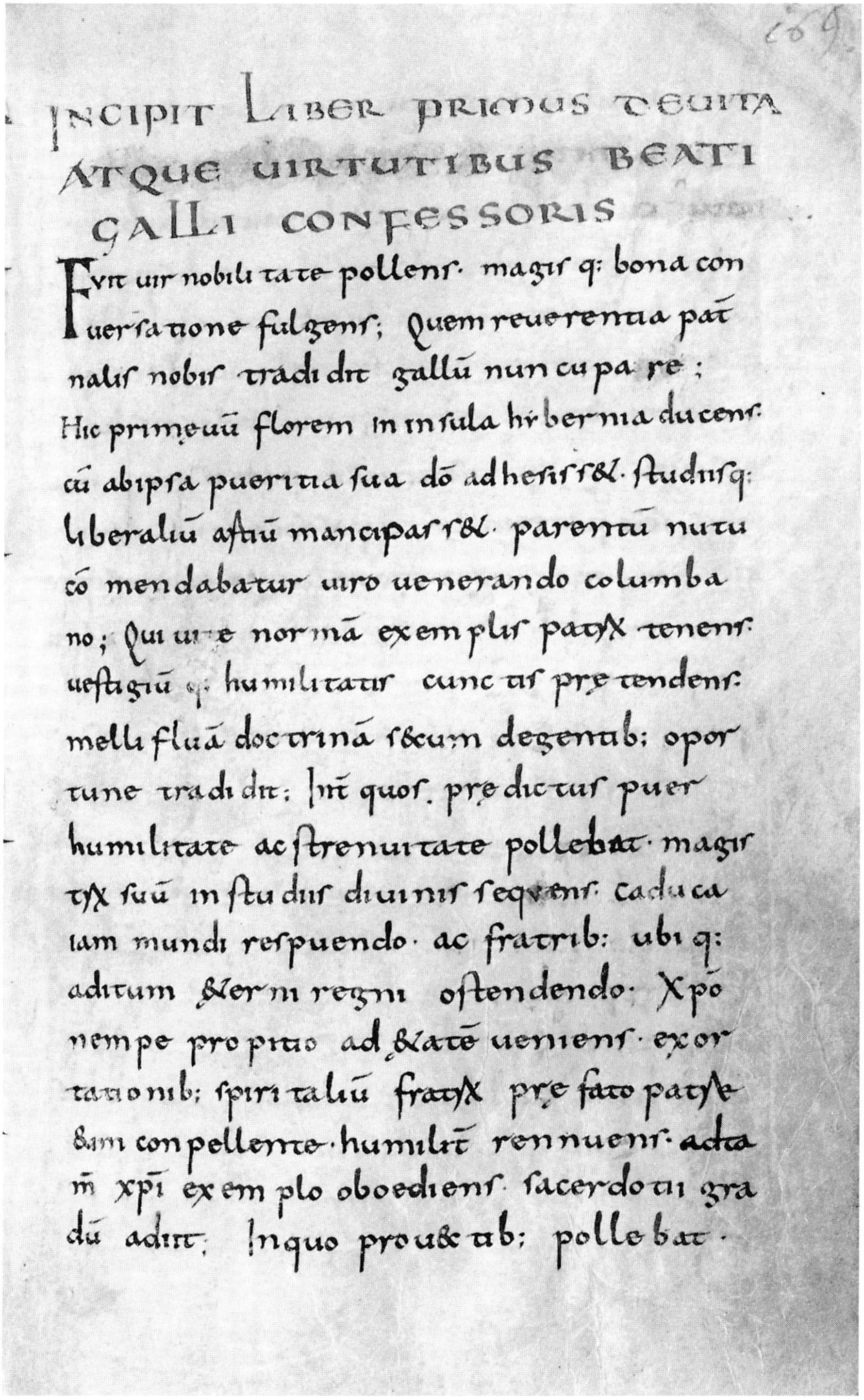

25 Vita sancti Galli von Wetti, um 820: Textbeginn
(Cod. 553, S. 169) – Beschreibung S. 294

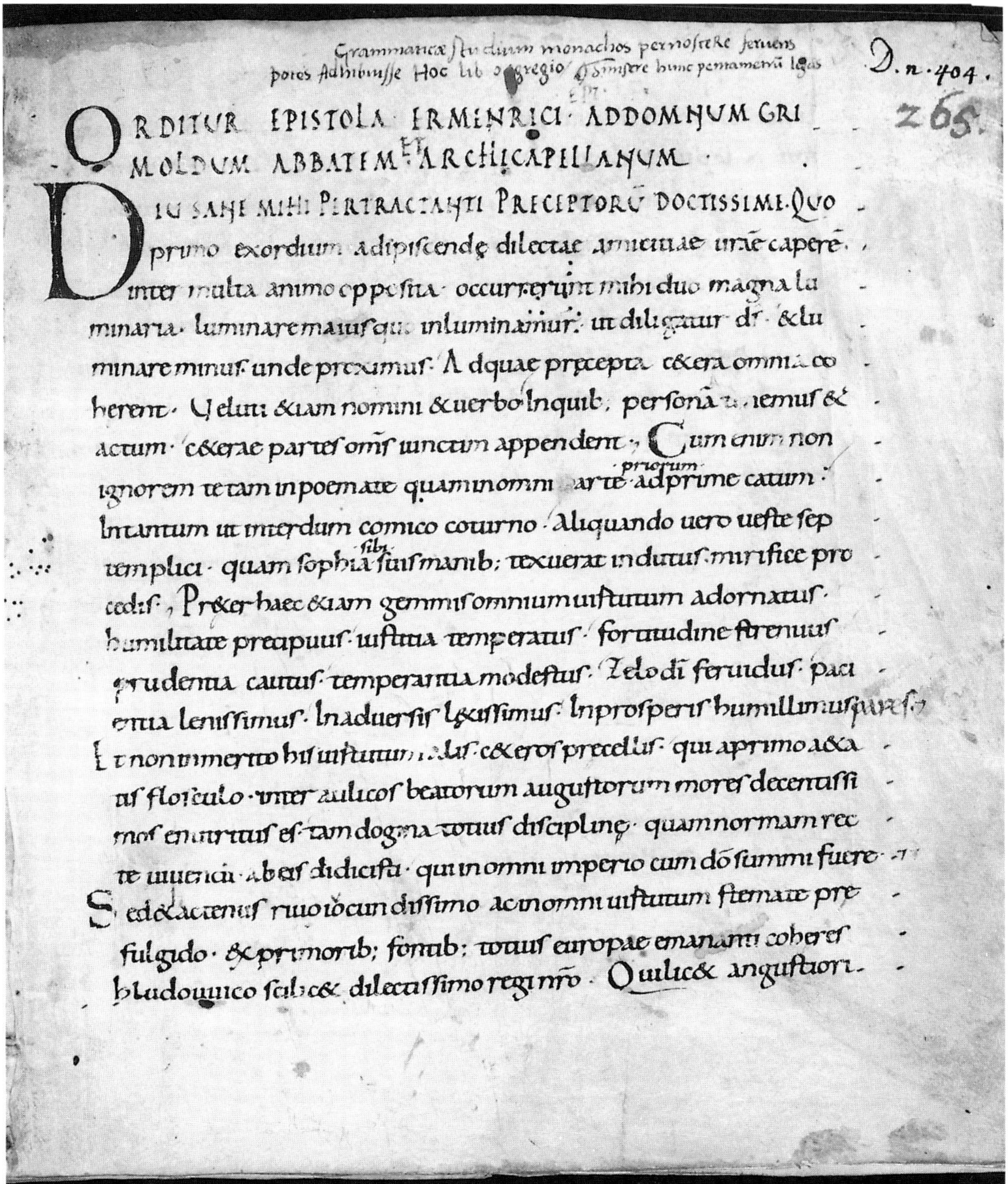

26 Epistola Ermenrichs an Abt Grimalt, nach 850: Textbeginn (Cod. 265, S. 3) – Beschreibung S. 294 f.

27 Bucheintrag von der Hand des Notker Balbulus, um 890 (Cod. 14, S. 331) – Beschreibung S. 295 f. ▷

uecricemus in dō nr̄o ut ducamus uxores
peregrinas. ; De filiis aū ioiadae filii eliasib.
sacerdotis magni. gener erat sanabal
lath oronitis quem fugaui a me. ; Recor
dare dn̄e ds̄ mis aduersus eos qui polluunt sacer
dotium. iusque sacerdotale & leuiticum.
Igitur mundaui eos ab omnibus alienige
nis. & constitui ordines sacerdotum & le
uitarum. unum quemque in ministerio
suo. & in oblectione lignorum in tempo
ribus constitutis & in primitiuis; Memen
to mei ds̄ meus in bonum ; Ende des II. B. Esdrae.

Ego notkerus. indignus coenobiota sc̄i galli. cū ad
huc adolescentulus. in quodā antiquissimo augiensium
libro. subiecta enigmata legissem. quasi pludo uel
nihili. ea computaui. Sed cū tempore procedenti li
bros sc̄i aug legere coepissem. & precipue illos de ciui
tate dī. & inuenirem in qua auctoritate eadem ipse
recepisset. nefas putaui. si illa bibliothecę sc̄i galli. cui
dī gratia multa accumulaui. scribere negligendo defru
dauerim. Cū etiā prius ep̄lam ieremię. & librū baruch.
aperitissimo ieronimo despectū. sed a ceteris ecclesiasticis
usitatum. in fine eiusdem prophete ēscribi fecerim.

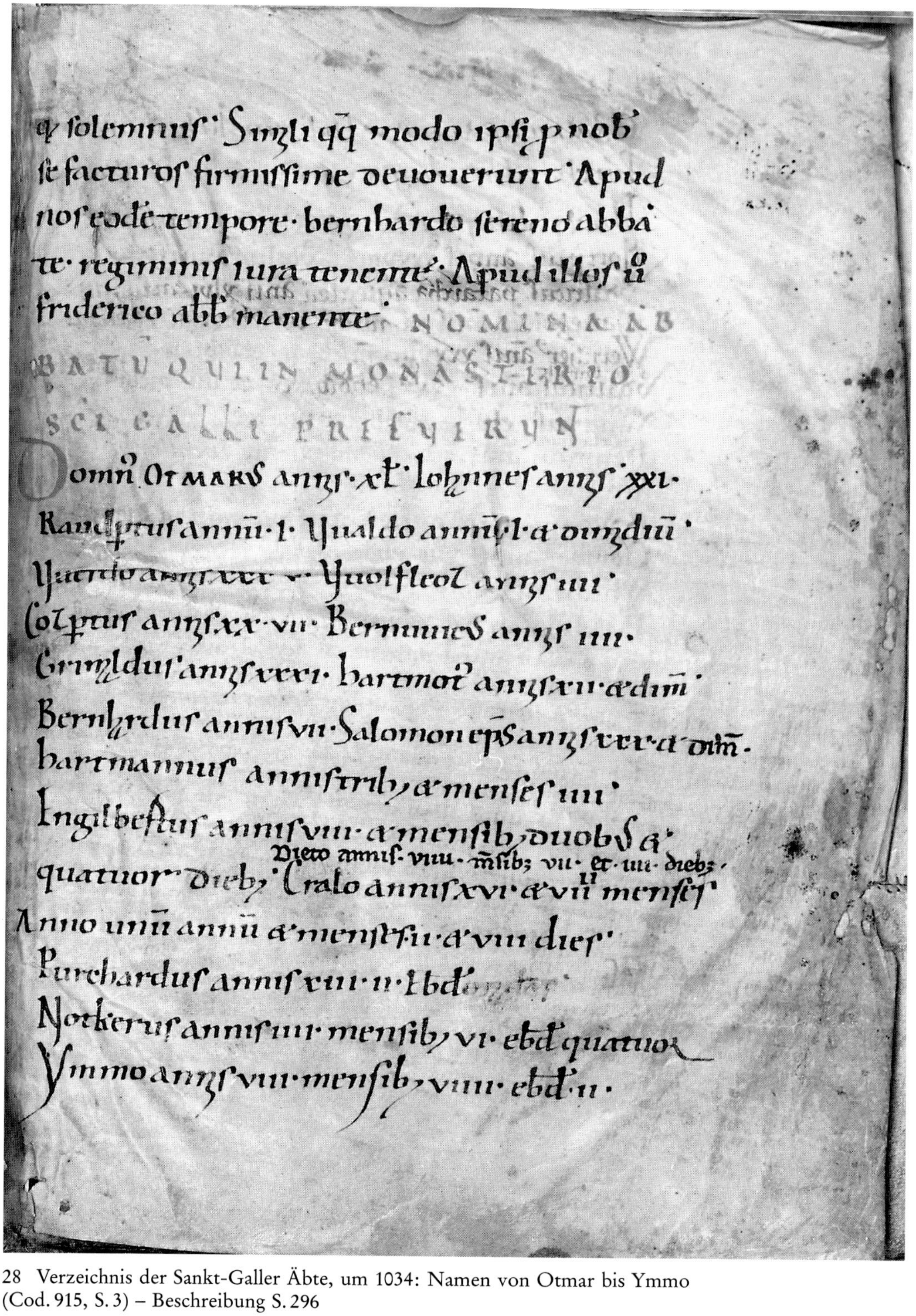

28 Verzeichnis der Sankt-Galler Äbte, um 1034: Namen von Otmar bis Ymmo (Cod. 915, S. 3) – Beschreibung S. 296

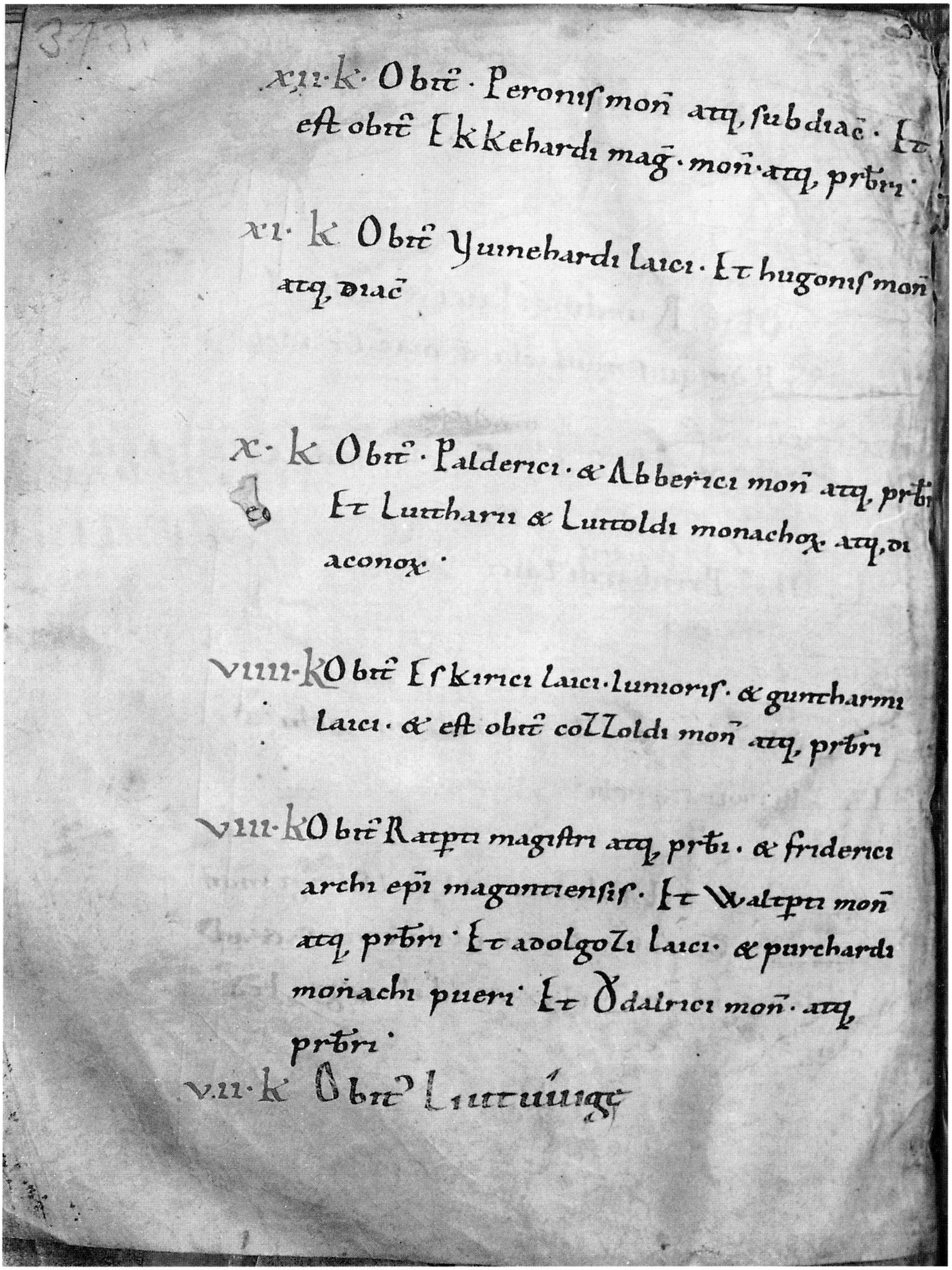

29 Einträge im Necrologium, nach 1060: Todestage Ekkeharts IV. und Ratperts
(Cod. 915, S. 343) – Beschreibung S. 297

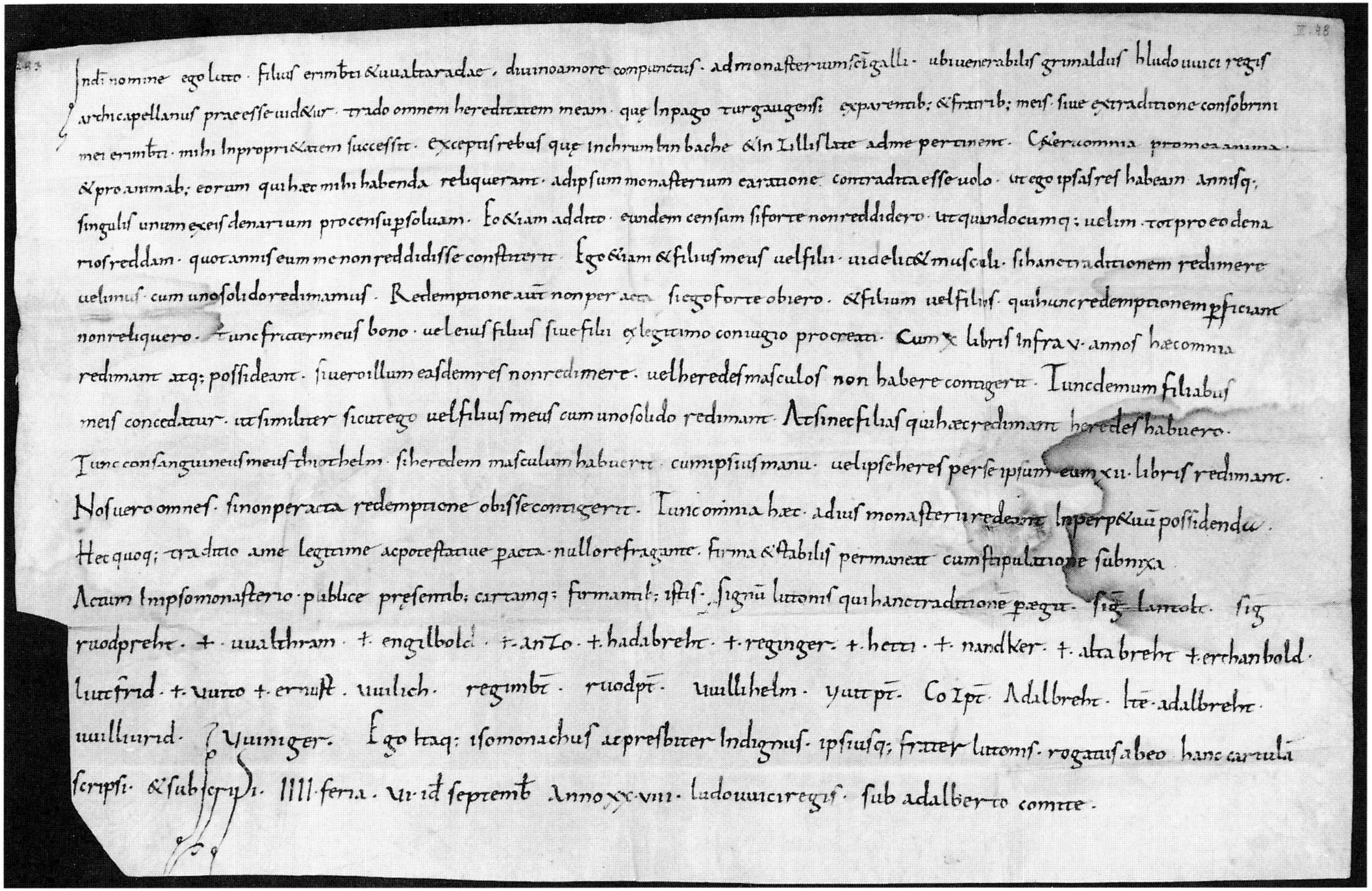

30 Traditionsurkunde von der Hand Isos, 868 (Urk. III. 283) – Beschreibung S. 297

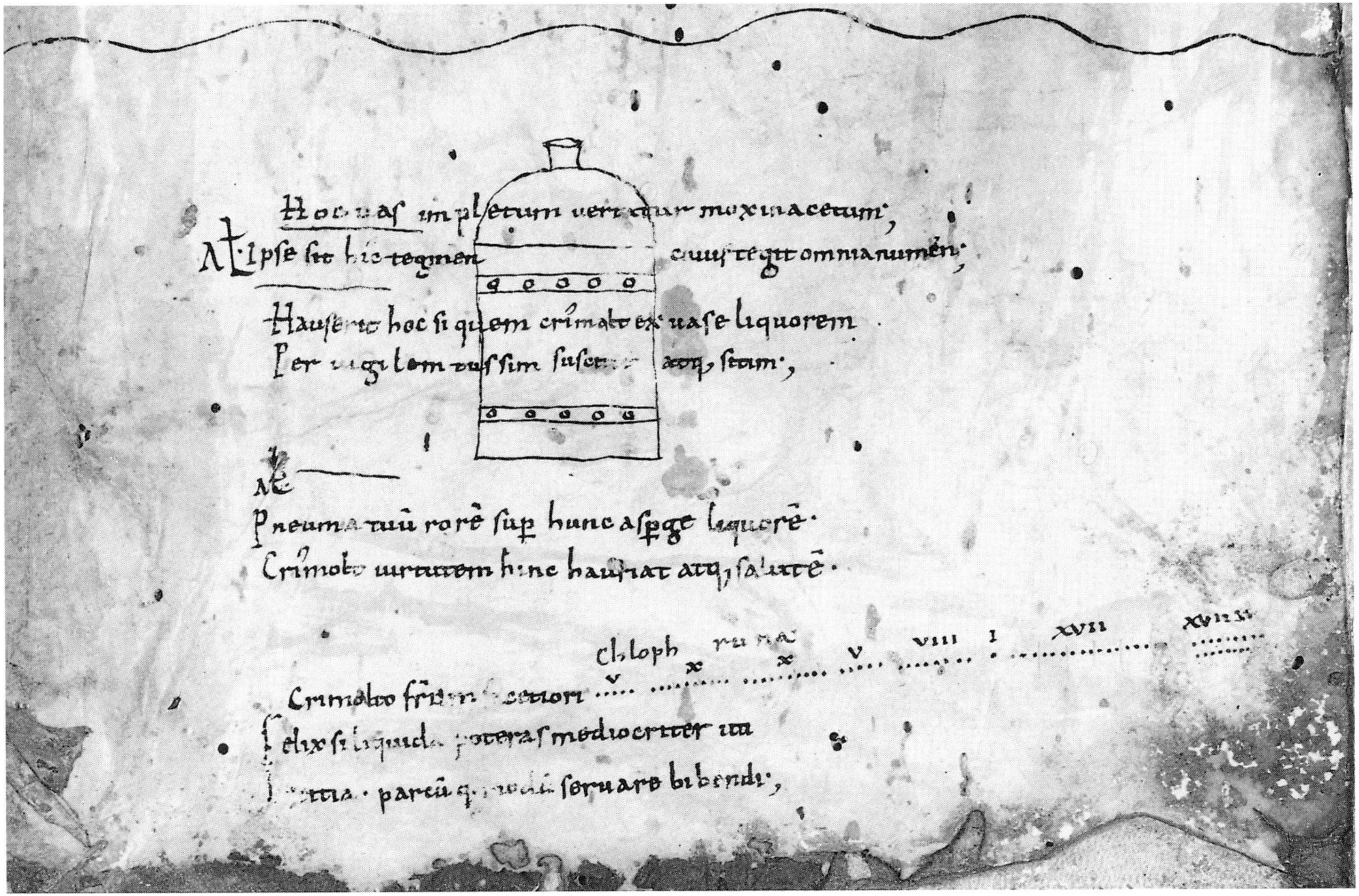

31 Spottverse von der Hand Ekkeharts IV., um 1050 (Cod. 176, Rückspiegelblatt) – Beschreibung S. 298

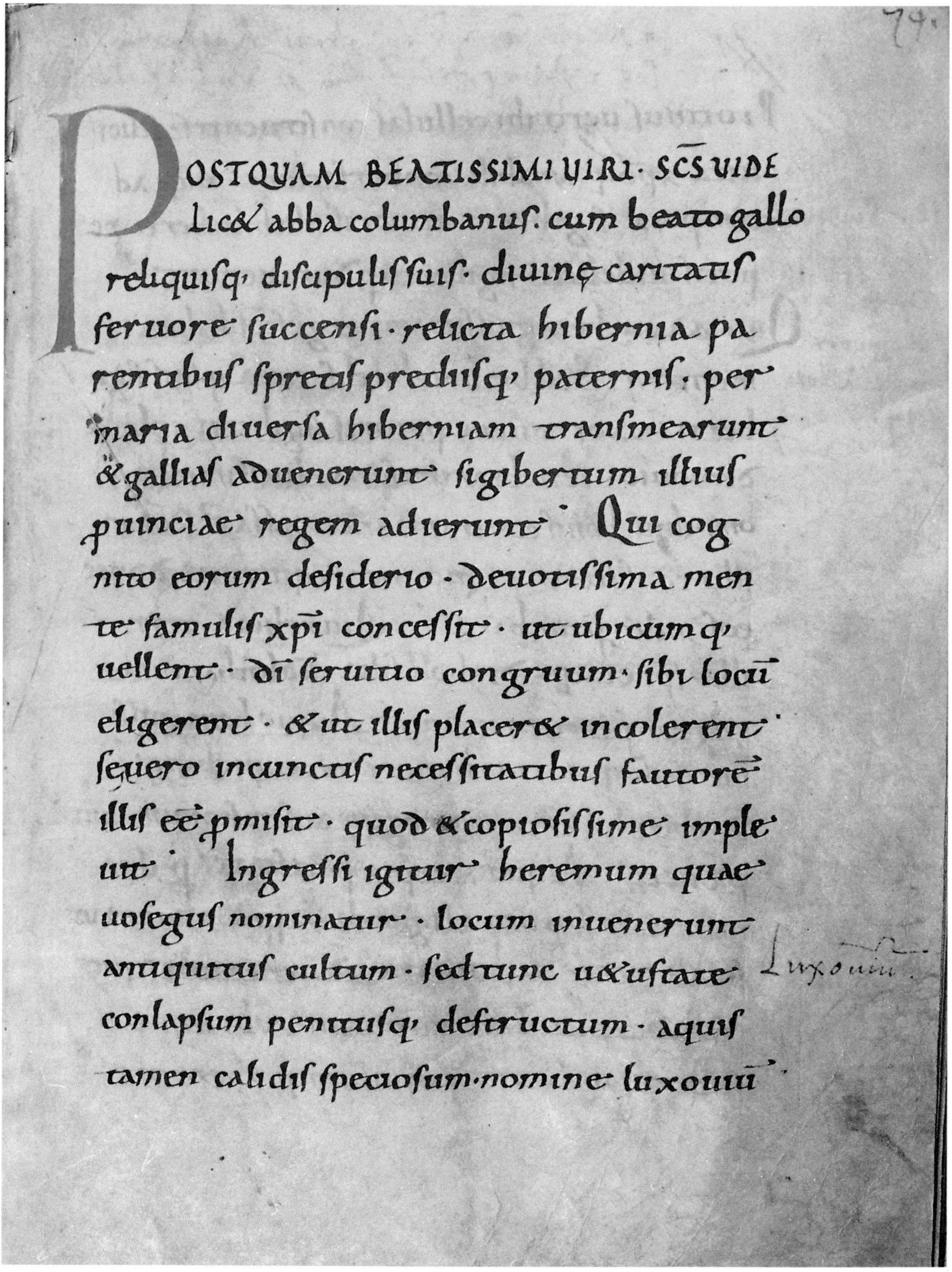
74

POSTQUAM BEATISSIMI UIRI· SCS UIDE
lic& abba columbanus. cum beato gallo
reliquisq; discipulis suis· diuine caritatis
feruore succensi· relicta hibernia pa
rentibus spretis prediisq; paternis· per
maria diuersa hiberniam transmearunt
& gallias aduenerunt sigibertum illius
puinciae regem adierunt· Qui cog
nito eorum desiderio· deuotissima men
te famulis xpi concessit· ut ubicumq;
uellent· di seruitio congruum· sibi locu
eligerent· & ut illis placer& incolerent·
sequero incunctis necessitatibus fautore
illis ee pmisit· quod & copiosissime imple
uit· Ingressi igitur heremum quae
uosegus nominatur· locum inuenerunt
antiquitatis cultum· sed tunc u&ustate
conlapsum penitusq; destructum· aquis
tamen calidis speciosum· nomine luxouiu

Luxouiu

32 Casus sancti Galli von Ratpert, 10. Jahrhundert: Bericht über die hl. Columban und Gallus (Cod. 614, S. 79) – Beschreibung S. 299

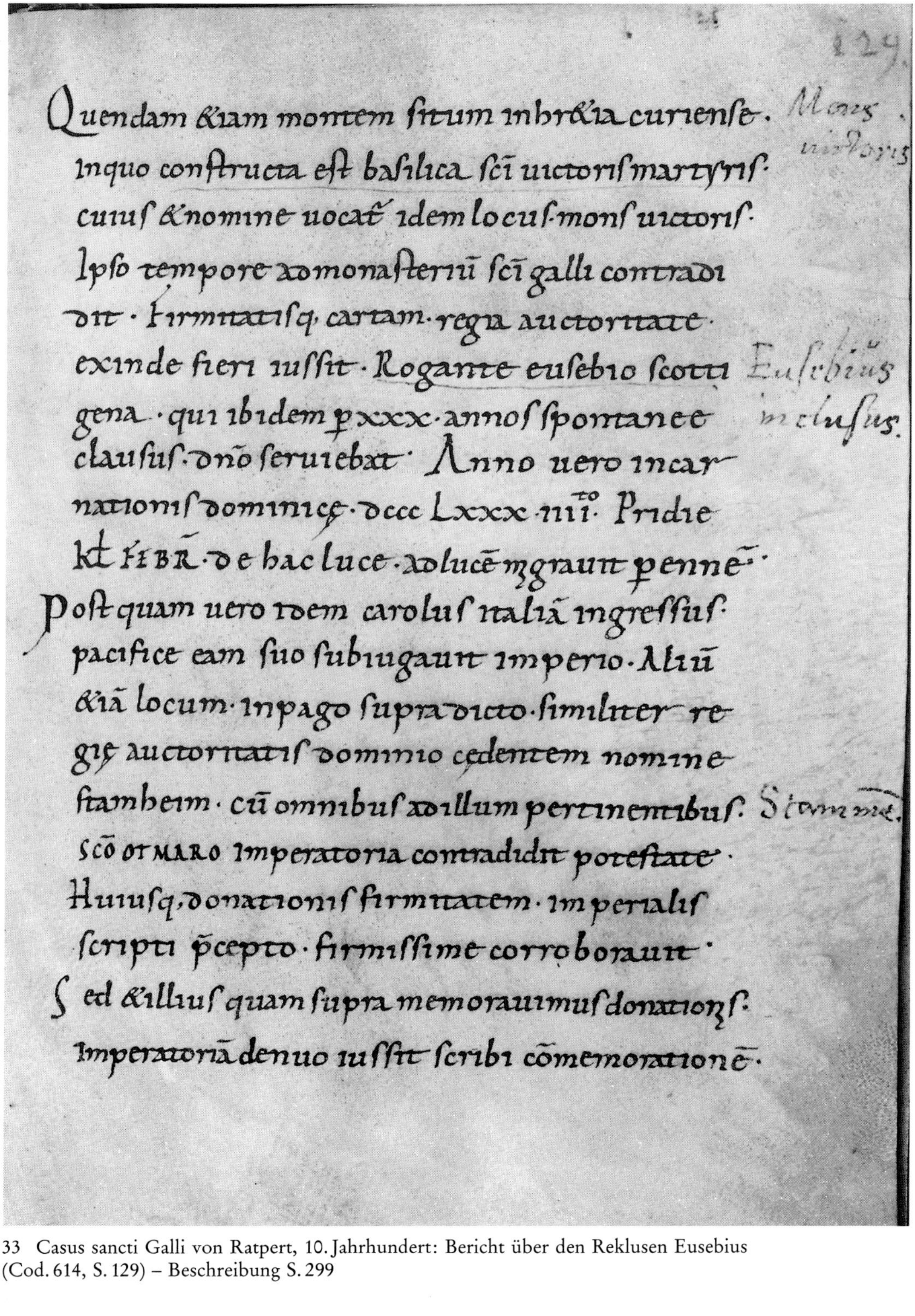
129

Quendam etiam montem situm in retia curiense. — *Mons victoris*
inquo constructa est basilica sci uictoris martyris.
cuius et nomine uocat idem locus mons uictoris.
Ipso tempore ad monasteriu sci galli contradi
dit. firmitatisq. cartam. regia auctoritate.
exinde fieri iussit. Rogante eusebio scotti — *Eusebius*
gena. qui ibidem p xxx. annos spontanee — *inclusus.*
clausus. dno seruiebat. Anno uero incar
nationis dominicae. dccc lxxx iiii. Pridie
kl febr. de hac luce. ad lucem migrauit perenne.
Postquam uero idem carolus italia ingressus.
pacifice eam suo subiugauit imperio. Aliu
etia locum. in pago supradicto. similiter re
gie auctoritatis dominio cedentem nomine
stamheim. cu omnibus ad illum pertinentibus. — *Stamme.*
sco otmaro imperatoria contradidit potestate.
Huiusq. donationis firmitatem. imperialis
scripti pcepto. firmissime corroborauit.
Sed et illius quam supra memorauimus donationis.
Imperatoria denuo iussit scribi comemoratione.

33 Casus sancti Galli von Ratpert, 10. Jahrhundert: Bericht über den Reklusen Eusebius (Cod. 614, S. 129) – Beschreibung S. 299

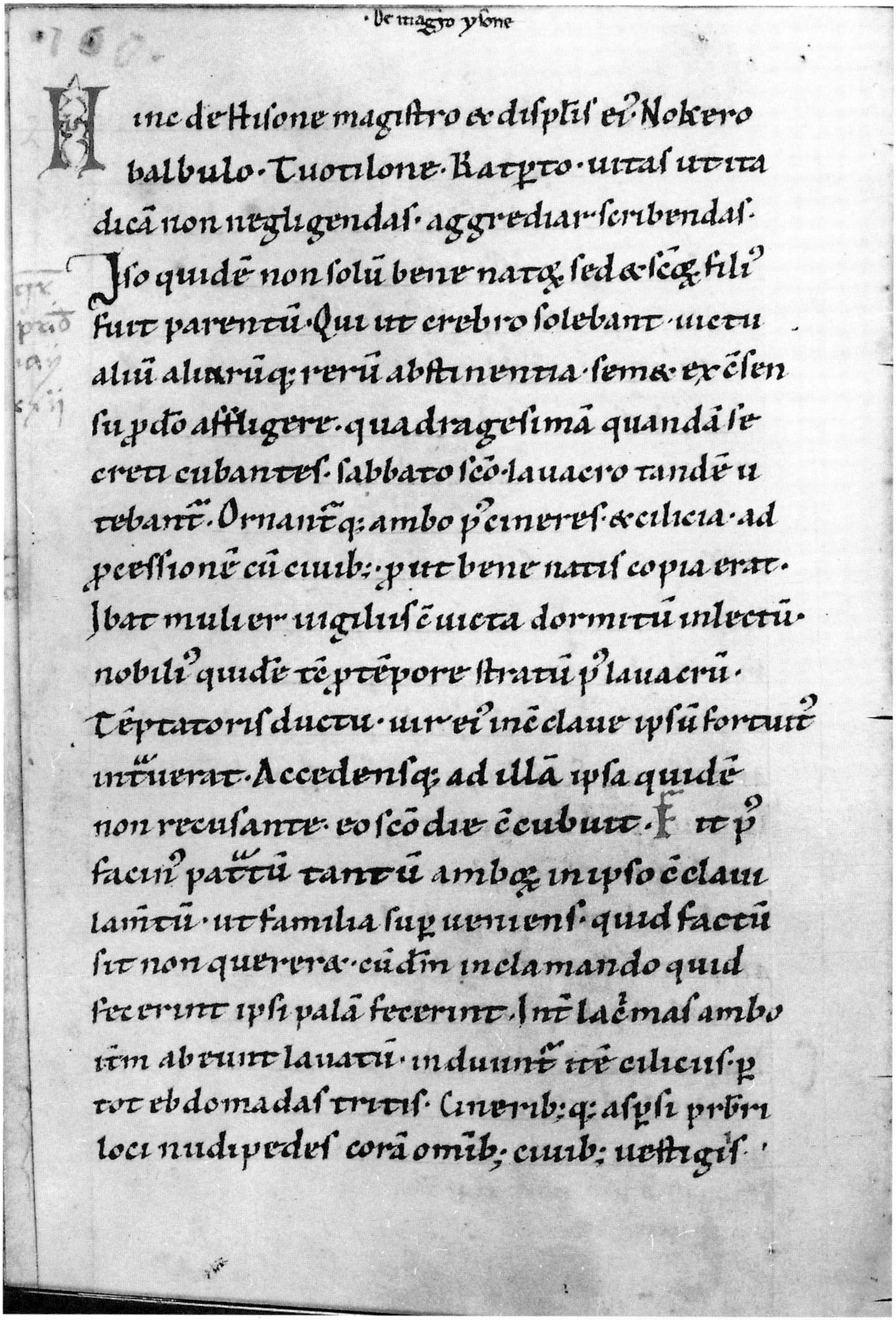
De magistro Ysone

Hinc de Ysone magistro et discipulis eius Nokero
balbulo. Tuotilone. Ratperto. uitas ut ita
dicam non negligendas. aggrediar scribendas.
Iso quidem non solum bene natus. sed et secus filius
fuit parentum. Qui ut crebro solebant. uictu
aliorumque rerum abstinentia semet ex consensu
pro peccato affligere. quadragesimam quandam se
creti cubantes. sabbato sancto lauacro tandem u
tebantur. Ornantque ambo post cineres et cilicia ad
processionem cum ciuibus; prout bene natis copia erat.
Ibat mulier uigilius cum uicta dormitum in lectum
nobilius quidem [illegible] tempore stratum post lauacrum.
temptatoris ductu. uir eius in eo claue ipsum fortuitu
intuerat. Accedensque ad illam ipsa quidem
non recusante eo sancto die concubuit. Et post
factum pactum tantum ambo in ipso conclaui
lamentum. ut familia superueniens quid factum
sit non quereret. cum dominum inclamando quid
fecerint ipsi palam fecerint. Inter lacrimas ambo
item abeunt lauatum. induuntur item ciliciis per
tot ebdomadas tritis. Cineribusque aspersi presbiteri
loci nudipedes coram omnibus ciuibus uestigiis

34 Casus sancti Galli von Ekkehart IV., um 1200: Bericht über Iso und seine Schüler Notker, Tuotilo, Ratpert (Cod. 615, S. 100) – Beschreibung S. 299ff.

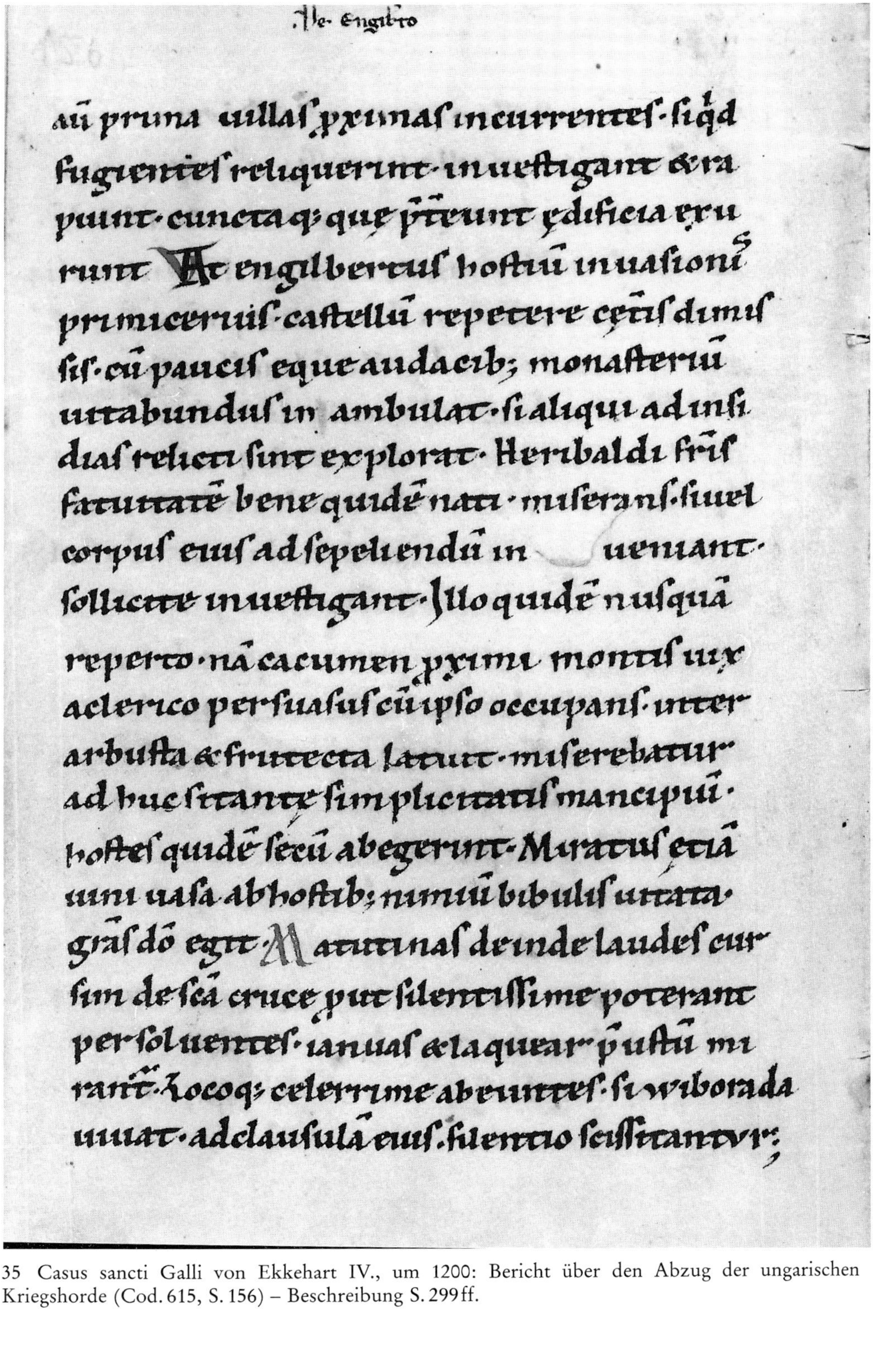
cum prima uillas pxımas incurrentes. siquid
fugientes reliquerint inuestigant & ra
piunt. cunctaq; quę preierunt ędificia eru
runt. At engilbertus hostium inuasionis
primicerius castellum repetere certis dimis
sis cum paucis equitaudacib; monasterium
uitabundus inambulat. si aliqui ad insi
dias relicti sint explorat. Heribaldi fris
fatuitatem bene quidem nati. miserans siuel
corpus eius ad sepeliendum in ueniant.
sollicite inuestigant. Illo quidem nusquam
reperto. nam cacumen pximi montis uix
aclerico persuasus cum ipso occupans. inter
arbusta & frutecta latuit. miserebatur
ad huc stantem simplicitatis mancipium.
hostes quidem secum abegerint. Miratus etiam
uini uasa ab hostib; nimium bibulis uitata.
gras dō egit. Matutinas deinde laudes cur
sum de scā cruce put silentissime poterant
persoluentes. ianuas & laquear pustum mi
rantes. locoq; celerrime abeuntes. si wiborada
uiuat. ad clausulam eius. silentio sciscitantur.

35 Casus sancti Galli von Ekkehart IV., um 1200: Bericht über den Abzug der ungarischen Kriegshorde (Cod. 615, S. 156) – Beschreibung S. 299ff.

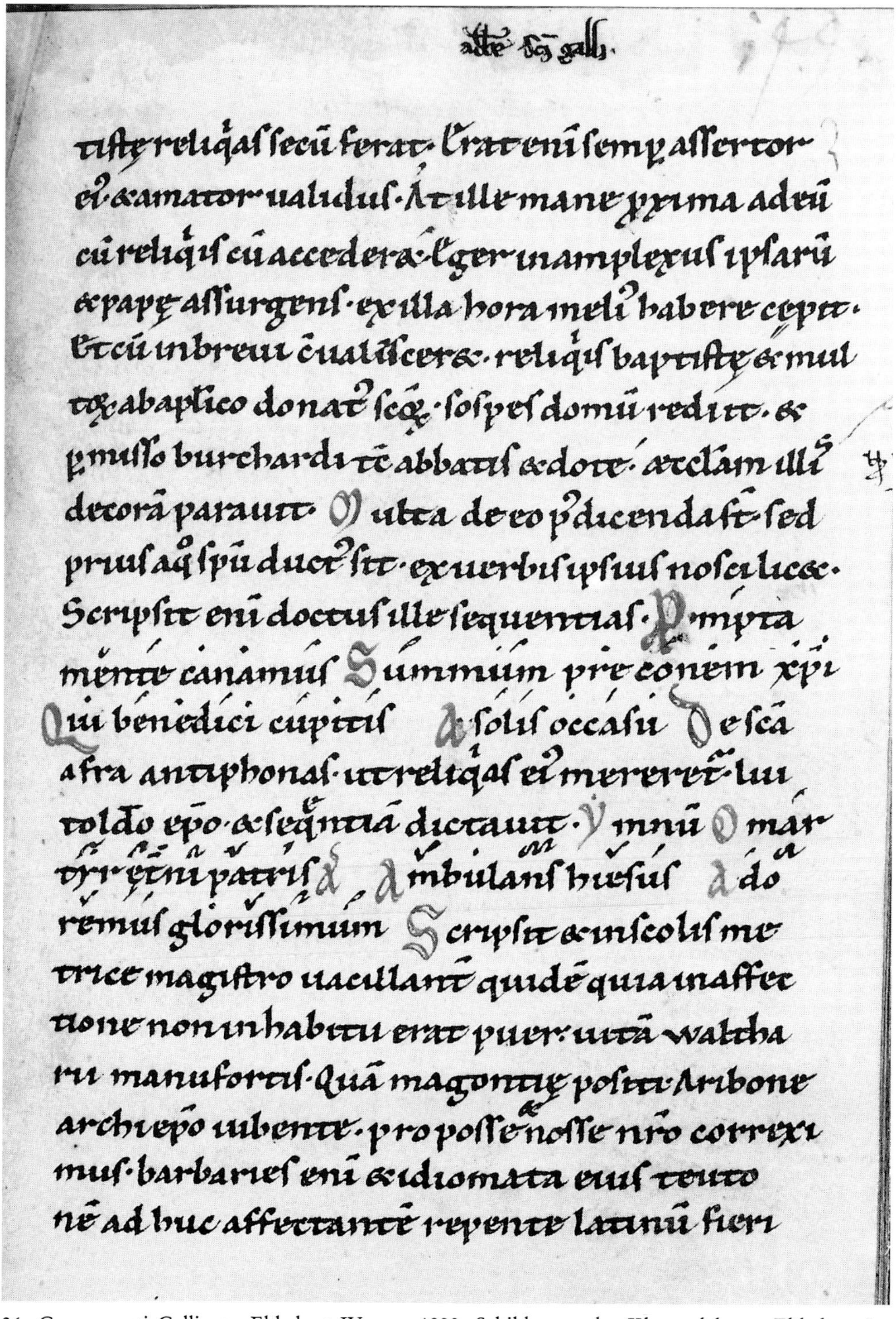

36 Casus sancti Galli von Ekkehart IV., um 1200: Schilderung des Klosterdekanes Ekkehart I. (Cod. 615, S. 199) – Beschreibung S. 299 ff.

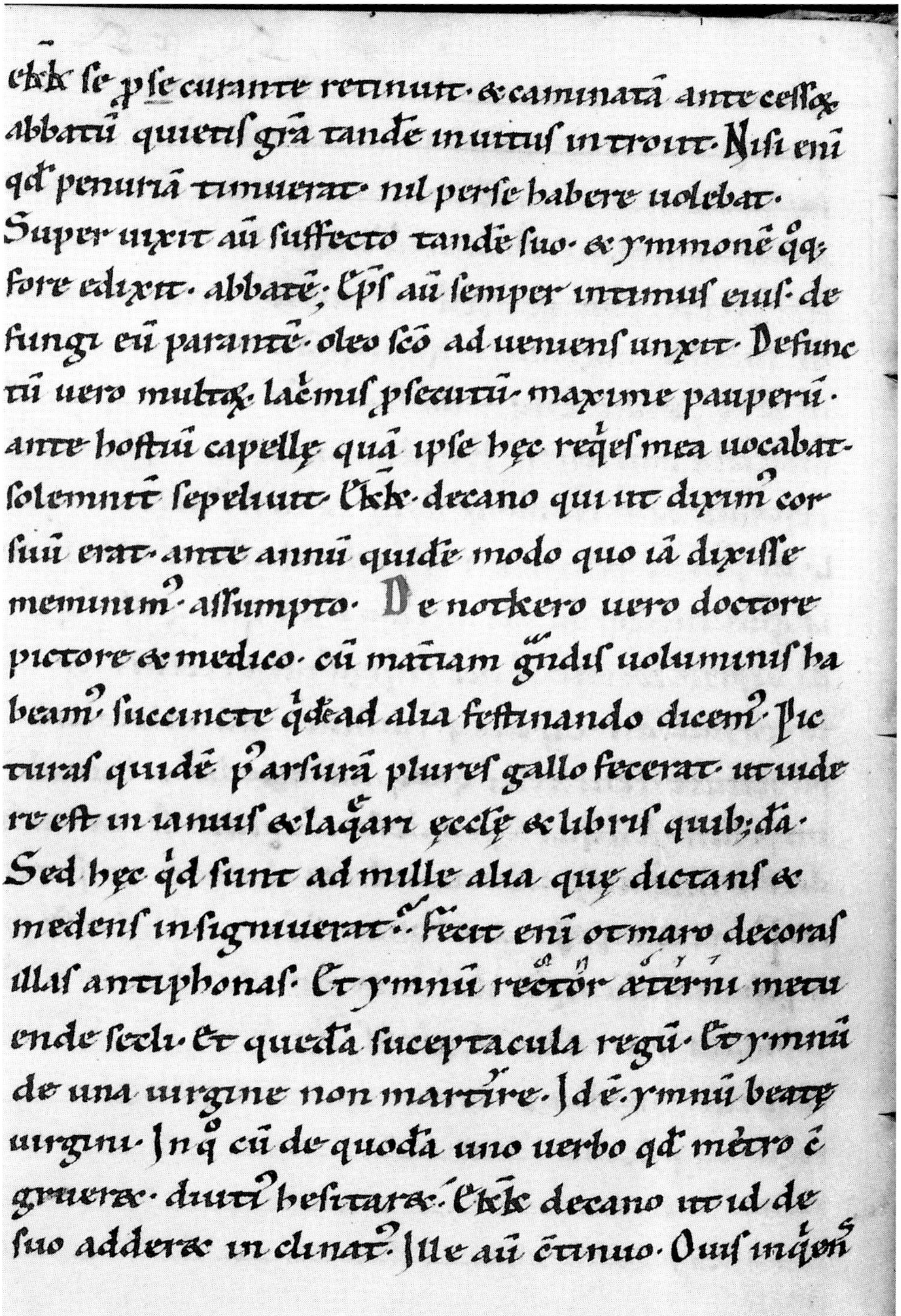

37 Casus sancti Galli von Ekkehart IV., um 1200: Schilderung des Klosterarztes Notker II. (Cod. 615, S. 262) – Beschreibung S. 299ff.

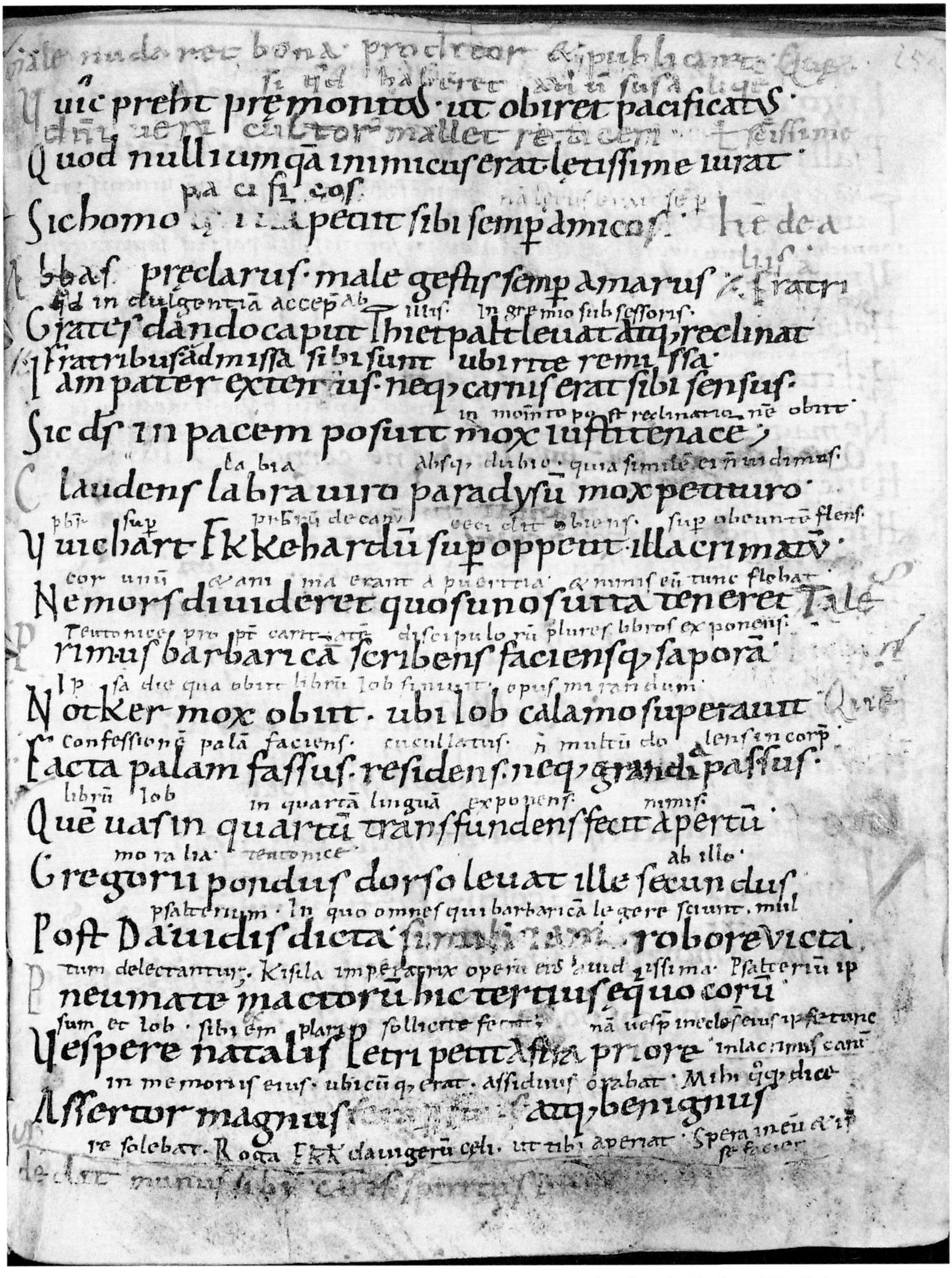

38 Liber benedictionum von Ekkehart IV., um 1035/1060: Nachruf auf Notker III. Labeo (Cod. 393, S. 155) – Beschreibung S. 301

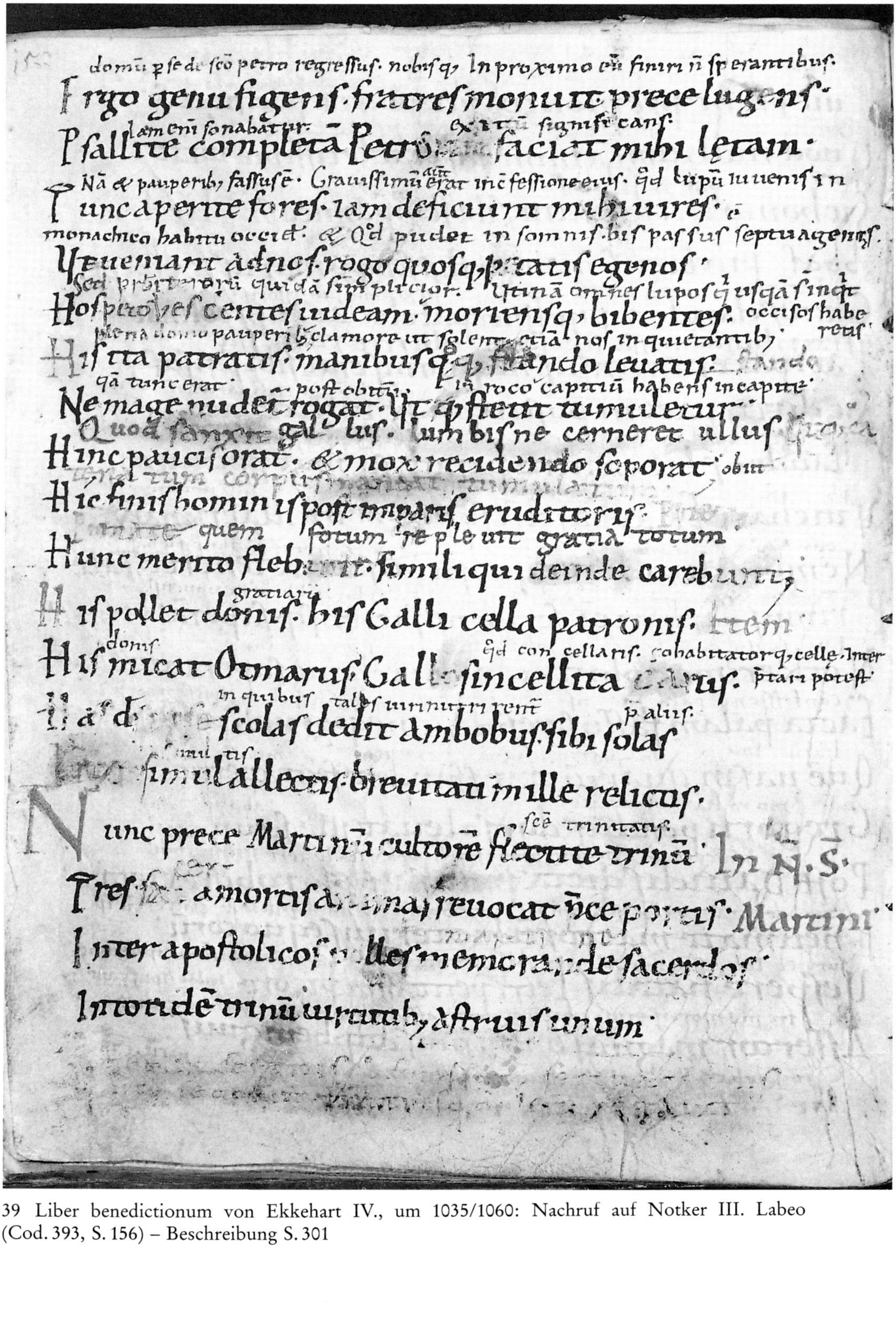

39 Liber benedictionum von Ekkehart IV., um 1035/1060: Nachruf auf Notker III. Labeo (Cod. 393, S. 156) – Beschreibung S. 301

40 Die Sankt-Gallus-Glocke in der Kathedrale St. Gallen, 7. Jahrhundert (?) – Beschreibung S. 302

Erläuterungen zu den Bildern

Vorbemerkungen

Die Abbildungen wollen die vorausgegangenen Textbeiträge als zusätzliche Quellenbelege dokumentieren und veranschaulichen. Sie sind in zwei Folgen – in 24 Farbbilder und 16 Schwarz-Weiß-Bilder – geteilt, wobei jede der beiden Folgen nach Möglichkeit chronologisch angeordnet ist. Die jeweils nebeneinanderliegenden Bilderseiten versuchen sich aber auch thematisch zu entsprechen. Für weitere inhaltliche Zusammenhänge, die in den Textbeiträgen zur Sprache kommen, sei auf das »Verzeichnis der zitierten Manuskripte« hingewiesen.

Die Abbildungen 1–39 sind Manuskripten der sankt-gallischen Stiftsbibliothek entnommen, einzig die Urkunde in Abbildung 30 liegt im hiesigen Stiftsarchiv. Die Sankt-Galler Codices sind nicht foliiert, wie es andernorts üblich ist, sondern meistens paginiert. Diese Paginierung ist größtenteils durch Ildefons von Arx um und nach 1780 vorgenommen worden, ist aber oft fehlerhaft, weil er einzelne Seiten doppelt gezählt und andere übersprungen hat. Trotzdem ist sie seither in die weltweite Literatur eingegangen, weshalb sie auch in den folgenden Beschreibungen beibehalten werden muß.

Die hier beigegebenen Literaturhinweise beschränken sich auf Veröffentlichungen, die einen direkten Bezug zu den betreffenden Manuskripten haben. Weitere Hinweise finden sich in den Textbeiträgen.

Hingewiesen sei auch auf die 40 Abbildungen in »Die Abtei St. Gallen, Band I: Beiträge zur Erforschung ihrer Manuskripte«. Sie ergänzen die in diesem Band II vorliegenden Wiedergaben, sind sie doch auch wesentliche »Beiträge zur Kenntnis ihrer Persönlichkeiten«.

Schutzumschlag

›Sankt Gallus und der Bär‹ auf der Elfenbeintafel II von Tuotilo am ›Evangelium longum‹: Codex 53, um 900.

Maße: Elfenbeintafel 320 × 152 mm, unteres Drittel (Gallusszene) 117 × 150/152 mm.

Die Tafel bildet den Rückendeckel eines kostbaren karolingischen Evangelistariums, als dessen Vorderdeckel die hier in Abbildung 1 wiedergegebene Tafel dient. Beide Tafeln sind um 900 vom Sankt-Galler Künstlermönch Tuotilo für diese Verwendung bearbeitet und mit eingeschnitzten Reliefs verziert worden. Auf der Tafel II schnitzte er in drei gleichgroße Felder die folgenden Szenen ein: oben einen Tierkampf, in der Mitte die Himmelsaufnahme Mariens, unten die in der *Vita sancti Galli* erzählte Doppelszene der Begegnung des Heiligen mit dem Bären; dazu die Inschriften: über dem mittleren Feld ASCENSIO S[AN]C[TA]E MARI[A]E, über dem unteren Feld S[ANCTVS] GALL[VS] PANE[M] PORRIGIT VRSO.

Literaturhinweise: siehe Abbildung 1. – Ganze Tafel II bei Johannes Duft, Die Abtei St. Gallen, Band I, Sigmaringen 1990, Abb. 9; dazu dort als Abb. 8 das Elfenbeindiptychon am Codex 60, das Tuotilo als Vorbild gedient hatte (Beschreibungen ebd. S. 247 f.).

Abbildung 1

›Majestas Christi‹ auf der Elfenbeintafel I von Tuotilo am ›Evangelium longum‹: Codex 53, um 900.

Maße: Elfenbeintafel 320 × 155 mm, ganzer Buchdeckel 398 × 239 mm.

Die ungewöhnlich große Elfenbeintafel bildete ursprünglich, zusammen mit der ihr völlig entsprechenden Tafel II (siehe Ausschnitt auf dem Schutzumschlag), ein Schreibdiptychon. Laut Ekkeharts Erzählung in Kapitel 22 der *Casus sancti Galli* war es, gleich wie das kleinere Diptychon am heutigen Sankt-Galler Codex 60, im Besitz Karls des Großen, gelangte später in den Schatz des Erzbischofs Hatto von Mainz und um 893/894 durch Salomo III., Abt von St. Gallen und Bischof von Konstanz, an das Gallus-Kloster. Salomo beauftragte hier seinen Künstlermönch Tuotilo, die beiden glattpolierten Tafeln mit Schnitzwerk zu verzieren und sie zu einem Einband für ein Evangelienbuch umzuarbeiten. Dieser fügte sie in passend zugeschnittene Eichenholzplatten ein und umrahmte sie mit Goldblech, auf das er einen Steinbesatz legte.

Das Relief auf dem Vorderdeckel (Tafel I) stellt die *Majestas Christi* dar, begleitet von der metrischen Inschrift auf zwei Stegen: HIC RESIDET XP̄C VIRTV/TVM STEMMATE S[A]EPTVS. In der Mandorla thront Christus, flankiert von zwei Seraphim mit Leuchttürmen. Über ihm schweben personifiziert Sonne und Mond, unter ihm Ozean und Erde. In den vier Ecken sitzen die schreibenden Evangelisten mit je einem Gebäude, neben ihnen, zur Mandorla hin, ihre Symbole (oben Adler und Engel, unten Löwe und Stier).

Zu Codex 53, für den dieser Prachteinband geschaffen wurde, siehe Beschreibung bei Abbildungen 2/3. Die Benennung *Evangelium longum* ist von der oblongen Gestalt, die durch die beiden Elfenbeintafeln vorgegeben war, abgeleitet.

Literaturhinweise: SCHERRER, Handschriften, S. 23ff. – BRUCKNER, Scriptoria III, S. 44f., 61. – JOHANNES DUFT und RUDOLF SCHNYDER, Die Elfenbein-Einbände der Stiftsbibliothek St. Gallen, Beuron 1984, S. 55–93, 157–160 (mit weiterer Literatur).

Abbildungen 2 und 3

Initialseiten festtäglicher Perikopen im ›Evangelium longum‹: Codex 53, Seiten 7 und 11, vor 900.

Maße: ganze Seiten 395 × 230 mm, Schriftfelder S. 7 (mit Initiale L) 305 × 175 mm, S. 11 (mit Initiale C) 292 × 158 mm.

Codex 53, *Evangelium longum* genannt, enthält auf 308 Seiten die lateinischen Evangelien-Perikopen für das feierliche Hochamt. Er ist in seinem Äußern und seinem Innern das Spitzenwerk sankt-gallischer Buchgestaltung aus dem letzten Jahrzehnt des karolingischen 9. Jahrhunderts. Sein einzigartiger Einband besteht aus den beiden Elfenbeintafeln, die von Tuotilo mit Schnitzwerk ausgestattet worden sind (siehe Beschreibung bei Abbildung 1). Sein Inneres ist vom Schreibkünstler Sintram in der für St. Gallen typischen Hartmut-Majuskel und -Minuskel kalligraphiert worden. Die Titelzeilen zu den Festtagen sind in Quadrata geschrieben, deren einzelne Buchstaben rotkonturiert und mit Gold ausgefüllt sind. Die Titelzeilen der einzelnen Perikopen sind in roter Rustica, oft mit Gold gefüllt, geschrieben. Jede Lesung beginnt mit einer rotkonturierten Goldinitiale, ja jeder Satz im ganzen Band mit einer Majuskel, die golden untermalt ist. Das Evangelistarium wurde im Auftrag und unter Aufsicht des Abt-Bischofs Salomo geschaffen; persönlich soll er – so Ekkehart IV. im 28. Kapitel seiner *Casus sancti Galli* – die Initialen L und C gemalt und vergoldet haben. An der Ausstattung war als Donatorin auch eine Frau namens Amata beteiligt.

Seite 7: Initium der Evangeliumsperikope zum Fest Mariae Geburt (Matthäus I 1–17), kalligraphiert von Sintram: INITIV[M] / S[AN]C[T]I EUANG[ELII] / S[E]C[UN]D[U]M MATHEV[M]. Hernach die von Salomo gemalte Initiale L in elegantester Schwingung, in Gold und Silber, mit Menning konturiert, mit Flechtwerk gefüllt, zum Stammbaum Jesu: LIBER / GENERA/TIONIS IHV / XPI FILII / DAVID FILII / ABRAHAM …

Seite 11: Initium der Evangeliumsperikope zur Weihnachtsvigil (Matthäus I 18–21): IN ILLO TEMPORE. Hernach die von Salomo gemalte Initiale C mit fein verflochtenem Gitterwerk auf dem Pergamentgrund, in Gold und Silber, mit Menning konturiert: CV/M / ES/SET DE/SPONSATA MA/TER IHU MARIA IOSEPH, und zehn Zeilen in der üblichen Minuskel Sintrams.

Literaturhinweise: siehe Abbildung 1, dazu JOHANNES DUFT, Weihnacht im Gallus-Kloster, Bilder und Texte aus der Stiftsbibliothek St. Gallen (= BS, 2. Bd.), St. Gallen und Sigmaringen ³1986, S. 56f., 128f., Taf. III. – Zu Abt Salomo: HS III/1, S. 25ff., 110ff.

Abbildungen 4 und 5

Initialseiten der ›Vita sancti Galli‹ von Walahfrid Strabo: Codex 562, Seiten 2 und 3, gegen 900.

Maße: ganze Seiten 300 × 238 mm, Schriftfelder (mit Initialen) S. 2 ca. 280 × 195 mm, S. 3 ca. 250 × 175 mm.

Codex 562 ist die einheitlich kalligraphierte, mit Titelseiten und Initialen aufwendig gestaltete Prachthandschrift der Lebensgeschichten der beiden Sankt-Galler Gründerheiligen Gallus und Otmar, vorab für den festlich-liturgischen Gebrauch ausgestattet, 140 Seiten, geschrieben von ungenannter Hand in der für St. Gallen typischen Hartmut-Majuskel und -Minuskel nach Art des Sintram-Stiles im *Evangelium longum,* also eher gegen 900 als schon um/nach 850 entstanden: S. 2–93 *Vita sancti Galli* von Walahfrid Strabo (um 833/834), S. 95–113 *Vita sancti Otmari* von Gozbert/Walahfrid (um 834/838), S. 113–139 *Relatio de miraculis sancti Otmari* von Iso (um 864/867). Codex 562 dürfte der Band sein, den der älteste Katalog der Stiftsbibliothek (Codex 728, S. 15) in einem gegen 900 geschriebenen Nachtrag zur Abteilung der Heiligen-Viten so anführt: *Ite[m] vita s[an]c[t]i galli & otmarj nobiliter scripta.*

Seite 2: Ganzseitiger Titel zur Gallus-Vita, durchgehende Initiale I in rotkonturiertem Gold mit Rankenwerk und Vogelköpfen an den Enden, darin silbernes (oxidiertes) Flechtwerk, daneben in roter Quadrata auf sieben Zeilen: [I]N NOMINE / D[OMI]N̄I N[OST]R̄I / IH̄V XP̄I / INCIPIT VI/TA BEATI / GALLI CON/FESSORIS.

Der in Kursivschrift beigefügte Eintrag besagt, daß der Band, der dem Kloster anscheinend im 15. Jahrhundert abhanden gekommen war, in Konstanz zurückgekauft wurde: *Liber SS. Galli & Othmarj, Constantià precio redemptus anno à Christi Nativitate 1653.*

Seite 3: Textbeginn der Gallus-Vita, mit vierzeiliger Initiale C in rotkonturiertem Gold, darin silbernes (oxidiertes) Rankenwerk, daneben in goldener und silberner Quadrata auf vier Zeilen [C]VM / PRAE/CLARA / S[AN]C̄[T]ISSIMI / UIRI COLUMBANI QUI ET COLUMBA CON/*uersatio* … (und Fortsetzung auf 13 Zeilen in der Buchschrift).

Literaturhinweise: Scherrer, Handschriften, S. 179. – Bruckner, Scriptoria III, S. 109. – Zur Datierung (mit weiterer Literatur): Ellen J. Beer, Überlegungen zu Stil und Herkunft des Berner Prudentius-Codex 264, in: Florilegium Sangallense (Festschrift f. J. Duft), St. Gallen und Sigmaringen 1980, S. 15–57, bes. S. 33 f.

Abbildungen 6 und 7

Initialseiten der ›Vita sanctae Wiboradae‹ von Herimann: Codex 560, Seiten 394 und 395, gegen 1100.

Maße: ganze Seiten 256 × 182 mm, Schriftfelder (mit Initialen) S. 394 ca. 198 × 133 mm, S. 395 ca. 195 × 135 mm.

Codex 560 ist die einheitlich kalligraphierte, mit Titelseiten und Initialen kunstvoll gestaltete Trilogie der Sankt-Galler Hausheiligen, wohl für den festlich-liturgischen Gebrauch angelegt, 546 Seiten, geschrieben in spätkarolingischer Minuskel schräg-ovalen Stils: S. 8–258 *Vita sancti Galli* von Walahfrid Strabo (um 833/834), S. 262–306 *Vita sancti Otmari* von Gozbert/Walahfrid (um 834/838), S. 306–371 *Relatio de miraculis sancti Otmari* von Iso (um 864/867), S. 374–544 *Vita sanctae Wiboradae* von Hepixannus bzw. Herimannus (um 1072/1076), eingeleitet mit dem ganzseitigen PROLOGVS HEPIXANNI.

Ein Schreibervers des auch für den »Schmuck des Buches« verantwortlichen Herimannus steht auf Seite 6:

SERUUM GALLE TUUM LIBRI DE/CUS HOC HERIMANNUM
DIVITE CUM UOTO TIBI PER/FECISSE MEMENTO

Seite 394: Titelseite zur Wiborada-Vita von Herimannus, kalligraphiert in roten, mit Gold ausgemalten Majuskeln auf acht Zeilen: INCIPIT / UITA / S[AN]C[T]AE VVI/BORAD[A]E / UIRGINIS / ATQVE/ MARTY/RIS X̄PI.

Seite 395: Textbeginn der Wiborada-Vita von Herimannus mit goldener, rotkonturierter Initiale B, darin Rankenwerk, gefolgt von feierlichen Majuskeln: BEATA / D[E]I / UIRGO UVIBO/RADA EX ALAMAN/*orum p[ro]sapia oriun/da* … (und Fortsetzung auf zwölf Zeilen in der Buchschrift).

Literaturhinweise: SCHERRER, Handschriften, S. 177 f. – BRUCKNER, Scriptoria III, S. 109. – JOHANNES DUFT, Die Ungarn in Sankt Gallen, Mittelalterliche Quellen zur Geschichte des ungarischen Volkes in der Sanktgaller Stiftsbibliothek (= BS, 1. Bd.), Zürich und Lindau/Konstanz 1957, S. 26 f., 62, Taf. IV. – EVA IRBLICH, Die Vitae Sanctae Wiboradae, Friedrichshafen und St. Gallen 1970, S. 13 f., Abb. 3 und 4. – WALTER BERSCHIN, Vitae Sanctae Wiboradae (= MVG, 51. Bd.), St. Gallen 1983, S. 22 ff.

Abbildung 8

Initialseite der ›Relatio Ysonis‹ zur ›Vita sancti Otmari‹: Codex 560, Seite 310, gegen 1100.

Maße: ganze Seite 255 × 184 mm, Schriftfeld (mit Initiale) ca. 175 × 140 mm.

Zur Heiligen-Trilogie Codex 560 siehe Beschreibung bei Abbildungen 6/7.

Nach der auf Seite 306 beginnenden Vorrede Isos zum Bericht über die Wunder am Grab des heiligen Otmar folgt auf den Seiten 310–371 sein Augenzeugenbericht über die 864 vorgenommene Translation des Leibes und die 867 vollzogene endgültige Beisetzung desselben in der ihm neugeweihten Grabkirche am Gallus-Münster.

Seite 310: Der Textbeginn ist feierlich gestaltet. Titelzeilen in roten Majuskeln: RELATIO YSONIS COENOBIT[A]E / S[ANCTI] GALLI DE SUBLEUATIONE COR/PORIS BEATI OT/MARI · MIRACULISQ[UE] / SEQUENTIBUS. Sodann goldene, rotkonturierte Initiale C, darin Rankenwerk, gefolgt von roten und vorerst goldgefüllten Majuskeln: [C]UM BEATI / UIRI CORPUSCU/*lum* ... (und Fortsetzung auf zehn Zeilen in der Buchschrift).

Literaturhinweise: siehe Abbildungen 6/7. – Dazu Johannes Duft, Sankt Otmar, Die Quellen zu seinem Leben (= BS, 4. Bd.), Zürich und Lindau/Konstanz 1959, S. 96, Taf. II.

Abbildung 9

Initialseite der ›Vita sancti Otmari‹ von Gozbert/Walahfrid: Codex 564, Seite 166, 12. Jahrhundert.

Maße: ganze Seite 270 × 220 mm, Schriftfeld (mit Initiale) ca. 220 × 150 mm.

Codex 564 ist die im 12. Jahrhundert einheitlich geschriebene, sehr getreue Abschrift der in Herimanns Codex 560 geschaffenen Trilogie der Sankt-Galler Hausheiligen (siehe Beschreibung desselben bei Abbildungen 6/7), gleichfalls für den liturgischen Gebrauch verwendet, 320 Seiten, kopiert in einer runderen, etwas dichteren Handhabung der dortigen spätkarolingischen Minuskel, mit einigen gotischen Ergänzungen aus dem 13. Jahrhundert. Der ungenannte Schreiber verzichtete auf Gold, nicht aber auf großzügige Gestaltung mit Titelblättern in roten Majuskeln (Bruckner: »rote romanische Unzialen«) und mit großen Federinitialen, darin Ranken und Fabeltiere: S. 4–162 *Vita sancti Galli* von Walahfrid Strabo (um 833/834), S. 162–190 *Vita sancti Otmari* von Gozbert/Walahfrid (um 834/838), S. 190–230 *Relatio de miraculis sancti Otmari* von Iso (um 864/867), S. 231–320 *Vita sanctae Wiboradae* von Hepixannus bzw. Herimannus (um 1072/1076).

S. 166: Textbeginn der Otmars-Vita, mit zehnzeiliger, schlanker, roter Federinitiale I, um die sich ein Fabeltier windet, und mit roter Titelzeile [I]GITVR OTMARVS ... (und Fortsetzung in einer Majuskelzeile und 18 Zeilen in der Buchschrift).

Literaturhinweise: Scherrer, Handschriften, S. 180. – Bruckner, Scriptoria III, S. 110. – Johannes Duft, Sankt Otmar, Die Quellen zu seinem Leben (= BS, 4. Bd.), Zürich und Lindau/Konstanz 1959, S. 96, Taf. III. – Eva Irblich, Die Vitae Sanctae Wiboradae, Friedrichshafen und St. Gallen 1970, S. 14 ff., Abb. 5. – Walter Berschin, Vitae Sanctae Wiboradae (= MVG, 51. Bd.), St. Gallen 1983, S. 24.

Abbildung 10

Titelblatt zum Sequentiarium von Notker Balbulus: Codex 376, Seite 312, um/nach 1065.

Maße: ganze Seite 260 × 185 mm, Schriftfeld 170 × 125 mm.

Codex 376 ist ein in der zweiten Hälfte des 11. Jahrhunderts hergestelltes, im besten sankt-gallischen Schreibstil und Buchschmuck gestaltetes Prachtmanuskript für den feierlichen Messegottesdienst, 434 Seiten, mit Einbezug der hier besonders geschätzten Tropen, davon manche von Tuotilo, und der hier als hauseigene Glanzleistung empfundenen Sequenzen Notkers, beides in ungewöhnlich weitem Umfang aufgenommen, geschrieben und neumiert in bewundernswerter Einheitlichkeit: (S. 1–12 fragmentarische spätere Liturgica), S. 13–30 Martyrologium/Kalendarium (um 1022/1034), S. 31–37 Computus (1064 beginnend), S. 39–77 Troparium mit Neumen über den Zeilen, S. 78–81 Versus Hartmanns u. a. mit Neumen, S. 82–311 Messe-Antiphonarium mit Neumen über den Zeilen (darin S. 82/83 links Miniatur Gregors d. Gr. und rechts Adventsonntagsmesse, S. 190/191 links Karfreitagsliturgie und rechts Miniatur des Crucifixus, S. 198/199 links Miniatur des Auferstandenen und rechts Ostermesse), S. 312–434 Sequentiarium mit Neumen an den Rändern (darin S. 312 Titelblatt, S. 313/314 Notkers Widmungszeilen an Bischof Liutward, S. 315–317 Notkers Prooemium, S. 319/320 links Miniatur der Madonna und rechts Weihnachtssequenz). Der Band ist in zierlicher Minuskel geschrieben und mit feinsten Strich- und Punktneumen versehen. Die großen und selbst die ungezählten kleinen Initialen sind vergoldet; die großen stehen auf farbigen Gründen und sind rotkonturiert; die Titel sind in goldener und roter Rustica kalligraphiert. Selbst die üblichen Diebsverwünschungen *(imprecationes furis)* über den Prunkseiten 82/83 und 190/191 sind mit Goldrustica in schmale, goldgerahmte Farbleisten eingeschrieben.

Seite 312: Zierseite als Titelblatt zum Sequentiarium, das hier insgesamt als von Notker Balbulus († 912) geschaffen verstanden ist. Vier leoninische Hexameter, verfaßt von einem ungenannten Sankt-Galler Dichter des 10./11. Jahrhunderts, sind in goldener, rotkonturierter Rustica auf acht Zeilen kalligraphiert, zwischen denen verschiedenfarbige Querfelder – unten erdfarbig, oben himmelblau – an den in diesem Gedicht gepriesenen Äther gemahnen. Die Zierfelder sind in farbige Randleisten eingebunden und stellen so eine Art »Porträt im Versmaß« dar. Als Pendant zu dieser Seite stand ursprünglich auf der nebenliegenden Seite jenes leider weggeschnittene wirkliche »Porträt« Notkers, das seit 1712 als heimatloses Fragment im Staatsarchiv Zürich liegt; es ist wiedergegeben als Abbildung 17 bei J. Duft, Die Abtei St. Gallen, Band I.

Übersetzung der Verse bei W. von den Steinen (S. 587): »In dem Wunsche, unter dem Himmelsvolk zu sein, hat Notker, dessen Stimme unablässig von süssen

Hymnen tönt, des Kreuzes Freuden, solang es (ihm) vergönnt war, in diesem Carmen gefeiert, das dem Preise vor dem Herrn und der Huldigung vor Gallus galt.« Wortlaut:

OPTANS MISCERI NOTKERUS IN AETHERE PLEBI ·
CUIUS DULCISONIS VOX NUMQUAM CESSAT AB YMNIS ·
GAUDIA DUM LICUIT CRUCIS HOC IN CARMINE LUSIT ·
QUOD DOMINO LAUDI GALLOQUE STUDEBAT HONORI ·

Literaturhinweise: SCHERRER, Handschriften, S. 128f. – BRUCKNER, Scriptoria III, S. 99f. – ADOLF MERTON, Die Buchmalerei in St. Gallen vom neunten bis zum elften Jahrhundert, Leipzig 1923, S. 74ff. – WOLFRAM VON DEN STEINEN, Notker der Dichter und seine geistige Welt, Bern 1948, Darstellungsband S. 587f., Editionsband S. 8–11, 160, 200. – HEINRICH HUSMANN, Die älteste erreichbare Gestalt des St. Galler Tropariums, in: Archiv für Musikwissenschaft, 13. Jg., 1956, S. 25–41. – ALBERT BOECKLER, Das Züricher Notkerbild und die St. Galler Buchmalerei im 11. Jahrhundert, hg. von LOTTE KURRAS, in: Studien zur Buchmalerei und Goldschmiedekunst des Mittelalters (Festschrift f. K. H. Usener), Marburg/Lahn 1967, S. 161–166. – JOHANNES DUFT, Die Abtei St. Gallen, Bd. I, Sigmaringen 1990, S. 108f., 117, 253, Abb. 17.

Abbildung 11

Beginn des ›Prooemium‹ zum Sequentiarium von Notker Balbulus: Codex 376, Seite 315, um/nach 1065.

Maße: ganze Seite 260 × 180 mm, Schriftfeld (mit Initiale) 185 × 127 mm.

Zu Codex 376, dessen dritter Hauptbestandteil auf den Seiten 312–434 das Sequentiarium ist, siehe Beschreibung bei Abbildung 10.

Seite 315: Hier beginnt die Wiedergabe des Vorworts *(Prooemium)*, womit Notker Balbulus um 884 die Sammlung seiner liturgischen Sequenzen dem Bischof Liutward von Vercelli, Kanzler des Kaisers Karl III., übereignet hat. Als Seite 312 geht die (hier als Abbildung 10 wiedergegebene) Zierseite voraus. Ihr folgt auf den Seiten 313/314 die in goldener Rustica auf je neun Zeilen kalligraphierte Anrede: SUMMAE SANCTITATIS MERITO · SUMMI SACERDOTII DECORE SUBLIMATO · DOMINO DILECTISSIMO LEUTUUARDO … NOTKERUS CUCULLARIOR[UM] S[AN]C[T]I GALLI NOUISSIMUS. Auf den Seiten 315–317 steht sodann der in der schönsten spätkarolingischen Minuskel abgeschriebene (im Original untergegangene) Widmungsbrief, der »dieses winzige und geringe Büchlein« *(hunc minimum vilissimumque codicellum)* zu begleiten und zu präsentieren hatte. Er beginnt mit der kleinen goldenen, rotkonturierten, heute verblaßten Initiale C auf grünem Grund und fährt, vorerst sogar mit Goldlettern, weiter: *Cu[m] adhuc ivuen/culus essem et melo/diae longissimae sepius* … Selbst die kleinen Satzinitialen in dieser Widmung sowie im ganzen folgenden Sequentiarium sind mit Gold unterlegt; besonders kostbar ist die Weihnachtssequenz gestaltet (siehe hier Abbildungen 12 und 13).

Literaturhinweise: siehe Abbildung 10.

Abbildungen 12 und 13

Miniatur ›Maria mit Kind‹ und Sequenz von Notker Balbulus zur Weihnacht: Codex 376, Seiten 319 und 320, um/nach 1065.

Maße: ganze Seiten 260 × 185 mm, Bild- und Schriftfeld 170 × 125 mm.

Zu Codex 376 siehe Beschreibung bei Abbildung 10.

Die nebeneinanderliegenden Prachtseiten (links S. 319, rechts S. 320), die vollkommen aufeinander abgestimmt sind, eröffnen nach dem vorausgegangenen Notker'schen ›Prooemium‹ sein eigentliches Sequentiarium (S. 319–434). Von den 75 darin überlieferten Sequenzen haben 40 nach heutiger Erkenntnis als Werke Notkers zu gelten, so auch die Weihnachtssequenz, die hier zusammen mit der Miniatur den liturgischen Festzyklus eröffnet. In gleicher Weise – weihnachtliche Miniatur auf der Versoseite, Notkers Sequenz auf der Rectoseite – wird in St. Gallen auch Luitherus um 1135 den Sequenzenteil seines Antiphonariums (Codex 375) beginnen.

Seite 319: Miniatur der Mutter Maria in der Art der frontal sitzenden Nikopoia (›Siegbringern‹) auf einem edelsteinbesetzten Thron mit Kissenbelag, auf ihrem Schoß frontal das Jesuskind präsentierend, das eine Rolle in Händen hält, beide mit scharfgeschnittenen Gesichtszügen. »Maria trägt über einem rosa Untergewand einen purpur-violetten Mantel mit Kapuze, das Kind eine weiße Tunika mit goldenen Clavi und einen dunkelbraunen Mantel« (Merton S. 76). Die unbewegte Szene, deren Hintergrund ein weißer Vorhang ist, wird von einem gleichfalls statischen Doppelrahmen in Gold mit kleinrechteckigen Farbfeldern eingefaßt.

Seite 320: Beginn der Notker'schen Weihnachtssequenz mit dreizeiliger, rankengefüllter Goldinitiale N auf schräggeteiltem Doppelfarbgrund (grün und violett), die fünf ersten Zeilen in Goldmajuskeln: [N]A[T]U[S] / ANTE / S[A]ECULA / D[E]I FILIUS INVI/SIBILIS INTERMINUS, gefolgt von den fünf ersten Strophen, die mit goldunterlegten kleinen Initialen anheben. Am Rand, also außerhalb des Textspiegels: oben der Melodiehinweis mit vier goldgefüllten Buchstaben A[LL]E/[L]U[I]A, dann die linienlosen cheironomischen Musiknoten der Neumen.

Literaturhinweise: siehe Abbildung 10, dazu Johannes Duft, Weihnacht im Gallus-Kloster, Bilder und Texte aus der Stiftsbibliothek St. Gallen (= BS, 2. Bd.), St. Gallen und Sigmaringen [3]1986, S. 23–27, 67 f., 123 f., 129 f., Taf. IV und V.

Abbildungen 14 und 15

Miniaturen St. Wiboradas und St. Otmars in Colners Viten-Übersetzung: Codex 586, Seiten 230 und 323, um 1430/1436.

Maße: ganze Seiten 217/223 × 147/152 mm, Miniaturen Wiborada 167 × 98 mm, Otmar 168 × 103 mm.

Codex 586, ein anspruchsloser Papierband mit 492 Seiten in spätgotischer deutscher Buchminuskel, enthält die erstmaligen Übertragungen der lateinischen Lebensgeschichten der Sankt-Galler Hausheiligen in deutsche Sprache, bestimmt für die Frauen im St. Wiborada-Schwesternhaus zu St. Georgen/St. Gallen: S. 1–117 Gallus-Leben und -Wunder nach Walahfrid, S. 117–175 Magnus-Leben, S. 176–229 Otmars-Leben nach Gozbert/Walahfrid und Relatio nach Iso, S. 231–322 Wiborada-Leben nach Hepixann/Herimann, S. 327–474 Sprüche der Altväter, S. 475–491 spätere Ascetica für Nonnen. Der Übersetzer und Schreiber offenbart sich im Kolophon (S. 322): *Ich brüder fridrich Colner der aller vnnützeste münch sant Gallen.* Er war 1430–1440 Vertreter der Hersfelder Reform im Kloster St. Gallen († 1451 in Köln). Er habe diese Texte *getütschet ... von bett wegen und liebi myner gaistlichen kind,* deren Seelenführer er war; es sei geschehen *mit großer arbait vß dem subtilen Latin zu disem ainfaltigen tutsch,* obwohl er darin *nit gar kundig* sei.

Seiten 230 und 323: Die Viten sind mit zwei volksfrommen Bildchen illustriert, die mit der Feder gezeichnet und mit Wasser-Deckfarben koloriert sind: Wiborada und Otmar. Sie stehen auf grüner Wiese vor hellem Hintergrund, über ihnen ein bläulicher Himmel. Beide sind schwarzbräunlich benediktinisch gekleidet, Wiborada als Nonne mit Schleier, Otmar als Abt mit Inful, um ihre Häupter gelbe Nimben. Beide tragen ihre typischen Attribute: Wiborada in der Rechten das Psalmenbuch und in der Linken die Hellebarde als Marterwerkzeug, Otmar in der Rechten den Abtsstab und das Weinlegelchen, in der Linken das Regelbuch. Gelbe Rahmen in schwarzen Umrißlinien fassen die Bildchen ein.

Literaturhinweise: SCHERRER, Handschriften, S. 190, 630. – HEINRICH JERCHEL, Spätmittelalterliche Buchmalereien am Oberlauf des Rheins, in: Oberrheinische Kunst (= Jahrbuch der Oberrheinischen Museen, 5. Jg.), Freiburg i. Br. 1934, S. 66, 76. – Zu Fr. Colner/Kölner: EVA IRBLICH in VL^2, 5. Bd., 1985, Sp. 46f. – Zu Wiborada: ADOLF FÄH, Die hl. Wiborada, 2. Bd. (Die Verehrung der Heiligen), St. Fiden-St. Gallen 1926, S. 67f.; JOHANNES DUFT, Die Ungarn in St. Gallen, Mittelalterliche Quellen zur Geschichte des ungarischen Volkes in der Sanktgaller Stiftsbibliothek (= BS, 1. Bd.), Zürich und Lindau/Konstanz 1957, S. 62f., Taf. IV; EVA IRBLICH, Die Vitae Sanctae Wiboradae, Ein Heiligen-Leben des 10. Jahrhunderts als Zeitbild, in: Schriften des Vereins für Geschichte des Bodensees und seiner Umgebung, 88. Heft, Friedrichshafen 1970, S. 18f., Abb. 7. – Zu Otmar: JOHANNES DUFT, Sankt Otmar in Kult und Kunst, St. Gallen 1966, S. 64f.

Abbildungen 16 und 17

Illustrationen zu St. Gallus und St. Otmar in Sailers Heiligenlegende: Codex 602, Seiten 33 und 229, 1451/1452.

Maße: ganze Seiten 277 × 205 mm, Miniaturen Gallus 196 × 145 mm, Otmar 158/162 × 148 mm.

Codex 602, eine in spätgotischer Buchminuskel einheitlich geschriebene und mit 142 kolorierten Federzeichnungen illustrierte Heiligenlegende in deutscher Sprache, enthält auf seinen 520 Papierseiten vorerst die Lebensgeschichten der Sankt-Galler Hausheiligen, wie sie erstmals kurz zuvor von P. Friedrich Colner (in Codex 586, siehe hier Beschreibung zu Abbildungen 14/15) übersetzt worden sind: S. 1–153 Gallus, geschrieben 1452 (laut S. 153); S. 154–212 Magnus, 1452 (laut S. 212); S. 213–275 Otmar, 1451 (laut S. 275); S. 276–377 Wiborada, 1451 (laut S. 376). Ihnen folgen S. 379–516 dreißig auswärtige Legenden, geschrieben u. a. 1454 (laut S. 502). Das letzte Kolophon (S. 517) datiert die Vollendung des Bandes auf den 17. August 1460 und bittet um das Gebet *für Cůnratten Sailer schryber vn[d] binder dis bůches.* Es gehörte, wie der vorhin genannte Codex 586, in das *schwöster hus zu S. Jörgen.* Sailer war im Unterschied zu Colner nicht Konventuale des Klosters, sondern Laie und Bürger der Stadt St. Gallen.

Die Geschichten der vier Ortsheiligen sind reich und bunt illustriert: St. Gallus mit 44, St. Magnus mit 14, St. Otmar mit 31, St. Wiborada mit 53 Historienbildern, die in volkstümlich-anschaulichster Erzählfreudigkeit das Brauchtum ihrer Zeit wiedergeben. Daran dürften drei Buchmaler beteiligt gewesen sein; ihre Namen sind nicht genannt, sie gehörten aber zu einer gemeinsamen Werkstatt. Sie zeichneten die Bilder mit der Feder auf den Papiergrund, faßten sie in gelbe Rahmen und kolorierten sie mit Wasser-Deckfarben.

Seite 33: Überfahrt der Heiligen Columban und Gallus (um 610) auf dem Bodensee; Illustration zu Kapitel 5/6 der Gallus-Vita: Zwei tonsurierte Kleriker rudern die beiden nimbierten Mönche von Arbon nach Bregenz.

Seite 229: Translation Otmars über den Bodensee; Illustration zu Kapitel 8/9 der Otmars-Vita: Die Sankt-Galler Mönche überführen den unverwesten Leichnam ihres 759 auf der Rheininsel Werd verstorbenen Abtes und stärken sich im Seesturm an der wunderbar fließenden Tranksame im Legelchen.

Literaturhinweise: siehe Abbildungen 14/15: Scherrer S. 193, 633, 644; H. Jerchel S. 66, 76; A. Fäh S. 68 ff.; E. Irblich S. 19–23; J. Duft S. 65 f. – Dazu Johannes Duft, Der Bodensee in Sankt-Galler Handschriften, Texte und Miniaturen aus der Stiftsbibliothek St. Gallen (= BS, 3. Bd.), St. Gallen und Sigmaringen [4]1982, S. 29–37, 59–64, 119 f., 126, Taf. III und VI; Ders., Die Lebensgeschichten der Heiligen Gallus und Otmar (= BS, 9. Bd.), ebd. [2]1990, S. 73 ff., Taf. I und VIII.

Abbildung 18

Illustration zur Begegnung des Klosterschülers Ulrich mit der Klausnerin Wiborada in Sailers Heiligenlegende: Codex 602, Seite 320, 1451.

Maße: ganze Seite 280 × 207 mm, Miniatur 155 × 145 mm.

Zu Codex 602, der auf den Seiten 276–377 die mit 53 Zeichnungen illustrierte

Lebensgeschichte der heiligen Wiborada nach Herimannus in deutscher Übertragung enthält, siehe Beschreibung bei Abbildungen 16/17.

Seite 320: Die Miniatur illustriert das 22. Kapitel der Herimann'schen Fassung der Wiborada-Vita: Der Klosterschüler Ulrich holt sich bei der Reklusin Wiborada Rat über seine Zukunft. Sie offenbart ihm, dem nachmaligen Augsburger Bischof, er werde nicht Abt in St. Gallen, sondern Bischof in einer östlichen Gegend, wo er Drangsal von fremden (ungarischen) Invasoren zu bestehen habe, schließlich aber Frieden genießen dürfe. Die Szene dieser Begegnung ist in eine öde Landschaft verlegt; Ulrich ist ein reisefertiger Jüngling, Wiborada steht als benediktinisch gekleidete Nonne unter der Wölbung einer Tür, die es an ihrer vermauerten Klause selbstverständlich nicht gegeben hat. Diese Klause ist an die Kirche des heiligen Magnus gebaut.

Literaturhinweise: Johannes Duft, Die Ungarn in St. Gallen, Mittelalterliche Quellen zur Geschichte des ungarischen Volkes in der Sanktgaller Stiftsbibliothek (= BS, 1. Bd.), Zürich und Lindau/Konstanz 1957, S. 65f., Taf. VIII. – Eva Irblich, Die Vitae Sanctae Wiboradae, Ein Heiligen-Leben des 10. Jahrhunderts als Zeitbild, in: Schriften des Vereins für Geschichte des Bodensees und seiner Umgebung, 88. Heft, Friedrichshafen 1970, S. 68f., 127–134.

Abbildung 19

Insignien des Bischofs St. Konrad in Dachers Konstanzer Chronik: Codex 646, Seite 54, vor 1471.

Maße: ganze Seite 277 × 203 mm, Schilderei mit Titelzeilen 162 × 185 mm.

Codex 646, mit 541 paginierten (vielen leeren) Papierseiten, ausgestattet mit sechs volkskundlich aufschlußreichen Federzeichnungen und zahlreichen Wappen, ist die Originalhandschrift der Konstanzer Chronik des dortigen Stadtbürgers Gebhard Dacher († 1471). Aus seiner Schreibstube stammt auch die unvollständige Handschrift aus Kloster Weingarten, heute in Stuttgart (H. B. V 22); fragmentarisch ist die Abschrift in Wien (Cod. 2807). »Die deutschgeschriebene Chronik ist weitgehend eine Kompilation verschiedener lateinischer und deutscher Vorlagen, die der Verfasser annalistisch in die Konstanzer Bischofsliste als Grundgerüst des Werkes einordnet« (E. Hillenbrand).

Seite 54: Oberes Drittel leer, auf den beiden unteren Dritteln: zwei rot geschriebene Titelzeilen *Santt Cůnratt Geborn Ain Grauff von Alttdorff / Ain Häiliger Bischoff zů Costentz.* Darüber in der eher rohen, stets aber kolorierten Eigenart der Dacher'schen Federzeichnungen zwei Wappenschilde: rotes Kreuz auf weißem Grund für das Bistum Konstanz, gelber steigender Löwe auf weißem Grund für den aus dem Geschlecht der Welfen stammenden Konrad († 975), darüber Stab und Mitra des Bischofs.

Literaturhinweise: SCHERRER, Handschriften, S. 212. – Dazu: Die Handschriften der Württembergischen Landesbibliothek Stuttgart, 2. Reihe, 2./2. Bd., Wiesbaden 1975, S. 37f. – PHILIPP RUPPERT, Das alte Konstanz in Schrift und Stift: Die Chroniken der Stadt Konstanz, Konstanz 1891, S. IXff., XXIV–XXVIII. – EUGEN HILLENBRAND in VL^2, 2. Bd., 1980, Sp. 31f. (mit weiterer Literatur).

Abbildungen 20 und 21

Kurzbiographien des Gründerabtes Gallus und des Abtbischofs Salomo im ›Codex Gaisbergianus‹: Codex 613, Seiten 7 und 17, 1526.

Maße: 280 × 190 mm.

Codex 613, genannt *Codex Gaisbergianus,* 372 Pergamentseiten umfassend, ist als eine Art Statussymbol für den um die Liturgiereform bestverdienten Fürstabt Franz von Gaisberg (reg. 1504–1529) hergestellt worden. Fridolin Sicher (1490–1546), Münsterorganist und Kalligraph in der Abtei St. Gallen, bekennt sich (S. 144 und 264) als Schreiber; er handhabte durchwegs eine breite, gepflegte Bastarda. Der überragende Buchmaler Nikolaus Bertschi aus Rorschach († 1541/42 in Augsburg) illuminierte die Titelseite (S. 6) mit einer tiefempfundenen Darstellung der Beweinung Christi, darin links in kleinem Schild das Familienwappen des Abtes. Von anderer Hand sind die heraldischen Schildereien und die kleinen farbigen Zierinitialen. S. 7–49 *Epitome abbatum* (Kurzbiographien) mit Wappen, S. 53–63 Prolog von Frater Johannes Faber (bzw. Fabritius) Lithopolitanus (Schmid aus Steinheim), verfaßt 1513 und 1519, S. 64–84 die von diesem zusammengestellten *Epitaphia Sangallensia,* S. 85–144 Abschrift der *Casus sancti Galli* des Conradus de Fabaria, S. 151–307 *Vita Notkeri Balbuli* und Akten seiner von Abt Franz geförderten, 1513 in Konstanz vollzogenen Beatifikation, S. 310–371 drei Heiligenlegenden.

Die Seiten 7–49 bieten kurze Viten (Epitome) der Sankt-Galler Äbte von Gallus (S. 7) und Otmar (S. 8) bis Franz Gaisberg. Sie alle sind in der Wappenfreudigkeit des Spätmittelalters mit damals erfundenen, also meistens pseudo-heraldischen Schilden ausgestattet. Das zeigt sich insbesondere bei Gallus und Otmar aus dem 6./7. und 8. Jahrhundert (S. 7) sowie bei Salomo III. aus dem 9./10. Jahrhundert (S. 17).

Seite 7: Kurzvita des Gründerabtes Gallus. Rote Titelzeile: *Diuus pater Gallus.* Initiale H auf farbigem Teppich mit Blumenschmuck, Kurzvita auf 19 Zeilen, beginnend *HIc sanctus ex scotigenaru[m]* ... Darüber und darunter je zwei einander zugeneigte Wappenschilde: oben Wappen des Klosters (schwarzer stehender Bär auf Goldgrund), daneben Phantasiewappen des Gallus (roter steigender Löwe, von zweifachem rotem Kranz umgeben, auf goldenem Feld); unten Klosterwappen (wie oben), daneben Phantasiewappen Otmars (blauer Pfahl in rotem Grund, beseitet von je drei goldenen Rauten, darüber in goldenem Schildhaupt schwarzer schreitender Löwe).

Seite 17: Kurzvita des Abtbischofs Salomo III. (reg. 890–919/920). Rote Titelzeile: *Salomon ep[iscop]us et abbas 11.* Initiale H auf farbigem Teppich mit Ranken, Kurzvita auf 21 Zeilen, beginnend: *HIc episcopus abbasque duodecimi* ... Darüber zwei einander zugeneigte Wappenschilde: Wappen des Klosters (wie bei Gallus und Otmar) und Phantasiewappen des Abtes (zwei rote schreitende Löwen übereinander auf Silbergrund).

Literaturhinweise: Scherrer, Handschriften, S. 197. – Alfred A. Schmid, Die Buchmalerei des XVI. Jahrhunderts in der Schweiz, Olten 1954, S. 27f., 153. – Johannes Duft, Sankt Otmar in Kult und Kunst, St. Gallen 1966, S. 71f.; Ders., Die Handschriften-Katalogisierung in der Stiftsbibliothek St. Gallen vom 9. bis zum 19. Jahrhundert, in: Die Handschriften der Stiftsbibliothek St. Gallen, Codices 1726–1984, bearbeitet von Beat Matthias von Scarpatetti, St. Gallen 1983, S. 44* ff. – Zu Abt Franz Gaisberg: HS III/1, S. 153ff.

Abbildungen 22 und 23

Messeformulare für die Festtage der Heiligen Gallus und Otmar im Pontifikalmissale: Codex 357, Seiten 321 und 337, 1555.

Maße: ganze Seiten 370/375 × 260 mm, Miniaturen Gallus 87 × 173/175 mm, Otmar 83 × 89 mm.

Codex 357 ist das großformatige, prachtvoll ausgestaltete Pontifikalmissale mit 362 Pergamentseiten, das sich Fürstabt Diethelm Blarer von Wartensee (reg. 1530–1564), der Wiederhersteller der Abtei nach dem Bildersturm (1529) und der zweijährigen Ursurpation durch die zur Reformation übergetretene Stadt, in neugewonnener Liturgiefreude herstellen ließ. P. Heinrich Keller, Subprior und Münsterprediger wie Organist, kalligraphierte es in einer bewundernswert feierlichen spätgotischen Buchschrift. Ein ungenannter Buchmaler, anscheinend ein seeschwäbischer Meister, vollzog den Buchschmuck: »Der Band ist verschwenderisch illuminiert und zählt zu den prunkvollsten Handschriften, die je in unserem Lande geschaffen wurden« (A. A. Schmid). Zwei Jahrzahlen (S. 288 und 358) erlauben die Datierung auf 1555. Der Inhalt entspricht den Bedürfnissen der vom Abt persönlich zelebrierten Eucharistiefeiern im Münster: S. 3–14 Kalendar, S. 16–208 Messeformulare für Herrenfeste (Weihnacht bis Fronleichnam), S. 209–248 Ordinarium missae, S. 251–288 Pontifikal-Benediktionen mit den Orationen, S. 289–343 Messeformulare für Heiligenfeste (Mariae Lichtmeß bis St. Otmar sowie Mönchsprofeß), S. 343–358 Messeformulare für Verstorbene, S. 359–360 Nachtrag.

Seite 321: Messeformular für St. Gallus am 16. Oktober *(Introitus, Oratio, Lectio libri sapientiae)*, zweispaltig angeordnet. Darüber die farbenprächtige Miniatur der Ankunft des Heiligen in St. Gallen (Vita Kap. 11/12) in einer Simultanszene: links kniet Gallus vor dem Kreuz, der Diakon Hiltibod hilft ihm auf, der kleine Bär kauert daneben; rechts fischen Gallus und Hiltibod in der Steinach, über ihnen die fliehenden Dämonen; im Hintergrund der wandernde Gallus vor schneebedecktem Gebirge, gefolgt vom Bärlein. Über der Titelminiatur und am rechten Rand blühende Ranken, unter der linken Textspalte kleine Miniatur: der messefeiernde Gallus mit assistierendem Mönch (Vita Kap. 26).

Seite 337: Messeformular für St. Otmar am 16. November *(Introitus, Oratio, Lectio libri sapientiae)*, zweispaltig angeordnet. Darüber in einer Ranke die kleine Miniatur der Heimholung des toten Otmar auf dem See (Vita Kap. 8/9). Links oben, über dem Introitus, Miniatur des Abtes Otmar im Kerker zu Bodman, wo ihn der getreue Mönch Perahtgoz durch heimlich hergebrachte Speise vor dem Hungertod bewahrt (Vita Kap. 6). Perahtgoz in Simultandarstellung: hinten durch die Nacht schreitend, vorn vor dem vergitterten Turmfenster stehend. Die Ausgewogenheit der Seite wird durch zwei Zufügungen beeinträchtigt: unten von anderer Hand die Oration zum Fest des hl. Martin, am rechten Rand der Bibliotheksstempel (zeitgenössisches Holzschnitt-Exlibris).

Literaturhinweise: SCHERRER, Handschriften, S. 123. – ALFRED A. SCHMID, Die Buchmalerei des XVI. Jahrhunderts in der Schweiz, Olten 1954, S. 53–61, 145 f. – JOHANNES DUFT, Sankt Otmar, Die Quellen zu seinem Leben (= BS, 4. Bd.), Zürich und Lindau/Konstanz 1959, S. 34–39, 96, Taf. VII; DERS., Sankt Otmar in Kult und Kunst, St. Gallen 1966, S. 53 f., 66, 68; DERS., Der Bodensee in Sankt-Galler Handschriften, Texte und Miniaturen aus der Stiftsbibliothek St. Gallen (= BS, 3. Bd.), St. Gallen und Sigmaringen [4]1982, S. 65 ff., 127, Taf. VII. – Zu Abt Diethelm Blarer: HS III/1, S. 50 f., 156 ff.

Abbildung 24

St. Otmars-Hymnus von Notker Medicus im barocken Antiphonarium: Codex 1795, Seite 206, um 1757.

Maße: 480 × 350 mm.

Codex 1795, mit seinen 366 Papierseiten, ist der Herbst-Band *(pars autumnalis)* des in vier großformatige Einzelbände aufgeteilten *Antiphonarium officii,* das für den Chordienst des Mönchskonvents im barocken Neubau der Sankt-Galler Stiftskirche nochmals von Hand geschaffen wurde (zugehörig sind die Codices 1762, 1763, 1764). Schreiber um 1757/1759, wohl zugleich Miniaturist, war P. Dominicus Feustlin (1713–1782), der eine außerordentlich regelmäßige Antiqua handhabte. Die Choralmelodien sind in Hufnagelnotation im Fünfliniensystem wiedergegeben.

Die Seiten 203–247 (ursprünglichePaginierung 415–459) enthalten das Choralofficium für St. Omar am 16. November, beginnend auf Seite 203 (415) mit der Titelei auf Farbgrund in Rokokorahmung, geschrieben mit Gold- und Silbermajuskeln: IN FESTO S[ANCTI] P[ATRIS] N[OSTRI] OTHMARI. AD VESPERAS ANTIPHONAE. Darin S. 206–210 (418–422) der von Notker II. Medicus/Piperisgranum

(† 975) geschaffene Hymnus: *Rector aeterni metuende Saecli* (Text siehe hier S. 155). Die einzelnen Strophen beginnen mit kleinen Initialen auf quadratischen Farbteppichen, so S. 206 *R[ector]* und *F[esta]*.

Literaturhinweise: JOHANNES DUFT, Notker der Arzt, Klostermedizin und Mönchsarzt im frühmittelalterlichen St. Gallen, St. Gallen 1972, S. 43 ff.; DERS., in VL², 6. Bd., 1987, Sp. 1210 ff. – BEAT MATTHIAS VON SCARPATETTI, Die Handschriften der Stiftsbibliothek St. Gallen, Beschreibendes Verzeichnis, Codices 1726–1984, St. Gallen 1983, S. 56 f.

Abbildung 25

Initialseite der ›Vita sancti Galli‹ von Wetti: Codex 553, Seite 169, um 820.

Maße: 230/235 × 145 mm.

Codex 553, eine für das irisch-columbanische Mönchtum auf dem Kontinent bedeutsame Synthese hagiographischer Überlieferung, geschrieben im 9. Jahrhundert von mehreren sankt-gallischen Händen in karolingischer Minuskel, enthält auf seinen 228 Seiten die folgenden Viten: in seinem heutigen ersten Teil, geschrieben im zweiten Viertel des 9. Jahrhunderts, S. 2–118 die von Ionas in Bobbio um 639/642 verfaßte *Vita sancti Columbani,* S. 119–150 die gleichfalls von Ionas verfaßten Viten der Columbans-Jünger Athala und Bertulf sowie *de monachis Ebobiensibus;* hierauf in seinem heutigen zweiten Teil, geschrieben im ersten Viertel des 9. Jahrhunderts, S. 151–162 eine Homilie zum Gallusfest, S. 163–164 eine Genealogie der Heiligen Gallus, Brigida und Patricius, S. 166–227 die von Wetti auf Reichenau um 816/824 verfaßte *Vita sancti Galli,* eingeleitet S. 166/167 durch seinen metrischen Prolog an Abt Gozbert.

Seite 169: Beginn der Vita unter der Überschrift, die mit roter Capitalis quadrata in drei Zeilen kalligraphiert ist: INCIPIT LIBER PRIMUS DE UITA / ATQUE UIRTUTIBUS BEATI / GALLI CONFESSORIS. Hierauf setzt mit 20 Zeilen der Text ein: *Fvit uir nobilitate pollens magisq[ue] bona con/uersatione fulgens ...*

Literaturhinweise: SCHERRER, Handschriften, S. 170–175. – BRUCKNER, Scriptoria II, S. 78. – JOHANNES DUFT, Die Abtei St. Gallen, Bd. I, Sigmaringen 1990, S. 259 f., Abb. 30; DERS., Die Lebensgeschichten der Heiligen Gallus und Otmar, aus den lateinischen Viten übersetzt (= BS, 9. Bd.), St. Gallen und Sigmaringen ²1990 (mit weiterer Literatur).

Abbildung 26

Initialseite der Epistola Ermenrichs an Abt Grimalt: Codex 265, Seite 3, nach 850.

Maße: 207 × 190 mm.

Codex 265, geschrieben in der typischen Sankt-Galler Minuskel der Hartmutzeit von drei gleichmäßigen Händen nach Mitte des 9. Jahrhunderts, enthält drei bildungsgeschichtlich wichtige Bestandteile: S. 3–91 die sozusagen gleichzeitige Abschrift der Epistola, die Ermenrich von Ellwangen in St. Gallen um 850/855 seinem Gönner, dem Abt und Erzkanzler Grimalt, gewidmet hat; S. 93–97 die Epistola des (Pseudo-)Hippokrates an König Antiochus; S. 98–124 Dichtungen von Beda Venerabilis. An den Rändern stehen zahlreiche Gebrauchsnotizen von Vadian, Schobinger und Goldast im 16. Jahrhundert. Sie hatten den Band vorübergehend dem Kloster entfremdet, worauf ihn erst Abt Pius Reher (reg. 1630–1654) zurückkaufen konnte (so nach einer Notiz, die Ildefons von Arx 1822 auf Seite 1 angebracht hat).

Seite 3: Zweizeilige Überschrift in schwarzer Rustica zum Hauptinhalt: ORDITUR EPISTOLA ERMENRICI AD DOMNUM GRI/MOLDUM ABBATEM ET ARCHICAPELLANUM. Hierauf Beginn des Textes: DIU SANE MIHI PERTRACTANTI PRECEPTORU[M] DOCTISSIME QUO und Fortsetzung auf 20 Zeilen.

Literaturhinweise: Scherrer, Handschriften, S. 99f. – Bruckner, Scriptoria III, S. 89. – Franz Joseph Worstbrock, Ermenrich von Ellwangen, in: VL^2, 2. Bd., 1980, Sp. 606–611 (mit Quellen und Literatur). – Bernhard Bischoff, Bücher am Hofe Ludwigs des Deutschen und die Privatbibliothek des Kanzlers Grimalt, in: Ders., Mittelalterliche Studien, Bd. III, Stuttgart 1981, S. 187–212, hier S. 200f. – Zu Abt Grimalt: HS III/1, S. 23ff., 105ff.

Abbildung 27

Eigenhändiger Eintrag von Notker Balbulus in einer Bibelhandschrift: Codex 14, Seite 331, um 830 und 890.

Maße: ganze Seite 318 × 195 mm, Schriftfeld der elf Notker-Zeilen ca. 110 × 155 mm.

Codex 14, mit 338 (fehlerhaft so paginierten) Seiten, enthält S. 1–331 alttestamentliche Geschichtsbücher (Job, Tobias, Judith, Esther, Esdras, Nehemias). Sie sind in der ersten Hälfte des 9. Jahrhunderts vom bedeutenden Sankt-Galler Scriptor Wolfcoz in seiner kräftigen gleichmäßigen Minuskel kalligraphiert worden. Der Bibeltext, der zusammen mit anderen sankt-gallischen und reichenauischen Texten damals »als das Modernste und Beste galt«, ist »eine Mischung aus dem alten Sankt-Galler Text der zweiten Hälfte des 8. Jahrhunderts ... und dem Alkuintext, der durch die Handschrift 75 vermittelt wurde« (B. Fischer).

Seite 331: Oben zwölf Schlußzeilen des 2. Buches Esdras, genannt Buch Nehemias: *memento mei d[eu]s meus in bonum.* Sodann in der zweiten Hälfte der Seite, auf elf Zeilen: *Ego notkerus* bis *c[on]scribi fecerim.* Darin berichtet Notker I. Balbulus († 912), der in einer Urkunde von 890 als *bibliothecarius* bezeugt ist, er habe der Bibliothek seines Klosters vieles zugehalten, dabei auch apokryphe Bibeltexte; deshalb habe er auch die *enigmata,* deren Sinn er aus Augustinus *(De civitate Dei,*

18/36) erkannt habe, nach einer Reichenauer Vorlage abschreiben lassen. Sie folgen hier, geschrieben von anderer Hand, wirklich auf den Seiten 332–338. Es handelt sich um die *enigmata trium puerorum* des Königs Darius (siehe hier S. 131 f.) aus dem apokryphen 3. Buch Esdras.

Literaturhinweise: Scherrer, Handschriften, S. 5. – Bruckner, Scriptoria II, S. 55. – Wolfram von den Steinen, Notker der Dichter und seine geistige Welt, Bern 1948, Darstellungsband S. 38 f., Editionsband S. 227, Taf. 3. – Bonifatius Fischer, Die Alkuin-Bibel (= Aus der Geschichte der lateinischen Bibel, 1), Freiburg i. Br. 1957, S. 10.

Abbildung 28

Ältestes Verzeichnis der Sankt-Galler Äbte: Codex 915, Seite 3, um 1034.

Maße: 235 × 173 mm.

Codex 915, ein Kapiteloffiziumsbuch mit vielen Gebrauchsspuren auf seinen 354 Seiten, dessen einzelne Bestandteile im 9./10./11. Jahrhundert geschrieben (und jeweils mit Nachträgen versehen) worden sind, dient der sankt-gallischen Klostergeschichtsforschung als grundlegende Quelle: S. 1–26 Konfraternitätsverträge, darin S. 3/4 die älteste Äbteliste, S. 27–196 Mönchsregeln (von Benedictus, Columbanus u. a.), S. 196–236 Annalen, S. 237–242 und 290–297 Komputistisches, S. 243–289 Martyrologium, S. 298–353 Necrologium.

Seite 3: Nach fünf Zeilen, die den Schluß eines Konfraternitätsvertrages mit Kloster Murbach enthalten, folgt die Überschrift in roten Rustica-Majuskeln: NOMINA AB/BATU[M] QUI IN MONASTERIO / S[AN]C[T]I GALLI PREFUERUN[T]. Darunter in 13 Zeilen die Namen der ersten 20 Äbte von Otmar bis Ymmo mit jeweiliger Angabe ihrer Amtsdauer, also von 719 bis 984: *Otmarv[s], Ioh[a]nnes, Raudp[er]tus, Uualdo, Uuerdo, Uuolfleoz, Cozp[er]tus, Bernuuicv[s], Grim[a]ldus, Hartmot[us], Bernh[a]rdus, Salomon, Hartmannus, Engilbertus, Dieto, Cralo, Anno, Purchardus, Notkerus, Ymmo.* Diese älteste Äbteliste wird auf Seite 4 weitergeführt: von der ersten Hand bis *Thietpaldus* († 1034), von einer späteren Hand bis *Bertholdus* († 1272).

Literaturhinweise: Scherrer, Handschriften, S. 336–339. – Bruckner, Scriptoria III, S. 122. – Gerold Meyer von Knonau, Die ältesten Verzeichnisse der Äbte von St. Gallen, in: MVG XI, 1869, S. 125–138; MVG XVIII, 1881, S. 363–367. – Johanne Autenrieth, Der Codex Sangallensis 915, Ein Beitrag zur Erforschung der Kapiteloffiziumsbücher, in: Landesgeschichte und Geistesgeschichte (Festschrift f. O. Herding), hg. von K. Elm, E. Gönner und E. Hillenbrand, Stuttgart 1977, S. 42–55. – Johannes Duft, Die Abtei St. Gallen, Bd. I, Sigmaringen 1990, S. 260, Abb. 31 (Regel Columbans).

Abbildung 29

Todestage der Geschichtsschreiber Ekkehart und Ratpert im Necrologium: Codex 915, Seite 343, nach 1060.

Maße: 215/225 × 158/173 mm.

Zu Codex 915, der auf den Seiten 298–353 das um 956 angelegte und bis gegen 1080 weitergeführte Necrologium enthält, siehe Beschreibung bei Abbildung 28.

Seite 343: Sechs Tageseinträge vom 21. bis 26. Oktober, dabei im ersten Eintrag auf zweiter Zeile der Todestag des Geschichtsschreibers Ekkehart IV., gestorben an einem 21. Oktober, nach 1057: *xii.K[al.Nov.] Et est obit[us] Ekkehardi mag[istri] mon[achi] atq[ue] pr[es]b[it]eri;* im fünften Eintrag auf erster Zeile der Todestag des Geschichtsschreibers Ratpert, gestorben an einem 25. Oktober, gegen 900: *viii. K[al.Nov.] Ratp[er]ti magistri atq[ue] pr[es]b[iter]i.*

Literaturhinweise: siehe Abbildung 28, dazu die Editionen: Ernst Dümmler und Hermann Wartmann, St. Galler Todtenbuch und Verbrüderungen, in: MVG XI, 1869, S. 1–124, hier S. 50; Franz Ludwig Baumann, in: MGH, Necrologia Germaniae I, 1888, S. 462–487, hier S. 483.

Abbildung 30

Traditionsurkunde geschrieben von Iso: Urk. III. 283 (W 539), 868.

Maße: ca. 218/215 × 348/323 mm.

Die Urkunde, die unter hunderten anderer zeitgenössischer Dokumente im Sankt-Galler Stiftsarchiv liegt, ist am 8. September 868 vom bedeutenden Priestermönch und Lehrer Iso in sauberster karolingischer Buchminuskel auf das Pergamentblatt geschrieben worden. Sie betrifft die Tradierung von thurgauischem Grundbesitz, den Isos Bruder Luto, der Sohn des Erimbert und der Waltarada, dem Kloster St. Gallen vermachte.

Invocatio und Intitulatio: *In d[e]i nomine ego luto filius erimb[er]ti & uualtaradae.* Eschatokoll: *Actum in ipso monasterio,* also in St. Gallen, vor Zeugen; dann der Schreibervermerk: *Ego itaq[ue] iso monachus ac presbiter indignus, ipsiusq[ue] frater lutonis, rogatus ab eo, hanc cartula[m] scripsi & subscripsi;* mit der Datierung: *IIII feria, VI id. septemb[ris] anno XXVIII ludouuici regis, sub adalberto comite.*

Literaturhinweise: Hermann Wartmann (Hg.), Urkundenbuch der Abtei Sanct Gallen, Theil II, Zürich 1866, S. 152 f., Nr. 539. – Johannes Duft, Iso monachus – doctor nominatissimus, in: Churrätisches und st. gallisches Mittelalter (Festschrift f. O. P. Clavadetscher), hg. von H. Maurer, Sigmaringen 1984, S. 129–171; wiedergegeben im vorliegenden Sammelband S. 73–117, hier S. 88 f.

Abbildung 31

Eigenhändige Spottverse von Ekkehart IV. auf einen trinkfreudigen Frater Crimalt: Codex 176, Rückspiegelblatt, um 1050.

Maße: ganzer Hinterdeckel ca. 420 × 280 mm, unteres Drittel des aufgeklebten Spiegelblattes ca. 145 × 235 mm.

Codex 176 ist identisch mit dem schon im ältesten sankt-gallischen Bibliothekskatalog (Codex 728, S. 8) um 880 aufgeführten *Liber Eugippii volumen I magnum* (Exzerpte aus Augustinus). Der große schwere Band mit 476 Seiten ist vor 850 von mehreren Händen in St. Gallen in karolingischer Minuskel geschrieben, sodann im 11. Jahrhundert von Ekkehart IV. und anderen mit zahlreichen Glossen und Korrekturen durchgearbeitet worden. In seine beiden original erhaltenen Deckel sind Spiegelblätter eingeklebt, auf denen viele Federproben und Notizen aus dem 9.–11. Jahrhundert stehen.

Auf das Spiegelblatt im Hinterdeckel, das in seinem unteren Drittel noch leer war, hat der schalkhafte Ekkehart IV. (wohl um 1050) Spottverse auf einen trinkfreudigen Mitbruder namens Crimalt/Crimolt eingekritzelt, die er mit einer Wellenlinie von den oberen Zufallseinträgen abgrenzte. Er zeichnete mit der Feder eine Flasche bzw. Karaffe und schrieb dazu die Verse (hier in leicht regularisierter Schreibweise wiedergegeben):

Hoc vas impletum vertatur mox in acetum.
Ipse sit hic tegmen, cuius tegit omnia numen.

Hauserit hoc si quem Crimalt ex vase liquorem,
Pervigilem tussim suscitet atque sitim.

Pneuma, tuum rorem super hunc asperge liquorem.
Crimolt virtutem hinc hauriat atque salutem.

Darunter die Widmung an den mit diesen drei Scherzen verspotteten Mitbruder: *Crimalto fratrum facetiori.* Sodann als eine Art *chlophruna* (Klopfrune) der mit Punkten und Zahlen verschlüsselte Name des Spötters *Ekkehart* (Aufschlüsselung im vorliegenden Band S. 219).

Literaturhinweise: Scherrer, Handschriften, S. 63. – Bruckner, Scriptoria III, S. 79. – Ernst Schulz, Über die Dichtungen Ekkeharts IV. von St. Gallen, in: Corona quernea, Festschrift für K. Strecker (= Schriften des Reichsinstituts für ältere deutsche Geschichtskunde, 6. Bd.), Leipzig 1941, S. 199–235, hier S. 226. – Bernhard Bischoff, Mittelalterliche Studien, 3. Bd., Stuttgart 1981, S. 139, 194. – Johannes Duft, Ekkehardus – Ekkehart, in: Variorum munera florum, Festschrift f. H. F. Haefele, hg. von A. Reinle, L. Schmugge, P. Stotz, Sigmaringen 1985, S. 83–90; wiedergegeben in größerem Zusammenhang im vorliegenden Sammelband S. 211–220 (mit weiterer Literatur).

Abbildungen 32 und 33

Aus den ›Casus sancti Galli‹ von Ratpert: Codex 614, Seiten 79 und 129, 10. Jahrhundert.

Maße: 226/229 × 165 mm.

Codex 614 ist ein Sammelband verschiedenster Inhalte, die im 9./10. und 12. Jahrhundert in den jeweiligen Schriften der Zeit geschrieben worden sind, die Seiten 4–134 in St. Gallen, die Seiten 136–340 vermutlich andernorts: S. 4–75 patristische *Sermones,* S. 76/77 Äbteliste bis 13. Jahrhundert, S. 78–134 *Casus sancti Galli* von Ratpert, S. 136–182 Dekretalen, S. 184–340 *Ordo Romanus* in mehreren Fassungen.

Die Seiten 78–134 bieten die im 10. Jahrhundert in sorgfältiger Sankt-Galler Minuskel geschriebene älteste erhaltene Abschrift der von Ratpert († um 890) verfaßten, im Original untergegangenen Klostergeschichte von Gallus bis um 883/884, beginnend mit der Titelei S. 78: INCIPIT TEXTUS DE / ORIGINE ET DIUER/SIS CASIBUS MONA/STERII S[AN]C[T]I GALLI / EDITUS A RATPERTO. Von häufiger Benützung zeugen Marginalien aus dem 13. Jahrhundert sowie von Vadian und Goldast im 15./16. Jahrhundert.

Seite 79: Textanfang (Kap. 1) mit der Schilderung der Herkunft des irischen Wanderabtes Columbanus und seines Begleiters Gallus auf dem Kontinent, entsprechend den Viten der beiden, die Ratpert genau kannte, beginnend mit roter Initiale und Majuskeln: POSTQUAM BEATISSIMI UIRI S[AN]C[T]US UIDE*licet abba columbanus cum beato gallo …*

Seite 129: Augenzeugenbericht Ratperts (Kap. 31) über die Schenkung des Viktorsberges an das Kloster St. Gallen durch Kaiser Karl III. (882) auf Bitte des Iren Eusebius, der dort als Inkluse lebte und am 31. Januar 884 starb: *Quendam etiam montem situm in hretia curiense … Rogante eusebio scottigena qui ibidem … clausus* … Am Rand von Vadians Hand: *Mons uictoris / Eusebius inclusus.*

Literaturhinweise: Scherrer, Handschriften, S. 198f. – Bruckner, Scriptoria III, S. 113f. – Gerold Meyer von Knonau, St. Gallische Geschichtsquellen II: Ratperti Casus s. Galli (= MVG XIII), St. Gallen 1872. – Eberhard Url, Das mittelalterliche Geschichtswerk »Casus sancti Galli« (= 109. Njbl.), St. Gallen 1969, S. 11–17. – Fidel Rädle, Ratpert von St. Gallen, in: VL^2, 7. Bd., 1989, Sp. 1032–1035. – Zu Eusebius: Johannes Duft, Der Ire Eusebius auf dem Viktorsberg, in: Montfort, 8. Jg., 1956, S. 3–12, überarbeitet wiedergegeben im vorliegenden Sammelband S. 119–126 (mit weiteren Hinweisen); Viktor Wratzfeld, Eusebius vom Viktorsberg, Geschichte – Legende – Kult, Dornbirn 1975.

Abbildungen 34–37

Aus den ›Casus sancti Galli‹ von Ekkehart IV.: Codex 615, Seiten 100, 156, 199, 262, um 1200.

Maße: ca. 160 × 107 mm.

Codex 615 ist eine in St. Gallen bewußt angelegte Zusammenstellung der Klostergeschichte von den Anfängen bis um 1200: S. 3–49 *Casus sancti Galli* von Ratpert, geschrieben im 13. Jahrhundert (Kopie aus Codex 614, siehe hier Beschreibung zu Abbildungen 32/33); S. 51–307 *Continuatio casuum* von Ekkehart IV., geschrieben im 12./13. Jahrhundert (Abschrift des Autographs); S. 313–358 *Continuatio* der anonymen Fortsetzer, geschrieben im 12./13. Jahrhundert. Marginalien bis ins 14. Jahrhundert.

Die Seiten 51–307 (wobei die Paginierung von S. 100 auf 111 springt) bieten die von mehreren lokalen Händen um 1200 geschriebene älteste erhaltene Abschrift der von Ekkehart IV. († um 1060) verfaßten *Casus sancti Galli.* Sie sind eine bewußte Fortsetzung der von Ratpert begonnenen Geschichtsschreibung und umfassen den Zeitraum um 870 bis 972, beginnend Seite 51: *Preloquium Ekk[ehardi] Iun[ioris] de Casib[us].* Ekkeharts Autograph ist, gleich wie jenes von Ratpert, untergegangen.

Seite 100: Beginn (Kap. 30) der Erzählung über den Klosterlehrer Iso († 871) und seine Schüler Notker, Tuotilo und Ratpert; über der Seite die vom späteren Buchbinder angeschnittene Inhaltsangabe: *De mag[is]tro ysone.* Textbeginn mit kleiner roter Initiale: *Hinc de Hisone magistro et discip[u]lis ei[us] Nokero balbulo, Tuotilone, Ratp[er]to, uitas ut ita dica[m] non negligendas, aggrediar, scribendas ...*

Seite 156: Aus dem Bericht (Kap. 55/56) über den Abzug der ungarischen Kriegshorde aus dem verwüsteten Kloster St. Gallen (926); spätere Überschrift: *De Engilb[er]to.* Der Abt *(At engilbertus)* und seine Begleiter schleichen aus der Fluchtburg zum Kloster, beten dort die morgendlichen Laudes *(Matutinas deinde laudes)* und erforschen bei Wiboradas Klause in Stille, ob sie noch lebe *(si wiborada uiuat, ad clausula[m] eius, silentio scissitantvr).*

Seite 199: Aus der Charakterisierung (Kap. 80) des Klosterdekanes Ekkehart I. († 973) zur Zeit des Abtes Craloh; spätere Überschriften: S. 198 *De cralone* und S. 199 *abb[at]e S[an]c[t]i galli.* In der 10. Zeile beginnt die Zitierung der Initien von Ekkeharts I. liturgisch-musikalischen Schöpfungen, vorerst von vier »Sequenzen, die jener Gelehrte geschrieben hat« *(Scripsit eni[m] doctus ille sequentias): P[ro]mpta mente canamus* (für Dreifaltigkeit), *Summum preconem xpi* (für Johannes Baptista), *Qui benedici cupitis* (für St. Benedikt), *A solis occasu* (für St. Columban); über allen diesen Initien stehen Neumen. Ferner habe er für St. Afra Antiphonen und eine Sequenz gedichtet, überdies den Hymnus *O martyr et[er]ni patris* sowie die Antiphonen *Ambulans hiesus* und *Adoremus glorissimum;* auch diese hier mit den Melodievermerken in Neumen, was die gottesdienstliche Verwendung derselben noch zur Zeit Ekkeharts IV. und seiner späteren Kopisten bezeugt.

Seite 262: Aus der Charakterisierung (Kap. 123) des Klosterarztes Notker II. († 975). In der 11. Zeile beginnt die Schilderung: *De notkero uero doctore pictore &*

medico (Über Notker, den Lehrer, Maler und Arzt). Daß er auch liturgischer Dichter war, bezeugt neben anderem das hier mit Neumen zitierte Initium seines Otmars-Hymnus: *rector aeterni metuende s[a]ec[u]li.*

Literaturhinweise: SCHERRER, Handschriften, S. 199 f. – BRUCKNER, Scriptoria III, S. 114. – GEROLD MEYER VON KNONAU, St. Gallische Geschichtsquellen III: Ekkeharti (IV.) Casus sancti Galli (= MVG XV/XVI), St. Gallen 1877. – EBERHARD URL, Das mittelalterliche Geschichtswerk »Casus sancti Galli« (= 109. Njbl.), St. Gallen 1969, S. 18–33. – HANS F. HAEFELE, Untersuchungen zu Ekkehards IV. Casus sancti Galli, in: DA, 17. Jg., 1961, S. 145–190; 18. Jg., 1962, S. 120–170; DERS., Ekkehardi IV. Casus sancti Galli – St. Galler Klostergeschichten (= Ausgewählte Quellen zur deutschen Geschichte des Mittelalters, Bd. X), Darmstadt 1980; DERS., in VL², 2. Bd., 1980, Sp. 455–465. – Zu Iso: FRANZ JOSEF WORSTBROCK in VL², 4. Bd., 1983, Sp. 425 ff. – Zu Wiborada: JOHANNES DUFT, Die Ungarn in St. Gallen (= BS, 1. Bd.), Zürich und Lindau/Konstanz 1957, S. 61 f., Taf. III. – Zu Ekkehart I.: PETER STOTZ in VL², 2. Bd., 1980, Sp. 447–453. – Zu Notker II.: JOHANNES DUFT in VL², 6. Bd., 1987, Sp. 1210 ff.

Abbildungen 38 und 39

Nachruf von Ekkehart IV. auf seinen Lehrer Notker Labeo: Codex 393, Seiten 155 und 156, zwischen 1035/1060.

Maße: ca. 205 × 160 mm.

Codex 393, auf dem Rückenschildchen als *Ekkehardi Liber Benedictionum* benannt, ist die vom Verfasser gegen Ende seines Lebens († um 1060) persönlich angelegte, mit eigenhändigen Kommentaren, Korrekturen und Interlinearzeilen durchsetzte »Ausgabe seiner Gesammelten Dichtungen« (E. Schulz). Der ganze Band mit seinen 264 Seiten ist in Ekkeharts IV. unverkennbarer, steiler, aber unsorgfältig-eiliger Minuskel geschrieben und immer wieder durchgearbeitet worden. Auf den Seiten 153–156 hat er seine Dichtung *Item de aliis sincellitis amborum* (Über die anderen ›Zellengenossen‹ der beiden, d. h. der heiligen Gallus und Otmar) eingeschoben. Die leoninischen Hexameter sind in der Ausgabe von J. Egli als 1–87 durchnumeriert, in Wirklichkeit aber mit vielen Glossen durchsetzt.

Auf den Seiten 155 (ab 11. Textzeile) und 156 (bis und mit 10. Textzeile) steht der tiefempfundene Nachruf Ekkeharts auf seinen verehrten Lehrer Notker III. Labeo, den Deutschen, dessen erbaulichen Hinschied er am 28. Juni 1022 miterlebt hat, beginnend: *Primus barbarica[m] scribens faciensq[ue] sapora[m],* endend: *Hunc merito flebunt similique deinde carebunt,* durchsetzt mit erklärenden Glossen (siehe S. 170 f. im vorliegenden Band).

Literaturhinweise: SCHERRER, Handschriften, S. 134. – BRUCKNER, Scriptoria III, S. 101 f. – JOHANNES EGLI, Der Liber Benedictionum Ekkeharts IV. nebst den kleinern Dichtungen aus dem Codex Sangallensis 393 (= MVG, 31. Bd.), St. Gallen 1909, S. 222–234. – ERNST SCHULZ, Über die Dichtungen Ekkeharts IV. von St. Gallen, in: Corona quernea, Festschrift für K. Strecker (= Schriften des Reichsinstituts für ältere deutsche Geschichtskunde, 6. Bd.), Leipzig 1941, S. 199–235. – Zu Notker Labeo: STEFAN SONDEREGGER in VL², 6. Bd., 1987, Sp. 1212–1236.

Abbildung 40

Die ›Sankt Gallus-Glocke‹ in der Kathedrale St. Gallen: 7. Jahrhundert (?).

Maße: Höhe 33 cm, Durchmesser oben 11 × 17 cm, unten 15 × 23 cm.

Die kleine Handglocke ist nicht gegossen, sondern aus Stahlblech geschmiedet, später wegen Beschädigungen mit Blech geflickt und genietet worden, wodurch sie ihren ursprünglichen Klang eingebüßt hat. Sie entspricht in Material und Technik den ältesten Zeugnissen irisch-insularer Metallarbeit; sie kann also von Columban und Gallus um 610 in Bregenz gebraucht worden sein, wie es die Tradition in Anlehnung an die *Vita sancti Galli* (Kap. 7) spätestens seit dem 17. Jahrhundert annimmt. Die Glocke kam 1786 aus der Galluskirche in Bregenz geschenkweise an das Stift St. Gallen, wo ihr das Bildchen des Heiligen mit seinem Bären aufgemalt wurde, dazu als Herkunftsvermerk die Inschrift: *Ao. 612 hat diß für sein Gloggen Gebraucht der H: Gallus in seiner Wohnung zu S: Gallen stein bey Bregencz.*

Literaturhinweis: Johannes Duft, Die Bregenzer St. Gallus-Glocke in St. Gallen, in: Montfort, 18. Jg., 1966, S. 425–435; überarbeitet wiedergegeben im vorliegenden Sammelband S. 28–37 (mit weiteren Hinweisen).

Aufnahmen: Regina Kühne/Karl Künzler, St. Gallen.

Verzeichnis der zitierten Manuskripte

Register der Orte und Personen

Nicht aufgenommen sind biblische Stätten und Gestalten sowie die nur zufällig erwähnten Orte und Personen. Moderne Autoren sind nur bei deren Erwähnungen im laufenden Text (nicht in Fußnoten) aufgenommen.

Abkürzungen: A. = Abt, A.SG. = Abt in St. Gallen, B. = Bischof, K. = König/Kaiser, M. = Mönch, M.SG = Mönch in St. Gallen.

DIE ABTEI ST. GALLEN

Band I

Beiträge zur Erforschung ihrer Manuskripte

FESTSCHRIFT FÜR JOHANNES DUFT ZUM 75. GEBURTSTAG
1990

Herausgegeben von
Peter Ochsenbein und Ernst Ziegler

XIII, 274 Seiten mit 40 Abbildungen, 17×24 cm, Leinen

Tabula gratulatoria · Zum Geleit · Vorwort des Verfassers · Bibliographische Vorbemerkung · Schrifttum von Johannes Duft · Abkürzungen · Die Stiftsbibliothek St. Gallen – Ein Überblick · Die irischen Handschriften der Stiftsbibliothek St. Gallen · Die griechischen Handschriften der Stiftsbibliothek St. Gallen · Die Elfenbein-Einbände der Stiftsbibliothek St. Gallen · Der Schlüssel zu den Miniaturen des Goldenen Psalters · Sankt Columban in den Handschriften der Stiftsbibliothek St. Gallen · Sankt Magnus in der mittelalterlichen Buchmalerei · Sankt-Galler Buchmalerei im 11. Jahrhundert · Gesangbücher vom 9. bis zum 18. Jahrhundert · Neubesinnung auf die Bibliothek und ihre Handschriften unter Fürstabt Ulrich Rösch · Die Nibelungen-Handschrift in der Stiftsbibliothek St. Gallen · Die Tschudi-Handschriften in der Stiftsbibliothek St. Gallen · Rechtshandschriften in mittelalterlichen Bibliothekskatalogen des Bodenseeraumes · Bibliothekskataloge als Quellen der Geistesgeschichte · Abbildungen 1–40 · Erläuterungen zu den Bildern · Verzeichnis der zitierten Manuskripte · Register der Orte und Personen.

JAN THORBECKE VERLAG SIGMARINGEN